労働裁判における

解雇事件判例集

【改訂 第2版】

髙井・岡芹法律事務所 監修

労働新聞社

は じ め に

　個別的労使紛争の一類型である「解雇」について、厚生労働省の「総合労働相談」に寄せられた件数をみると、平成25年度は43,956件となっており、ここ数年低下傾向にあるものの、それでも「いじめ・嫌がらせ」に次ぐ多さとなっています。さらに「雇用関係の終了」という視点から「雇止め」「退職勧奨」を加えると8万件を超えることとなり、雇用関係終了時のトラブルは、依然として多いといわざるを得ません。

　解雇については、労働契約法16条で「解雇は、客観的に合理的な理由を欠き、社会通念上相当であると認められない場合は、その権利を濫用したものとして、無効とする」と規定されていますが、「客観的に合理的な理由」があり、「社会通念上相当」であるか否かは、最終的には裁判をしてみないと分かりません。そのため、実務家としては解雇に関する裁判所の考え方を理解して、解雇をする場合の有効、無効を予測した対応が必要となります。

　本書は、解雇・雇止め事件に関する裁判例につき、「事案の概要」「判決要旨」を掲載、裁判所の考え方を理解する一助となるよう編さんし、平成16年に初版を発行しました。

　改訂第2版では、収載裁判例を見直すとともに、初版以降10年分の裁判例につき労働問題に精通している髙井・岡芹法律事務所の弁護士の方々に取捨選択、執筆していただきました。その結果、222件の裁判例を収載しております。

　本書が良好な労使関係の構築に役立つことができれば、編者として幸いです。

　平成27年1月

労働新聞社

目　次

第1部　解　雇
1　普通解雇

（1）普通解雇に係る基本的な裁判例

解雇無効

ユニオン・ショップ協定に基づく解雇権の行使が、合理的な理由を欠き無効になるとされた例・・・・・・・・・・・・・・・・・・**日本食塩製造事件　20**

寝過ごしてしまったアナウンサーに対する解雇が、権利の濫用とされた例・・・・・・・・・・・・・・・・・・・・・・・・・・・**高知放送事件　22**

（2）解雇事由の類型別裁判例

①労働者の労務提供の不能や労働能力又は適格性の欠如に関するもの

ア　勤務成績不良

解雇無効

解雇事由に相当するほどの著しい成績不良があったとは認められず、解雇が無効とされた例・・・・・・・・・・・**日本オリーブ（解雇仮処分）事件　24**

家族の介護のため、正規の半分しか乗務しなかったタクシー運転手に対する解雇が認められなかった例・・・・・・・・・・・・・**三和交通事件　26**

本採用拒否の理由である業務能力の不良、不適格性が認められず、解雇が無効とされた例・・・・・・・・・・・・・・**オープンタイドジャパン事件　27**

決算書の作成ミス等が解雇事由の「技能発達の見込みがない」に該当しないとされ、解雇が無効とされた例・・・・・・・・・・・・・・**森下仁丹事件　29**

研修や適切な指導を行うことなく、退職を迫りつつ長期間自宅待機をさせた後の解雇が無効と判断された例・・・・・・・・・・**エース損害保険事件　30**

労働能率が劣り、向上の見込みがない、自己中心的などを理由とする解雇が無効とされた例・・・・・・・・・・・・・**セガ・エンタープライゼス事件　32**

感情的になって怒鳴るなど、マネージャーの適格性に欠けるとして行われた解雇が無効とされた例・・・・・・・・・・・・・・・・**日本マーク事件　34**

自動車学校の受付け窓口で、ミスが多く業務に不適格であるとして行われた解雇が無効とされた例・・・・・・・・・・・・・・**松筒自動車学校事件　36**

高等専修学校の教員に対して、生徒に対する暴行等を理由としてなされた解雇が無効とされた例・・・・・・・・・・・・・・・・・**東洋学園事件　37**

生徒の成績評価の誤りを理由とする高校教諭の解雇が無効とされた例
・・・・・・・・・・・・・・・・・・・・・・・・学校法人松蔭学園（森）事件　39

解雇有効

「勤務態度が著しく不良で、改善の見込みがないと認められるとき」を解雇事由とする解雇が有効とされた例・・・　日本ヒューレット・パッカード（解雇）事件　41

「技能、能率又は勤務状態が著しく不良で、就業に適さないとき」を解雇事由とする解雇が不法行為を構成しないとされた例・・・・・・・　小野リース事件　43

入社当初からの職制・会社批判等の問題行動・言辞の繰り返しあるいは職場の人間関係の軋轢状況を招く勤務態度を理由とする即時解雇が有効とされた例
・・・・・・・・・・・・・・・・・・・・・・・セコム損害保険事件　45

会社による再三の注意・指導にもかかわらず勤務態度を改めなかったこと等を理由に、専門職として中途採用された従業員に対する普通解雇が有効とされた例
・・・・・・・・・・・・・・・・・・日本ストレージ・テクノロジー事件　48

営業目標未達成などの理由で出向契約の解約を申し込まれた営業マンに対する職務遂行能力不足を理由とした解雇が有効とされた例・・・　テサテープ事件　51

即戦力と期待して中途採用した社員に対する能力不足を理由とする解雇が、有効と判断された例・・・・・・・・・・・・・・・・・・　日水コン事件　53

勤務成績不良を理由とする中途採用の従業員に対する解雇が有効とされた例
・・・・・・・・・・・・・・・・・・・・・・・・・・ヒロセ電機事件　55

勤務状況不良を理由とする試用期間中の解雇が有効とされた例
・・・・・・・・・・・・・・・・・・・・・・・・ブレーンベース事件　57

欠勤や遅刻の多さ、業務意欲の欠如等を理由とする解雇が有効とされた例
・・・・・・・・・・・・・・・・・・・・・・・東京海上火災保険事件　59

中途採用の従業員の能力が、必要な水準に達していないとして行われた解雇が有効とされた例・・・・・・・・・・・・プラウドフットジャパン事件　61

技術能力が低く、勤務成績・態度も不良で就業規則の「勤務成績不良」に該当し、解雇は有効とされた例・・・・・・・・・・・・・　日本エマソン事件　64

遅刻・私用外出が多く、上司の命令にも従わない従業員に対する解雇が有効とされた例・・・・・・・・・・・・・・・・・・・・　高島屋工作所事件　65

出向先での勤務態度不良、業務命令違反などを理由に出向を解かれ、行われた解雇が有効とされた例・・・・・・・・・・・・・　昭和アルミニウム事件　67

勤務成績、勤務状況の不良を理由とする解雇が有効と判断された例
・・・・・・・・・・・ゴールドマン・サックス・ジャパン・リミテッド事件　68

中途入社した従業員について、勤務態度・勤務状況が悪化し、協調性が欠如しているとしてなされた解雇が有効とされた例・・・・・・・　古川製作所事件　70

業務命令拒否、勤務状態の著しい不良やこれらの行為について反省心が全くなかったとしてなされた解雇が有効とされた例・・・・　メディア・テクニカル事件　71

イ 労働能力喪失

解雇無効

休職期間満了を理由として行った解雇について、長時間労働が原因でうつ病に罹患したものであり、業務上の疾病により療養している期間になされたものとして無効であると判断された例・・・・・・・・・・・・東芝（うつ病・解雇）事件　72

躁うつ病の治療後復職したが、再発して躁状態が改善されないことを理由にした解雇が無効とされた例・・・・・・・・・・・・・・・・・K社事件　75

職場復帰訓練で不合格となったスチュワーデスの解雇が無効とされた例
・・・・・・・・・・・・・・・・・・・・・・・・全日本空輸事件　77

所長から依頼された公金横領捜索への協力が原因で成績が低下した社員の解雇が無効とされた例・・・・・・・・・・・・千代田生命保険相互会社事件　79

解雇有効

休職中の社員から、条件付きで就業が可能である旨の診断書が提出されたものの、会社が復職を認めず、休職期間満了を理由として行った解雇が有効と判断された例・・・・・・・・・・・・・・・・・・・・・・・独立行政法人N事件　80

脳出血で半身不随となり、2年あまり後に復職を申し出た教諭の解雇が有効とされた例・・・・・・・・・・・・・・・・・・・北海道龍谷学園事件　82

身体障害等級1級に該当する嘱託社員に対する、勤務に堪えられないことを理由とする解雇が有効とされた例・・・・・・・・・・・・・・・東京電力事件　85

ウ 労使間の信頼関係の喪失

解雇無効

教諭が就職部に配転後、業務報告を巡る指示違反での解雇が無効とされた例
・・・・・・・・・・・・・・・・・・・・・・・・・菅原学園事件　86

経歴詐称を理由とする解雇につき、特段悪意はなく、職務遂行能力に影響はないため無効とされた例・・・・・・・・・・・・・・・・秋草学園事件　88

生コン会社の工場長が会社の信用を損うような言動をしたとして解雇されたが、そういう事実がないとして、解雇が無効とされた例　・・築港生コンクリート事件　90

解雇有効

出向を解除して復帰させると過員状態になり、良好な人間関係も壊されて業務に支障を来たす社員の解雇が有効とされた例・・・・・・・・尼崎築港事件　91

権限を逸脱して税理士と顧問契約するなどした役職者に対する解雇が有効とされた例・・・・・・・・・・・・・・・・・・・・・桜エンドレス事件　94

学園の方針に反するものとして解雇（第1次解雇）に関し、週刊誌に虚偽の情報を提供したとして行われた解雇（第2次解雇）が有効とされた例
・・・・・・・・・・・・・・・・・・学校法人敬愛学園（国学館高校）事件　95

職歴及び家族構成を偽ったことが解雇事由に該当し、解雇が有効とされた例
・・・・・・・・・・・・・・・・・・・・・・・・・近藤化学事件　97

②労働者の規律違反の行為に関するもの

解雇無効

精神的不調のために欠勤していると認められる労働者に対し、健康診断等を実施せずになされた諭旨退職処分が無効とされた例
・・・・・・・・・・・・・・・・・日本ヒューレット・パッカード事件　99

有期雇用契約の期間途中の解雇の場合には、客観的に合理的な理由及び社会通念上相当である事情に加えて、当該雇用を終了させざるを得ない特段の事情が必要とされた例・・・・・・・・・・・・・・・・・・・・学校法人東奥義塾事件　101

会社のパソコンから私的な電子メールを送信し、上司に対する誹謗中傷を行ったことによる解雇が無効とされた例・・・・・・・グレイワールドワイド事件　104

会社貸与の携帯電話を私用に利用し、相手に迷惑をかけたとして、突然行われた即時解雇が無効とされた例・・・・・・・・・・・・・・・・光安建設事件　105

残業拒否及び残業の中止を主張したこと等を理由とする解雇が無効であるとされた例・・・・・・・・・・・・・・・・・・・・・・・・・・トーコロ事件　107

転勤命令が転勤命令権の濫用で許されないものである以上、転勤命令に違反し無断欠勤したとしてなされた解雇も無効であるとされた例
・・・・・・・・・・・・・・・・・・・・・・・ミロク情報サービス事件　110

根拠を有しない出向命令を拒否したことを理由とする解雇が無効とされた例
・・・・・・・・・・・・・・・・・・・・・・・・・・・・藍野学院事件　112

セクハラに関するビラの配布は、組合活動の一環としてなされたものだとして、組合委員長の解雇が無効とされた例・・・・・中央タクシー（本案）事件　114

虚偽の申告で営業部次長に刑事罰を受けさせようとしたなどの理由で行われた運転手の解雇が無効とされた例・・・・・・・・・・・吉福グループほか事件　116

労組委員長が営業手当の廃止をめぐり、市役所、取引会社等に質問状を配布したことを理由とする解雇が無効とされた例・・・・・・・・・呉中央水産事件　117

病院の意に沿わない言動を理由とする解雇が無効とされた例
・・・・・・・・・・・・・・・・・・・・・・・・・・・・・安田病院事件　119

配転命令に応じなかったこと並びに勤務成績不良を理由とする解雇が無効とされた例・・・・・・・・・・・・・・・・・・・・・・・・・・新日本通信事件　120

昼間勤務のみから深夜勤務も含む職務への変更拒否を理由とする、女性タクシードライバーの解雇が無効とされた例・・・・・草加ダイヤモンド交通事件　123

トラック運転手に対する延着事故を理由とする解雇に相当性がなく、解雇権の濫用であるとされた例・・・・・・・・・・・・・・・・・ミリオン運輸事件　125

抗生物質の過剰投与等がある旨保健所に内部告発したことを理由とする解雇が無効とされた例・・・・・・・・・・・・医療法人思誠会（富里病院）事件　127

深夜、酒気を帯びて、同僚運転のバスを停めて乗車し、乗客から苦情を申し込まれるという事態になった運転手の解雇が無効とされた例・・・西武バス事件　129

飛び込み営業を嫌った職場放棄等を理由とする解雇が無効とされた例
・・・・・・・・・・・・・・・・・・・・・・・・・・・・・カーマン事件　132

業務制度の改定に、容易に応じようとしなかったことを理由とする解雇が無効とされた例・・・・・・・・・・・・・・・・・・・・・・・・鴻池運送事件　134

目次

勤務中に旅客機内で誤ってシャンパンを口にしていたこと等を理由とする解雇が無効とされた例・・・・・・・・・・・・・ ノース・ウエスト航空（橋本）事件　136

営業上の案件における損害の発生を理由とする解雇が無効とされた例
・・・・・・・・・・・・・・・・・・・・・・・・・・・ フレックス事件　138

使用者、他の従業員に対する誹謗を理由とした解雇が無効とされた例
・・・・・・・・・・・ 電気工事会社（女子従業員地位保全申立）事件　140

横領行為、勤務懈怠等を理由とする解雇が、解雇を正当とするに足るとは認められないとして無効とされた例・・・・・・・・・・・ マツヤサービス事件　142

事業所内のトラブルを警察沙汰にしたことなどが「従業員として不適当」という解雇事由にはあたらず、解雇が無効とされた例・・・・・・ 武松商事事件　144

競業する音楽事務所を設立した楽団員の解雇が労働協約上の解雇協議条項に反し無効とされた例・・・・・・・・・・ 大阪フィルハーモニー交響楽団事件　146

解雇有効

入管法違反で罰金30万円の有罪判決を受けた教師の解雇が有効とされた例
・・・・・・・・・・・・・・・・・・・・・・・・・・・ 明治学園事件　148

4回にわたるけん責処分にも反省することなく始末書を提出しなかったこと等を理由とする解雇が有効とされた例・・・・・・・・ カジマリノベイト事件　150

学園理事への誹謗・中傷と辞任強要で組合との紛争を生じさせたことを理由とする解雇が認められた例・・・・・・・・・・・・・・・ 群英学園事件　152

会社と競合する業務を営み、受注を横流ししたことなどを理由とする、営業担当課長に対する解雇が有効とされた例・・・・・・・・ 東京貨物社事件　155

タクシー乗務員に対する、メーター不倒行為等を理由になされた解雇が有効とされた例・・・・・・・・・・・・・・・・・・・ 埼京タクシー事件　156

営業目的が一部競合する会社を実質的に経営していたこと等を理由とする解雇が有効とされた例・・・・・・・・・・・・・・・・・・ 積水ハウス事件　158

会社を誹謗中傷するビラ配布を理由とする解雇が有効とされた例
・・・・・・・・・・・・・・・・・・・・・・・・・・・ 檪山交通事件　161

上司への反抗、過激な言辞等一つ一つとしては小さな事実が積み重なって解雇が有効とされた例・・・・・・・・・・・・・・・・・ 山本香料事件　163

労働者の発言等が企業秩序に重大な影響を与え、信頼関係を維持することができない事由に当たるとして解雇が有効とされた例・・・・ 株式会社大通事件　164

業務に支障をきたし、業務上の命令に従わないことを理由とするパートタイマーの解雇が有効とされた例・・・・・・・・・ NTTテレホンアシスト事件　166

自己中心的で上司の注意や業務命令に対して反発を繰り返したとして行われた解雇が有効とされた例・・・・・・・・・・・・・ 日本火災海上保険事件　168

会社名義のクレジットカードのクーポン券を集め、6年間で14万円相当の商品券等を取得した職員の解雇が有効とされた例・・・・・ 上田株式会社事件　170

粗暴な行動をとって、自宅謹慎の業務命令を出された社員が出社して便所に居続けるなどしたため行われた解雇が有効とされた例・・・・・ 豊田通商事件　172

不正経理処理を理由とする即時解雇が有効とされた例
・・・・・・・・・・・・・・・・・・・・・・・・・ 第一自動車工業事件　174

頸肩腕症候群に罹った労働者が、勤務指示を不満として行ったビラ配布、診療妨害等を理由とする解雇が有効とされた例　・・・日本電信電話（西新井電話局）事件　176

NC旋盤工の行ったコンピューターデータの抜き取り行為、データの消去等を理由とする解雇が有効とされた例・・・・・・・・・・・・・・・・ 東栄精機事件　178

パチンコ店の店長がパチンコ玉の不正な玉出し等の行為をしたことを理由とする解雇が有効とされた例・・・・・・・・・・・・・・・・・・ 阪神観光事件　180

無届欠勤、遅刻、早退が多いことを理由とする総婦長に対する解雇が、有効とされた例・・・・・・・・・・・・・・・・・・・・・・ 湯川胃腸病院事件　182

ほとんど仕事らしい仕事をせず、勤務態度も改まらなかった労働者の有期契約期間途中での解雇が有効とされた例・・・・・・・・・ 情報システム監査事件　184

勤務時間や納期を守らず、上司の指示に従わないなどの勤務態度が改まらないことを理由とする解雇が有効とされた例・・・・・・・・・ ユニスコープ事件　186

2　整理解雇

（1）整理解雇に係る基本的な裁判例

解雇有効

特定の事業部門の閉鎖に伴う従業員の解雇について、解雇の合理性の判断基準を示した例・・・・・・・・・・・・・・・・・・・・・・ 東洋酸素事件　188

（2）その他の整理解雇裁判例

解雇無効

非採算部門を対象とした整理解雇について、優良部門を解雇回避措置となる希望退職の対象外とすることは認められるが、非採算部門の社員に対する退職勧奨の際の退職条件の前提となる費用捻出策が不十分であり、整理解雇は無効と判断された事例・・・・・・・・・・・・・・・・・・・・・・・・ 日本通信事件　190

ある金融商品の販売から事実上撤退したことを理由に、当該金融商品を扱う部署にいた者に対して行った整理解雇が、解雇権濫用法理により無効であるとされた例・・・・・・・・・・・・・・・・・・・・・ クレディ・スイス事件　193

人員削減のため行われた変更解約告知に応じなかったことを理由とする解雇は、整理解雇と同様の要件が必要となるとされ、当該解雇が無効とされた例・・関西金属工業事件　196

外資系コンサルタント会社マネージャーに対する解雇が、整理解雇としても能力不足解雇としても無効とされた例　・・PwCフィナンシャル・アドバイザリーサービス事件　199

Yの親会社である米国法人が巨額の損失を生じたこと等によりグループ全体で人員削減が必要であるとしてなした整理解雇が無効とされた例
・・・・・・・・・・・・・・・・・ ゼネラル・セミコンダクター・ジャパン事件　201

「やむを得ない事業上の都合」を理由とする解雇が、解雇対象者の選定に合理性がなく、無効とされた例・・・・・・・・・・・・・・・ 労働大学（本訴）事件　203

目次

赤字部門の廃止については、事業経営上の必要性が認められたが、回避努力に欠けるとして、解雇が無効とされた例・・・鐘淵化学工業（東北営業所A）事件　205

赤字部門の廃止に伴う解雇について、当該赤字部門の廃止の必要性は認められたが、手続が適正さに欠けるとして無効とされた例・・・・・国際信販事件　208

経営上の必要性を理由とした解雇が、解雇回避の努力、被解雇者に対する手続等いずれも不十分であり、無効とされた例・・・・奥道後温泉観光バス事件　210

事業の縮小を理由とした解雇が、人員削減の必要性がなく無効とされた例
・・・・・・・・・・・・・・・・・・・・・・・・・古沢学園事件　212

人員整理の必要性、解雇回避の努力、解雇対象者の選定の合理性等いずれも不十分であり解雇が無効とされた例・・・・・・塚本庄太郎商店（本訴）事件　213

身体障害者に対する解雇が整理解雇であるとされ、解雇者の選定基準や解雇手続が相当でなく、無効とされた例・・・・・・・・・・・・乙山鉄工事件　215

海外法人日本支社で行った整理解雇が対象人員数、選定手続等に適正さが欠けるとして、無効とされた例・・・・・・・・・・・・・ヴァリグ日本支社事件　218

リストラの必要性は認めるものの、回避義務を尽くしたとはいえないとして、解雇が無効とされた例・・・・・・・・・・・・・・・ワキタ（本訴）事件　222

営業所の閉鎖に伴う解雇が、回避義務や組合・従業員への説明・協議を尽くしておらず、無効とされた例・・・・・・・・・・・・・揖斐川工業運輸事件　224

現在は、人員削減をする経営上の必要性は小さくなっており、配転等の回避策も可能だとして解雇が無効とされた例・・・・・・・・・・・・マルマン事件　226

生徒減による経営難を理由とする解雇が、解雇回避努力が尽くされていないとして無効とされた例・・・・・・・・・・・・・・・三田尻女子高校事件　228

訴外会社のXに対する2度にわたる解雇の意思表示が、いずれもいわゆる整理解雇の4要件を満たしておらず、無効とされた例・・・・・・タジマヤ事件　230

回避努力、説明義務の履行等の手続がなされておらず、人選も恣意的になされた疑いがあるとして、解雇が無効とされた例・・日証（第1・第2解雇）事件　232

会社解散に伴う団交の継続中に行われた突然の解雇は、手続全体の適法性に疑問が残るとして無効とされた例・・・・・・・・・・・・・グリン製菓事件　234

経営危機下の整理解雇が、整理基準に合理性がなく、労働組合との協議を尽くしたとは言い難いとして無効とされた例・・・・・・・・・・高松重機事件　236

部長職にあった者に対する降格、自宅待機等を経た解雇が、就業規則所定の「組合の了承」がないとして無効とされた例
・・ロイヤル・インシュアランス・パブリック・リミテッド・カンパニー事件　238

経営不振を理由とする整理解雇が、回避努力、人選の合理性、労働者への説得等が不十分として無効とされた例・・・・・・・・・株式会社よしとよ事件　240

経営権譲渡後のホテル事業閉鎖に伴う解雇が、手続に相当性がないとして無効とされた例・・・・・・・・・・・・・・・・シンコーエンジニアリング事件　242

雇用調整の意味をもつ出向命令の拒否を理由とする解雇は整理解雇であり、必要性がない等として無効とされた例・・・・・・・・・・大阪造船所事件　245

園児の減少に伴い、保母を対象になされた解雇が、希望退職の募集などの手続を経ずに行われたとして無効とされた例・・・・・・・・・あさひ保育園事件　248

解雇有効

会社更生法の適用下において行われた運航乗務員(機長または副操縦士)の解雇について、解雇権濫用法理が適用され、整理解雇が有効とされた事例 ・・日本航空(パイロット等)事件 249

厳しい経営状況にあったYが、収益性に疑問のあった部署の従業員であったXを整理解雇したことは、社会通念上相当なものとして、解雇権濫用に当たらないと判断した例・・・・・ CSFBセキュリティーズ・ジャパン・リミテッド事件 251

業績不振による子会社移籍を拒否し全員採用に固執した結果、営業譲渡の協議が整わずに行った解雇が有効とされた例・・・・ 静岡フジカラー他2社事件 253

半日パートという職種の廃止に伴う解雇については、整理解雇の法理が適用されるとして有効とされた例・・・・・・・・ 厚木プラスチック関東工場事件 255

JRからの業務請負の受注打ち切りによるJR工場内出張所の閉鎖に伴う解雇が有効とされた例・・・・・・・・・・・・ 大誠電機工業事件 257

経営改善のための配転命令に従わなかったためなした解雇が、就業規則上の「事業の運営上やむを得ないとき」にあたり有効とされた例・・・八興運輸事件 260

経営不振からなされた支店の閉鎖に伴う同支店の従業員に係る解雇が、有効とされた例・・・・・・ シンガポール・デベロップメント銀行(本訴)事件 262

経営合理化によるタクシー会社の無線センター従業員の解雇が有効とされた例
・・・・・・・・・・・・・・・・・・・・・・ 北海道交運事業協同組合事件 265

ほとんど業務が無くなった事業所の閉鎖に伴う従業員の解雇が、経営上の必要性等から有効とされた例・・・・・・・・・・・・・・・ 廣川書店事件 267

業績悪化による人件費削減の必要性からなされた解雇が、人員削減の必要性や人選の合理性等が認められ、有効とされた例・・・・・・・・ 明治書院事件 269

部門の閉鎖により、他部署のポジションを提案されて、拒否した社員の解雇が有効とされた例・・・ ナショナル・ウエストミンスター(第3次仮処分)事件 272

訴外会社からの業務委託契約の打切りによりなされた部門閉鎖に伴う解雇が有効とされた例・・・・・・・・・・・・・・・・・ 角川文化振興財団事件 275

配転を模索し、対象人員も専門性の低い者を選ぶなどの努力が尽くされているとして整理解雇が有効とされた例・・・・・・・・・・・ ナカミチ事件 278

経営再建策としての労働条件の変更を伴う再雇用等について、応じない従業員の解雇が有効とされた例・・・・・・・・・・・ スカンジナビア航空事件 280

経営危機に陥り、人員整理等の手段を講じた後に、協調性に欠け能力の劣るXを対象とした整理解雇が、有効とされた例・・・・・・・・ 八千代電子事件 283

極度の経営不振に陥り、事務全般を外部委託することになったため行われた整理解雇が有効とされた例・・・・・・・・・・ 福岡県労働福祉会館事件 284

石炭の需要減少等経営環境悪化を理由とする整理解雇が有効とされた例
・・・・・・・・・・・・・・・・・・・・・・・・ 三井石炭鉱業事件 287

別会社に出向してその事業の責任者になるために雇用された労働者について、当該事業からの撤退と別会社の閉鎖を理由とする解雇が有効とされた例 ・・・チェース・マンハッタン事件 290

3 懲戒解雇

（1）懲戒解雇に係る基本的な裁判例

解雇無効

出勤停止処分後も反省せず、会社の運行管理に従わない態度を明らかにしたとしてなされた懲戒解雇が無効とされた例・・・・・・・・平和自動車交通事件　292

言動が名誉毀損や誹謗・中傷にあたらず、就業規則上の懲戒事由に該当しないこと等を理由として懲戒解雇が無効とされた例・・・・・・中央林間病院事件　294

解雇有効

労働者が自宅待機命令に反して工場内への入構を強行し警士を負傷させたこと等を理由とする懲戒解雇が有効とされた例・・・・・・・・ダイハツ工業事件　297

（2）解雇事由の類型別裁判例

ア　経歴詐称

解雇無効

解雇当時認識していなかった年齢詐称を懲戒解雇の理由に追加することは認められず、懲戒解雇が無効とされた例・・・・・・・・・・・・・山口観光事件　300

社会福祉施設の指導員に対する経歴詐称及び火災の際の不適切な救助活動を理由とする懲戒解雇が無効とされた例・・・・・・・・・・・・・陽気会事件　302

学歴、経歴の詐称等のみをもっては解雇に値するとまではいえず、懲戒解雇が無効とされた例・・・・・・・・・・・・・・・・マルヤタクシー事件　304

解雇有効

高校中退を卒業と経歴詐称したことを理由とする懲戒解雇が有効とされた例
・・・・・・・・・・・・・・・・・・・・・・・・・・正興産業事件　307

公務執行妨害、凶器準備集合などについて、公判中であったことを隠して採用された労働者の懲戒解雇が有効とされた例・・・・・・・・・炭研精工事件　309

短大卒を高卒と偽るなど学歴、職歴の詐称を理由とする懲戒解雇が有効とされた例・・・・・・・・・・・・・・・・・・・・・スーパーバッグ事件　311

イ　職務懈怠

解雇無効

大学職員が他大学大学院に在籍していたことが兼業には当たらないなどとされ、いずれの懲戒解雇事由も認められなかった例・・・・大阪経済法律学園事件　313

脳梗塞で欠勤した社員が、会社の拒絶を理由に診断書を提出しなかったことを理由とする懲戒解雇が無効、普通解雇として有効とされた例・・岡田運送事件　315

降格や減給処分を受けた社員が就労意欲を失って退職届を出したところ、行われた懲戒解雇が無効とされた例・・・・・・・・・・・神戸化学工業事件　317

添乗員に非礼な行為をした等によりなされたバス運転手の諭旨解雇が、既に懲戒処分を受けており、二重処分になること等の理由で無効とされた例・・日本周遊観光バス事件 319

修学旅行の引率団長としてホテルで待機すべき時間帯にゴルフをした教頭の懲戒解雇が無効とされた例・・・・・・・・・・・・・・・・・村上学園事件 321

解雇有効

千葉支局長としての転勤命令を不服として、ほとんど業務を行わなかったことを理由とする懲戒解雇が有効とされた例・・・・・・・日本工業新聞社事件 323

懲戒歴などに照らすと、長期間の連続欠勤、度重なる職務復帰命令に違反したことを理由とする懲戒解雇が有効とされた例・・・・・・日経ビーピー事件 325

懲戒歴のある社員の長期間の連続欠勤、職務復帰命令違反を理由とする懲戒解雇が有効とされた例・・・・・・・・・・・・・・・・かどや製油事件 327

勤務成績が著しく不良としてなされた懲戒解雇が、有効とされた例
・・・・・・・・・・・・・・・・・・・・・・日本消費者協会事件 328

ウ　業務命令違反

解雇無効

労働者の行った退職の意思表示について、自主退職しなければ懲戒解雇がなされると誤信して行われたものであるとして、錯誤により無効とされた例・・富士ゼロックス事件 330

女性の容姿をして出勤した性同一性障害者の懲戒解雇が無効とされた例
・・・・・・・・・・・・・・S社（性同一性障害者解雇）事件 333

配転命令に従わないことを理由とする懲戒解雇が、必要な手順を尽くしておらず、無効とされた例・・・・・・・・・・・・・・・・メレスグリオ事件 337

職務復帰命令に応ぜず、無断欠勤及び指示命令違反を理由としてなされた懲戒解雇が無効とされた例・・・・・・・・・・・・・・・アリアス事件 339

配転命令拒否には正当な理由がなく、懲戒解雇事由に該当するが、懲戒解雇に至る手続が適正を欠き、解雇が無効とされた例・・・・・・・・・三和事件 341

運転手が事故の報告を怠ったことを理由とする諭旨解雇が、無効とされた例
・・・・・・・・・・・・・フットワークエクスプレス（山口店）事件 343

ワンマンバス乗務員X1、X2の行った手取り行為に対する懲戒解雇につき、横領の意図の有無により、それぞれ無効又は有効とされた例・・・西日本鉄道（後藤寺自動車営業所）事件 345

制帽不着用のバス運転士に対する懲戒解雇が、無効とされた例
・・・・・・・・・・・・・・・・・・・・・神奈川中央交通事件 348

解雇有効

適法な年次有給休暇時季変更権が行使されて、就労義務が生じているのに従わなかった社員の懲戒解雇が有効とされた例・・・・・・・時事通信社事件 350

成績不良で固定車をはずされ、固定車以外への乗務を拒否したタクシー運転手への懲戒解雇が有効とされた例・・・・・・・・・・ロイヤルタクシー事件 352

エ　業務妨害

解雇無効

支店長らの経営批判行為と組合結成を理由とする懲戒解雇が無効とされた例
　………………………………………………………… 日本臓器製薬事件　354

①事務所を午前中閉鎖し、裁判所に出頭したことが職場放棄だとして行われた懲戒解雇が無効とされた例
②①の解雇通知を受けながら、入室を要求して大声を出すなどした行為を理由とする懲戒解雇も無効とされた例 …………………………… 同和観光事件　356

解雇有効

訴訟行為を始めとする会社の利益を侵害する可能性のある私生活上の行動を行った従業員に対する懲戒解雇は無効とされたが、普通解雇は有効とされた例
　……………… モルガン・スタンレー・ジャパン・リミテッド（本訴）事件　359

同僚と喧嘩したあげく、同僚のタクシーのエンジンキーを抜き取って持ち去った行為等によりなされた懲戒解雇が有効とされた例 ……… 京王自動車事件　361

ピケの指導、他の運転手への暴言等を理由とする懲戒解雇が有効とされた例
　………………………………………………………………… 大和交通事件　363

オ　職場規律違反

解雇無効

職場で上司に対する暴行事件を起こした従業員に対し、暴行事件から7年以上経過した後にされた諭旨退職処分が権利の濫用として無効とされた例 ‥ ネスレ日本（懲戒解雇）事件　365

宴会席上や日常においてセクハラ言動を行っていた管理職に対する懲戒解雇が、権利の濫用とされた例 ………………… Y社（セクハラ・懲戒解雇）事件　367

通勤経路の変更後も約4年8か月にわたって従前の定期代を不正受給していたことを理由とする懲戒解雇が、「制裁として重きに過ぎる」として無効とされた例
　………………………………………………… 光輪モータース（懲戒解雇）事件　369

上司の許可得ず顧客名簿を持ち出したが、第三者へ開示意図はなく目的や保管方法から懲戒解雇を無効とされた例 …………… 日産センチュリー証券事件　371

2度の酒気帯び運転を加重処分し「免職」としたが、教諭の評価等から厳しすぎることを理由に無効とされた例 ………………………… 熊本県教委事件　373

不法に手にした顧客の信用情報を外部に漏らした行為を理由とする懲戒解雇が、無効とされた例 …………………………………………… 宮崎信用金庫事件　375

バス運賃横領を理由とする懲戒解雇が無効とされた例 ……… 琉球バス事件　377

上司を呼び捨てにしたり、乱暴なことばづかいをしたこと等を理由とする懲戒解雇が無効とされた例 …………………………………………… 丸彦製菓事件　379

会社の経営につき非難中傷をしたこと等を理由とする懲戒解雇が無効とされた例
　………………………………………………………………… セキレイ事件　380

解雇有効

在職中に競業避止義務及び秘密保持義務に違反して競業会社を設立し取締役に就任し開業準備行為を行った基幹社員の退職金請求が否定された例 ‥ ピアス事件 382

業務用のパソコンを使用して出会い系サイト等に投稿し、多数回の私用メールの送受信を行った専門学校の教員に対する懲戒解雇処分が有効とされた例
‥‥‥‥‥‥‥‥‥‥‥‥‥‥K工業技術専門学校（私用メール）事件 384

テレビ局に内部告発を行った従業員に対する懲戒解雇が、解雇権の濫用に当たらないとされた例‥‥‥‥‥‥アワーズ（アドベンチャーワールド）事件 386

機密の漏洩、株主総会での議場混乱、上司に対する反抗等の積み重ねによる懲戒解雇が有効とされた例‥‥‥‥‥‥‥コニカ（東京事業場日野）事件 388

台風災害復旧工事で適切な処理を行わず、仲介業者に不当な利益を取得させたこと等を理由とする懲戒解雇が有効とされた例‥‥‥‥‥崇徳学園事件 391

現金着服行為を理由とする懲戒解雇が有効とされた例‥ 東日本旅客鉄道事件 393

告知された事由が職場離脱のみであっても、それまでの多数回にわたる非違行為が懲戒事由に当たり、解雇が有効とされた例‥‥‥‥富士見交通事件 394

取引先から個人的に金銭を借り入れたり、顧客を紹介して謝礼を受領したことを理由とする懲戒解雇が有効とされた例‥‥‥‥‥わかしお銀行事件 396

女性添乗員やトラベルコンパニオンに対するセクハラ行為等を行い、反省の態度もみられないことを理由をする懲戒解雇が有効とされた例 ‥ 大阪観光バス事件 399

経費の不正請求及び不正精算を理由とした懲戒解雇が有効とされた例
‥‥‥‥‥‥‥‥‥‥‥‥‥‥‥‥‥‥‥メディカルサポート事件 401

男性派遣労働者による派遣先女性社員に対するセクシュアルハラスメントを理由とする懲戒解雇が有効とされた例 ‥ コンピューター・メンテナンス・サービス事件 404

会社の金銭を着服したことを理由とする懲戒解雇が有効とされた例
‥‥‥‥‥‥‥‥‥‥ダイエー（朝日セキュリティーシステムズ）事件 406

約1500万円の機器の不正購入、及び納入業者から受け取った10万円の不正使用を理由とする懲戒解雇が有効とされた例‥‥‥‥バイエル薬品事件 407

上司・同僚に対する度重なる恐喝、脅迫、強要、嫌がらせを理由とする諭旨解雇が有効とされた例‥‥‥‥‥日本電信電話（大阪淡路支店）事件 409

カ　従業員たる地位・身分による規律違反

解雇無効

勤務時間中に、会社の車両を使用してアルバイト行為を行っていたことを理由とする懲戒解雇が無効とされた例‥‥‥‥‥‥‥‥十和田運輸事件 411

会社への受注を同業他社へ移転させて終了させ、その事情を知りながら報告を怠ったことを理由とする懲戒解雇が無効とされた例‥‥‥日本航器製作所事件 413

在籍中に新会社設立を企て、従業員に何らかの勧誘をしたことを理由とする懲戒解雇が無効とされた例‥‥‥‥‥‥東京コンピュータサービス事件 413

刑事特別法違反の罪で逮捕、起訴されたことを理由とする懲戒解雇が無効とされた例‥‥‥‥‥‥‥‥‥‥‥‥‥‥‥‥‥‥‥日本鋼管事件 417

夜半他人の居宅に入り込み、住居侵入の罪で罰金に処されたことを理由とする懲戒解雇が無効とされた例・・・・・・・・・・・・・・・・・横浜ゴム事件　419

解雇有効

競合会社と業務提携する会社へ転職等をした従業員の一部に対する懲戒解雇及び退職金不支給が有効とされた例・・・・・・・・・・・キャンシステム事件　421

超勤命令拒否など7年間にわたり非違行為を繰り返した結果の分限免職が有効とされた例・・・・・・・・・・・・・・・・・・・・・大曲郵便局事件　423

余剰在庫テレホンカード1万枚を隠匿したことを理由とする懲戒解雇が、有効とされた例・・・・・・・・・・・・・・・・・・・・・日本電信電話事件　425

経理部長が会社の取引に、自分が取締役である会社を介在させ、会社の釈明要求にも応じなかったことを理由とする懲戒解雇が有効とされた例　・・東京メディカルサービス・大幸商事事件　426

従業員を勧誘するなどして、同種の会社を設立しようとしたこと等を理由とする懲戒解雇が有効とされた例・・・・・・・・・・・・日本教育事業団事件　427

勤務時間外のキャバレーでの就労を理由とした懲戒解雇が、有効とされた例・・・・・・・・・・・・・・・・・・・・・・・・・・・・・・・・小川建設事件　429

公務執行妨害罪で起訴され、有罪判決が確定したことを理由とする懲戒解雇が有効とされた例・・・・・・・・・・・・・・・・・国鉄中国支社事件　431

使用者の許諾なしに競争会社の取締役に就任したことを理由とする懲戒解雇が有効とされた例・・・・・・・・・・・・・・・・・・・橋元運輸事件　434

第2部　その他の労働契約終了事由

1　有期労働契約の雇止め

ア　雇止めが認められなかった事案

解雇無効

基幹臨時工の雇止めについて、解雇に関する法理を類推適用し、無効とされた例
・・・・・・・・・・・・・・・・・・・・・・・・・・・・・・・東芝柳町工場事件　438

定年前に懲戒処分を受けたこと等を理由とする定年後の再雇用拒否について、解雇権濫用法理の類推適用により無効であると判断された例　・・東京大学出版会事件　440

1年間の契約期間を定めて雇用された臨時雇運転手の雇止めが許されないとされた例・・・・・・・・・・・・・・・・・・・・・・・・・・・・龍神タクシー事件　443

特段の事情がない限り更新することを前提とした有期労働契約について、合理化を理由とした雇止めが許されないとされた例・・・・・福岡大和倉庫事件　444

業績悪化に伴うパートタイマーの雇止めについて、解雇に関する法理を類推適用し、無効とされた例・・・・・・・・・・・三洋電機事件（池田ほか事件）　446

イ　雇止めが認められた事案

解雇有効

業績悪化を理由とした臨時工の雇止めが認められた例・・**日立メディコ事件** 448

11年余にわたって有期雇用契約の締結、契約更新、契約期間満了・退職、一定期間経過後の再入社・新規有期雇用契約の締結を繰り返していた従業員に対し、最後の雇用契約の不更新条項に基づいてなされた雇止めが有効とされた例
・・・・・・・・・・・・・・・・・・・**本田技研工業（雇止め）事件** 450

更新を含め最長2年11か月まで雇用を継続することが可能であった有期雇用契約社員に対して、経済不況に伴って行った雇止めが適法とされた事例・・・**いすゞ自動車（雇止め）事件** 452

作業上のミスを重ね、指導を受けても改善を図らず、ミスを隠蔽した障害者の雇止めに合理性が認められた例・・・・・・・・・・・・・**藍澤證券事件** 454

住民とのトラブルが絶えないマンションの住込み管理員らにつき、マンション退去後の事情等から、会社都合により退職する旨の合意があったとされた例・・**新日本管財事件** 456

登録型の労働者派遣において、労働契約の更新を3回繰り返した派遣元との半年間の有期労働契約の雇止めが有効とされた例　**マイスタッフ（一橋出版）事件** 458

不更新条項の定めを理由とした雇止めが認められた例
・・・・・・・・・・・・・・・**近畿コカコーラ・ボトリング事件** 460

21年間に渡り更新された非常勤講師の雇止めが認められた例
・・・・・・・・・・・・・・・・・・・・・・・**亜細亜大学事件** 462

2　企業組織変更に伴う労働契約の終了

解雇無効

子会社の組合を壊滅させることを目的にして行われた子会社解散による解雇の意思表示が無効とされ、親会社の雇用契約上の責任が認められた例・・**第一交通産業ほか（佐野第一交通）事件** 464

企業廃止に基づく従業員の全員解雇が無効とされた例・・・・**日進工機事件** 467

会社再起のために一部門を独立させ、設立した別会社への転籍命令拒否を理由とする懲戒解雇が無効とされた例・・・・・・・・・・・・**三和機材事件** 469

解雇有効

Yの事業廃止に伴う全従業員の解雇につき、①Yが工場を閉鎖して事業を廃止することを決断したことは、合理的でやむを得ないものであり、②本件解雇手続も妥当であったとして、解雇権の濫用に当たらず、有効と判断された例・・**三陸ハーネス事件** 471

売上げが半減するなど経営悪化による会社解散による解雇が有効とされた例
・・・・・・・・・・・・・・・・・・・・・・・・**レックス事件** 474

3　合意解約

解雇有効

懲戒処分が検討されている旨告知されて提出した退職届が、退職の意思表示として有効であるとされた例・・・・・・　**ネスレジャパンホールディング事件**　475

経常利益の減少などを理由とする合意退職が有効とされた例
・・・・・・・・・・・・・・・・・・・**ダイフク（合意退職）事件**　477

①配転提案を拒否するならば、退職するしかない旨の会社の勧告・提案に対して外国人従業員が「グッドアイデアだ」と答えたことにつき、退職の合意があったとは認められないとされた例
②無断欠勤するなど労働者が就労意思を喪失した場合は、地位確認を求める法律上の利益をも喪失するとされた例・・・・・・・・・・・**株式会社朋栄事件**　479

4　再雇用拒否

解雇無効

事故歴を理由に雇用延長を拒否したが労使協定による除外項目は限定列挙であり非該当であると無効とした例・・・**クリスタル観光バス（雇用延長）事件**　481

第1部
解　雇

1　普通解雇

2　整理解雇

3　懲戒解雇

普通解雇に係る基本的な裁判例

解雇無効

> ユニオン・ショップ協定に基づく解雇権の行使が、合理的な理由を欠き無効になるとされた例

日本食塩製造事件

（昭和50年4月25日　最高裁第二小法廷判決）（労判227号32頁）

（事案の概要）

Yと組合との間には、新機械の導入に関し意見の対立がみられたが、この間Xは、一部職場の女子従業員に対し職場離脱をなさしめたほか、無届集会をしたこと、更に夏期一時金要求に伴う闘争に関し会社役員の入門を阻止した等の事案が会社の職場規律を害するものとして使用者により懲戒解雇された。なお、この時、組合委員長ほか他の組合員も、出勤停止、減給、けん責などの処分を受けている。組合は地労委に不当労働行為を申立て処分撤回の和解が成立したが、この和解には和解の成立の日をもってXが退職する旨の規定が含まれていた。しかし、Xに退職する意思は見受けられなかったところ、組合は、和解案の受諾にXのみの退職を承認したのは闘争において同人の行き過ぎの行動があったこと、受諾の趣旨はこれにより会社と組合との闘争を終止せしめ、労使間の秩序の改善を意図したものであることなどを背景に、Xが退職に応じないときは組合から離脱せしめることも止むを得ないと考えて同人を離籍（除名）処分に付した。Yと組合との間には、「会社は組合を脱退し、または除名された者を解雇する」旨のユニオン・ショップ協定が結ばれており、Yは、この協定に基づきXを解雇した。そこで、Xは、雇用関係の存在確認の請求を行った。

（判決要旨）

（原判決（東京高裁昭和43年2月23日判決）を破棄差戻）

使用者の解雇権の行使も、それが客観的に合理的な理由を欠き社会通念上相当として是認することができない場合には、権利の濫用として無効になると解するのが相当である。

ところで、ユニオン・ショップ協定は、労働者が労働組合の組合員たる資格を取得せず又はこれを失った場合に、使用者をして当該労働者との雇用関係を終了させることにより間接的に労働組合の組織の拡大強化を図ろうとする制度であり、このような制度としての正当な機能を果たすものと認められる限りにおいてのみその効力を承認することができるものであるから、ユニオン・ショップ協定に基づき使用者が労働組

普通解雇に係る基本的な裁判例
解雇無効

合に対し解雇義務を負うのは、当該労働者が正当な理由がないのに労働組合に加入しないために組合員たる資格を取得せず又は労働組合から有効に脱退し若しくは除名されて組合員たる資格を喪失した場合に限定され、除名が無効な場合には、使用者は解雇義務を負わないものと解すべきである。そして、労働組合から除名された労働者に対しユニオン・ショップ協定に基づく労働組合に対する義務の履行として使用者が行う解雇は、ユニオン・ショップ協定によって使用者に解雇義務が発生している場合に限り、客観的に合理的な理由があり社会通念上相当なものとして是認することができるのであり、同除名が無効な場合には、前記のように使用者に解雇義務が生じないから、かかる場合には、客観的に合理的な理由を欠き社会的に相当なものとして是認することはできず、他に解雇の合理性を裏付ける特段の事由がないかぎり、解雇権の濫用として無効であると言わなければならない。

普通解雇に係る基本的な裁判例

解雇無効

> 寝過ごしてしまったアナウンサーに対する解雇が、権利の濫用とされた例

高知放送事件

(昭和52年1月31日　最高裁第二小法廷判決)(労判268号17頁)

(事案の概要)

　Xは、放送事業を営むYのアナウンサーであったが、担当する午前6時から10分間のラジオニュースについて、2週間に2回の寝過ごしによる放送事故を起こした。第1事故は、Xが前日から訴外A(ファックス担当者)と宿直勤務した後、午前6時20分まで仮眠してしまったためラジオニュースを全く放送できなかった。第2事故は、同様に訴外B(同)と前日から宿直した後、寝過ごしのためラジオニュースを5分間放送できなかった。Xは、第2事故については当初上司に報告せず、後に事故報告書を求められ、事実と異なる報告書を提出した。そこで、YはXを解雇した。

　Yの就業規則には、普通解雇事由として「1、精神または身体の傷害により業務に耐えられないとき。2、天変地異その他已むをえない事由のため事業の継続が不可能となったとき。3、その他、前号に準ずる程度の已むをえない事由があるとき」と定められており、Yは、Xの行為は就業規則所定の懲戒事由に該当するので、懲戒解雇とすべきところ、再就職など将来を考慮して普通解雇に処したとする。これに対し、Xは解雇権の濫用であるとして、Yの従業員としての地位確認の請求を行った。

(判決要旨)

　本件の事実に照らせば、Xの行為は就業規則所定の普通解雇事由に該当するものというべきである。しかしながら、普通解雇事由がある場合においても、使用者は常に解雇し得るものではなく、当該具体的な事情の下において、解雇に処することが著しく不合理であり、社会通念上相当なものとして是認することができないときには、当該解雇の意思表示は、解雇権の濫用として無効になるというべきである。

　Xの起こした2回の放送事故は定時放送を使命とするYの対外的信用を著しく失墜するものであり、Xが寝過ごしという同一態様に基づき、2週間内に2回も同様の事故を起こしたことはアナウンサーとしての責任感に欠け、更に第2事故直後においては率直に事故の非を認めなかった等の点を考慮すると、Xに非がないということはできない。

しかしながら、

①本件事故は、共にXの過失によって発生したもので、悪意又は故意によるものではなく、また、通常アナウンサーより先に起きてアナウンサーを起こすことになっているファックス担当者も寝過ごしておりXのみを責めるのは酷であること、②Xは第1事故については直ちに謝罪し、第2事故については起床後一刻も早くスタジオ入りすべく努力したこと、③寝過ごしによる放送時間の空白はさほど長時間とはいえないこと、④Yにおいて早朝のニュース放送の万全を期すべき措置を講じていなかったこと、⑤事実と異なる報告書を提出したことも、短期間内に2度の放送事故を起こして気後れしていたこと等を考えると、これを強く責めることはできないこと、⑥Xはこれまで放送事故歴がなく、平素の勤務成績も別段悪くないこと、⑦第2事故のファックス担当者Bはけん責処分に処せられたに過ぎないこと、⑧Yにおいては従前放送事故を理由に解雇された事例はなかったこと、⑨第2事故についても結局は自己の非を認めて謝罪の意を表明していること、等の事情の下において、Xに対し解雇をもって臨むことは、いささか苛酷に過ぎ、合理性を欠くうらみなしとせず、必ずしも社会的に相当なものとして是認することはできないと考えられる余地がある。したがって、本件解雇の意思表示を解雇権の濫用として無効とした原審（高松高裁　昭和48年12月19日判決）の判断は正当と認められる。

24 解雇事由の類型別裁判例
勤務成績不良　　解雇無効

> 解雇事由に相当するほどの著しい成績不良があったとは認められず、解雇が無効とされた例

日本オリーブ（解雇仮処分）事件
（平成15年2月5日　名古屋地裁決定）（労判848号43頁）

（事案の概要）

　Yは、化粧品や医薬品等の製造・販売を行う会社であるが、業績の落ち込みから、経営基盤強化のための組織再編とともに、賃金額の大幅な変動を伴う新人事管理基本制度を導入することとした。これに対し、Xは、同制度のXへの適用につき不同意である旨、会社に通告するとともに、Yが平成13年7月支給分以降の賃金より、従来の賃金を減額して支給するようになったことから、Yを被告として未払賃金の支払を求める訴えを起こした。

　このような事情の下、Yは、Xについて、営業成績が著しく不良であること、新人事管理基本制度及び就業規則の変更に不同意であること、会社の方針を批判し、上司、同僚社員の誹謗中傷を繰り返すことをもって、勤務成績不良及び服務規律に違反することを理由として解雇したものである。

（決定要旨）

＜Xが、Yとの合意の上での設定した目標売上高を達成していないことから、営業成績が著しく不良であるとのYの主張について＞

- それ以前の担当者による売上高と比較すると、売上げが若干低下していると一応認められるが、この程度の売上げの低下をもって著しい成績不良ということは困難
- 新規開拓店舗数について、Xを除く他の営業員の新規開拓実績との比較から、実績が著しく低いとはいえない

等から、結果としての新規開拓店の売上高から、Xの勤務成績が、解雇事由に相当するほどの著しい成績不良に該当すると一応認めることができない。

＜Xが、上司の指示・伝達を守り、営業成績を上げることを怠ったから、勤務成績が不良で勤務に適さないとのYの主張について＞

- 営業計画書等の提出をしなかったこと等の指示事項については、営業会議をしないで具体的な計画案を作成することは不可能であり、Xの申出にもかかわらず、Yが会議を開催しなかったことから、Xにおいてその実行ができなかったものと

一応認められる等から、その指示事項に関し、Xに解雇事由に相当するほどの著しい成績不良があったものとたやすく一応認めることは困難である。

<Xが、新人事管理基本制度及び就業規則の変更に不同意であることから、服務規律に違反するとのYの主張について>

Xが他の社員が同意している新人事管理基本制度及び就業規則の変更に不同意し、その適用を拒んでいるからといって、そのことが解雇を正当とする「やむを得ない業務上の都合」に該当するものと解することはできない。

<Xが、会社の方針を批判し、上司、同僚社員の誹謗・中傷を繰り返すことから、服務規律に違反するとのYの主張について>

Xは、自己に対する嫌がらせの一環と感じて、これに対する自己防衛的な側面もあって、（中略）同日のXの言動について、Yや同僚を誹謗、中傷したものとして、就業規則12条11号所定の服務規律違反に該当するものと直ちに一応認めることはできない。

以上によれば、Yが主張する解雇事由については、いずれもこれを一応認めるに足りないというべきであって、解雇事由を一応認めるに足りない以上、その余の点について判断するまでもなく、本件解雇は無効といわざるを得ない。

勤務成績不良　解雇無効

家族の介護のため、正規の半分しか乗務しなかったタクシー運転手に対する解雇が認められなかった例

三和交通事件

（平成14年10月4日　大阪地裁判決）（労判843号73頁）

（事案の概要）

　Yはタクシー業であり、Xはタクシー運転手として稼働してきたが、妻の介護をしながらの乗務であったため、1乗務9時間半から11時間程度にとどまり、Yの従業員の中では最低ランクであった。そのため、Yから再三の注意と、配車替えや退社もあり得るとの指導を受けていたが、指導が立ち話の形で簡単に行われていたため、Xは深刻に考えていなかった。そこでYはXの所属する組合の委員長の同席のもと、Xに勤務態度の改善を求めたところ一時的に改善したものの、5日後には従前の水準に戻ったため、Yでは改善の見込がないと判断して解雇した。

（判決要旨）

　XはYが最低賃金の保障を行うようになってからも＜Yでは、従来、その月の営業収入から、基本経費、車両償却費等を控除した額を運転手に支払っていたが、最低賃金を満たさない従業員が存在したことで労基署から是正勧告を受け、Yは賃金規程を改定し（1）最低賃金×乗務回数で算出した額と、（2）営業収入から（1）で算出した金額及び会社経費等を控除して余剰金が生じた場合、余剰金との合計額を賃金とする旨の規定を設けた。＞、喫茶店で長時間休憩するなどして、保障のなかった当時と同様の勤務態度で就労を続け、Yから注意を受けた後も、結局従前同様の勤務態度に戻ってしまったのであり、その営業収入も、終始、最低賃金と会社経費の合計額を下回っていたのであり、「技能、能率が著しく劣ってきたとき」に該当する。

　しかし、Yには、Xの他にもXと同様に営業成績の芳しくない乗務員が複数存在するにもかかわらず、それらの者は最低賃金の保障を辞退していることから解雇されず、しかも、従前、営業成績を理由に解雇された乗務員が存在しないにもかかわらず、Xだけを解雇することは、従前の取扱いや他の乗務員に対する処遇との均衡を著しく欠き、解雇権の濫用として、無効である。

解雇事由の類型別裁判例

解雇無効　勤務成績不良

> 本採用拒否の理由である業務能力の不良、不適格性が認められず、解雇が無効とされた例

オープンタイドジャパン事件

（平成14年8月9日　東京地裁判決）（労判836号94頁）

（事案の概要）

　Xは、人材紹介会社からYを紹介され、採用面接を経て平成12年12月16日、Yから事業開発部長として年俸1300万円で採用する旨の通知を受領し、27日、「試用期間中、本人の実務研修状況と素質を勘案して会社が辞退を勧告した場合は、無条件即時辞退すること」と記載された誓約書に署名捺印し、就労したが、Yは、

- 業務遂行の速やかさに欠け、Yの今後の事業運営の方針に適合しないと判断される
- Y代表者の業務上の指揮命令に従わない
- 経歴書記載の「経験」及び「実績」がYの期待する水準に達していないこと
- 業務運営上必須とされる語学力がYの期待する水準に達していないこと

を理由として、Xの本採用を拒否したものである。

（判決要旨）

＜訪問先の韓国企業に関する対応、営業進捗状況、管理等、Yが主張したXの業務遂行状況の不良について＞

- Xは、関係者を訪問する等して関連情報や参考資料を入手するとともに、韓国企業との間で連絡を取り合い、業務の進捗状況を報告する等、業務の遂行に必要な事項を実施しており、これらが不適切であったと認めるに足りる証拠はなく、Xによる訪問先の韓国企業への対応が不良であったと認めることはできない
- XがYに対して提出した後、改善するよう指示された業務進捗表は、定期ミーティング用の資料で、社員によってこれを作成しなかったり、簡単なメモ程度のものを作成しているのみであり、この事実をもって、Xの業務進捗状況が不良であったと認めることはできない

こと等から、Xの業務遂行状況が不良であったと認めることはできない。

＜業務遂行能力の不良、実務英語力の不良等、Yが主張したXの適格性の欠如について＞

- Xの業務遂行状況が不良であったとは認められず、また、仮にXが事業開発部長としてYの主張する職責を果たすことを

第一部　1　普通解雇　労働者の労務提供の不能や労働能力又は適格性の欠如に関するもの

勤務成績不良　解雇無効

期待されていたとしても、Xが解雇されるまでの2か月間で、そのような職責を果たすことは困難であったというべきであり、その後の雇用継続によって、そのような職責を果たさなかったということも認められず、Xの業務遂行能力が不良であったとは認めることはできない
- XがTOEIC760点を得ていることや、韓国企業向けのXの紹介文を英語で作成していること、Yに入社する前には、外資系企業に勤務したことがあり、外国企業と英語で業務交渉していたことが認められることから、Xの英語力が欠けていたとは認めることはできない

ことから、Xの適格性が欠如していたとは認めることはできない。

＜Yが主張する、Xの職務経歴書の不実記載について＞

職務経歴書の記載事項について、虚偽又は不正確であることを認めるに足りる的確な証拠はなく、また、Xの事業開発部長としての適格性の評価を大きく左右するものと認めることはできない。

＜Yが主張する、Xの指揮命令違反について＞

日本経済新聞を購読するようにとの指示に従わなかった等の指揮命令違反については、いずれもXの勤務態度が不良であると認めることはできない。

以上から、Xの業務能力又は業務遂行が著しく不良であるとか、Xが事業開発部長として不適格であったと認めることはできず、本件解約告知は、試用期間中の本採用拒否として、客観的に合理的な理由があるとか、社会通念上是認することができるものとはいえず、無効である。

決算書の作成ミス等が解雇事由の「技能発達の見込みがない」に該当しないとされ、解雇が無効とされた例

森下仁丹事件
（平成14年3月22日　大阪地裁判決）（労判832号76頁）

（事案の概要）

　Yは医療品等の製造・販売を行う株式会社であり、Xは昭和44年以来、Yに雇用され、販売職等の業務に従事してきたが、この間、Xに対する人事評価は平成8年以前はB（標準）が多かったものの、それ以降はC（標準を下回っており、ミスが多い）が大半となった。さらに、平成12年1月頃から、コンピューターの入力ミス等が発覚し、Xはこれについて決算までには修正するよう命じられたものの、これを放置した。平成12年5月には、Xの発生させたミスが89件にも及んだことに加え、Xのミスにより決算書が間違って作成された。決算書が間違って作成されたことにつき、Xは始末書を提出したが、Yは「技能発達の見込みがないと認めたとき」との解雇事由に該当するとして、Xを解雇したものである。

（判決要旨）

- 平成8年以前には、概ねB（標準）という評価を受けていたこと
- 平成8年4月以降平成11年3月まで従事していた営業職の業務は、Xの後任のものでも予算が達成できなかったことやYの営業自体が不振であったこと等を考慮すれば、Xの成績不振を一概に非難できないこと
- 平成11年10月以降の業務課における業務では、コンピューターを使っての大量の伝票処理を1人でやるというものであり、Xにとって慣れない業務であったことが容易に推認できること
- Yでは、物流課での業務のようにXがミスなく業務を行える職種もあること
- Yの就業規則では、人事考課の著しく悪い者等について、降格ということも定められていること

などに鑑みれば、未だXについて、Yの従業員として適格性がなく、解雇に値するほど「技能発達の見込みがない」とまではいえず、本件解雇は、解雇権濫用であって無効である。

勤務成績不良　解雇無効

> 研修や適切な指導を行うことなく、退職を迫りつつ長期間自宅待機をさせた後の解雇が無効と判断された例

エース損害保険事件

（平成13年8月10日　東京地裁決定）（労判820号74頁）

（事案の概要）

損害保険業務を主たる業務とするYは、人員削減のため、希望退職の募集、全社員の配置を異動させるポジションの「社内公募」制度の導入を決めたが、従業員Xらが社内公募に応じなかったところ、平成11年12月に、これまで地方支店での勤務経験を有しないにもかかわらず、Xらは熊本支店等への配転となった。YはXらに平成12年8月に自主退職を勧告し、退職しない場合には「労働能力が著しく低くYの事務能率上支障があるとみとめられるとき」に該当するとして解雇すると通知し、その後、自宅待機命令を2週間ごとに13回繰り返し、平成12年9月1日から平成13年3月16日までの間職場への立ち入りを禁止したうえ、同年3月14日付けで解雇したものである。

（決定要旨）

就業規則上の普通解雇事由がある場合でも、使用者は常に解雇しうるものではなく、当該具体的な事情の下において、解雇に処することが著しく不合理であり、社会通念上相当として是認できない場合は、当該解雇の意思表示は権利の濫用として無効となる。

本件配転は、リストラの一環として全社員の配置を一旦白紙にして配置し直すという目的で短時間で実行されたもので、本人の希望や個々具体的な業務の必要を考慮したものではなく、かつ結果としてもXらにとって適切な配置ではなかった。このようなYの一方的な合理化策の結果、不適切な部署に配置されたXらは、そのため能力を充分に発揮するについて当初から障害を抱え、かつYに対し多大な不安や不信感を抱かざるを得なかったのであるから、この点においても既に労働者に宥恕すべき事情が存する。また、Xについては、支店長から繰り返し些細な出来事を捉えて侮辱的な言辞で非難され、退職を強要され、恐怖感から落ち着いて仕事の出来る状況ではなかったのであるから、このような状況で生じたことを捉えて解雇事由とすることは、甚だしく不適切で是認できない。

さらにYは当初からXらを他の適切な部署に配置する意思はなく、また、研修や適

切な指導を行うことなく、早い段階から組織から排除することを意図して、任意に退職しなければ解雇するとして退職を迫りつつ長期の自宅待機を命じている。

以上の点に、Yが解雇事由と主張する事実がさして重大なものでもないことを考え併せると、仮に、これが解雇事由に該当するとしても、本件解雇は解雇権の濫用として無効である。

第一部

1 普通解雇　労働者の労務提供の不能や労働能力又は適格性の欠如に関するもの

32 解雇事由の類型別裁判例
勤務成績不良　解雇無効

> 労働能率が劣り、向上の見込みがない、自己中心的などを理由とする解雇が無効とされた例

セガ・エンタープライゼス事件
（平成11年10月15日　東京地裁決定）（労判770号34頁）

（事案の概要）

平成2年に会社Yに大学院卒の正社員として採用されたXは、平成10年に特定の業務分野のないパソナルーム勤務を命じられた。YはXを含む人事考課平均が3点台である56名に対して退職を勧告したところ、Xのみが応じなかった。Yは、就業規則19条1項（従業員が次の各号の1に該当するときは、30日前に予告して解雇する）2号（労働能率が劣り、向上の見込みがないと認めたとき）に該当するとして解雇した。Xは、これに対して、この解雇を無効として地位保全・賃金仮払いの仮処分を申し立てた。

（決定要旨）

＜Xの職務遂行能力について＞

Xは、人材開発部人材教育課において＜学卒者の研修において、悪天候のため到着が遅れ、カリキュラムが大幅に変更された際に、トレーナーや受講者に対してカリキュラム変更の説明を行うなど研修を円滑に進行させるための業務について＞的確な業務遂行ができなかった結果、企画制作部企画制作1課に配置転換させられたこと、＜ソフト開発の外注先であり、Xが開発制作過程の管理を担当していた＞A会社から＜Xとは上手くコミュニケーションがとれず、開発に支障があるため、担当者を代えて欲しいとの＞苦情が出て、国内の外注管理業務から外されたこと、アルバイト従業員の雇用事務、労務管理についても高い評価を得られなかったこと、加えて、平成10年のXの3回の人事考課の結果は、それぞれ3、3、2で、いずれも下位10パーセント未満の考課順位であり、Xのように平均が3であった従業員は、約3500名の従業員のうち200名であったことからすると、Yにおいて、Xの業務遂行は、平均的な程度に達していなかったというほかない。＜中略＞

＜就業規則19条1項の解釈について＞

ただ、右のように、Xが、Yの従業員として、平均的な水準に達していなかったからといって、直ちに本件解雇が有効となるわけではない。＜中略＞

就業規則19条1項各号に規定する解雇

事由をみると、「精神又は身体の障害により業務に堪えないとき」、「会社の経営上やむを得ない事由があるとき」など極めて限定的な場合に限られており、そのことからすれば、2号についても、右の事由に匹敵するような場合に限って解雇が有効となると解するのが相当であり、2号に該当するといえるためには、平均的な水準に達していないというだけでは不十分であり、著しく労働能率が劣り、しかも向上の見込みがないときでなければならないというべきである。

Xについて、検討するに、確かにすでに認定したとおり、平均的な水準に達しているとはいえないし、Yの従業員の中で下位10パーセント未満の考課順位ではある。しかし、すでに述べたように右人事考課は、相対評価であって、絶対評価ではないことからすると、そのことから直ちに労働能率が著しく劣り、向上の見込みがないとまでいうことはできない。〈中略〉

就業規則19条1項2号にいう「労働能率が劣り、向上の見込みがない」というのは、右のような相対評価を前提とするものと解するのは相当でない。すでに述べたように、他の解雇事由との比較においても、右解雇事由は、極めて限定的に解されなければならないのであって、常に相対的に考課順位の低い者の解雇を許容するものと解することはできないからである。

〈解雇権の濫用について〉

Y提出にかかる各陳述書（〈証拠略〉）には、Xにはやる気がない、積極性がない、意欲がない、あるいは自己中心的である、協調性がない、反抗的な態度である、融通が利かないといった記載がしばしば見受けられるが、これらを裏付ける具体的な事実の指摘はなく、こうした記載は直ちに採用することはできない。

〈Xは新入社員の指導を担当していたが、Yにとって重要な事項である新入社員の指導を、労働能力が著しく劣り、向上の見込みもない従業員に担当されることは通常考えられないこと、ホームページを作成する等アルバイトの包括的な指導、教育等に取り組む姿勢も一応見せていることを認めた上で〉

Yとしては、Xに対し、さらに体系的な教育、指導を実施することによって、その労働能率の向上を図る余地もあるというべきであり（実際には、Xの試験結果が平均点前後であった技術教育を除いては、このような教育、指導が行われた形跡はない）、いまだ「労働能率が劣り、向上の見込みがない」ときに該当するとはいえない。

なお、Yは、雇用関係を維持すべく努力したが、Xを受け入れる部署がなかった旨の主張もするが、Xが面接を受けた部署への異動が実現しなかった主たる理由はXに意欲が感じられないといった抽象的なものであることからすれば、Yが雇用関係を維持するための努力をしたものと評価するのは困難である。

したがって、本件解雇は、権利の濫用に該当し、無効である。

勤務成績不良　解雇無効

> 感情的になって怒鳴るなど、マネージャーの適格性に欠けるとして行われた解雇が無効とされた例

日本マーク事件

（平成8年1月26日　東京地裁判決）（労判688号18頁）

（事案の概要）

　Yはソフトウェア作成・開発・輸出入・販売及び賃貸等を業とする会社であり、XはYの業務部マネージャーであるが、Xは普段から秘書等への不適切な言動を行ったり、大阪営業所に出張した際には、意見に同調しない同営業所長を感情的になって怒鳴ったりする等Yの業務部マネージャーとしての適格性に欠ける言動があったことや、各部における月々の活動内容を詳細に報告するマンスリー・レポートの不提出等就業規則に違反する行為があったことから、Yは、就業規則18条7号の「従業員の就業状況が著しく不良で就業に適しないと認められる場合」に該当するとして、Xを解雇したものである。

（判決要旨）

　大阪営業所へ出張した際の冷静さを欠いた発言及びマンスリー・レポートの不提出は、就業規則23条「従業員は規則を守り上司の命令に従い誠実に業務を遂行しなければならない」に違反するが、その他にXの業務部マネージャーの適格性について問題となるべき点は認められない。

　Xが、指示どおりにマンスリー・レポートを提出しなかったことがYの業務遂行上いかなる支障を生じさせたかについては明らかではなく、また、大阪へ出張した際の冷静さを欠いた発言についても、その後まもなく社長になだめられて落ち着きを取り戻し、予定どおり会議を遂行させていること等から、この他Xが外部の者に「社長は気が小さい」等社長を軽んじた発言をしたこと等の事情や、YがXに特段の能力を期待し、総務・人事・渉外を統括する「業務部マネージャー」としてXを雇用しその職務にふさわしい高額の給与を支払っていた等の事情を考慮しても、Xの就業状況が著しく不良で就業に適していなかったと認めることはできないので、Xが就業規則18条7号に該当するとは認められない。以上のとおり、Xについてはそもそも就業規則18条7号に該当しないのであるから、争点3＜*主位的解雇は解雇権の濫用となるか*＞については判断する必要がない。

　＜*「就業状況が著しく不良で就業に適しないと認められる場合」との就業規則所定*

の解雇事由は存在しないとした一審の判断は控訴審（平成9年10月16日　東京高裁判決）においても維持された。＞

第一部

1 普通解雇

労働者の労務提供の不能や労働能力又は適格性の欠如に関するもの

勤務成績不良　　解雇無効

自動車学校の受付け窓口で、ミスが多く業務に不適格であるとして行われた解雇が無効とされた例

松筒自動車学校事件

（平成7年4月28日　大阪地裁判決）（労判681号58頁）

（事案の概要）

　Xは、自動車学校Yに事務員として雇用され、受付窓口において、受付、販売、金銭収受などの業務を担当していたが、多額の過不足金及び教習券等の不足等の事態を毎日発生させている等、業務ミスが多く、業務に著しく不適格であるとして、Yにより解雇されたものである。

（判決要旨）

＜・レジの記録とレジ内の現金の実際額との食い違いについて、Yが数十件もの事例を挙げたものの、その内の数件について、Xのミスが関与しているといい得るものとし、それらのミスについても、Yとの業務遂行に支障を生じさせたなどということはできないと判断し、

・教習券の発行についてもYが挙げた十数件の事例について、Xにミスがあったとすることはできないなどと判断した上で＞

　認定の事実を総合すると、Y主張のXのミスのうち、Xのミスとして明らかなものは認定の少数のものに限られるところ、これらのミスは、大量の事務処理が要求される業務の中で起きた一部の単純なミスであって、大量に事務処理がなされるうちには一部に過誤が起きたとしてもやむを得ないというべきであり、また、右のミスの内容・原因についても判明しており、Yの業務遂行に支障をきたす程の重大なものではなく、現に右支障を発生させていないこと、Xは、受付事務等に関する責任者の地位にはないことからすると、Xについて管理者としての責任を問うことはできない等の諸事情を認めることができ、これらの事情を総合勘案すると、Xの行為をもって、Yの就業規則12条所定の解雇事由である、「技能、能率、態度が著しく不良で、将来改善の見込みがないと認めたとき」及び「その他前号に準ずることがあったとき」に当たるということはできないから、Yの2次的解雇事由を認めることはできず、右解雇事由が認められない以上、その他の証拠を勘案するも、Y主張の1次的解雇事由も認めることはできない。

　よって、本件解雇の意思表示は、その余の点について判断するまでもなく、無効である。

> 高等専修学校の教員に対して、生徒に対する暴行等を理由としてなされた解雇が無効とされた例

東洋学園事件
(平成6年10月17日　大阪地裁決定)（労判672号79頁）

(事案の概要)

Xは、高等専修学校であるYにおいて、昭和59年4月から主としてコンピューター科の教員として勤務してきたものであるが、

- 平成4年1月25日に、自分の担当するクラスの生徒がふてくされた態度を取り、Xをにらみつけたことから、同人を平手で5、6回殴打し、膝蹴りするなどしたこと
- 上記の暴行の処理にあたり、生徒に退学の意思があるなど虚偽の報告をし、事態の混乱を招いたこと
- 定期試験の監督員をしていたにもかかわらず、受験者数と答案数の確認を十分行わなかったため、生徒が答案提出を忘れたのに気づかないまま回収して、同人は、再試験をすることとなったこと
- Xが解雇されるおそれを感じていたため、組合分会の教員に対し、「教員の些細なミスを取り上げて始末書提出を連発することが果たして正常な学校のやり方なのでしょうか。わたしにはどうしても納得がいきません」などと記載した文書を送付したこと
- 昭和62年当時に交通費を不正取得していたこと

等を理由に、Yが、Xは、簡単に矯正することができないXの特殊な性向があり、これが教師としての職務の円滑な遂行の妨げになっているとして、平成4年8月1日に解雇通知をしたものである。

(決定要旨)

YがXの教師としての不適格の理由として掲げたもののうち、①生徒に対する暴行、②生徒の暴行をことさら強調し、事態を混乱させたこと、③答案回収漏れ、④交通費の不正取得については一応考慮に値する。

しかし、①については、常習的なものではなく突発的なものであり、生徒にけがもなかったこと、②については①と合わせてY内では解雇の事例に照らし相応以上ともいえる処分＜*始末書提出及び出勤停止処分*＞がなされていること、③については基本的なミスではあるが、ケアレスミスであり、それが教師としての適格性に直接的に結びつくとまではいえないこと、④についてはこの中では最も教師としての適格性の

勤務成績不良　　解雇無効

判断に影響があるものと考えるが、古い事件であり、すでに解決済みのものであるから、これを重要視することは相当でない。

Xにはいくつかの失敗や欠点が認められるものの、これらがYが主張するような矯正することのできない持続性を有する特殊な性向に基づくものとまでは認められず、したがって、右事実をもってしてもなお教員としての適格性を否定される程度にまでは至っていないというべきである。すなわち、Xが「能率又は勤務状態が著しく不良で就業に適さない」とまで認めるには足りず、かつ、「その他業務上の都合によりやむを得ない事由がある」と認めるにも十分ではない。

そうすると、本件解雇は、解雇の正当事由を欠き、解雇権の濫用に当たる無効なものといわざるを得ない。

生徒の成績評価の誤りを理由とする高校教諭の解雇が無効とされた例

学校法人松蔭学園（森）事件
（平成5年6月23日　東京地裁判決）（労判632号23頁）

（事案の概要）

Xは、家庭科教諭として学園Yに勤務していたが、採用以来、労働組合の結成活動を続け、組合結成後は初代の委員長となった。そのXに対し、Yは「Xの成績評価の誤りが1件2件ではなく異常な数にのぼっており、そのこと自体正に常軌を逸しており、その成績評価の誤りには単純な計算間違いを原因とする事例も多く、これのみをもってしても教師としての資質を疑うには十分であるが、Xの場合、試験の成績を全く無視し、一律に評点をつけるなどして生徒の学習意欲をそぐこと甚だしいものがあり、自ら教師としての責務を放棄したとしか考えられないものも数多くみられる」として「教員として不適格である」とし、就業規則第43条2号「職務に適格性を欠くとき」に該当するとして解雇したものである。

（判決要旨）

＜Xの成績評価の誤りの有無についてのYの主張は認められないとした上で＞

Yの就業規則に定める「職務に適格性を欠くとき」とは、それが教職員の解職事由であることに照らすと、Xの容易に矯正しがたい持続性を有する能力、素質、性格等に起因してその職務の遂行に障害があり、または障害が生ずる恐れの大きい場合をいうものと解するのが相当である。

これを教師の生徒に対する成績評価の誤りについてみると、生徒の成績評価は、教師の職務のうちにあって極めて重要な部分であり、正確な成績評価をする能力は、教師という職務に携わる者にとって欠くことのできないものであり、また、評価を受ける生徒にとっても重大なことであって、成績評価の誤りは、その生徒の学園内における席次の問題だけでなく、進学や就職の推薦の問題にも重大な影響を及ぼすものであることが認められ、したがって、その成績評価の誤りが、容易に改善しがたいその教師の物の見方の偏りや独断に基づくものである場合、あるいは容易に矯正しがたい恒常的な注意力の欠如に基づく場合には、教師としての職務の適格性に欠けるものということができる。

＜尋問の結果によれば、

勤務成績不良　　解雇無効

- XはYに家庭科の教諭として採用されて以来、本件成績評価問題が生ずるまでの約7年間、職務遂行に際して問題行動として指摘されるようなことがなかったこと
- 単純な計算ミスについてはこれまでX以外にも同様の間違いが指摘されていたこと
- 内規の趣旨に沿わない評価の方法については、内規を、実技系の教科に適用する際は、内容が抽象的で分かりにくく、教科会においても、この問題について十分議論されず、明確な取決めもされないまま、長期間放置された状態であったことなど

を認定した上で>

　Yの指摘する成績評価の誤りはXの職務不適格性の徴憑ということはできず、その他、本件にあらわれた一切の事情を検討しても、Xについて就業規則第43条2号の「職務に適格性を欠くとき」に該当する事由ないしは準ずる事由（同条7号）は認められないから、本件解雇は無効というべきである。

　<控訴審（平成7年6月22日　東京高裁判決）においても、同様の判断がなされており、また上告審（平成8年2月22日　最高裁判決）においても、「所論の点に関する原審の認定判断は、原判決挙示の証拠関係に照らし、正当として是認することができ、その過程に所論の違法はない。」として上告は棄却されている。>

> 「勤務態度が著しく不良で、改善の見込みがないと認められるとき」を解雇事由とする解雇が有効とされた例

日本ヒューレット・パッカード（解雇）事件

（平成25年3月21日　東京高裁判決）（労判1073号4頁）

（事案の概要）

Xは、従前の勤務先が吸収合併されたことにより、平成14年11月以降、電子計算機・電子計算機用周辺機器等の研究開発及び製造販売その他を目的とするYの従業員となり、Aサービス総括本部に所属し、社内ウェブのメンテナンス、サポート業務に従事していた。

しかし、Xは、①平成18年8月から平成19年5月末までの間、エクセルファイルでできた保守部品のプライスリスト（以下「FRUリスト」という）を独断で分割・増加させてXにしか理解できない状態にするとともに、不正確な情報を掲載し、②平成19年3月23日、FRUリストの件でYの顧客であるB社から苦情・改善要求を受けてYの従業員が事実関係の確認・謝罪のためにB社を訪問することを知ったXが、訪問中止要求及び訪問妨害行為をしたこと、並びに、訪問議事録存在確認のためにB社に電話し、同社従業員に精神的苦痛を与えるなどし、③平成19年6月以降、異動命令に素直に従わず、異動後も、ウェブに問題が発生したことを知ったウェブ管理業務前任者がXを支援すべく問題に対処したところ、Xの業務を妨げた、パワハラであるなどと記載したメールを送信して同人に対して攻撃的な態度をとるとともに、ウェブのシステム移行作業を遅延させ、また本来業務として予定されていないことを行って注意を受けるなどし、④平成20年7月から同年12月までの間、緊急性がなくかつ勤務時間内に作業を終了できる業務量であったにもかかわらず、残業削減指示を無視して残業を続けるとともに、残業の事前申請を数カ月間行わず、⑤平成21年1月22日、Xと他部署社員との電話について、上司が電話を切るように指示したところ、上司の行為がパワハラに該当するとして、人事部にパワハラの申立てをし、人事部から本件はパワハラに当たらないとの判断が伝えられると、人事部批判のメールを担当者に送信するなどし、⑥平成21年3月、XがYの従業員Sとの協業を命じる業務命令を正当な理由なく拒否するなどし、⑦その他、組織内で勝手な行動をとり、他人の意見を受け入れず、自己の意見に固執し、上司や他のYの従業員に対して不適切、非常識な表現

勤務成績不良　解雇有効

を含むメールを断続的に送信するなどした。

Xは、Yの人事評価制度において、平成21年6月に解雇されるまでの直近6年間で計5回、3段階中の最低評価を受け、数回にわたって、改善プログラム（約6カ月間の期間を設けて目標を立て、改善するように取り組むという内容。期間中、上司と当該従業員が毎月最低1回は面談を行う）の適用を受け、また、人事評価制度（期首に上司と部下がその期の目標設定をし、その後定期的に上司と部下との間で業務の進捗を確認する面談を行い、年度末に上司が部下を評価し伝えるというもの）を通じて改善のための指導を受けた。

上記指導に加えて、Yは、Xに対し、日常的な業務に際しての面談・指導等を通じて、約5年間にわたり、Xの業務能力やコミュニケーション能力、他者からの指示・指導に対する姿勢等の改善を試みたが、平成21年6月30日、Yの就業規則「勤務態度が著しく不良で、改善の見込みがないと認められるとき」を適用してXを解雇した。これに対し、Xは解雇の効力を争い、労働契約上の地位にあることの確認等の請求を行った。

（判決要旨）

Xは、平成18年8月頃から平成21年6月の本件解雇に至るまで、それぞれの時期における担当業務の遂行能力が不十分であった上、上司から業務命令を受けたり、上司や同僚らから指摘や提案などを受けたりしても、自らの意見に固執してこれらを聞き入れない態度が顕著であったと認められる。Xのこのような態度は、取引先からクレームが寄せられた場合であっても異なるところはなく、取引先から担当者としてのXの交替を含む改善を求められたり、事態を大きくして取引先から重ねてクレームが寄せられるに至ったりした。

しかも、Xは、上記のような態度をとるばかりでなく、自らの思い込みに基づいて、上司や同僚のみならず、会社内の他の部署に対して攻撃的で非常識な表現や内容を含むメールを多数送信するなどの行為を繰り返してきた。以上のようなXの言動が、Yと取引先との間の信頼関係を毀損したばかりでなく、Yの会社内部の円滑な業務遂行に支障を生じさせたことは明らかである。

Yは、上司による日常的な注意や、人事評価制度、改善プログラムによる注意や指導を通じて、Xの上記のような態度を改善させようと試みたが、Xは、このような注意や指導に納得せず、最後まで自らの態度を改めることはなかったのであって、Xについては、「勤務態度が著しく不良で、改善の見込みがないと認められるとき」（Y就業規則37条8号）に該当するというべきである。

これに対し、Xは、Xの精神的不調に対するYの対応が不適切であったとか、YがXを排除する意図をもってXに対する不当な対応を長年繰り返してきたなどと主張するが、Xが労務軽減等の配慮を必要とするほどの精神的不調を抱えていたと認めることはできないし、YがXを排除する意図で不当な対応を繰り返していたと認めることもできない。

したがって、本件解雇は有効なものというべきであり、Xの請求を棄却した原判決（東京地裁平成24年7月18日判決）は相当である。

解雇有効　勤務成績不良

> 「技能、能率又は勤務状態が著しく不良で、就業に適さないとき」
> を解雇事由とする解雇が不法行為を構成しないとされた例

小野リース事件

（平成22年5月25日　最高裁第三小法廷判決）（労判1018号5頁）

1　普通解雇　労働者の労務提供の不能や労働能力又は適格性の欠如に関するもの

（事案の概要）

　Xは、平成12年8月16日、建設機械器具の賃貸等を業とするYに雇用された。Xは、同日から同17年3月まで営業部次長を、同年4月からは営業部長を務め、同19年5月1日には統括事業部長を兼務する取締役に就任した。

　Xは、酒に酔った状態で出勤したり、勤務時間中に居眠りをしたり、社外での打合せ等と称し嫌がる部下を連れて温泉施設で昼間から飲酒をしたり、取引先の担当者も同席する展示会の会場でろれつが回らなくなるほど酔ってしまったりすることがあった。

　このため、Xの勤務態度や飲酒癖について、従業員や取引先からYに対し苦情が寄せられていた。Yの代表取締役社長（以下「社長」という）は、Xに対し、飲酒を控えるよう注意し、居眠りをしていたときには社長室で寝るよう言ったことはあるが、それ以上に勤務態度や飲酒癖を改めるよう注意や指導をしたことはなく、Xも飲酒を控えることはなかった。

　Xは、平成19年6月4日（月曜日）、取引先の担当者と打合せをする予定があるのに出勤せず、常務から電話で出勤するよう指示されたのに対し、日曜日だと思っていたと弁解した。Xは、その後連絡を取った部下の従業員からも出勤するよう求められたが、これにも応じず、結局、全日にわたり欠勤した（以下、この欠勤を「本件欠勤」という）。

　社長は、Xに代わって上記取引先の担当者と打合せをしたが、この打合せの後、同取引先の紹介元であり、Yの大口取引先でもある会社の代表者から、Xを解雇するよう求められた。

　Xは、同日の夜、社長と電話で話をした際、酒に酔った状態で「（自分を）辞めさせたらどうですか」と述べた。この言葉を聞いた社長は、苦情を寄せている従業員や取引先からXをかばいきれないと考えた。

　社長は、Xの上記発言を退職の申出ととらえ、翌日の取締役会でXの退職の承認を提案したところ、Xを弁護したり慰留すべきであるとしたりする取締役がいなかったため、退職が承認された。

　Yは、Xが自主的に退職願を提出しな

勤務成績不良　解雇有効

かったことから、同月15日付けでXを解雇した（以下、これによる解雇を「本件解雇」という）。

その後YがXに送付した書面によれば、本件解雇は、Yの就業規則35条1項2号（以下「本件規定」という）「技能、能率又は勤務状態が著しく不良で、就業に適さないとき」に定める普通解雇事由に基づくものとされている。

（判決要旨）

上記事実関係によれば、Xは、入社直後から営業部の次長ないし部長という幹部従業員であり、平成19年5月以降は統括事業部長を兼務する取締役という地位にあったにもかかわらず、その勤務態度は、従業員からだけでなく、取引先からも苦情が寄せられるほどであり、これはXの飲酒癖に起因するものであったと認められるところ、Xは、社長から注意されても飲酒を控えることがなかったというのである。

上記事実関係の下では、本件解雇の時点において、幹部従業員であるXにみられた本件欠勤を含むこれらの勤務態度の問題点は、Yの正常な職場機能、秩序を乱す程度のものであり、Xが自ら勤務態度を改める見込みも乏しかったとみるのが相当であるから、Xに本件規定に定める解雇事由に該当する事情があることは明らかであった。

そうすると、YがXに対し、本件欠勤を契機として本件解雇をしたことはやむを得なかったものというべきであり、懲戒処分などの解雇以外の方法を採ることなくされたとしても、本件解雇が著しく相当性を欠き、Xに対する不法行為を構成するものということはできない。

解雇事由の類型別裁判例

解雇有効　勤務成績不良

> 入社当初からの職制・会社批判等の問題行動・言辞の繰り返しあるいは職場の人間関係の軋轢状況を招く勤務態度を理由とする即時解雇が有効とされた例

セコム損害保険事件

（平成19年9月14日　東京地裁判決）（労判947号35頁）

（事案の概要）

　Yは、損害保険業を営む会社であり、Xは、平成17年4月1日、Yとの間で期間の定めのない雇用契約を締結した。Xは、入社間もない同年4月6日、Xの新人歓迎会での振る舞いに職場の長であるAが苦言を呈したことに対し、人事グループの課長であるBに、「会社に対し私も相当の考えをもっていこうと考えています。」などと苦情を申し立てた。その後、同年5月23日には、Xの所属部署の課長であるCに「管理職としての意識が足りないのではないか」等記載したメールを送信し、また、同年5月30日までに、Cに対し、「課長の資格はない」などと面と向かって非難するなどした。さらに、同年8月8日、Bに対し、Cの職場での言辞について批判するメールを送信し、同年8月12日にも、Bに対し、Aとの保険約款に関する会話の内容を批判的に報告するなどした。その他にも、同年8月31日、AがXに座席移動を指示したのに対して、Xは従わず、むしろ自己の考えから移動の必要性がないとして翌日書面でこれを断る

などした。

　Xの言動に対して、Aは、平成17年5月23日、不適当な表現は止めるよう指導・警告し、同年7月15日には、協調性をもって業務にあたるよう厳重注意した。また、同年9月1日には、事実と異なる情報を社内に送付しないよう厳重注意するとともに、座席移動に応じないことに対して指示に従うよう通告した。取締役兼部長のDも、同年9月9日、Xが座席移動・不必要なメール禁止の指示に従わないことに対して、指示を遵守するよう指示し、遵守されない場合はしかるべき措置を講じる旨警告した。その後も、平成18年1月20日には、Aの注意に対して極めて反抗的な態度を示したことから、Aは、Xに対し厳重注意した。しかし、Xの言動は改善されず、平成18年3月29日ころには、職場ミーティングにおいて、A・Cらと対立し、「みんな生活がだらしない。そこから変えたほうがいいんじゃないですか？」などと発言した。そこで、Yは、平成18年4月11日、①Xの礼儀と協調性に欠ける言動等により職場

第一部

1　普通解雇

労働者の労務提供の不能や労働能力又は適格性の欠如に関するもの

勤務成績不良　解雇有効

秩序が乱れ、他の職員に甚大な悪影響を及ぼしたこと、②良好な人間関係の回復が不能な状況であること、③Xに再三の注意を行ったが改善されないことの3点を解雇事由として、就業規則上の懲戒解雇規定を摘示してXを即日解雇した（なお、後に、Yは、懲戒解雇規定を摘示したのは誤りであり、本件解雇は就業規則53条5号「制裁のため必要なとき」に基づく普通解雇であると訂正している）。これに対して、Xは、Yに対し、従業員としての地位確認及び解雇後の月例賃金等の支払いを請求した。

（判決要旨）

Xの職場における言動は、会社という組織の職制における調和を無視した態度と周囲の人間関係への配慮に著しく欠けるものである。そして、Xがこのような態度・言辞を入社直後からあからさまにしていることをも併せ考えると、X自身に会社の組織・体制の一員として円滑かつ柔軟に適応して行こうとする考えがないがしろにされていることが推認される。このようなXの言動は、自分の考え方及びそれに基づく物言いが正しければ、上司たる職制あるいは同僚職員さらには会社そのものも、その考えに従って改めるべきであるという思考様式に基づいているものと思われる。

Xの問題行動・言辞の入社当初からの繰り返し、それに対するY職制からの指導・警告及び業務指示にもかかわらずXの職制・会社批判あるいは職場の周囲の人間との軋轢状況を招く勤務態度からすると、X・Y間における労働契約という信頼関係は採用当初から成り立っておらず、少なくとも平成18年3月末時点ではもはや回復困難な程度に破壊されているものと見るのが相当である。

これに対し、Xは、自身に非はなく、A・Cの言動に問題がある旨主張するが、Xの言動として問題とされているのは、発言内容の正誤や発言の真意自体ではなく、その物の言い方や、会社批判、職制批判等の行動態度にある。間違ったことでなければ何を言ってもいいことにならないのは社会人として常識であるところ、Xの勤務態度は客観的に見て自己中心的で職制・組織無視の考え・行動が著しく、非常識かつ度を超したものと評価せざるを得ないレベルにある。また、Xにおける入社当初からの自己の考えを前面に出した物の言い方には、およそその職場あるいは会社に適合して職制なり職場の状況の様子を見据え一旦はその環境を受け容れた上での意見の表明とはほど遠く、攻撃性が顕著であり、上司部下といった関係を尊重した人格的な信頼関係の基礎が崩れている。

Xは、懲戒処分における突然の解雇が適正な手続を満たしていないこと、及び本件解雇事由が就業規則上の解雇事由に該当しないから無効であることを主張するが、上司等から指導・業務指示・警告を受けるに至った状況に照らすと、他の懲戒処分を経ていないことの一事をもって適正手続違背であるとは評価しがたい。また、懲戒解雇とは異なり、普通解雇の場合は就業規則に逐次その事由が限定列挙されていなければ行使できないものではなく、Yは、就業規則53条5号「制裁のため必要なとき」という規定を解雇事由にしているところ、組

織規律違反が顕著であることと従業員としての適格性の欠如が顕著であることから懲戒事由に当たるものを普通解雇にしたと考えることができる。以上により、本件解雇は解雇権の濫用として無効にすべきではなく、Xの請求はいずれも理由がなく棄却する。

第一部

1 普通解雇　労働者の労務提供の不能や労働能力又は適格性の欠如に関するもの

勤務成績不良　解雇有効

> 会社による再三の注意・指導にもかかわらず勤務態度を改めなかったこと等を理由に、専門職として中途採用された従業員に対する普通解雇が有効とされた例

日本ストレージ・テクノロジー事件

（平成18年3月14日　東京地裁判決）（労経速1934号12頁）

〔事案の概要〕

Xは、平成12年2月、Yに物流専門職として中途採用された。Xは、業務処理に必要な書類の提出遅延などを繰り返し、また、Yの他部門関係者や顧客からその業務対応の不適切さ、不誠実さ、協調性を欠く言動について苦情が寄せられることが多く、その都度、上司であるCマネージャーは、Xに対し、状況報告を求め、指導・注意を行ったが、Xは、速やかに報告書を提出せず、弁解して指導・注意にも従わず、反省の様子が見られなかった。Yは、Xが他部門への異動を希望したことや単にXと上司との相性が悪いという問題に過ぎない可能性も考慮して、専門職採用の場合は、通常、部門間の異動がないにもかかわらず、例外として、他部門へ異動させることとした。その際、E本部長らは、Xに対し、上司の指示に従い、高いレベルの顧客満足度を得る勤務をすることがYにとどまるための最後のチャンスであることを告げた。しかし、Xは、異動先においても、上司や他部門関係者からの照会に対し適切に回答することを怠り、顧客からもXの話が二転三転して解らない等の苦情が寄せられることがあった。そこで、上司であるDマネージャーは、平成14年6月27日付書面により、Xに対し、Xの問題点を指摘して改善を促し、E本部長は、同年9月3日、Xに対し、上司の指示に従わない場合はYとの雇用関係が終了することになると告げ、Dマネージャーは、翌4日付書面により、Xに対し、Xの問題点を指摘して勤務態度の改善を促したが、Xの業務態度に関する苦情は絶えなかった。また、E本部長らは、Xの業務処理に関して、派遣従業員と比較してもXの業務処理速度が遅いことから、同月13日付書面により、業務処理速度の向上を促し、効率的な業務を遂行するように求めた。その後も、上司の指示に従わないといった勤務態度や顧客らへの業務対応に改善が見られなかったことから、E本部長らは、同年10月10日付書面及び同年11月18日付書面により、Xに対し、今後同様の行動に及ぶことのないように厳重注意を行った。さらに、Xは、Dマネージャーから直ちに対応

解雇有効　勤務成績不良

1　普通解雇

労働者の労務提供の不能や労働能力又は適格性の欠如に関するもの

するように指示された件について、自己が対応すべき案件ではないとして、2週間以上対応せず顧客や関係者に多大な迷惑をかけたため、Yは、同月26日、Xを譴責処分とするとともに、Xをデータ入力業務を中心とする担当に変更し、顧客や社内調整の窓口業務をさせない取り扱いをした。同処分を受け、E本部長らが、Xに対し、同月29日のミーティングに出席するように命じたにもかかわらず、Xがこれを拒否したため、Dマネージャーらは、同年12月2日付書面により、Xに対し、厳重注意を行った。

Yは、同月3日、Xに対し、退職金の割増支給等の条件を付して退職を勧奨したが、Xはこれを拒否したことから、同月12日、就業規則21条2号（業務の遂行に必要な能力を著しく欠くと認められたとき）及び5号（前各号に準ずるやむを得ない事由がある場合）に該当する事由があるとして、同日付でXを普通解雇（以下「本件解雇」という。）する旨を通知し、解雇予告手当を支払った。

これに対して、Xが、本件解雇は正当な解雇事由を欠き無効であるとして、Yの社員としての地位確認請求等を行った。

（判決要旨）

Xは、当初就労した部門において、業務上のミスを繰り返し、業務対応について他部門関係者や顧客から苦情が寄せられることが多く、上司の指導・注意に従わない態度であったことなどから、Yとの労働契約を継続する最後のチャンスとして他部門に異動したにもかかわらず、その異動後も、上司の指示に従わず、また、上司や関係者への報告を怠り、顧客に対しても不適切、不誠実な態度をとったことなどから多くの苦情が寄せられたこと、そのため、Xは、顧客らへの業務対応、上司に従わないなどの勤務態度に関して、E本部長らから再三改善を要求されたが、改善せず、その後も顧客らからの苦情が絶えなかったこと、Xは、担当業務の習熟が遅れたため、E本部長らから業務処理速度の向上を促されたこと、本件解雇の直前には上司の指示に従わなかったとして譴責処分を受けたこと、さらに譴責処分を受けてYが設定したミーティングへの出席を拒否したことが認められる。以上のXの勤務態度からすれば、XがYにおいてその勤務態度を問題視されたことが上司との相性や上司のXに対する嫌悪の情に起因するとはいえず、Xは、上司からの再三の指導・注意にもかかわらず、自己の勤務態度を反省して改善することがなかったと判断せざるを得ないから、Xは、業務の遂行に必要な能力を著しく欠くと認められ（就業規則21条2号）、また、これに準ずるやむを得ない事由がある場合（同5号）に該当すると認めることができ、本件解雇は、客観的に合理的な理由が存在し社会通念上相当であったというほかない。

これに対し、Xは、営業目標を上回る売上額を達成するなど業務能力が優れており、本件解雇は、正当な解雇事由を欠き無効であると主張する。しかし、証拠によれば、売上額、利益額の多寡のみにとどまらず、顧客に適切、誠実な業務対応をしてYに対する信頼を確保すること、上司の指示命令に従い、社内他部門と適切に連携して迅速

勤務成績不良　解雇有効

に業務処理をすることも基本的かつ重要な業務遂行上の要素であり、これらを総合して業務遂行能力の優劣を判断すべきと認められる。Xは、これらの勤務態度において再三指導・注意を受けていたのであるから、Xが営業目標を達成していたとしても、これをもって直ちにその業務遂行能力が優れていたと評価することはできない。

以上によれば、本件解雇は有効であると認められ、Xの主張はいずれも理由がない。

解雇有効　勤務成績不良

> 営業目標未達成などの理由で出向契約の解約を申し込まれた営業マンに対する職務遂行能力不足を理由とした解雇が有効とされた例

テサテープ事件

（平成16年9月29日　東京地裁判決）（労経速1884号20頁）

（事案の概要）

Xは、昭和61年5月工業用品、粘着テープ等の輸入・加工・販売等を行うYに入社したが、解雇され、訴を提起後、和解により復職した。しかし、社内にXを処遇するポストがなかったため、訴外A社へ出向発令をされたため、Xは、出向命令の無効確認の訴えを提起したが、請求を棄却され、控訴・上告も棄却された。

Yは、平成14年7月、XをY製品の販売代理店であるB社に出向を命じ、Xは販売業務に従事した。B社は7月から12月までの6か月間のXの粗利益目標を60万円（月間10万円）としたが、7月から9月までの3か月間の実績売上高は12万8000円、粗利益は2万8000円にすぎなかった。また、B社は、Xに対しB社就業規則に従い勤務し、B社の朝礼や会議に出席して営業上の情報を共有するよう要望し、YもXに対しその旨を話し勤務時間をB社に合わせるよう話したが、Xはこれに応じなかった。その後も、Xの営業成績は劣悪であった。B社は、Yに対し、XはY製品の販売展開をせず、粗利月額10万円も達成できず営業として力を発揮できない旨を伝え、出向解約を申し出た。Yは、平成15年3月、「職務遂行能力を欠き、他の職務に転換できない」場合に該当するものとして、Xを解雇した。

（判決要旨）

B社においては、格別の経験のない新入社員であっても6か月間で合計60万円の粗利を計上しているにも拘わらず、Xは、Yの営業で稼働していた際には、ユーザーへの飛び込み営業の経験まで有し、かつ、自ら営業を希望しておきながら、B社において6か月でわずか売上124万円、粗利23万円しか計上できず、平成15年1月以降も、6か月間は粗利10万円を達成できない旨表明していたのであって、その他1日の勤務時間のうち1時間が正味面談、1～2時間が見積もり、5～6時間が移動・納品・納品代行と報告しておきながら、1日の平均自動車走行距離は僅か108キロにすぎないことを総合考慮すれば、Xの職務

52　解雇事由の類型別裁判例
勤務成績不良　解雇有効

遂行能力の欠如は著しく、「職務遂行能力を欠き、他の職務に転換できない」に該当する。

　Xは、強く営業を希望し、自信を持っていたにもかかわらず、その成績は極めて劣悪なのであるから、さらに他の職を従事させるまでもなく、Xが職務遂行能力に欠けることは明らかである。

　なお、本件解雇は、職務遂行能力欠如を理由とする解雇であり、整理解雇と異なり、空きポストの有無は、解雇の当否の判断に直接影響するものではない。

解雇有効　勤務成績不良

> 即戦力と期待して中途採用した社員に対する能力不足を理由とする解雇が、有効と判断された例

日水コン事件

（平成15年12月22日　東京地裁判決）（労判871号91頁）

（事案の概要）

Xは、平成14年3月、システムエンジニアとしてYに中途採用された。このときYは、Xに対し将来的にはYのシステム部門を背負っていくような活躍を期待する旨発言するなど、Xのシステムエンジニアとしてのスキルや前職での勤務実績から、Yの即戦力となることを期待し、そのことをX自身も承知したうえで採用された。しかし、Xは約8年の同部門在籍中、日常業務に満足に従事できないばかりか、特に命じられた業務についても期待された結果を出せなかった上、直属の上司の指示に対し反抗的な態度を示し、その他の多くの課員とも意思疎通ができず、自己の能力不足による業績不振を他人の責任に転嫁する態度を示すなど、Yの期待に応えるような業務実績を上げることはできなかった。Yは、Xに対して再教育・指導の機会を与える必要があると判断し、平成12年7月、Xの業務実績が乏しいこと、及び40歳代の指導育成としてはこれが最後の機会になることなどを説明した上で、Xに配置転換を命じ、1年間半にわたって、上司の指導・助言や人事企画課の監督を受けながら、指導育成を実施し、業務成果の評価等を行うことにした（以下「本件評価業務」という）。しかし、Xに改善の兆しが見られなかったことから、YはXを、「職員としての適格性を欠く場合」、「職務に誠意なく勤務状況著しく不良の場合」として解雇（以下「本件解雇」という。）した。

これに対して、Xが、本件解雇には解雇事由がなく、また、本件解雇は解雇権の濫用であるとして、Yの社員としての地位確認請求を行った。

（判決要旨）

Xは、Yからコンピューター技術者としての豊富な経験と高度の技術能力を有することを前提に、Yの会計システムの運用・開発の即戦力となること等を期待されて、システムエンジニアとして中途採用されたにもかかわらず、約8年の同部門在籍中、日常業務に満足に従事できないばかりか、特に命じられた業務についても期待された結果を出せなかった上、直属の上司の指示に対し反抗的な態度を示し、その他の多く

第一部　1　普通解雇　労働者の労務提供の不能や労働能力又は適格性の欠如に関するもの

勤務成績不良 　解雇有効

　の課員とも意思疎通ができず、自己の能力不足による業績不振を他人の責任に転嫁する態度を示した。そして、人事部門の監督と助言の下にやり直しの機会を与えられたにもかかわらず、これも会計システム課在籍中と同様の経過に終わり、従前のXに対する評価が正しかったこと、それが容易に改善されないことを確認する結果となった。このように、Xは、単に技術・能力・適格性が期待されたレベルに達しないというのではなく、著しく劣っていてその職務の遂行に支障を生じており、かつ、それは簡単に矯正することができない持続性を有するXの性向に起因しているものと認められることから、「職員としての適格性を欠く場合」（就業規則59条2号）及び「職務に誠意なく勤務状況著しく不良の場合」（就業規則59条3号）に該当する。

　また、本件評価業務の経過においても、Xには、システムエンジニアに求められる、主体的・積極的に情報を入手し、これを解決しようとする姿勢に欠け、さらには、指示した者に自らの状況を説明して検討を求めるなどの働きかけもなかったというべきである。そして、これが最後の機会であるとして与えられた評価業務であり、しかも、人事企画課長が、Xに対しXに問題があると指摘した上で報告・連絡・相談の重要性を再三再四にわたって指導し、また、Xと上司との間で十分な確認・調整が行われるよう種々配慮した上でのことであったことからすると、それ以前の会計システム課においても同様の姿勢であったことから業績を挙げることができなかったものと推認できる。そして、このような長期にわたる成績不良や恒常的な人間関係のトラブル及びXの成績不良の原因は、Yの社員として期待された適格性とXの素質、能力等が適合しないことによるもので、Yの指導教育によっては改善の余地がないことを推認させる。

　以上から、Xの請求には理由がないからいずれも棄却する。

勤務成績不良を理由とする中途採用の従業員に対する解雇が有効とされた例

ヒロセ電機事件

（平成14年10月22日　東京地裁判決）（労判838号15頁）

（事案の概要）

Xは、父がインド人、母が日本人であり、日本人女性と結婚して日本国籍を有する者であるが、各種電気機械器具の製造及び販売を行うYに、平成12年11月から雇用されていた。Xは、その海外勤務歴に着目され、業務上必要な英語・日本語の語学力、品質管理能力を備えた即戦力と判断されて雇用されており、Yの技術センター品質管理部主事として、品質管理に関する専門知識、英語・日本語の語学力が必要とされる海外クレーム対応と品質情報収集の業務に従事していたが、業務命令に従わず、同僚への誹謗・中傷、職場規律違反を繰り返し、業務の進め方や知識・技能・能率を学ぶ姿勢がなく、業務上要求される英語力にも問題があるとして、就業規則37条2号の解雇事由である「業務遂行に誠意がなく知識・技能・能率が著しく劣り将来の見込みがないと認められたとき」に該当するとして、Yにより解雇されたものである。

（判決要旨）

Xの職歴、特に海外重要顧客であるN社での勤務歴に着目し、業務上必要な日英の語学力、品質管理能力を備えた即戦力となる人材であると判断して品質管理部海外顧客担当で主事1級という待遇で採用し、Xもそのことは理解して雇用された中途採用の事案であり、長期雇用を前提とし、新卒採用する場合とは異なり、Yが最初から教育を施して必要な能力を身につけさせるとか、適性がない場合に受付や雑用など全く異なる部署に配転を検討すべき場合ではない。労働者が雇用時に予定された能力を全く有さず、これを改善しようともしないような場合は解雇せざる得ないのであって、就業規則37条の規定もこのような趣旨をいうものと解するのが相当である。

Xの業務遂行能力・態度を見るに

- Xは、N社ではさしたる勤務経験を有さず、品質管理に関する専門的知識や能力が不足していたこと
- Xの作成した英文の報告書には、いずれも自社や相手方の名称、クレーム内容、業界用語など到底許容し難い重大な誤記・誤訳があり、期待した英語能力に大きな問題があり、日本語能力についても、

56　解雇事由の類型別裁判例
勤務成績不良　解雇有効

当初、履歴書などで想定されていたものとは全く異なり、極めて低いものであったこと
- Xは、英文報告書は上司の点検を経て海外事業部に提出せよとの業務命令に違反し、上司の指導に反抗するなど、勤務態度も不良であったこと

から、就業規則37条2号の「業務遂行に誠意がなく知識・技能・能率が著しく劣り将来の見込みがない」に該当する。

また、本件解雇は、解雇権の濫用にも当たらない。

解雇有効　勤務成績不良

勤務状況不良を理由とする試用期間中の解雇が有効とされた例

ブレーンベース事件

（平成13年12月25日　東京地裁判決）（労経速1789号22頁）

（事案の概要）

　Xは、X線診断器、インプラント、手術用具等の医療材料・機器製造販売を主な業務とするYに、平成11年1月6日から雇用されていたが、入社後3か月間は試用期間であるとされていた。Xの業務は、業務全般を執り行うAの業務の補助として、販売した商品の発送の業務、商品発表会の開催案内をパソコンのファックスモデムを使用して関係者に送信する業務であった。Yは、Xの採用に際して、パソコンに精通しているなどといったXの発言及び職務経歴書の記載に照らし、Xがパソコン操作及び営業活動の経験と能力を有するものと判断して採用することとしたものである。

　ところが、Xは、歯科医が患者の治療中に必要となった商品の発注に対し、他の作業を止めず、Aから商品を届けるよう依頼された後30分程度たってから事務所を出発する等の態度をとることが3回程度あり、また、パソコンの使用経験者にとって困難ではないはずの商品発表会の開催案内の送信も満足に行うことができなかった。さらに、参加者に対するお礼の電話、ファックスの送信、商品の販売交渉の段取りを行う等、Yの業務推進にとって重要な業務が行われる商品発表会の翌日に休暇を取るということがあった（Yにおいては、商品発表会の翌日は、社員は必ず出勤するという慣行になっていた）。

　これらのことから、YはXを解雇することとしたものである。

（判決要旨）

　＜Xは、Xの業務分担上その業務補助を行うべきAからの緊急の業務指示に対し、他に緊急を要する業務を行っているわけではないにもかかわずこれに速やかに応じない態度を取るなどしたこと、採用面接時にはパソコンの使用に精通している旨述べていたにもかかわらず、パソコンの使用経験者にとって困難ではないファックスの送信について満足に行うことができないこと、Yの業務にとって重要な商品発表会の翌日に2回休暇を取ったこと等を認定し、Xの業務分担が全体として錯綜するなどといった、高度ないし困難な事務処理を任されていたわけではないこと、Yが取締役を含め

第一部　1　普通解雇　労働者の労務提供の不能や労働能力又は適格性の欠如に関するもの

勤務成績不良　　解雇有効

た実動社員4名の零細な規模の企業であることに併せかんがみて＞

　Yの商品の販売につながる業務を行うことを期待したYにとっては、Xの業務状況は、遅くとも平成11年3月末時点で、そのような期待に沿う業務が実行される可能性を見出し難いものであったと認めるのが相当である。＜中略＞

　Xの入社時から本件解雇時まではいまだ試用期間であったところ、一般に、試用期間の定めは、当該労働者を実際に職務に就かせてみて、採用面接等では知ることのできなかった業務適格性等をより正確に判断し、不適格者を容易に排除できるようにすることにその趣旨、目的があるから、このような試用期間中の解雇については、通常の解雇の場合よりも広い範囲における解雇の自由が認められるというべきである。しかし、一方で、いったん特定企業との間に一定の試用期間を付した雇用関係に入った者は、本採用、すなわち、当該企業との雇用関係の継続についての期待を有するのであって、このことと、上記試用期間の定めの趣旨、目的とを併せ考えれば、試用期間中の解雇は、客観的に合理的な理由が存し、社会通念上相当と認められる場合にのみ許されると解するのが相当である。本件においては、その試用期間が上記のような趣旨、目的とは異なる趣旨、目的にあるものであるとはうかがわれないから、本件の試用期間も上記趣旨、目的にあるものと認められ、そうすると、試用期間中である本件解雇に関し、その有効性の判断に当たっては、上記の基準が妥当すると解すべきである。

　上記の認定にかんがみれば、本件解雇は、客観的に合理的な理由が存し、社会通念上相当と是認される場合に当たると解するのが相当である。

　よって、本件解雇は有効である。

欠勤や遅刻の多さ、業務意欲の欠如等を理由とする解雇が有効とされた例

東京海上火災保険事件
(平成 12 年 7 月 28 日　東京地裁判決)(労判 797 号 65 頁)

(事案の概要)

Xは、昭和 62 年 4 月に損害保険会社 Y に総合職従業員として採用され、コンピューターシステムの開発および保守に関する業務等に従事していたが、通勤途上の負傷や私傷病等を理由に、平成 4 年 11 月以降 4 回の長期欠勤(4 か月間、5 か月間、1 年間、6 か月間)をはじめ約 5 年 5 か月のうち約 2 年 4 か月を欠勤し、また最後の長期欠勤の前 2 年間の出社日数のうち約 4 割が遅刻であったなど遅刻を常習的に繰り返していた。

また、Xにあっては、長期欠勤明けの出勤にも消極的な姿勢を示し、かつ、例えば平成 9 年 8 月には 1 日の労働時間 6 時間 45 分のうち離席時間の合計が 100 分に上るなど無断離席も多かった。

こうしたXの態度に対し、Xの上司らは再三にわたり面接を含めた注意指導を行ったが、その態度は改まらず、むしろ反発することすらあった。

そこでYは、Xの所定労働日における大半の欠務、甚だしく多い遅刻・離席、また業務意欲・知識・能力の著しい低さがYの業務に多大の支障を与えていたものであり、労働協約及び就業規則に規定される普通解雇事由「労働能率が甚だしく低く、会社の事務能率上支障があると認めたとき」に該当するとして、平成 10 年 4 月 8 日付けでXを解雇した。

これに対してXは、労働能率は労働者が労働義務を負っている時間で判断され、会社の許可を得た欠勤や有給休暇は能率の低さの理由とはならず、また遅刻はすべて正当な理由に基づくものであり、勤務実績の不良も事実に反するとして、普通解雇事由は存在せず本件解雇は解雇権の濫用に当たると主張し、Yに対して従業員としての地位の確認および賃金の支払いを求めた。

(判決要旨)

Xは、平成 4 年 11 月以降、4 度の長期欠勤を含め傷病欠勤が非常に多く、その日数は本件解雇までの約 5 年 5 か月のうちの約 2 年 4 か月に及び、長期欠勤明けの出勤にも消極的な姿勢を示したこと、出勤しても遅刻が非常に多く、離席も多かったこと、出勤時の勤務実績も劣悪で、担当業務を指

勤務成績不良　　解雇有効

示どおりに遂行することができず、他の従業員が肩代わりをしたり、ときには後始末のために少なからぬ時間を割かなければならず、Yの業務に支障を与えたことが認められる。これらによれば、Xは、労働能率が甚だしく低く、Yの事務能率上支障を生じさせていたというべきである。なお、Yは有給休暇の取得を労働能率が低いことの論拠とはしていない。

　また、「能率」を「一定の時間に出来上がる仕事の割合」と定義づけるとしても、「一定の時間」から傷病欠勤の時間を除外する理由はない。むしろ、X・Y間の法律関係が雇用契約関係であることからすれば、Xの主張は採用し得ないというべきである。すなわち、雇用契約においては、労務の提供が労働者の本質的な債務であり、ましてYは、Xを、総合職の従業員として期限を定めることなく雇用したのであるから、Yとしては、ときには傷病等で欠勤することがあるにせよ、Xが長期にわたりコンスタントに労務を提供することを期待し、Xもそのような前提でYに雇用されたと解されるところ、このような雇用契約関係下で、傷病欠勤が多く、労務を長期にわたって提供できないことを、従業員（労働者）としての適格性判断の材料にできないというのは不合理であるからである。この理は、個別の傷病の際にYが欠勤を許可した事実の有無により、左右されるものではないというべきである。そして、平成3年6月以降本件解雇までの約6年10か月の期間に、Xの勤務状況からみれば、有給休暇を取得した期間を除外したとしても、Xの労働能率は著しく低いというほかないのである。

　よって、Xは、普通解雇事由を定めた労働協約及び就業規則の「労働能率が甚だしく低く、会社の事務能率上支障があると認められたとき」に該当すると認められる。

　Xの上司らがXとの面接を含めて指導を続けてきたが、それにもかかわらず、Xの勤務実績、勤務態度は変わらなかったものであるし、本件解雇時まで継続していた本件欠勤では、出勤して労務提供を提供する意欲がXに見られなかったのであるから、YがXを解雇せざるを得ないと判断したことには客観的に合理的な理由があるのであって、本件解雇が解雇権の濫用に当たるとはいえない。

解雇有効　勤務成績不良

中途採用の従業員の能力が、必要な水準に達していないとして行われた解雇が有効とされた例

プラウドフットジャパン事件

（平成12年4月26日　東京地裁判決）（労判789号21頁）

（事案の概要）

Xは、経営コンサルティング会社Yに、インスタレーション・スペシャリスト（顧客企業の役員及び管理職に対して、適切な質問を行うことなどを通して自ら問題意識と解決への意欲を生じさせ、協同して問題の解決策を作成実行する者。以下「IS」という）として中途採用され、年俸770万円で勤務していた。Xは、入社以来5つのプロジェクトに従事してきたが、そのうち1つを除くプロジェクトに従事している期間中において、ISとして求められている能力や適格性の点においていまだ平均に達していない状態が1年半にわたり断続的に続いていた。Yは、Xに対して、プロジェクトから外れ、別の職務を提供して雇用継続していく旨の提案により約3か月にわたり交渉を重ねたが、結局、妥協点が見出せず、交渉中断2か月経過後に、就業規則9条1項（会社は従業員が次の各号の1に該当するに至ったときは、30日前に予告するか30日分の平均賃金を支払って解雇することがある）1号（その職務遂行能力に不適当と判断されたとき）及び2号（その職務遂行に不十分又は無能と判断されたとき）に該当するとして、解雇予告手当相当の金員の送付とともに解雇の意思表示をした。Xは、本件解雇は就業規則に定める解雇事由に当たらず、解雇権の濫用として無効であるとして、労働契約上の地位確認及び賃金の支払を求めた。

（判決要旨）

＜就業規則9条1項1号及び2号の解釈＞

＜YがISとして雇用した社員に対し、どのような能力や適格性を求めているかについては、Yが従業員との間で締結した雇用契約の内容によって決まるものとし、Yが新聞紙上に掲載した募集広告においては経験不問との記載があること及びYにおいてはオフ・ザ・ジョブ・トレーニングが完備されていることを認めた上で＞

YにおいてはISとして採用された社員が入社後のトレーニング及び実務における経験を重ねることによりISとしての能力や適格性を高めていくことが予定されているものと認められ、この認定を左右するに足りる証拠はないのであって、そうであるとす

勤務成績不良　解雇有効

ると、YがISとして雇用した社員がYに入社するまでに経営コンサルタントとして稼働した経験がない場合には、その社員との間に締結した雇用契約においては雇用の時点において既にISとして求められている能力や適格性が平均を超えているか、又は、少なくとも平均に達していることが求められているということはできないのであって、その場合には、一定の期間ISとして稼働し、その間にISとして求められている能力や適格性が少なくとも平均に達することが求められているものというべきである。

そうすると、Yに入社するまでに経営コンサルタントとして稼働した経験がない社員が一定期間ISとして稼働したにもかかわらず、ISとして求められている能力や適格性がいまだ平均を超えていないと判断される場合には、その社員はその能力や適格性の程度に応じて「その職務遂行に不適当」又は「その職務遂行に不十分又は無能」に当たると解される。〈中略〉

〈Xの就業規則9条1項1号及び2号への該当性について〉

〈Xは、Aプロジェクトにおいては、納期の遅れを問題視したが、納期の遅れの改善につながる具体的な指摘や提案は何もしなかったこと、Bのプロジェクトにおいては、Sディレクターがプロジェクト中に現場に出向きXのトレーニングを行ったが、これはYにおいて前例のないことであること、Dプロジェクトにおいては、Xの問題点の洗い出しが不的確であり、プロジェクトが遅れたこと、Eプロジェクトにおいては、ボトルネックとなっている検査におけるサンプリングについてマネジメントシステムの構築をしなかったこと等を認めた上で〉

Xは、平成7年4月10日にYに雇用された後、同年6月6日から平成8年9月27日までの間に、主としてAのプロジェクト、Bのプロジェクト、Cのプロジェクト、Dのプロジェクト及びEのプロジェクトに従事してきたが、このうちCのプロジェクトを除くその余のプロジェクトに従事している期間中におけるXはISとして求められている能力や適格性の点においていまだ平均に達していなかったものというべきであり、このような状態がXの入社以来1年半にわたって断続的に続いてきたのであり、Eのプロジェクトから外された際のXの発言からうかがわれるXについてのISとして求められている能力や適格性に対するX自身の認識からすれば、今後もXを雇用し続けてISとして求められている能力や適格性を高める機会を与えたとしても、XがISとして求められている能力や適格性の点において平均に達することを期待することば極めて困難であったというべきである。

そうすると、Eのプロジェクトから外された時点におけるXは本件就業規則9条1項1号及び2号に該当すると認められる。〈中略〉

〈解雇権の濫用について〉

Eのプロジェクトから外された時点におけるXが本件就業規則9条1項1号及び2号に該当することは、前記〈中略〉のとおりであるところ、Yは、右に述べたとおり、XをEのプロジェクトから外した後に、X

に対し、PSRという職務を提供してXの雇用を継続しようとする提案をし、Xとの間でその後平成8年12月までの約3か月間にわたり交渉を重ねたものの、Xとの間で妥協点を見出すことができず、交渉が中断してから2か月余りが経過した平成9年3月12日に至り本件解雇に及んだのであり、以上の経過も併せ考えれば、本件解雇が客観的に合理的な理由を欠き社会通念上相当として是認することができないということはできず、本件解雇が権利の濫用として無効であるということはできない。

第一部

1 普通解雇　労働者の労務提供の不能や労働能力又は適格性の欠如に関するもの

勤務成績不良　解雇有効

> 技術能力が低く、勤務成績・態度も不良で就業規則の「勤務成績不良」に該当し、解雇は有効とされた例

日本エマソン事件

（平成11年12月15日　東京地裁判決）（労判789号81頁）

（事案の概要）

　Xは、システムエンジニアとしての技術・能力を備えた技術者として、空調装置・冷凍機器用制御部品等の製造・販売及び輸出入を目的とするYに雇用されたのにもかかわらず、技術・能力はもとより、出勤状況をはじめとする日常の勤務成績・態度も不良であったことから、就業規則11条1項2号の「勤務成績が不良で就業に適さないと会社が認めたとき」＜解雇事由＞に該当するとして、Yが解雇したものである。

（判決要旨）

　Xは、システムエンジニアとしての技術・能力を備えた技術者としてYに雇用されたのに、システムエンジニアとしての技術・能力はもとより＜2度にわたる米国製振動溶着機の国産化作業が、Xの設計に問題があったため、失敗した事実を認定＞、アプリケーションエンジニアとしての技術・能力も不足し、かつ、Xの技術的水準を向上させるべく、Yにおいて、現場指導、教育訓練等を続けたが、Xの意欲が乏しかったため、その成果が上がらなかったこと、一方、出勤状況＜顧客との関係上、午前9時までに出勤しない場合に出勤時刻を前もって会社に連絡することとしていたにもかかわらず、ほとんど連絡をせず、昼近くになって出勤することも多かった事実を認定＞を初めとする日常の勤務成績・態度は、組織の一員としての自覚を欠いた不良のもので、改善努力を求めても改まらなかったことを認めることができるから、本件解雇は、少なくとも、Y就業規則11条1項2号に該当するものということができる。

　Xは、本件解雇は手続的にも違法なものである旨主張するが、本件解雇に至る経緯に照らすと、Yは、種々の方法を通じてXの申述を聞いたほか、観察期間を設けて勤務態度等の改善努力の有無を観察する措置をとった上で本件解雇に及んだことが認められるから、Xの右主張は採用することができない。

　以上の次第であるから、本件解雇は、30日の予告期間の経過後である平成6年9月30日に効力を生じたものというべきであって、これが違法無効であることを前提とするXの請求は、その余の点について検討するまでもなく、いずれも理由がないから、これを棄却する。

解雇有効　勤務成績不良

遅刻・私用外出が多く、上司の命令にも従わない従業員に対する解雇が有効とされた例

高島屋工作所事件

（平成11年1月29日　大阪地裁判決）（労判765号68頁）

（事案の概要）

　家具の製造販売およびインテリアの設計施工等の事業を営むYに、昭和48年11月1日雇用され、家具販売事業部大阪販売部統括課に勤務していた従業員であるXは、Yに、遅刻・私用外出がYの他の労働者に比べて際だって多いこと、遅刻・私用外出に関する上司の指示に従わなかったこと、勤務態度において上司の業務命令にしばしば従わず、同僚との間でも口論が絶えなかったこと等から、労働協約及び就業規則上の「技量又は能率が著しく低劣であって職務に適せず配置転換も不可能で就業の見込みがないとき」及び「やむを得ない会社の業務上の都合」を理由として解雇されたものである。

（判決要旨）

　Xは、その遅刻等の回数が他の従業員に比して非常に多く、その理由も真にやむを得ないものであったのか疑わしいうえ、右に述べたような上司等に対する対応及び（仮処分事件の審尋におけるXの供述）に照らせば、Xは、遅刻や私用外出が多いことについて、他の従業員等に迷惑をかけ申し訳ないとの意識が全くないばかりか、賃金カットさえ受ければ遅刻や私用外出は従業員の自由ないしは権利であるとさえ考えていたことが窺われるのであり、Xには、誠実に業務を遂行しようとする意欲が著しく欠けていたというほかはない。

　また、Xの上司に対する対応を見ると、Xは、上司の当然の指示であっても、独自の理論を振りかざし、合理的理由もなくこれを無視し、あまつさえ上司を誹謗するような文書を本社に送付するなどしているのであって、Xには、上司の指揮命令に従って誠実に業務を遂行しようとする態度が全く欠けていることが認められる。

　Xは、上司の業務命令であっても自らの考えに照らし不合理なものであれば従う必要はなく、その場合には上司を大声で罵倒しても良いと考えており、現実にもそのように振る舞い、また、意見が合わない同僚とは大声で怒鳴りあうことにより理解が深まるとの特異な考えに基づき、同僚と意見が異なった場合には相手を大声で罵倒するような行動に出ていたのであり、その結果、

第一部

1 普通解雇　労働者の労務提供の不能や労働能力又は適格性の欠如に関するもの

勤務成績不良　解雇有効

上司はXに対する指示や注意を控えるようになり、同僚もXを避けるようになって、業務の円滑な遂行に支障が生じていたことが認められる。これらの事実に照らせば、Xは、上司の指揮命令に従って業務を遂行しようとする意識ないしは同僚と協調して職務を遂行しようとする意識に著しく欠けていたことが明らかである。

以上を総合すると、Xには、上司の指揮命令に従って誠実に業務を遂行しようとする意識ないしは同僚と協調して業務を遂行しようとする意識に著しく欠けていたことが認められるのであって、その程度は、業務の円滑な遂行に支障をきたすほどのものであったというべきである。そして、これらの事実は、Xが、協調性を欠くのみならず、職業人ないし組織人としての自覚に著しく欠けることを示すものであり、従業員としての適格性がないものと評価されてもやむを得ないと考えられる。そして、かかる状況に鑑みれば、Xの配転が困難であったことも首肯することができる。

さらに、Xの勤務成績は、過去5年間で、全従業員の中で最低又は最低から2人目であって、著しく低く、前記認定にかかるXの勤務状況に照らせば、右評定が不合理なものであるともいえない。

これらの事実に、Yの業績悪化に伴う赤字部門の整理統合により、Xが所属していた大阪販売部が廃止され、その事務部門に所属していたXが余剰人員となったことを併せ考慮すれば、Xには、労働協約39条1項＜会社は、組合員が次の各号の1に該当する場合は、少なくとも30日前に予告するか、又は平均賃金の30日分を支払って解雇する。（以下略）＞1号＜技量又は能率が著しく低劣であって職務に適せず、配置転換も不可能で就業の見込みがないと認めたとき＞、6号＜やむを得ない会社の業務上の都合又は企業整備実施のとき＞及び就業規則100条1項＜職員が次の各号の1に該当する場合は、少なくとも30日前に予告するか、又は平均賃金の30日分を支給して解雇する。（以下略）＞1号＜技量又は能率が低劣であって職務に適せず、又は就業の見込みがないと認めたとき＞、6号＜やむを得ない会社の業務上の都合があるとき＞に準ずる事由があるというべきであるから、労働協約39条1項7号＜その他前各号に準ずる理由のあるとき＞及び就業規則100条1項7号＜その他前各号に準ずる理由のあるとき＞所定の解雇理由が認められる。そして、組合もXの解雇をやむを得ないものとして同意していることにも照らせば、本件解雇は、合理的なもので、これが著しく社会的相当性を欠き解雇権を濫用するものであるとはいえないというべきである。

解雇有効　勤務成績不良

> 出向先での勤務態度不良、業務命令違反などを理由に出向を解かれ、行われた解雇が有効とされた例

昭和アルミニウム事件

（平成11年1月25日　大阪地裁判決）（労判763号62頁）

（事案の概要）

昭和31年4月にアルミニウム製品等の製造販売等を行う会社Yに採用され、昭和48年8月に課長に昇進し、大阪支店広島営業所長などを経て、昭和59年以降は関連会社に出向を命ぜられることが多くなったXが、出向先での勤務態度不良、業務命令違反、上司に対する反抗的な言動などを理由に、平成7年12月に出向を解かれた後、Yから平成8年1月31日付で解雇されたものである。

（判決要旨）

Xは、A会社に出向中、仕事に対する意欲がみられず、特に平成6年3月以降は、A会社の社長Bが与えた業務指示に対し、種々難癖を付けてこれに従わないばかりか、過去の不当人事に対する謝罪要求に異常なまでに執着し、これが行われない限り業務を放棄する旨を宣言する書面をBに送付するなどし、同年6月以降は、一時的に業務指示に従って一応の仕事をしたものの、平成7年1月ころからは、冬季賞与の査定が低かったことをきっかけとして、再び常軌を逸した要求や上司を侮辱するような内容を記載した書面をBやY関係者に頻繁に送付するようになり、出勤してもBとしばしば右要求をめぐって激しく口論などするに至り、他方、職務に対する意欲は全くみられず、かえって引き合いを断るなどA会社の業務を妨害するかの如き投げやりな態度に出るようになったのであって、これらXの勤務態度及び言動は、Xがそれまで意に反するような人事異動を繰り返し受けていたという事情を斟酌してもなお、いささか常識の範囲を超えるもので、管理職としてはいうまでもなく、Yの従業員としても適格性を欠くものと評価されてもやむを得ないところである。

したがって、これらXの態度を理由としてされた本件解雇は、著しく不合理で社会通念上相当なものとして是認することができないとはいえず、解雇権を濫用するものではないというべきである。

第一部　1　普通解雇　労働者の労務提供の不能や労働能力又は適格性の欠如に関するもの

勤務成績不良　解雇有効

> 勤務成績、勤務状況の不良を理由とする解雇が有効と判断された例

ゴールドマン・サックス・ジャパン・リミテッド事件

（平成10年12月25日　東京地裁判決）（労判761号149頁）

（事案の概要）

　Xは、外資系証券会社Yに平成4年に入社し、人事部にアドミニストレーティブ・アシスタントとして勤務し、正社員の採用や契約社員の募集、外務員登録などの業務に携わっていたが、職務上のミスが多く、改善が認められないとして、平成8年5月、YはXに2か月の試用期間（観察期間）を設け、さらに2か月期間を延長したあと、平成8年9月に①人事秘密情報の不適切な取扱いをしたこと、②指示依頼を受けたことに対する不適切な対応をしたこと、③職務上のミスの頻度が高いこと、④勤務態度不良等、その事由を詳細に記載した通知書を渡して退職勧告を行い、その後に、Y就業規則所定の解雇事由「勤務成績または勤務状況が不良でかつ改善の見込みが乏しいもしくは他人の就業に支障を及ぼす等現職または他の職務に適さないと認められた場合」に該当するとして解雇したものである。

（判決要旨）

　認定できる事実は、人事部員として慎重に扱うべき秘密情報等の不適切な取扱い（秘密情報の不用意な伝達、ファイル保管の不適切等）、指示・依頼を受けた事項に対する不適切な対応（取決め違反、間違った回答、回答の遅滞等）、職務上のミスの頻度の高さ（入力ミス等）、遅刻、対人関係のトラブル（上司に対する抗議、同僚への迷惑等）等多岐にわたり、短期間の割に数も多い。これらを総合すれば、平成7年10月ころ以降のXの勤務成績、勤務状況は不良であったといわざるを得ない。同年11月に実施されたアニュアル・パフォーマンス・エバリュエーション＜勤務成績について上司、同僚間で職責に求められている水準かを評価する仕組み＞で、職責に求められている水準に達していると評価されたことは、その後の勤務成績、勤務状況についての判断の妨げとはならない。＜中略＞

　Xは、度重なる指摘・注意、書面による警告にもかかわらず、状況を改善しようとせず、かえって、A部長に対し度々大声で抗議するなど、状況を悪化させているのであるから、改善の見込みは乏しいといわざるを得ない。なお、トラブルの相手はA部

長であることが多いが、同部長以外の者との間でも発生していることや、指摘した問題点の性質等からすると、他の部署に異動させることで問題が解消するとも認め難い。

そうすると、Xは、解雇事由を定めた就業規則13条3項の「勤務成績または勤務状況が不良でかつ改善の見込みが乏しいかもしくは他人の就業に支障を及ぼす等現職または他の職務に適さないと認められた場合」に該当すると認められる。Xの勤務成績、勤務態度が前記のようなものであるところ、Yは、上司であるA部長において度々指摘・注意したが、改善しないことから、書面で警告した上で試用期間（観察期間）を設けて改善の機会を与え、それでも改善しないことから任意の退職を促し、その後に解雇したのであり、このような経緯に照らすと、解雇もやむを得ないといわざるを得ず、解雇権の濫用であるということはできない。

第一部

1 普通解雇　労働者の労務提供の不能や労働能力又は適格性の欠如に関するもの

勤務成績不良 解雇有効

> 中途入社した従業員について、勤務態度・勤務状況が悪化し、協調性が欠如しているとしてなされた解雇が有効とされた例

古川製作所事件

（平成9年6月9日　東京地裁判決）（労判720号61頁）

(事案の概要)

中途入社したXは、部長級の役職を希望していたが、Yが、Xの能力や勤務ぶりを見るため、平成5年12月に雇用期間1年の嘱託として採用し、同期間経過後は、平社員の正社員として雇用することとし、労働契約書を手交したところ、Xは部長級の役職を希望して労働契約書を提出しなかった。

正社員として採用後のXの仕事ぶりは、不熱心で期待された独自の情報収集活動、新規顧客開拓活動等が少なく、他の社員との協調性にも欠けていたことから、平成6年9月と平成7年5月に部長が勤務態度等を改めるように話したが、Xは部長級の役職につけるよう要求するばかりで勤務態度を変えようとはしなかったため、Yは、Xに対して解雇を通告した。

(判決要旨)

＜上記の事実を認定した上で＞Xは、平成6年6月にT部長から役職はなく平社員であると告げられて強く反発し、部長あるいは営業部主幹との約束であったからこれらの役職につけるようにと執拗に要求し、自分はいわゆる売り子として雇用されたわけではないから他の営業課員とは異なるし、他方、役職につけずに平社員にしかしないというならそれだけの仕事しかできないなどと主張して、期待されている職責を積極的に果たそうとせず、勤務状況が劣るようになり、また、自己の主張に固執して独断的な行動が多く協調性に欠けていて、同年9月及び平成7年5月22日の話合いにおいても、O部長に対して、従前の主張を繰り返し、あくまで部長職を要求し、勤務態度を改めようとの姿勢が全く見られなかったのであるから、本件解雇は、客観的に相当な理由があり、権利の濫用に当たらず、有効であるというべきである。

業務命令拒否、勤務状態の著しい不良やこれらの行為について反省心が全くなかったとしてなされた解雇が有効とされた例

メディア・テクニカル事件
（平成7年7月7日　東京地裁判決）（労判677号12頁）

(事案の概要)

Xは、入社当初大型映像機器の現場における搬入、撤去の業務に従事していたところ、「自分は現場作業には向いていないので、営業に移してほしい。そして、営業をやるからには係長の肩書きを付けてほしい」旨の要求書を従業員全員に回覧した上で上司に提出し、注意を受けた。

また、Xは機器のセッティングミスが多く、技術の習得の意欲も足りず、さらに、同僚との折り合いも悪く、他の多くの従業員から配置換えの要望がでたため、営業に配置換えされた。

しかし、配置換え後1か月後以降、業務処理が遅延するようになり、約20件の保険処理を滞貨させて会社に約50万円の損害を与え、また機器使用日数の見積を誤ったことや、計6回に渡って会社を虚偽の理由により欠勤又は無断欠勤、上司からの理由説明の求めに対しても一切明快な説明をしなかったこと等を理由として、平成4年3月6日にXに対して諭旨解雇を通告したところ、Xがこれを拒否したため、同月19日に普通解雇する旨の告知をした。

(判決要旨)

＜上記の事実を認定した上で＞Xは、平成3年6月頃から平成4年3月にかけて、たびたび業務命令を無視し、事務処理能力に欠け、勤務態度が劣り、その反省心が全くなかったものというべきであるから、Xは、会社の就業規則28条2号の「業務能力又は勤務成績が著しく劣り、従業員として不適格と認められたとき」＜*解雇事由*＞との解雇事由に該当するものであり、会社がXを同条項に基づき解雇したことが権利の濫用に当たるものとは認められない。

労働能力喪失　　解雇無効

休職期間満了を理由として行った解雇について、長時間労働が原因でうつ病に罹患したものであり、業務上の疾病により療養している期間になされたものとして無効であると判断された例

東芝（うつ病・解雇）事件

（平成23年2月23日　東京高裁判決）（労判1022号5頁）

（事案の概要）

　Xは、Yの工場において勤務していたところ、平成12年11月頃から新たなプロジェクトにおいて、ドライエッチング工程のリーダーとなり、業務量が増加した。同年12月には、Xは神経科を受診し頭痛や不眠等を訴えるようになり、平成13年1月になると担当プロジェクトの工程でトラブルが重なり、同年3月以降は休日出勤をして対応せざるを得ない状態であった。同年4月になると組織変更によりXの担当するドライエッチング工程の技術担当者が減り、さらに同年5月には上司の指示により新たな業務を担当することになった。そのような状況で、Xは同月下旬に激しい頭痛に見舞われ、1週間ほど欠勤した後、上司に対して体調不良を理由に新たな業務の担当を外すよう申し出たが、上司はこれを受け入れなかった。しかし、その後も体調は回復せず、Yは同年8月以降Xを自分のペースで進めることが出来る業務に専従させることとしたが、体調は回復せず、同年9月から休養を開始した。Xは同年10月に抑うつ状態であるとの診断を受け、所定の欠勤、休職の期間が満了する平成16年9月9日になっても復職出来ず、同日付で休職期間満了により解雇となった（以下、「本件解雇」という）。

　Xは、本件解雇は業務上の疾病により休業していた期間中になされたものであり違法無効であると主張し、雇用契約上の地位の確認及び解雇後の賃金の支払い、並びにYの安全配慮義務違反があったとして慰謝料等の支払いを求めた。

　これに対しYは、業務の負担が過多であったとは言えず、うつ病と業務の間に因果関係はない等と主張した。

　原審（東京地裁平成20年4月22日判決）は、地位確認、本件解雇後の賃金の支払い及び慰謝料の一部を認容したことから、XY双方が控訴した。

（判決要旨）

　労働基準法19条1項にいう「業務上」の疾病とは、当該業務と相当因果関係にあり、その発症が当該業務に内在する危険が

解雇無効　労働能力喪失

現実化したと認められることを要する。疾病の発症と業務との間に相当因果関係が存在するというためには、当該労働者の担当業務に関連して、「精神障害を発病させるに足りる十分な強度の精神的負担ないしストレス」が存在することが客観的に認められる必要があるが、これは、当該労働者と同種の職種において、通常業務を支障なく遂行することが許容できる程度の心身の健康状態を有する「平均的労働者」を基準として、労働時間、仕事の質及び責任の程度等が過重であるために当該精神障害が発病させられ得る程度に強度の心理的負荷となっている場合を指す。そして、「平均的労働者」とは、現在の医学的知見により広く支持されているストレス―脆弱性理論を踏まえると、「平均的労働者」として通常想定される範囲内にある同種の労働者集団の中の最も脆弱である者を基準とすべきものであり、一般の平均的な労働者ないし上記平均的労働者の範囲内にある者の多くについて、うつ病を発症させる程度までに過重な業務である必要はない。

Xの業務について見ると、平成13年2月以降は、プロジェクトにおいて複数のトラブルを抱えて対策を講じるなど、業務量が増大したことが認められ、またXが従事していたプロジェクトは繁忙かつ切迫したものであった。Xは、新たなプロジェクトの中のドライエッチング工程において初めてリーダーとなり、リーダー会議や歩留対策会議への出席と担当工程の進捗管理を行うことに携わり、上司から期限を区切ってデータ資料の提出を求められ、それが期限どおりにできないことで叱責を受けるなど、新たな負担が増加した。

また、労働時間の点においても、Xの平成12年11月から平成13年4月までの所定時間外労働時間は平均90時間34分、法定時間外労働時間は平均69時間54分であり、疫学的研究で有意差が見られたとされている月間60時間以上というレベルを超えるものであった。

なお、Xは、平成12年6月に慢性頭痛の診断を受け、神経症における抑鬱症状に適応のあるセルシン錠の処方を受け、同年12月に神経症と診断されていることに鑑みると、Xにはある程度の個体側の脆弱性が存在したものと認めざるを得ず、これがうつ病の発病に何らかの影響を与えた可能性は否定できないが、神経症のみでうつ病に発展したとは認められないし、Xには精神疾患の既往歴はなく、アルコール摂取状況、性格傾向等において、うつ病につきXの個体側要因として具体的に指摘し得るものはない。さらに、Xの入社以来の経歴、平成12年度までYから良好の評価を受け、プロジェクトのリーダーに任命される処遇を受けたこと等に鑑みると、Xがうつ病の発病時に就いていた職種において、Xに平均的労働者の範囲内から逸脱するような脆弱性があったと認めることはできない。

よって、Xのうつ病の発症は、業務に内在する危険が現実化したものと認められ、労働基準法19条1項の業務上の疾病に該当し、本件解雇は業務上の疾病により休業していた期間中になされたものとして無効である。

安全配慮義務違反の点については、Xが頭痛を理由に長期間の休暇を取り、重要な

第一部

1　普通解雇　労働者の労務提供の不能や労働能力又は適格性の欠如に関するもの

労働能力喪失　　解雇無効

承認会議を欠席したこと、平成13年6月上旬に職場復帰した後、反射製品開発業務の担当ができないと述べたり、業務内容の限定を求める申出をする等の状況の下では、上司は、Xから体調不良を明示した訴えがなかったとしても、申出に対し理由の詳細を適切に聴取し、産業医の意見を聞くなどしながら業務の軽減を図るべきであった。また、Yは、産業医を介し、同年6月に行われた時間外超過者健康診断や定期健康診断の機会を通じて、Xの自覚症状の変化に気づくことができたにもかかわらず、Xの労務を軽減するどころか、かえって同年7月に「半透過製品」の承認に必要な会議の提案責任者として当たらせ、短期間のうちに会議出席等に当たらせた。その後、Xは、体調を崩したことからすれば、Yに平成13年4月から同年8月頃にXのうつ病の症状が増悪していったことについて、安全配慮義務違反があったことが認められる。

※　同事件については、Xは損害賠償の金額に不服があるとして上告したが、Yは上告しなかったようである。

解雇無効　労働能力喪失

躁うつ病の治療後復職したが、再発して躁状態が改善されないことを理由にした解雇が無効とされた例

K社事件

（平成17年2月18日　東京地裁判決）（労判892号80頁）

（事案の概要）

　Yは、ガス管施設、冷房工事等を行うことを目的とする株式会社である。Xは、平成元年4月、Yに採用され、T営業所で勤務した後、平成10年9月からM営業所に勤務しいずれも資材管理を担当していたが、平成14年9月1日に本社総務部へ配転された。Xは同日から躁うつ病により平成15年4月6日まで休職した。

　Yは、Xに対し、平成16年1月30日、口頭で解雇を通告し、その後、同年3月15日、同月31日をもって解雇するとの同年1月31日付の解雇通知書を交付した。

（判決要旨）

　Xは、①M営業所に異動したころから躁うつ病の躁の症状がみられるようになり、②遅くとも交通事故を起こした平成12年1月27日から平成14年9月1日に休職するまでの約2年7か月間、躁うつ病の躁状態又はうつ状態のために欠勤が多くなり、出勤しても資材管理業務を全うすることができず、この間、他の従業員の業務に支障を与え、③躁うつ病を理由として、同日から平成15年4月6日まで休職し、④復職後、業務遂行の補佐を受けることができるとの考慮もあって、旧職務であった資材管理業務でなく総務部に配置されて勤務を開始したが、同年5月までは欠勤が目立ち、⑤平成16年1月に入ると躁とみられる症状が再発し、社外にも影響が及ぶようになったと認められ、これによればXの勤務状況は、躁うつ病が原因で、他の従業員に比べて劣っており、Yの業務遂行に支障となっていたことは否めない。

　しかしながら、C医師は、平成16年4月5日、Xについて、躁うつ病による軽躁状態のため通院治療中であるが、請求書の整理認証手続等の事務的な作業を行うことに支障はないとの診断書を作成しており、また、Yが、本件解雇に先立って専門医に助言を求めた形跡がないことからすると、Xの躁うつ病の病状については、慎重に判断する必要があるというべきである。

　そこで、躁状態が再発したと見られる平成16年1月以降のXの状況を見るに、勤務時間中のAに対する対応、F、Gへの電話については、過剰ではあるものの通常の

労働能力喪失　　解雇無効

コミュニケーションの延長線上にあるとみることも可能であり、…その他行動全般についても、1日1回程度のもので、四六時中異常があったとは認められず、平成15年12月までは見られなかったものである。

また、平成16年11月26日に実施されたX本人尋問におけるX供述態度に躁又はうつの症状を見受けることはできず、同時点においては、治療の効果が上がっていたと考えられる。

さらに、Yは、本件解雇に先立って、C医師の見解を求めていないが、C医師は、Y経由で提出される傷病手当金請求書に意見を付しており、本件解雇後のXの状況をYに報告していることからすると、…Yに対して、Xの病状について説明し、Yの対処について助言をした可能性は高いというべきである。そして、前記のとおり、平成16年11月26日時点においては、Xについて治療の効果が上がっていたと考えられることからすると、Xに対して、適正な対応を取り、適正な治療を受けさせることによって…、治療の効果を上げる余地はあったと認めるのが相当である。

…Yは、Xに対し、1年半の間治療に専念し、躁うつ病が再発することがないよう指示したにもかかわらず、Xが再発の可能性がある段階で復職を希望したことを問題とするようであるが、復職を認めるか否かはYが判断すべき事項であるから、Xの復職が早すぎたとしても、そのことを解雇の理由とすることは相当でない。

以上からすると、平成16年1月に現れたXの躁の症状について、程度が重く、治療により回復する可能性がなかったということはできないから、M営業所におけるXの勤務状況及び同一理由による7か月余の休職を考慮したとしても、Xについて、本件解雇当時、就業規則28条2項に該当する事由があったということはできず、また、就業規則28条1項に該当する事由があったとするのも困難というべきである（なお、平成15年6月ころから同年12月までの間、電話の取次ぎを除き、Xの職務遂行に特段の問題があったと認めるに足る証拠はなく、Xの職務遂行能力又は能率が著しく劣っていたということはできない）。

加えて、Yは、C型肝炎から肝癌を患い、ラッシュ時の通勤及び8時間労働ができない者と遅くとも平成15年4月以降平成16年9月までの間自律神経失調症を患っている者の雇用を継続しているところ、前記のXの症状の程度に照らすと、Xのみを解雇するのは、平等取扱いに反するというべきであり、本件解雇は解雇権を濫用したものと解される。

解雇無効　労働能力喪失

職場復帰訓練で不合格となったスチュワーデスの解雇が無効とされた例

全日本空輸事件

（平成11年10月18日　大阪地裁判決）（労判772号9頁）
（同旨　平成13年3月14日　大阪高裁判決）

（事案の概要）

　Xは、Yにおいてスチュワーデスとして勤務していたが、労災事故によって約3年3か月休業した後に復職した。その後、XはYの命により、平成7年7月6日から同年10月20日までの間に3回の復帰者訓練を受けたが、いずれも不合格となったため、平成9年1月24日、YはXに対し、「労働能力の著しい低下」、「やむを得ない業務上の都合」等を理由として、同年2月29日付で解雇する旨の意思表示を行ったものである。

（判決要旨）

　労働者がその職種や業務内容を限定して雇用された者であるときは、労働者がその業務を遂行できなくなり、現実に配置可能な部所（ママ）が存在しないならば、労働者は債務の本旨に従った履行の提供ができないわけであるから、これが解雇事由となることはやむを得ないところである。そして、客室乗務員としての業務は、通常時における業務のほか、緊急時における措置、保安業務、救急看護措置等の業務を含むものであって、高度の能力を要求される業務であり、緊急時における措置等の適否が、万が一の場合には、人命に直結するものであることからすると、かかる部分における業務遂行能力は、これをおろそかにはできず、これを欠いたままで乗務させることはできないものといわなければならない。しかしながら、労働者が休業又は休職の直後においては、従前の業務に復帰させることができないとしても、労働者に基本的な労働能力に低下がなく、復帰不能な事情が休職中の機械設備の変化等によって具体的な業務を担当する知識に欠けるというような、休業又は休職にともなう一時的なもので、短期間に従前の業務に復帰可能な状態になり得る場合には、労働者が債務の本旨に従った履行の提供ができないということはできず、右就業規則が規定する解雇事由もかかる趣旨のものと解すべきである。むろん、使用者は、復職後の労働者に賃金を支払う以上、これに対応する労働の提供を要求できるものであるが、直ちに従前業務

労働能力喪失　解雇無効

に復帰ができない場合でも、比較的短期間で復帰することが可能である場合には、休業又は休職に至る事情、使用者の規模、業種、労働者の配置等の実情から見て、短期間の復帰準備時間を提供したり、教育的措置をとるなどが信義則上求められるというべきで、このような信義則上の手段をとらずに、解雇することはできないというべきである。
＜中略＞

本件において、Xには、就業規則の解雇事由である「労働能力の著しく低下したとき」に該当するような著しい労働能力の低下は認められないし、また、就業規則が規定する解雇事由に「準じる程度のやむを得ない理由があるとき」に該当する事由もこれを認めることはできない。

＜Xが3回のエマージェンシー訓練を受け、筆記による知識確認はいずれも合格基準に達しているものの、それ以外については3回とも不合格とされたが、運動能力については業務に支障のあるものではなく、医師の診断に基づいて復職をしたものであり、訓練の結果は、Xの休業及び休職中の4年間に航空機やその設備機器に変化があり、Xがこれらに対する知識の習得をしなかったことが原因であり、これを短期間で習得することは可能であると判断した上で＞

以上によれば、本件解雇は就業規則に規定する解雇事由に該当しないにも関わらずなされたものであって、合理的な理由がなく、解雇権の濫用として無効というべきである。

解雇事由の類型別裁判例

解雇無効　労働能力喪失

> 所長から依頼された公金横領捜索への協力が原因で成績が低下した社員の解雇が無効とされた例

千代田生命保険相互会社事件

（平成9年10月28日　東京地裁判決）（労判748号145頁）

（事案の概要）

Yにおいては、営業個人職員就業規則44条において、営業職員が営業主任補の資格維持基準を満たせない場合には嘱託に資格変更し、翌月末に解嘱することとされているところ、Xは、平成7年10月1日に営業主任に任命されたが、その格付け期間が終了する平成8年3月31日までの成績が不良で、営業主任補の資格維持基準を維持できない成績であった。

このため、YはXに対し、同年3月22日に同年4月1日をもって嘱託外務従業員に資格変更し、同年4月末日に解嘱する旨通知した。

（判決要旨）

＜成績不良の原因として、Xが勤務する営業所における公金横領者の捜索を営業所長から依頼を受け、それに従事したことが、体調不良（糖尿病）の要因となった旨の事実認定をした上で＞公金横領者の捜索が業務命令に基づくものではなく、O所長からの依頼で行ったものであることは、前記のとおりであり、このことに照らすと、公金横領者の捜索がXの業務として遂行されたものではないことはXの自認するところであるとはいえ、これがYの業務と密接な関係のあることは否定できず、Xがそのことも一因となって糖尿病に罹患し、そのために十分な成績を上げることが難しくなったのは、Yにも責任がないとはいえない。このような事情に加え、Yが嘱託外務従業員への資格変更及び解嘱の通知をした時点ではXが営業個人職員としての職務を遂行することに顕著な支障がなくなっていたと考えられること（Xが平成8年5月頃には糖尿病の症状も軽快したことはすでにのべたとおりであり、右資格変更及び解嘱の通知はこれより早いが、X本人尋問の結果及び弁論の全趣旨によれば、右のとおり認めることができる）を考えると、XがYに対して求職の申出をしなかったことを考慮しても、営業主任補の資格維持基準すらも満たせない成績であることを理由に、営業個人職員就業規則44条に基づき、同年4月1日をもって嘱託外務従業員に資格変更し、同年4月末日に解嘱としたことは、社会通念上相当とは認められず、解雇権の濫用であり、無効であると解するのが相当である。

1　普通解雇　労働者の労務提供の不能や労働能力又は適格性の欠如に関するもの

労働能力喪失　解雇有効

> 休職中の社員から、条件付きで就業が可能である旨の診断書が提出されたものの、会社が復職を認めず、休職期間満了を理由として行った解雇が有効と判断された例

独立行政法人N事件

（平成16年3月26日　東京地裁判決）（労判876号56頁）

（事案の概要）

　Xは、昭和60年4月1日、Kに雇用されたところ、Kは、平成12年4月1日、Sに業務承継された。そして、本件訴訟提起後、Sは、平成15年10月1日に解散し、Yがその権利義務を承継した。

　Xは、Kの職員となった直後からストレスを感じ、昭和60年6月以降神経科の医師の診察を受けていた。Xは当初より病気休暇が多く、出勤しても満足に職務遂行できず業務に支障をきたす状況が続いていたが、平成12年4月にKがSへ業務承継されるに当たって試用期間が設定されるのではないか等といった不安を抱くようになり、欠勤や半日勤務が目立つようになった。その後、平成12年9月以降、主治医、X、Xの父、Sの参事との協議が行われ、同年10月には、主治医が「病名　神経症」、「平成12年11月1日より上記にて約6ヶ月間の休務加療が必要である」旨の診断書を作成した。その結果、Xは平成12年11月1日より私病による休職を命じられた。なお、休職に関するSの就業規則には「休職期間が満了し、休職事由が消滅しているとき又は休職期間中であっても休職事由が消滅したときは、復職させる。」と規定され、休職期間は「2年6月以内」と規定されており、解雇事由のひとつとして「休職期間が満了したとき」と定められていた。Xは休職期間中にリハビリに努め、また、職業センターや一般企業E社において職業準備訓練や復職訓練を行った。そして、Xは、休職期間中の平成14年3月に、主治医より「病名　神経症」、「現時点で当面業務内容を考慮した上での通常勤務は可能である」とする診断書の交付を受け、これをSに提出し同年4月1日以降復職する意思を明らかにしたが、当該診断書はXの無条件の就業を許可するものではなかったため、SはXの職場復帰を認めなかった。その後、Xは平成14年11月、平成15年1月にも同じ内容の診断を受けたが、SがXの復職を認めることはなかった。Sは、就業規則の規定により、Xの休職期間満了に伴って平成15年4月30日付でXを普通解雇（以下「本件解雇」という。）した。これに対し、Xは、

本件休職期間中である平成14年4月1日の時点で既に就業可能な状態にあったとして、本件解雇の無効を主張し、S（及びSを承継したY）に対し、従業員たる地位確認請求及び平成14年4月1日以降の賃金の支払請求を行った。

（判決要旨）
　休職命令を受けた者の復職が認められるためには、休職の原因となった傷病が治癒したことが必要であり、治癒があったといえるためには、原則として、従前の職務を通常程度に行える健康状態に回復したことを要するというべきであるが、そうでないとしても、当該従業員の職種に限定がなく、他の軽易な職務であれば従事することが現実的に可能であったり、当初は軽易な職務に就かせれば、ほどなく従前の職務を通常に行うことができると予測できるといった場合には、復職を認めるのが相当である。
　本件では、主治医が、平成14年3月の診断書の外、平成14年11月及び平成15年1月の診断書で「現時点で当面業務内容を考慮した上での通常勤務は可能である」旨記載している。これらの診断書の趣旨について、主治医は、Sの関係者に対してXが休職前に従事していた時点の職務に復帰可能な状態になっていること、その一番の根拠はE社での勤務実績であること、復職するに当たって担当するのが適切な業務は、折衝や判断といった要素がない単純作業であること、業務量は従前の半分程度とすべきであり、その期間の目途は一般的には半年程度であると説明していた。
　しかし、Sの職員が本来通常行うべき職務は通常、高度な判断が要求され、かつ、取引先との折衝等を円滑に行う能力が求められるものであり、主治医の見解を前提とした場合、XがSの職員が本来通常行うべき職務を遂行し得る状態にあるといえないことは明らかであり、また、KないしSにおいて十年来新規職員を採用していないことから、他の軽微な職務（折衝、判断といった要素がない単純作業）に配転できる具体的可能性も存しないといわざるを得ない。なお、Xが休職直前に担当していた業務は、単純な集計作業、会議等のテープ起こし等の機械的な作業であったものの、Xは、このような機械的単純作業をこなすことも困難で、Sにおいて既に恒常的に業務上の支障が生じていたものであることからすると、Xの復職に当たって検討すべき従前の職務について、Xが休職前に実際に担当していた職務を基準とするのは相当でなく、Sの職員が本来行うべき職務を基準とすべきである。
　また、主治医の見解によれば、Xが当初担当すべき業務量は、従前の半分程度であり、その期間として半年程度を要するというものであるが、これでは実質的には休職期間の延長というべき内容であって、しかも半年後には十分に職務を行えるとの保障もなく、当初軽易な職務に就かせればほどなく従前の職務を通常に行うことができると予測できる場合とは解されない。
　以上によれば、主治医の見解を前提としても、Xは、平成14年3月31日の時点はもちろん、平成15年4月30日の時点において、復職を認めるべき状況にまで回復したとはいえず、本件解雇が、解雇権を濫用したものであるということはできない。

労働能力喪失　解雇有効

> 脳出血で半身不随となり、2年あまり後に復職を申し出た教諭の解雇が有効とされた例

北海道龍谷学園事件

（平成11年7月9日　札幌高裁判決）（労判764号17頁）

〈事案の概要〉

　20年以上高校Yで保健体育を担当していた教諭が、脳出血で倒れ右半身不随となったが、2年あまり後に病状が回復して就業できる状態となったとして、復職を申し出たところ、それを拒絶され、話し合いを続けたものの平行線に終わり、2か月後に就業規則の「身体の障害により業務に堪えられないと認めたとき」に該当するとして解雇されたものである。

　Xは、体育の教諭としても就労が可能であるし、公民・地理歴史の教諭資格も有しているから、それらの科目の教師として業務に従事することもでき、「身体の障害により業務に堪えられない」との条項には該当しないとして、労働契約に基づく地位確認等を請求した。

　一審判決（平成10年3月24日　札幌地裁小樽支部判決（旧事件名　小樽双葉女子学園事件））は、Xの身体状況や保健体育の授業その他の業務内容を検討し、また、障害を負いながらもこれを克服するために懸命に努力する姿を示すことは生徒への教育的効果も期待でき、この点を考慮に入れるべきであるとの指摘も行った上で、Xが業務に堪えられないとはいえず、解雇は無効であると判断した。

〈判決要旨〉

〈本件解雇理由の有無について〉

〈・障害の程度については、右上肢は全般に筋力の著しい減弱ないし消失が認められ右手での書字及び食事はできず、右下肢についても筋力の減弱があること等が認められること、

・歩行能力及び運動能力については、装具・杖を使用することで歩行は可能だが走ることはできないこと等が認められること、

・筆記能力については、利き手を左手にした場合に健常人と比較すると紙面筆記、板書共に、半分位の能力であり、実用的なところまでに達していない等が認められること、

・言語能力については、自分の考えを言葉に出して表現することに関しては若干の障害が存在すること等が認められること、

解雇事由の類型別裁判例

解雇有効　労働能力喪失

さらに、
- Yでは、体育の授業として集団行動、バレーボール、サッカー等を行い、体育実技及び保健の授業は、各クラスとも、多いときでそれぞれ月4回であること、
- Yでは、教員が学年主任、教科主任、部活動の顧問、日直も分担して担当していること

等の事実を認定した上で>

　Xは本件解雇通知を受けた平成7年12月当時において、Yにおける体育教諭として要請される保健体育授業での各種運動競技の実技指導を行うことはほとんど不可能であったし、教室内等の普通授業においても発語・書字力がその速度・程度とも少なくとも未成熟な生徒を対象とすることが多い高等学校の教諭としての実用的な水準に達しないことから多大の困難が予想され、とりわけ、授業・部活動中の生徒の傷害等事故の発生時に適切な措置をとることができないことが確実であり、その余の分掌事務の分担もその内容・性質とXの前記能力との相関においてその処理が不可能（例えば、学園祭における各種行事の実行指導とか、修学旅行の付き添いなど）か、相当の困難が伴う（部活動の顧問等も簡単な口頭によるもののほかは、身体運動を伴うものは相当困難であろう）身体状況にあったものと認められ、これらを要するに、Xの身体能力等は、体育の実技の指導・緊急時の対処能力及び口頭による教育指導の場面等においてYにおける保健体育の教員としての身体的資質・能力水準に達していなかったものであるから、Yでの保健体育教員としての業務に堪えられないものと認めざるを得ない。<中略>

　本件においては、Xがその「身体の障害」によってYの就業規則10条1号所定の「業務に堪えられない」と認められるかどうかが争点であって、Xが主張するような補助や教育的効果に対する期待（ただし、現実問題としてこれらが常に随伴するとは考えがたい）がなければ、Xが教員としての業務を全うすることができないのであれば、Xは身体の障害により業務に堪えられないもの、すなわち同規則の同条項に該当するものであることを肯定するに等しいものというべきである。

　また、Xは、公民、地理歴史の教諭資格を取得したから同科目の業務に従事することができると主張するが、Xは保健体育の教諭資格者としてYに雇用されたのであるから、雇傭契約上保健体育の教諭としての労務に従事する債務を負担したものである。したがって、就業規則の適用上Xの「業務」は保健体育の教諭としての労務をいうものであり、公民、地理歴史の教諭としての業務の可否を論ずる余地はないというべきである。

<解雇権の濫用の有無について>

　<Yの副校長が、Xの担当医師から、Xに障害が残っているので以前のように元通りの仕事をすることはできないが仕事の内容によっては就労可能である旨の回答を得たこと、Yの校長とXとの間でのXの処遇を巡る交渉において、校長からは、教員としての復帰は無理であり、したがって解職

第一部

1　普通解雇

労働者の労務提供の不能や労働能力又は適格性の欠如に関するもの

労働能力喪失　　解雇有効

〈はやむ得ないが、時間講師としての使用を検討したいので年明けの3学期に週7時間の保健の授業を担当してもらった上で翌年4月以降の処遇を再検討する旨回答した事実等を認定した上で〉

　前記認定事実、とりわけ学校における教員採用は学校が各教科ごとに教員の能力適性及び組織運営全般に対する総合的検討に基づいて行うものであること、YはXのために就業規則を改正するなどして解雇の意思表示までの間においてもできるだけ有利に処遇したこと（弁論の全趣旨）などを併せて考慮すると、本件解雇が解雇権の濫用に当たるものということは到底できない。

　Xは平成6年に北海道教育委員会から公民、地理歴史の教員免許を受けたものであるが（〈証拠略〉）、実務経験がまったくないことや前記書字・発語能力などに照らすと、Xが実際に平成8年当初から直ちに社会科教諭として補助・事務の軽減等のない通常の業務に堪えたか疑問のあるところであり、この点やYの教職員数等を考慮しても、右の認定判断を動かすには足りない。

　その他、本件解雇が解雇権の濫用であると認めるに足りる証拠はない。

解雇有効　労働能力喪失

身体障害等級1級に該当する嘱託社員に対する、勤務に堪えられないことを理由とする解雇が有効とされた例

東京電力事件

（平成10年9月22日　東京地裁判決）（労判752号31頁）

（事案の概要）

　Xは、平成4年9月にYの嘱託社員として雇用された当時から、慢性腎不全により身体障害等級1級の認定を受けていたが（YもXを採用するについてこの事実を了解していた）、体調の悪化により、平成7年5月以降はほとんど出社できない状態となったことから、Yは平成8年12月19日付で、このまま欠勤状況が続くと平成9年4月1日以降の嘱託雇用契約の継続は困難となる旨の書簡を郵送した。

　しかし、その後もXは、体調が悪く勤務に復帰しなかったため、YはXが就業規則所定の「心身虚弱のため業務に耐えられない場合」に該当するとして解雇の意思表示をしたものである。

（判決要旨）

　＜上記の事実等を認定した上で＞Xは、Yの就業規則取扱規程に定める心身虚弱のため業務に耐えられない場合に該当すると認められ、本件解雇には、相当な解雇理由が存在し、かつその手段も不相当なものでなく、解雇権の濫用には当たらないといえる。

　なお、Xの主張が、YがXを酷使するなどの不法行為により、病状が悪化し、勤務できない状態となったのに、Yが本件解雇をしたのは不当解雇に当たるとするものだとしても、X主張の各不法行為に該当する事実は証拠上認定できないから、Xの不当解雇の主張は理由がない。

労使間の信頼関係の喪失　解雇無効

> 教諭が就職部に配転後、業務報告を巡る指示違反での解雇が無効とされた例

菅原学園事件

（平成17年6月30日　さいたま地裁川越支部判決）（労判901号50頁）

（事案の概要）

Xは、平成7年4月、Yに採用され、専門学校デジタルアーツ東京の教諭を命じられ、クラス担任と授業を担当していたが、平成10年4月、医療情報学科のOA実習1時間の授業を担当する以外はクラス担任から外され、学生就職のために企業訪問する就職部企業情報課課長補佐を命じられた。就職部企業情報課は、部長代理1名および職員3ないし4人で構成され、順次企業訪問し、就職情報を入手したり、卒業生が就職できるよう交渉するものであった。同11年10月以降、OA実習の担当からも外された。

Xは、当該配転は労働契約上の職種限定合意に違反するうえ、配転命令権の濫用にも当たるとして、配転命令の無効を主張するとともに、配転先で企業訪問の報告に関するYの業務指示に従わなかったなどとして普通解雇されたことにつき、解雇の無効を主張した。

（判決要旨）

労働契約において、職種限定の合意があり、それが契約の内容となっている場合には、労働者の同意がない限り、その範囲を超えて配転を行うことは許されないと解すべきである。もっとも職種限定の合意が労働契約において明示されていない場合であっても、職務の性質、採用時の具体的事情及び採用後の勤務状況等を総合考慮して黙示の職種限定の合意が認められることもあると解すべきである。

本件労働契約締結当時のYの就業規則では「職員は勤務の配置転換又は職務の変更を命じられたときは、速やかに事務引継ぎを行い、新任部署につかなければならない」と規定されていたのであり、職種限定の合意に関する定めはなかった。また、本件労働契約では、Yは、Xを職員に採用した上で、Yの教諭を命じたに過ぎず、教諭として採用したわけではない。さらに、採用面接手続では、教員以外の職種への配転があり得るとの説明はなかったが、逆に教員以外の職種への配転はないということが明言されることもなかった。以上により、本件労働契約において、Xの職種を教員に限定する明示の合意があったと認めることはできな

解雇無効　労使間の信頼関係の喪失

い。

　Yは…学科及び授業構成の変更があった場合には、…授業を担当していた教員を解雇することなく教員以外の職務を担当させ…、Yの実体としては、採用、配転状況等について事務職員と教員との間に厳格な区別がなされていたとはいいにくい。

　上記を総合考慮すると、本件労働契約について、教員に職種を限定する黙示の合意があったと認めることはできない。

　Xには本件記録表提出前に問題行動等があり、平成13年2月の本件記録表の提出に当たって、Yがその提出方法を指摘すること等によって解雇回避の余地が相当程度あったにもかかわらず、この努力がなされた形跡はなく、かえって本件解雇を実現するために用意周到に解雇理由が準備された様子が窺われる。そうするとXを解雇に処することは著しく不合理であり、社会通念上相当なものとして是認することができない。したがって、その余の点を判断するまでもなく、本件解雇は、解雇権の濫用として無効というべきである。

第一部

1　普通解雇　労働者の労務提供の不能や労働能力又は適格性の欠如に関するもの

労使間の信頼関係の喪失　解雇無効

> 経歴詐称を理由とする解雇につき、特段悪意はなく、職務遂行能力に影響はないため無効とされた例

秋草学園事件

（平成11年1月21日　浦和地裁川越支部判決）（労判763号74頁）

（事案の概要）

Xは、私立短大及び高校を経営する学校法人であるYの、保育専門学校に、昭和50年4月に法学担当の専任職員として採用された際、Xは、履歴書に前任の大学で「インストラクター」であった旨記載したが、その後、昭和53年に短大設立時に採用された際には、「講師」と記載した。

平成6年にXの教授昇任に係る審査において、Xの経歴詐称が問題とされるとともに、Xの学生や同僚に対する暴言や教授会での侮蔑的発言等がこれまでにあったことにより、就業規則所定の「職務に必要な適格性を欠く」に該当するとしてXを解雇したものである。

（判決要旨）

＜上記の事実があったことを認定した上で＞Xのこのような行為がY就業規則38条3号にいう「この職務に必要な適格性を欠くと認められるとき」に該当するかどうかを検討する。

右条項にいう「職務に必要な適格性を欠く」とは、その表現自体、かなり抽象的であって、これを一義的に決することは困難な概念であるが、それが教職員の労働契約上の地位を一方的に奪う結果を招来させる「解雇事由」とされていることに照らし、Xの能力、素質、性格等に起因して、その教職員の担うべき職務の遂行に支障があり、かつ、その矯正が著しく困難で、今後、当該組織体において、教職員として処遇するに堪えないと認められるような場合をいうものと解するのが相当である。

そして、これを本件に即してみると、まず、履歴書は、それがXの採否を決する際の最も基本的かつ重要な判断資料となるものであるから、殊更これに虚偽の記載をすることは、その判断を誤らせる危険性の高い行為として、それ自体、教職員としての適格性に疑問を呈する事由になりうるというべきであるが、他方、これが問題とされるのが労働契約締結後であって、Xが既にその組織体において稼働しており、当該組織体から生活の糧を得ている状況下にあることを考慮すると、その不実記載を理由に適格性の有無を判断するに当たっては、その形式面の重要性のみならず、当該不実記

載の内容、程度、実際の本人の職務遂行能力、素質、不実記載がなされるに至った経緯及びその不実記載により、YがXどのように判断を誤り、そのために損害を被ったか等を慎重に検討して決する必要があると解すべきである。また、学生や教職員に対する暴言等や職務放棄行為については、これらの個々の事実の具体的内容のみならず、当該行為に至った背景事情や周囲に及ぼした影響、当該職務行為の重要性等をも考慮した上で、何度注意しても改まらないなど、それがXの容易に矯正しがたい素質や性格に基因するものとして職務の遂行に支障をきたすと認められる場合に限り、教職員としての適格性を欠くものということができると解するのが相当である。〈中略〉

　本件履歴書の記載は正確性を欠くものであって、軽率のそしりを免れないものではあるが、その実質を考えると、Xに特段悪意は認められず、その職務遂行能力に影響はなく、これによりYがXに対する評価を誤って採用すべきでない人を採用し、そのため損害を被ったなどの事情は一切認められないのであり、したがって、これをもって職務に必要な適格性を欠くと評価することはできないというべきである。〈中略〉

　Yが指摘する右の解雇事由をもって、Xの容易に矯正しがたい素質、能力、性格に起因するものとして職務の遂行に支障をきたすものであると断定することは未だ困難であるといわざるをえない。

　以上によれば、Xには就業規則38条3号に該当する事実は認められない。〈中略〉

　以上検討のとおり、YのXに対する本件解雇の意思表示は、X主張のその余の点について判断するまでもなく無効というべきである。

第一部

1　普通解雇　労働者の労務提供の不能や労働能力又は適格性の欠如に関するもの

労使間の信頼関係の喪失　　解雇無効

> 生コン会社の工場長が会社の信用を損うような言動をしたとして解雇されたが、そういう事実がないとして、解雇が無効とされた例

築港生コンクリート事件

（平成6年7月15日　大阪地裁決定）（労判669号67頁）

〈事案の概要〉

Xは、生コンの製造販売を業とするYに昭和61年5月に雇用され、平成元年からは工場長、平成3年4月からは営業部門の責任者として勤務していたが、取引先に対して「大したつきあいではない」など発言し、当該取引先の信用を失い、また、上司の指示に従わない上、昼間から酒を飲んでいることなどを理由として、Xを解雇したものである。

〈決定要旨〉

＜上記の事実があるとは認定できないとして＞Xは、平成3年4月から解雇（自宅待機）まで営業の仕事に従事し、その間の勤務態度がY主張のように著しく不良だといえないのであるから、解雇を正当とする事由があるとは認められない。

結局、本件解雇を正当とするに足りる理由は認められず、本件解雇は解雇権の濫用にあたるものとして無効というべきであり、Xは、Yの従業員たる地位を有するものであることが認められ、その保全の必要性もまた認められる。

解雇事由の類型別裁判例

解雇有効　労使間の信頼関係の喪失

> 出向を解除して復帰させると過員状態になり、良好な人間関係も壊されて業務に支障を来たす社員の解雇が有効とされた例

尼崎築港事件

（平成12年7月31日　東京地裁判決）（労判797号49頁）

（事案の概要）

　土地建物の賃貸、学習塾等を営むYに雇用され学習塾の管理業務に従事していたXについて、Xの部下からXの件で苦情が本社に寄せられたことから、Yは、事態の収拾を図ることを目的としてXを本社総務部課長として配置した。しかし、Xは、本社でもトラブルを引き起こす等して居づらい状況となり、平成3年12月1日に関西支社を開設するのと同時に、同支社へ配置され、その後、同支社管轄の主な業務がA社に委託されることに伴い、A社へ3年間出向した。

　Y代表取締役の死去に伴う交替により、Yの組織の見直しがなされ、関西支社の廃止及びXの出向解除が決定されたものの、Xを本社又は支社に配置すれば過員が生じ、Xの経歴（過去に譴責処分と厳重注意を受けている）や適性等から観て、本社に復帰させると人間関係が悪化し業務に支障を来すとの判断により、就業規則の規定（やむを得ない業務上の都合による場合には解雇する旨）に基づいて関西支社廃止による事業縮小を理由に解雇通知がなされたものである。

（判決要旨）

　企業の経営規模の縮小等によって余剰人員が生じたというような場合が、本件就業規則18条1項5号にいう「やむを得ない事業上（ママ）の都合によるとき」に該当することは明らかであり、その場合に同号に基づいて解雇権が発生しているといえるためには、第1に、解雇が「事業上（ママ）の都合による」こと、すなわち、解雇という手段によって余剰人員を削減する必要性が存在しなければならず、第2に、解雇という手段に出ることが「やむを得ない」こと、すなわち、目的と手段ないし結果との間に均衡を失していないことが必要であると解される。

　これに対し、企業の経営規模の縮小等によって余剰人員が生じたというような場合以外の場合、例えば、労働者の行為によって企業秩序や企業の信用等が害されたため、これを回復するためには問題の行為をした労働者を解雇し、企業から排除する必要があるというような労働者側の事情による場

第一部

1　普通解雇　労働者の労務提供の不能や労働能力又は適格性の欠如に関するもの

労使間の信頼関係の喪失　　解雇有効

合が、「やむを得ない業務上（ママ）の都合によるとき」に含まれるかどうかについては、労働者の行為によって生じた企業秩序の混乱や信用の毀損等を回復するために当該労働者を解雇する必要がある場合も、事業上（ママ）の必要がある場合があるといえなくもないから、「やむを得ない事業上（ママ）の都合」という文言は、それ自体としては、労働者側の事情をも含み得る概念であるというべきであること、本件就業規則18条1項5号は、単に、「やむを得ない事業上（ママ）の都合によるとき」と規定されているのみで、同号は、企業の経営規模の縮小等によって余剰人員が生じたというような場合のみを指すものであると解すべき文言上の手がかりはないこと、本件就業規則18条1項5号以外の各号との対比から、本件就業規則18条1項5号は、専ら企業側の事情に基づく解雇に限定した趣旨であると解することはできないこと、以上の点に照らせば、本件就業規則18条1項5号は労働者側の事情に基づく解雇を許容する趣旨であると解するのが相当である。

そうすると、企業の経営規模の縮小等の目的で当該企業の1部門を閉鎖したことによって余剰人員が生じたが、当該部門に配置されていた労働者のこれまでの行為等に照らせば、その労働者を他の部門に配転することによってその労働者を新たに配置した他の部門に企業秩序の混乱や当該企業の信用の毀損等をもたらすおそれが大であり、企業経営上の観点からこれを看過することができないという場合に、客観的に合理的な基準を定立することなく、直ちにその労働者を解雇の対象者として選定して解雇するというのは、要するに、企業側の事情と労働者側の事情とが相まって当該労働者を解雇するということを意味することにほかならないが、右に説示したことに照らせば、そのような解雇も本件就業規則18条1項5号に基づく解雇として許容されるものと解される。

本件就業規則18条1項5号が「やむを得ない事業上（ママ）の都合によるとき」と規定していることからすれば、本件解雇においても、解雇という手段に出ることが「やむを得ない」こと、すなわち、目的と手段ないし結果との間に均衡を失していないことが必要であると解される。

本件において、関西支社の廃止とXの出向の解除によって生じた余剰人員1名を解雇という方法によって削減することは、平成9年から平成10年にかけてのYの経営状況及び人員の配置状況からすれば、将来に備えて経営体力の弱体化を避けるという観点から執られた措置として、企業経営上の観点からその必要性を肯定することができることは、前記認定、説示のとおりであるが、そもそも将来経営危機に陥る危険を避けるために今から経営体質の改善、強化を図っておくことは、当該企業が生き延びることを目的としているのであるから、解雇に代わる次善の策を容易に想定し得るものでない限り、右の目的と解雇という手段の間の均衡を失しているとはいえないと解される。

＜XをA社に3年間出向させたことが、次善の策にあたるかどうかについて、XをA社に出向させるという決定は、企業経営上の観点からすれば合理性を肯定しがたく、

解雇に代わる次善の策にはあたらないことを認定した上で＞

したがって、YがXを平成8年10月1日から3年間A社に出向させることを決定したにもかかわらず、Yが右の期間を経過する前に本件解雇に及んだことをもって、本件解雇という手段の間の均衡を失するものであるということはできない。

そして、他に本件解雇が解雇権の濫用に当たることを認めるに足りる事実も証拠もない。

以上によれば、本件解雇が解雇権の濫用として無効であるということはできない。

解雇事由の類型別裁判例

労使間の信頼関係の喪失　解雇有効

> 権限を逸脱して税理士と顧問契約するなどした役職者に対する解雇が有効とされた例

桜エンドレス事件

（平成8年9月30日　東京地裁八王子支部決定）（労判722号92頁）

（事案の概要）

　Yは、電気式・機械式測定器の製作販売等を目的として設立された株式会社で、Xは、平成7年4月に管理部長として、Yに雇用されたところ、対外折衝業務等の遂行態度・言動が、尊大あるいは高圧的であって、取引銀行等から苦情が出され、その点を注意されても態度を改めなかったこと、社内の手続を経ず勝手に顧問税理士との顧問契約を解除したこと等を理由として、平成8年4月5日、YはXに対し、普通解雇する旨の通知をしたものである。

（決定要旨）

　被傭者は、その職制上の地位、職務権限、職務内容、給与額等に応じてそれぞれ異なる内容の職務専念義務・誠実義務を雇用者に対して負うのであって、特定の行為が職務専念義務・誠実義務等に反するとして解雇事由に当たるか否かも、その地位等に鑑み個別に判断すべきであるところ、疎明資料（書証略）によると、Xは、Yの管理部長として、総務、人事を統括する重大な職責を負う地位にある上、入社当初から右職務の担当者として年収1200万円という従業員の中では最高の給与を支給されていたことが一応認められるのであるから、Xは、一般の従業員と比べて高度な職務専念義務・誠実義務を負うものというべきである。

　しかるに、Xは、Yの内部規定の定める手続に違反し、その権限を逸脱して本件解除通知を行ってYの国税調査への対応を困難にさせた上、主要取引銀行との良好な関係を危うくするなど、対外的なYの信用を毀損するおそれのある行為をした。Xの右行為は就業規則26条2号＜*社員は、常に誠実さを維持するものとし、会社の評判を傷つけたり、又は会社の利益に反するような行為に携わってはならない*＞に反するものであって、通常解雇理由となるというべきである。

解雇有効　労使間の信頼関係の喪失

学園の方針に反するものとして解雇（第1次解雇）に関し、週刊誌に虚偽の情報を提供したとして行われた解雇（第2次解雇）が有効とされた例

学校法人敬愛学園（国学館高校）事件

（平成6年9月8日　最高裁第一小法廷判決）（労判657号12頁）
（平成5年2月24日　仙台高裁秋田支部判決）
（平成2年5月18日　秋田地裁判決）

第一部

1 普通解雇

労働者の労務提供の不能や労働能力又は適格性の欠如に関するもの

（事案の概要）

Yは、高等学校を設置、経営する法人であり、Xは、昭和41年4月1日からYに雇用され、倫理社会、政治経済、現代社会の授業を担当してきた教諭である。

Yは、昭和57年頃、教育内容の低落、財政の逼迫、教職員の服務規律の乱れ等教育機関としての荒廃が甚だしい状態に陥り、その再建のため、新理事長が校長を兼ね、生徒の学力向上と教職員の服務規律の厳正化を図るとともに、不要な支出を極力抑えることによって財政面での建て直しを図るなど再建に力を注ぎ、次第にその成果が上がるようになっていた。

しかし、Xは、校長のこのような学校運営が情操教育に対する配慮に欠け、さらに、自分が部長を務める環境美化部の活動等についての改善案が予算の関係で容易に受け入れられないなどのため、幹部教職員と意見対立が生ずるなどしていた。

また、Xの勤務状況については、かねてから、他の教員と比較して際だって遅刻が多いことや自らの不注意により生徒に再試験を余儀なくさせたこと、業務命令に従うことを拒否したこと等があったことから、Yは、Xの行動は、Yの学校運営及び教育方針にことごとく反発するものと解し、昭和62年2月27日に、Xに対し、解雇の意思表示をした（第1次解雇）ものである。

その後、Xは、秋田地裁に地位保全の仮処分を申請するとともに、秋田弁護士会及び同会会長あてに、Yと校長の実態を自らの判断で記載した文書を交付したが、その内容には次のような問題点があった。

- 学校会計に関し、文化祭でのバザーにおける収益がすべて学校収入に繰り込まれたとするなどの点で事実に反し、かつ、Yがあたかも不正・不当な会計処理をし、不当な利得をしたかのごとき印象を与える記述が含まれていたこと
- 台湾への修学旅行の実施に関し、Y又は校長に不正行為があった可能性を示唆す

労使間の信頼関係の喪失　解雇有効

る記述が含まれていたこと
- 労務管理に関し、Y又は校長が不当な労務管理をしているかのような印象を与え、かつ、校長に対する人格攻撃と評価されてもやむを得ない記述が含まれており、これらの前提となった事実については、真実と認めることができないこと
- 校長が校内での問題を起こした女子生徒を事情聴取した際に、体に触るなどの行為をしたり、生徒の人格をいたずらに傷つけるような言動をした等の記述については、そのような真実は認められないこと

さらに、Xは、これらの文書の写しを週刊誌の記者に交付したか、少なくともこれを示して説明し、その結果、昭和62年8月7日の当該週刊誌にXの文書を引用する内容の記事が掲載された。

このため、Yは、昭和63年3月12日に、第1次解雇の意思表示を撤回した上で、改めて解雇の意思表示をしたものである。

本件第一審判決は、Xの文書の表現等の行き過ぎを認めつつも、Y主張の就業規則違反の各事実は解雇事由に該当するとまではいえず解雇を無効とした。第二審判決もXには形式上、解雇事由に該当するというべき事情が複数あるが、これを総合しても、「長年、生徒によき教育を施そうと尽力してきた」Xを解雇するのは、Xの行為の内容及びその結果の均衡を失して苛酷すぎ、社会通念上相当であると是認できないとして、本件解雇を解雇権の濫用であり無効であるとしたものである。

(判決要旨)

Xは、(文書により、)Yの学校教育及び学校運営の根幹にかかわる事項につき、虚偽の事実を織り混ぜ、又は事実を誇張わい曲して、Y及び校長を非難攻撃し、全体としてこれを中傷ひぼうしたものといわざるを得ない。さらに、Xの週刊誌の記者に対する文書の情報提供行為は、前示のような問題のある情報が同誌の記事として社会一般に広く流布されることを予見ないし意図してされたものとみるべきである。以上のようなXの行為は、校長の名誉と信用を著しく傷付け、ひいてはYの信用を失墜させかねないものというべきであって、Yとの間の労働契約上の信頼関係を著しく損なうものであることが明らかである。第1次解雇が校長の学校運営に批判的で勤務状況にも問題のあるXを排除しようとして性急にされたうらみがないではないことや、Xが、秋田弁護士会又は同弁護士会会長あてに前記各文書を交付したのが第1次解雇の効力をめぐる紛争中のことであったことを考慮しても、右の評価が左右されるものとはいえない。そして、Xの勤務状況には、前記1の3(1)ないし(3)<出勤状況不良等>のような問題があったことをも考慮すれば、本件解雇が権利の濫用に当たるものということはできない。

解雇有効　労使間の信頼関係の喪失

> 職歴及び家族構成を偽ったことが解雇事由に該当し、解雇が有効とされた例

近藤化学事件

（平成6年9月16日　大阪地裁決定）（労判662号67頁）

（事案の概要）

Xは、樹脂原料を製造している会社であるYに雇用された平成3年6月以降、作業方法に習熟せず、上司の指示にも従わず、また、他の者との協調性を欠くとともに、労災（外傷性椎間板ヘルニア等）休業期間後も復職後の作業内容を不服としてまじめに作業をしなかった。

さらにまた、Xは、履歴書に中卒であるにもかかわらず、高卒と記載し、かつ、Yに入社する以前の会社で学歴詐称で解雇されていたにもかかわらず、職歴には当該以前の会社を記載していないことや家族構成を偽り扶養手当を受けていたことなどから、就業規則所定の「就業状況が著しく不良で、就業に適しないと認められる場合」及び「重要な経歴を偽り、その他不正な方法を用いて採用されたとき」に該当するとして、平成5年11月に、YからXに対して解雇の意思表示がなされたものである。

（決定要旨）

＜上記の事実を認定した上で＞Xの就業状況は著しく不良で、就業に適しないと認められる場合に該当するものといわざるを得ない。

ところで、Xが、右のとおり学歴を詐称したのは、中学校卒業であることを恥じたためであることが疎明されるところ、Yは、昭和60年3月以降は、高卒以上の学歴の者でなければ採用しない方針である旨主張する。しかし、右の時点以降も、高卒未満の学歴の者が採用されていることが疎明されるから、Yにおいて真実この学歴要件を重視していることについては疑問があり、この点は、少なくとも、就業規則55条3号所定の「重要な経歴」にあたるとすることはできない。

しかし、職歴については、A株式会社への入退社の事実をことさらに偽っているのは、その心情は理解できないではないにせよ、Yによる従業員の採用にあたって、その採否や適性の判断を誤らせるものであり、Yに対する著しい不信義に当たるものといわざるを得ない。

また、家族構成を偽り、扶養手当の支給を受けていたことは、詐欺罪（刑法246条1項）にも該当する行為であり、その不正

労使間の信頼関係の喪失　解雇有効

には著しいものがある。

したがって、Xが職歴及び家族構成を偽ったことは、就業規則55条3号所定の「重要な経歴を偽り、その他不正な方法を用いて採用されたとき」にあたるものというべきである。＜中略＞

以上によれば本件解雇は有効になされたものである。

> 精神的不調のために欠勤していると認められる労働者に対し、健康診断等を実施せずになされた諭旨退職処分が無効とされた例

日本ヒューレット・パッカード事件

（平成24年4月27日　最高裁第二小法廷判決）（労判1055号5頁）

（事案の概要）

　Xは、平成12年10月1日、電子計算機等及びそれらのソフトウェアの研究開発、製造等を目的とするYに雇用され、システムエンジニアとして働いていた。

　Xは、平成20年4月上旬以降、Yに対し、実際には事実として存在しないにもかかわらず、約3年間にわたり加害者集団からその依頼を受けた専門業者や協力者らによる盗撮や盗聴等を通じて日常生活を子細に監視され、これらにより蓄積された情報を共有する加害者集団から職場の同僚らを通じて自己に関する情報のほのめかし等の嫌がらせを受けている等の被害（以下「本件被害」という）を申告し、事実の調査を依頼した。

　上記申告と並行して、Xは上長であるAマネージャーに対し、有給休暇を取得して個人的に本件被害を調査する旨の報告や状況の報告を行い、同年4月22日にはAマネージャーに対し、特別に休職を認めてもらえるよう人事部門への確認を依頼したが、Yは、同年4月30日、Xに対し、休職を許可できない旨を回答した。

　Xは、同年5月14日、人事部門のB部長に対して改めて特例の休職を認めるよう依頼したが、B部長は、同年6月3日、Xに対し、調査の結果本件被害事実はないとの結論に達した旨を回答した。また、Aマネージャーは、同日、社会貢献休暇を取得する旨のXからのメールに対し、ボランティア休暇の取得は認められず、会社の判断として欠勤を認める理由はないので翌日以降は出社してほしい旨を返信した。これに対し、Xは、Aマネージャーに対し、本件が解決しない限り出社する意思はない旨を返信した。

　Xの有給休暇は、同年6月3日には全て消化されたが、Xが同月4日以降も欠勤したため、YのC人事統括本部長は、同年7月25日、Xに対し、出勤を命じるメールを送信し、同月30日、本件被害への対応を問うXからのメールに対し、存在しない事実を理由とする異動の検討は行わない旨を回答したところ、Xは同月31日に出勤した。

　Xは、同年8月1日、Xに対する処罰を

検討する旨の告知を受け、同月25日、賞罰委員会に出席し、同月28日、同年9月30日をもって諭旨退職処分とする旨の通告を受けた。

（判決要旨）

上記のようなXの言動からすれば、Xの欠勤は、被害妄想など何らかの精神的な不調によるものと認められ、このような労働者に対しては、精神的な不調が解消されない限り引き続き出勤しないことが予想されるところであるから、使用者であるYとしては、その欠勤の原因や経緯が上記のとおりである以上、精神科医による健康診断を実施するなどした上で（記録によれば、Yの就業規則には、必要と認めるときに従業員に対し臨時に健康診断を行うことができる旨の定めがあることがうかがわれる）、その診断結果等に応じて、必要な場合は治療を勧めた上で、休職等の処分を検討し、その後の経過を見るなどの対応を採るべきであり、このような対応を採ることなく、Xの出勤しない理由が存在しない事実に基づくものであることから直ちにその欠勤を正当な理由なく無断でされたものとして諭旨退職の懲戒処分の措置を執ることは、精神的な不調を抱える労働者に対する使用者の対応としては適切なものとはいい難い。

そうすると、以上のような事情の下においては、Xの上記欠勤は就業規則所定の懲戒事由である正当な理由のない無断欠勤に当たらないものと解さざるを得ず、上記欠勤が上記の懲戒事由に当たるとしてされた本件処分は、就業規則所定の懲戒事由を欠き、無効であるというべきである。

以上の次第で、原審の判断は、是認することができる。

> 有期雇用契約の期間途中の解雇の場合には、客観的に合理的な理由及び社会通念上相当である事情に加えて、当該雇用を終了させざるを得ない特段の事情が必要とされた例

学校法人東奥義塾事件

(平成24年1月25日　仙台高裁秋田支部判決)(労判1046号22頁)

(事案の概要)

Xは、学校法人Yの塾長(学校教育法上の60条1項の校長に相当する。)の公募に応じ、平成21年4月1日付で塾長に採用されたものである。XとYの雇用契約の期間は平成21年4月1日から平成25年3月31日までの4年間とされていた。

XはYの塾長に就任後、運営方針等に関して、Yの理事会と衝突をしたり、Yの同窓会事業部が設置したA高校内の清涼飲料水の自動販売機の撤去等を求めて、Yの同窓会事業部と対立したりした。

その後、平成22年3月12日のYの理事会において、Yの理事長がXを解職する旨の緊急動議を提出し、これが可決された。これを受けて、Yは翌13日付でXを解職する旨の解雇通知をし(以下、「本件解職処分」という。)、解雇予告手当を支払った。その後、Xが本件解職処分の理由を明らかにするよう求めたことに対し、Yは、XがYの理事会を非難し、A高校、生徒及び教員を誹謗し、寄附行為に違反した行動や塾長としての品位に欠ける行動を取ることにより、A高校内の秩序を乱したことが理由である旨を通知した。

そこで、Xは、本件解職処分は解雇権の濫用であるとして、Yの塾長であることの地位確認および賃金支払の請求を行った。

(判決要旨)

(労働契約)法17条1項は、やむを得ない事由がある場合でなければ、期間の定めのある労働契約について、契約期間が満了するまでの間において解雇ができない旨規定する。同条が、解雇一般につき、客観的に合理的な理由及び社会通念上の相当性がない場合には解雇を無効とするとする法16条の文言をあえて使用していないことなどからすると、法17条1項にいうやむを得ない事由とは、客観的に合理的な理由及び社会通念上相当である事情に加えて、当該雇用を終了させざるを得ない特段の事情と解するのが相当である。

そして、解雇事由については、①Xが、理事会の存在価値を否定し、学歴のない理事を批判したとする点については、その発

言があった事実は認められるが、平成21年度第1回理事会において、Xは理事会を最高意思決定機関ではないとした意見を撤回し、実際にも平成21年秋以降、Yの理事会や理事に対する批判的な言動が止んでいたことから、この言動自体を、やむを得ない事由の有無を検討する上で、考慮することはできない、②Xが、塾友会（A高校卒業生で青森県内の企業の社長経験者で構成される団体）定時総会において、生徒の知能やA高校の教師の能力が低いなどと発言をした点については、Xが塾長就任後約2か月のものである上、その目的は会員らとの間でA高校の問題点につき共通認識を持ち、その改善の方策を示し、会員らに対し、具体的な協力を要請することにあったと認められることから、その発言をもって不適切とはいえない、③XがA高校内の清涼飲料水の自動販売機設置につき、清涼飲料水の危険性を指摘した張り紙を貼るなどし、また、張り紙のはがし方に抗議したB理事に対しても配慮を欠いた言動をしたとする点は、Xは教職員らに相談するなどしてより穏当な対応方法を検討するなどの配慮が必要であったが、他方Bにおいても、Xと押し問答となった際に特段の根拠をもっていたとは認められないことからすれば、Xの行為が不適切であるとまではいい難い、④Xが、交換留学生のホストファミリーの心情に配慮した言動を取れなかったとする点については、Xなりに自己の経験から留学生の心情や留学生活の充実を憂慮したための言動と認められるほか、教職員らの対応により、問題は終息しており、当該事情をもって、やむを得ない事由の有無を検討する上で、考慮することはできない、⑤Xが卒業式において、学歴の話をした点については、Yの話の具体的内容に照らしても、不適切なものがあったとは認められない、⑥A高校の卒業祝賀会におけるXの発言については、「落ちこぼれ」「停学くらった」などの言葉を不用意に使用しており、すでに塾長就任から1年になろうとする時期の発言であることも踏まえると、Xには教育者として、また、A高校の校務全体をつかさどる職責を有する塾長として、見識に欠けるものがあった、⑦XのA高校の礼拝説教における、Yの外部団体が自動販売機の飲み物で儲けており、YはXがこの外部団体の商売を妨害していると激怒して、Xを排除する計画を立てている旨の発言については、Xの話を耳にする生徒らへの心情への配慮にも薄く、Xの見識に欠けるところがあった、⑧Xが、未だ理事会において採用する旨議決されていなかったCを平成22年度のオルガン奏者とする人事案を理事会に提案しないまま職員会議において公表した点は、寄附行為に反するなどとは認めがたいとした。

そして、以上の点を総合的に考慮した結果、Xは、やや乱暴で思慮を欠くというべき行動をとっており、校務をつかさどり、所属職員を監督する塾長としての見識が十分でない面があることは否定できないが、Xの行為には、（③について）A高校の生徒の健康を図る目的があり、（⑥について）父兄の労苦をねぎらうなどの意図でなされたものと認められ、極めて不適切とはいえない、また、（⑦について）Xが、A高校から排除される懸念を抱いたことによりなされ

たものと推測され、その後、実際に本件解職処分が行われたことも踏まえると、同様に極めて不適切とはいえない。そして、Xの塾長としての活動により、職員会議への職員の出席率が向上し、学生の態度に良好な変化があったと認められ、Xは教職員らからの一定の信頼を得ていたと認められる。さらに、Xには管理職経験、一般的な教職経験もなかったものであり、YはXの経験不足の点を補完すべきであったと解されるところ、Yの理事会がこれを全うしたとは認められない。

したがって、本件解職処分には、法17条1項にいうやむを得ない事由があったとは認められない。

解雇事由の類型別裁判例
解雇無効

> 会社のパソコンから私的な電子メールを送信し、上司に対する誹謗中傷を行ったことによる解雇が無効とされた例

グレイワールドワイド事件
(平成16年9月22日　東京地裁判決)(労判870号83頁)

(事案の概要)

Xは、平成13年5月23日から6月19日までの出勤日20日間に、Yから貸与されたパソコンを使用して、私用メール49通(内、送信35通、受信14通)を送受信したが、そのうち就業時間内に行われたものは39通(内、送信33通、受信6通)であった。この私用メールにおいて、Xは、Y内部のみならず、外部に対しても、経営批判を繰り返し、その内容は、YのCEOのことを「アホバカCEO」と評し、あるいは、「気違いに刃物(権力)」など上司に対する批判が含まれていた。

そこで、Yは、Xに対し事情聴取を行ったが、Xには反省の意思もY経営陣の指示に服する考えもないことが判明したため解雇したものである。

(判決要旨)

労働者は、労働契約上の義務として就業時間中は職務に専念すべき義務を負っているが、労働者といえども個人として社会生活を送っている以上、就業時間中に外部と連絡をとることが一切許されないわけではなく、就業規則等に特段の定めがない限り、職務遂行の支障とならず、使用者に過度の経済的負担をかけないなど社会通念上相当と認められる限度で使用者のパソコン等を利用して私用メールを送受信しても上記職務専念義務に違反するものではないと考えられる。本件についてみると、…就業時間中の私用メールは禁じられて(おらず)、Xが送受信したメールは1日あたり2通程度であり、…Xが職務遂行に支障を来したとかYに過度の経済的負担をかけたとは認められず、社会通念上相当な範囲内にとどまる(から)、…Xが職務専念義務に違反したということはできない。

私用メールの送受信行為自体が直ちに職務専念義務違反にはならないとしても、その中で上記のようなYに対する対外的信用を害しかねない批判を繰り返す行為は、労働者としての使用者に対する誠実義務の観点からして不適切と言わざるを得ず、(解雇事由)に該当する。

しかし、上記行為は、…背信性の程度が低く、…Xは22年間勤務し、良好な勤務実績を上げてYに貢献してきたこと併せ考慮すると、本件解雇は解雇権濫用にあたり無効である。

> 会社貸与の携帯電話を私用に利用し、相手に迷惑をかけたとして、突然行われた即時解雇が無効とされた例

光安建設事件
(平成13年7月19日　大阪地裁判決)(労判812号13頁)

(事案の概要)

Xは、土木工事等を業とするYに土木施工技術者として雇用され、現場監督として、工事現場における施工の管理、監督等と工事の見積もりなどを行っていた。Yは、Xに対し、業務のために使用することを目的としてY所有の携帯電話を貸与していたが、Xはこの電話を使って妻の友人Aに私用電話をした。Aは、電話の相手が誰であるか分からなかったことから、電話番号の所有者であるYを訪れた。その結果、XがY所有の携帯電話を私用に利用し、Aに迷惑をかけていたことが判明した。

これにより、YのXに対する信頼がなくなったとして解雇したものである。

(判決要旨)

本件を見るに、YはXの私用電話の相手であるAがYを訪れ、Aから迷惑な電話がある旨を聞き、Aの話を一方的に聞いたのみで、事実についてXに全く確認せず、あるいは事実の調査を行うことなく、突然Xに本件解雇を通告したものであって、Xに重大な規律違反があったとの事情はなく、本件解雇は社会通念上相当なものと是認することはできない。

＜Yの、XのAに対する電話の内容はセクハラであり、YのXに対する信頼がなくなったとの主張に対しては＞

しかし、Y代表者尋問の結果によれば、Y代表者は電話の内容については聞いていないことが認められ、また、AとXの電話の内容を明らかにする証拠はないが、結果としてXとAの間では示談が成立し、両者の間の誤解は解決したのであり、このことからすると、両者間の電話の内容は、誰がAに電話をかけたのかが明らかになって誤解が解ければ解決出来る程度のものであったことが推認できる。さらに、前記Aへの電話の件以前にXに解雇を相当とすべき事情があったあるいはこれまでXがYから処分あるいは注意を受けていた等の事情は認められず、私用電話の是非はともかく、Xによる私用電話が発覚したのは今回が初めてであるし、Yには本件解雇当時就業規則はなく、従業員の処分の基準となるべきものは存在していなかった。

したがって、これらの事情を総合すれば、

Xに従業員としての適格性が欠如したとはいえず、むしろ、本件解雇は、もっぱらY代表者及び取締役がXに対して事実確認もせず、Aの話を一方的に信頼した結果、Xを嫌悪して行ったものと言わざるを得ない。

よって、本件解雇は解雇権の濫用であり、無効である。

> 残業拒否及び残業の中止を主張したこと等を理由とする解雇が無効であるとされた例

トーコロ事件

（平成13年6月22日　最高裁第二小法廷判決）（労判808号11頁）
（平成9年11月17日　東京高裁判決）
（平成6年10月25日　東京地裁判決）

（事案の概要）

Xは、アルバム制作を主たる業務とするYに雇用されていた。

Yにおいては、毎年11月から卒業時期である翌年3月までが繁忙時期であり、シーズンと称していた。Xは、平成3年9月までほとんど残業をすることなく定時に終業していたが、同年9月末、所属する組版業務の部署で午後7時まで残業する申し合わせがなされ、同年10月初旬から毎日30分から1時間45分程度残業するようになった。同年11月になると、部長から「有給休暇は、シーズン中は病気に限って認める」趣旨の発言がなされたことから、これに対してXは、労基法違反である旨指摘した。さらに、Xは、人事考課表の自己評価欄に、自らの評価は記入せず、欄外に「労基法遵守をお願いします」と記載して提出した。これにより、Xについては最低のEランクの査定がなされ、年末賞与では、3万円を減額された。

また、同年12月頃、Xは、連名で、「Yにおいてはなはだしい女性賃金差別、労基法の制限を超える不法な残業、有給休暇等労基法で認められた労働者の権利無視が行われている」との手紙を、Yの主任以上の職制を除く全従業員に送付した。これに関して、YはXを処分した際、「今後、36協定の上限50時間まで残業してもらえないか」と要請したが、Xは、拒否した。

平成4年1月に入ると、Xの担当である組版の業務に4日分の遅れが発生していたことから、YはXに午後9時までの残業命令を告げたものの、Xはこれにも従わなかったことから、YはXに対して自己都合退職するよう勧告し、Xがこれを拒否すると解雇する旨告げたものである。

（判決要旨）

＜残業拒否について＞

Yにおいては、友の会の役員であるKが「労働者の過半数を代表する者」として署名・捺印した本件36協定が作成され、労働基準監督署長に届け出られていることは前記

のとおりである。しかし、友の会は、役員を含めたYの全従業員によって構成され、「会員相互の親睦と生活の向上、福利の増進を計り、融和団結の実をあげる」（規約2条）ことを目的とする親睦団体であって、労働者の自主的団体とは認めがたく、その役員は会員の選挙によって選出されるが（規約6条）、右選挙をもって、36協定を締結する労働者代表を選出する手続と認めることもできず、本件36協定は、親睦団体の代表者が自動的に労働者代表となって締結されたものというほかなく、作成手続において適法・有効なものとはいいがたい。

そうすると、本件36協定が無効である以上、Xに時間外労働をする義務はなく、Xが残業を拒否し、あるいは残業を中止すべき旨の主張をしたからといって、懲戒解雇事由に当たるとすることはできない。

＜誹謗・中傷をもって業務妨害、職場環境の悪化について＞

本件手紙の内容は、Yにおける労働基準法違反の労働の実態について、Xの意見を表明し、従業員らの意識を喚起する目的に出たものであり、その内容は誇張に過ぎる部分もあるが、全く事実に基づかない誹謗・中傷であるということはできない。また右手紙は、社員らが一丸となって、残業をもいとわず、納期までに卒業アルバムを制作することを誇りとするYの社風に一石を投じるものではあるが、Xの目的は、Yに労基法を遵守させ、職場の労働環境を改善しようとするところにあったと認められ、良好な職場環境を破壊しようとしたというのは、Yの一面的見方というほかない。

＜人事考課の拒否＞

Xが指摘する人事考課表中の「工夫・改善」の項目をみると、考課基準として、「不足（設備、人手共）状態の中で、どのようにしたらより良い状態にもっていけるか、常に作業効率を考え、他部所の事も考え、最善の方法をとっている（評価点10点）。不足状態を認識し、その中でより良い方法をとるよう心がけている（同7点）。自分自身の与えられた仕事の範囲内では、工夫、改善を心がけている（同5点）。従来通りの方法以外やろうとしない（同3点）。不足の事で不平ばかりいって、まわりにも悪影響を与えている（同1点）」と記載され、あたかも現状の設備、人手は所与のものであって、その改善を求めることは良くないことであるかのような基準の設定の仕方がされており、人員増を図ることにより、残業時間を減らすべきであるとの意見の持ち主であるXにとって、承服しがたい内容のものであったと考えられること、Xは、人事考課の自己評価を拒否することにより、平成3年の年末賞与においてマイナス3万円の査定をされており、これが正規の懲戒処分には当たらないとしても、既に相応の不利益処分を受けていると考えられることからすれば、右事実をもって、懲戒解雇事由とすることは解雇権の濫用に当たるというべきである。

＜協調性の欠如＞

本件残業命令については、前記認定のとおり残業を命ずること自体適法になしえないものであるうえ、Xが従事すべき業務の

内容が特定されておらず、A営業部長やB主任の意図が、的確にXに対して伝えられたかどうか疑問があり、所定就業時間内においても、B主任らは、平成4年2月4日以降、Xに対し、校正等の業務に就くことを指示した事実も認めるに足りない。なお、Yは、アルバイトを2名雇用し、X以外の従業員らが協力する等して、前記ノルマの遅れを取り戻したことが認められる。

そうすると、Xの本来の業務以外の業務に対する非協力的態度をもって、「就業状況が著しく不良で就業に適しない」とまで認めることはできない。

＜職務能力の不足について＞

Xと、作業年度・作業環境や個人的資質・適性の異なるEのC作業組版の処理ページ数のみを単純に比較して、Xの職務能力が劣っていたと断定することはできない＜中略＞＜平成3年末の人事考課では＞直属の上司であるB主任の評価の方が客観性が高いと見るべきであるところ、同人は、Xの職務能力について決して悪い評価をしていなかったことが認められる。

そうすると、Xについて、「就業状況が著しく不良で就業に適しない」と認めることはできない。

＜結論＞

本件解雇は、普通解雇であるとしても、解雇事由が存在しないか、あるいは解雇権の濫用に当たるものとして無効と言うべきである。

＜控訴審（平成9年11月17日　東京高裁判決）及び上告審（平成13年6月22日　最高裁第二小法廷判決）においても、控訴及び上告が棄却されている。＞

解雇無効

転勤命令が転勤命令権の濫用で許されないものである以上、転勤命令に違反し無断欠勤したとしてなされた解雇も無効であるとされた例

ミロク情報サービス事件

（平成12年4月18日　京都地裁判決）（労判790号39頁）

（事案の概要）

Xは、昭和59年8月から、コンピューター、同周辺機器等の販売、同賃貸、リース及び保守サービス等を行うYに雇用されていたが、京都支社から大阪支社への転勤を命じられた。Xは、メニエール病（断続的に強度のめまい、耳鳴り、難聴等の聴覚症状や吐き気、嘔吐等の自律神経症状がみられる）を発症しており、通勤に1時間40分以上かかる大阪支社への転勤を拒否したことから、Yは、業務命令違反、無断欠勤を理由として解雇したものである。

（判決要旨）

＜Xが、自宅待機中にメニエール病を発症しており、めまい発作を防止するため、車の運転を控え、基本的に残業をせず、体調に気を配り、歓送迎会等には参加せず、無理をしないようにしていたこと、京都支社の支社長に、診断書のコピーを渡して病状等を説明し、同僚にも診断書を回覧したこと、Xの担当していた飛び込みによる会計事務所の新規開拓による売り上げはごく僅かであったこと等を認定したうえで＞

Xは、Yから法的根拠がないのに自宅待機命令を受け、その間にメニエール病に罹患したため、自宅待機命令が解除されて職場に復帰した後は、睡眠不足等によりめまい発作がおこらないよう注意しながら生活していたこと、Xは、メニエール病に罹患していることを京都支社長であったAはもちろん、京都支社の他の従業員に知らせていたのであり、メニエール病のため仕事等に支障が生じるかもしれないことは周知されていたこと、Yは、Xにつき、他の従業員とは異なり、飛び込みによる会計事務所の新規開拓の仕事に専任させており、この仕事による売上はもともと僅かしか期待できないものであったこと、Xの供述によると、Xが自宅から大阪支社に通勤するには1時間40分以上を要するが、メニエール病のため、このような長時間の通勤に耐えられるどうかは疑問であることなどを指摘することができ、これらの諸点を勘案すると、本件転勤命令は、Yの転勤命令権の濫用であって許されないというべきである。

〈中略〉
　Xは、本件転勤命令に従わず、命令後も京都支社に出勤し、大阪支社には出勤しなかったのであるが、命令がYの転勤命令権の濫用であって許されないものである以上、Xが命令に違反し無断欠勤したということはできないから、これを理由とする本件解雇も権利の濫用として無効とする。

1　普通解雇　労働者の規律違反の行為に関するもの

> 根拠を有しない出向命令を拒否したことを理由とする解雇が無効とされた例

藍野学院事件

（平成12年3月10日　大阪地裁判決）（労判788号81頁）

（事案の概要）

　Xは、学校法人Yとの間において昭和59年から雇用関係にあり、平成9年11月からA短期大学図書館付に配転された。その後、平成10年9月に、Z会（Yの代表が理事長を務める法人）が設置するB病院に転籍出向を命じられた（第1次出向命令）ことから、Xはこれを拒否した。すると、Yは同年11月、Xに対し、C病院への在籍出向を命じた（第2次出向命令）。Xは、これも拒否した。

　Yは、Xが出向命令を拒否し、出向先における就労を拒否していることが、就業規則所定の解雇事由「勤務成績が著しく劣悪又は性行が勤務に適格ではなく改善の見込みがないとき」に該当するとして、Xを解雇することとしたものである。

（判決要旨）

　Yは、出向命令の根拠として、就業規則第6条1項＜「業務上の必要により、職場の変更又は職種の転換を命じることがある」＞をあげるが、右規定には出向を命じることができるとの文言はない。Yは、右規定がYグループ内の配置転換を規定したものというが、文理上はそのように読めず、YとZとは同じ企業グループで、かつ医療関係とはいいながら、一方は学校であり、他方は病院であって、その業種には著しい隔たりがあることを考慮すれば、右規定は、Y内部における配置転換を規定したものというほかない。Yが主張するその他の規定については、出向、転籍を前提としたものもあるが、これらは出向や転籍がされた場合の処理を定めたもので、出向、転籍には承諾を得てされる場合もあるから、これらをもって承諾なく出向を命じうる出向命令権の根拠となるということはできない。

　Y代表者は、Xを採用する際の面接において、Xが出向を包括的に承諾したと述べる。しかしながら、右面接は、15年も前の事柄であって、Y代表者の供述自体具体的には必ずしも明確でなく、X本人の述べるところとは大きく食い違い、客観的にこれを裏付けるものはないのであって、Y代表者の供述によって右包括的同意がされたとの事実を認めることはできず、他にこれを認めるに足りる証拠はない。

以上によれば、Xに対する第1次及び第2次出向命令はいずれも根拠を有しないものといわなければならない。そこで、第2次出向命令を拒否したことを理由としてなされた本件解雇もまた無効といわなければならない。

第一部

1 普通解雇　労働者の規律違反の行為に関するもの

解雇事由の類型別裁判例
解雇無効

> セクハラに関するビラの配布は、組合活動の一環としてなされたものだとして、組合委員長の解雇が無効とされた例

中央タクシー（本案）事件

（平成10年10月16日　徳島地裁判決）（労判755号38頁）

（事案の概要）

　幹部職員の女性従業員に対するセクシュアル・ハラスメント問題に関連して申し立てられた仮処分事件の裁判支援活動として「セクハラに抗議した女性3人を解雇」等のビラを配布したXが、①同席した組合関係者（A）とともに、Y代表者に対して、「Y代表者がF社を買えたのは、組合がいろいろと会社に対して攻撃を仕掛け、会社が経営困難に陥ったためだ」と、組合活動の仕方により会社の経営が困難に陥ることがあることをほのめかす発言をしたこと、②Yの従業員が自家用車で帰宅途中、居眠り運転で死亡するという事故に関して、その責任がYにあるものと決めつけ、「Yは乗務員に対して厳しいノルマを課しており、乗務員は長時間働かざるを得ない」等、誤った事実を記載したビラを配布したこと、③Yの女性従業員3人が、Yの幹部職員からセクハラ行為を受けたのに抗議したことを理由として解雇された事案についても、「Y代表自ら、Bさん（解雇された女性従業員）が入社したとき、『ひとり暮らしなのに、やっていけるんか、わしの女になるんだったら金くらい出してやる』と何度も言っていたのです。結婚式場を経営する社長の言動と思えません」とY代表者の名誉を毀損するビラを配布したとの事由で、Yに解雇されたものである。

（判決要旨）

＜解雇事由①について＞

　＜XがY主張のような発言を行ったことが明らかであるとはいえず、このような発言を行ったのか、あるいは、Y代表者が「あんたの組合には、足を向けて寝れん、あんたの組合ができたおかげでわしは、D社も、E社も、F社も買うことができた。」旨申し受けたのに対して、これに話を合わせるようにAが「ほうやろな」と話を合わせただけなのかどうかについては証拠上明らかでない、と述べた上で＞

　仮に前者の場合であったとしても、これを直ちに、組合の活動の仕方如何でYの経営が困難に陥ることがあることをほのめかすものと評価するのは無理である。＜中略＞

　してみれば、①事実の存在を認めることはできない。

＜解雇事由②について＞

　＜Yの提出したビラには、Y主張の記載

等が認められる、と述べたうえで、一般に、労働組合はビラ配布等の文書活動をその重要な運動手段としているから、その記載内容がことさら事実を歪曲・誇張しているなどの事情がない限り、正当な組合活動であって、使用者もこれを受忍しなければならないというべきである。そして、組合が了解なく復活された累進歩合制の廃止をビラ配布行為を通じて訴えることは、正当な組合活動であり、業務終了後帰宅途中の居眠り運転が、ノルマ達成のために無理を重ねた末の過労に起因するものかどうかを的確に認定するのは困難であるが、ビラの内容はことさら事実を歪曲・誇張しているとまではいうことはできず、正当な組合活動の範囲内である、とした上で>

②事実の存在を証拠上的確に認定できず、あるいは、仮に認定することが可能であっても、右事実が、就業規則30条1項2号の「反社会的行為」、66条7号の「社会的規範に反する行為」、同条27号の「不用意な流言飛語」の解雇事由に該当しないことは明らかである。

<解雇事由③について>

Xのビラ配布行為は、組合活動の一環としてなされ、組合委員長の立場でこれに参加したものであり、文書によって職場環境の実状等を外部に訴えることは当然認められなければならないので、その記載事実が虚偽であるとか表現が誇大にすぎるなどの事情がない限り、正当な組合活動として許されるというべきである。(中略)

<Xのビラは、「結婚式場を経営する社長の言動とは思えません。」と意見にわたるような記載があるほかは、マスコミ報道によってタクシー会社固有の問題であることが明らかになっているものだけである、として>

以上によれば、Xのビラ配布行為は、正当な組合活動として許されるというべきであるから、右行為が、就業規則30条1項2号の「反社会的行為」、66条7号の「社会的規範に反する行為」、同条27号の「不用意な流言飛語」の解雇事由に該当しないことは明らかである。

仮に、Xの右ビラ配布行為が、服務規律を定める5条1項1号の「会社の信用と名誉を傷つける行為」、あるいは、同項9号の「会社業務遂行の妨げになるような行為」に該当し、かつ、「その情が重いとき」(66条38号、65条1項17号)には、本件解雇が許されることになるが、その情が重いかどうかを判断するに当たっては、解雇処分が労働者の雇用関係を消滅させてしまう点で、使用者が労働者に対して行う懲戒処分の中で最も重い部類に属するものであるので、規則違反の種類・程度その他の事情に照らして当該解雇を社会通念上相当とするような場合でなければならず、右相当性を逸脱する場合には、解雇権の濫用として当該解雇を無効とすべきであるところ、Xのビラ配布行為は正当な組合活動であって、社会通念上、解雇を相当とする場合には当たらないというべきである。<中略>

以上のとおり、本件解雇は、Xらのその余の点(不当労働行為該当性)を判断するまでもなく、解雇事由の不存在により無効(場合によっては解雇権濫用による無効を含む)というべきである。

第一部

1 普通解雇

労働者の規律違反の行為に関するもの

解雇無効

> 虚偽の申告で営業部次長に刑事罰を受けさせようとしたなどの理由で行われた運転手の解雇が無効とされた例

吉福グループほか事件

(平成10年10月14日　福岡地裁判決)(労判754号63頁)

(事案の概要)

Xは、運送業を営むYに雇用されて車両運転業務に従事していたものであり①Xが過積載を内部告発した際、営業部次長Aが過積載の責任者である旨の虚偽の事実を警察に供述したこと、②組合員に部外組合への加入を働きかけて組合分裂を図ったこと、③Yに延着についての苦情電話をしてきた荷主に、詰問したことから、Yは、①から③の事実が「服務規律を乱し、または会社の業務運営を妨げ、または会社に協力しないとき」と定めた就業規則の解雇事由に該当するとしてXを解雇したものである。

(判決要旨)

<解雇事由①について>

Xが過積載の自己申告の際、右以外に何を供述したかは証拠上明らかではない。また、Aは配車係を統括する営業部次長の地位にあったのであるから、警察がAの取調べを考えることは、Xの供述内容如何にかかわらず当然に起こりうることである。そうだとすると、Xが過積載の自己申告をし、結果としてAが取調べを受けたとしても、XがAに刑事処分を受けさせる目的で虚偽の事実の申告をしたと直ちに推認することができない。

よって解雇事由①は認めることができない。

<解雇事由②について>

従業員がどの労働組合に加入するかは各従業員が決すべきことであり、Y自体には何ら関与の余地はないことから、解雇事由となるものではない。<中略>

よって解雇事由②は理由がない。

<解雇事由③について>

荷主への電話は1回のみであること、Yと荷主の取引量が減少したというようなYの業務上の信用を毀損した事実は証拠上窺われないことを考慮すると、Xの行為は解雇事由となるまでの重大性はないというべきである。

したがって、解雇事由③の事実は認められるものの、これのみをもって解雇がやむをえなかったとは言えない。

<結論>

XのYに対する地位確認請求については理由があるからこれを認容する。

労組委員長が営業手当の廃止をめぐり、市役所、取引会社等に質問状を配布したことを理由とする解雇が無効とされた例

呉中央水産事件

（平成10年3月27日　広島地裁呉支部判決）（労判747号80頁）

（事案の概要）

　Yは、卸売市場において卸売業を営む株式会社であり、XはYの従業員である。

　Yは、平成2年3月以降、勤務時間が不規則な現業部門の従業員に対し、各就労日ごとの現実の残業時間数とは無関係に、就労日1日につき一律に1時間分の時間外労働があったものとみなし、これに対する時間外割増賃金を営業手当として支給してきた。

　ところが、Yは平成6年3月、労働組合に対し、業績悪化を理由として営業手当を、同年4月分から減額ないし廃止する旨を通告し、同年3月28日には、非組合員を含めたYの従業員に対しても同旨を通告して、従業員の反対を押し切って同手当の廃止を強行しようとした。

　そこで、労働組合の執行委員長であったXは、手当の廃止を避けるため、同年4月1日、質問状を作成し、同月4日、卸売市場の職員や関係会社等に配布したところ、同年5月9日、Yは、同文書の配布によりYの信用を失墜させ、その業務に重大な損害を与えたことを理由として、Xに解雇する旨通告したものである。

（判決要旨）

<*本件質問状の配付によるYの信用低下の有無と程度について*>

　争議行為を想定すれば明らかなように、労使関係が緊張、紛糾した場合において、労働組合が、右関係を会社外の目に知られることなく解決すべき義務を負っているとは解されず、むしろ、労働組合にあっては、労使紛争の行方を有利に導くために、右労使関係の現状を一般社会に積極的に知らせ、労働組合に対する支援、同情を得ようとすることは往々にして見られるところであり、このような労使紛争の公表にともなって当該会社の信用が低下することがあっても、その程度が通常の範囲内に止まる限りにおいては、労使関係をめぐる紛争過程において不可避的に生じ得る事態であり、右公表をもって直ちに違法ないしは労働組合の活動範囲を逸脱したものとまでいうことはできない。

　そして、証拠（〈証拠・人証略〉、弁論の全趣旨）によれば、本件質問状の配付後、

これを知ったYの主要な取引先である大手食品会社の株式会社A及びB株式会社等から、Yに対し、本件質問状の記載内容やYにおける労使関係について問い合わせがあったほか、業界紙である「食品速報」にも本件質問状に関する記事が掲載されたことが認められ、右事実によれば、本件質問状により、Yにおける労使関係の安定性に対する取引先等の信頼が損なわれ、ひいてはYの信用が低下したものと認められるが、その低下の程度については、Yが現に経済的損失を被ったり、その業務に重大な影響を受けたことを具体的に立証するまでの証拠はなく、いまだ抽象的な程度に止まるというべきである。

<結論>

本件解雇の理由は、Xが本件質問状を作成配布して、Yの信用を著しく低下させたという懲戒事由であるところ、Yの就業規則33条によれば、Yが、従業員を懲戒解雇し得るのは、①14日以上の無断欠勤、②故意、過失により事業上に重大な損害を与えたとき、③職務上の命令に反抗して職場秩序を乱したとき、④経歴詐称等により採用されたとき、⑤事業上の重大な秘密の漏洩、⑥しばしば懲戒されたにもかかわらず、なお素行がおさまらないとき、⑦有罪判決を受けたとき、⑧その他右①ないし⑦に準ずる行為のあったときに限られている。

そして、前判示によれば、本件質問状の配付とそれによるYの信用低下の程度は、右②所定の「重大な損害」にあたるとは解されず、また、Xがこれまでに懲戒処分を受けたこともない。そして、右⑧にいう「準ずる行為」とは、その非違行為の程度が右①ないし⑦に匹敵するものであることを要すると解されるところ、本件質問状の作成、配付とその前後の事情を検討しても、Xについて、右「準ずる行為」に該当する事由を見出すこともできない。

そうすると、Yの就業規則60条によれば、Yにおける懲戒処分は、けん責、減給、出勤停止、降職、諭旨免職及び懲戒解雇と定められているのであるから、本件質問状の配付を理由として、Xに対し、解雇以外の右各懲戒処分を経ることなく、直ちに解雇をもって臨み、XをYから排除してしまうことは、明らかに均衡を失し、解雇権の濫用であるといわざるを得ず、本件解雇は無効といわなければならない。

病院の意に沿わない言動を理由とする解雇が無効とされた例

安田病院事件

（平成10年9月8日　最高裁第三小法廷判決）（労判745号7頁）
（平成10年2月18日　大阪高裁判決）

（事案の概要）

Xは、Yの経営する病院で、入院患者の付添婦として勤務していたが、Yの意に沿わない言動をしたとして解雇されたものである。

（判決要旨）

＜まず、裁判所はXとYの間に労働契約が存在していると認定したうえで、解雇に至った事実については、Xは、平成5年12月7日午後、入院患者がY病院事務室に何度も福祉給付金を取りに行ったことについて、Yに呼ばれた担当の付添婦に代わってXが事務室に出頭したところ、Yから、患者にきちんと薬を出しているかといった趣旨の質問をされ、病院が患者に小遣いを渡さないのでどうなっているのか聞きに来ているのであること、自分が担当の付添婦ではないし、診療室から勝手に薬を取り出して患者に服用させるわけにはいかないと答えた。これを聞いたYは、立腹して「お前はわしに楯突くのか」「クビだ。」「もう従業員じゃない。給料もやらん。帰れ。」等と怒鳴った、との事実を認定した。＞

先に認定した事実によれば、YがXを解雇したのは、患者が病院事務室を度々訪れることについて、Yの問いに対するXの返事がYの意に添うものでなかったことに立腹したことによるというだけのものであり、Yのした解雇は著しく合理性を欠き、社会通念上相当なものとして是認することができず、解雇権の濫用として無効というべきである。

＜最高裁判決（平成10年9月8日　最高裁第三小法廷判決）においても、原判決が維持されている。＞

> 配転命令に応じなかったこと並びに勤務成績不良を理由とする解雇が無効とされた例

新日本通信事件

（平成9年3月24日　大阪地裁判決）（労判715号42頁）

（事案の概要）

　Xは、電機通信事業、通信機器の販売及び施工、管理等を業とするYに雇用され、仙台支店に勤務し、営業の業務に従事していた。Xは、Yに雇用される際、家庭の事情で仙台以外には勤務できない旨申し出ていたが、これに対し、Yは留保を付すことなく採用した。Xは、Yの仙台支店において営業成績はトップクラスであったものの、他の社員との折り合いが悪かったことから、Yは、Xが同支店の結束を図る障害になると考え、平成元年11月、本社業務本部の下にプロジェクト・リサーチ部を新設し、Xをその仙台分室（分室は仙台支店の一部を間仕切りした）に配属し、仙台支店と分離した。

　Yは、平成2年7月頃、仙台支店の拡張に伴い、事務所が手狭になることから、東京に転勤してもらいたい旨Xに打診したが、Xは家庭の事情等を理由にこれを拒否した。また、平成5年3月には、プロジェクト・リサーチ部を営業本部直属とする組織変更に伴い、大阪に転勤してもらいたい旨Xに打診したが、Xは、勤務地は仙台の約束であったと主張してこれを拒否した。これに対し、Yは、転勤に応じなければ解雇する旨通知したため、Xは、別居手当の増額、一時帰省に必要な交通費の支給、帰省休暇の付与、転勤費用のYによる負担等を条件として、本件配転に応じる旨の意思表示をしたものの、Yは、さらに有利な条件で退職を促したため、Xは、本件配転命令に異議をとどめたうえで、転勤に応じることとした。

　大阪本社において、Xはダイヤルインサービスの料金値下げのための理論構築及びアプローチ方法の企画立案や地域の高度情報化に関する各省庁の構想及び支援策についての調査等を命じられ、これら業務に従事するものの、いずれも困難であると申し出て、仕事を中止するよう命じられた。

　また、Xは大阪本社に赴任して以来、名刺肩書の改善、帰省費用の支給、赴任手当の増額、給与の増額、時間外手当の支給要求、代休の取得要求等多岐にわたる自己の処遇改善に関する要求を繰り返していた。

　Yは、Xに対して、退職するよう勧告したが、Xがこれに応じなかったため、Y就

業規則所定の解雇事由「業務能力又は勤務成績が著しく不良のとき」に該当するとして、Xを解雇することとしたものである（なお、平成6年度の昇給査定における成績は5段階評価の下から2番目に当たるD評価であったが、9600円の昇給をしている）。

（判決要旨）
〈配転命令について〉

Xは、採用面接において、採用担当者であったAに対し、家庭の事情で仙台以外には転勤できない旨明確に述べ、Aもその際勤務地を仙台に限定することを否定しなかったこと、Aは、本社に採用の稟議を上げる際、Xが転勤を拒否していることを伝えたのに対し、本社からは何らの留保を付することなく採用許可の通知が来たこと、その後YはXを何らの留保を付することなく採用し、Xがこれに応じたことがそれぞれ認められ、これに対し、Yが転勤があり得ることをXに明示した形跡もない以上、XがYに応募するに当たって転勤ができない旨の条件を付し、Yが右条件を承認したものと認められるから、X、Y間の雇用契約においては、勤務地を仙台に限定する旨の合意が存在したと認めるのが相当である。
〈中略〉

本件配転命令は、勤務地限定の合意に反するものであり、Xの同意がない限り効力を有しないというべきところ、Xが本件配転命令に同意しなかったことは当事者間に争いがないから、本件配転命令はその余の点を判断するまでもなく無効であるということができる。

〈本件解雇について〉

Yは、本件解雇の理由として、Xが、大阪本社に赴任後、命じられた仕事をせずに業務を放棄し、執拗に待遇改善を要求するなどして上司の業務を妨害したこと及びXの勤務成績が著しく不良であったことを挙げるので、以下検討する。Xは、仕事の進捗状況の報告やレポートの提出を必ずしも上司の指示通りに行っていなかった一方で、自己の処遇の改善要求については極めて熱心であり、上司に対してこれを要求し、しばしば詳細な要求文書を作成してYに提出していたことが認められる。

しかしながら、Xは、一応は上司に指示されたテーマについて調査研究に従事していたことが認められること、Yが大阪転勤後Xに与えたテーマは、当初のマーケットボリューム調査を除き、いささか抽象的かつ広範囲にわたるものであって、直ちに目に見える成果を挙げることは困難な性質のものであると考えられることに鑑みると、Xが必ずしもYの期待する成果を上げなかったからと言って、業務を放棄していたとまでは評価することはできない。〈中略〉現に、本件解雇の直前である平成6年4月に行われた、Xの平成6年度の昇給査定における成績評価は、5段階評価（AからEまで）のD評価（なお、これは、水準にほぼ達しているが、多少の改善が必要で、上司から必要最小限度の援助を受けたというものである）であって、最低のE評価ではなく、Yにおいて、Xが顕著に評価が低いというものではないのである。そして、Xは、同年に9600円（ただし、うち6100円は新人事制度導入に基く調整分）の昇給を受

けているのである。

　また、処遇改善の要求についても、その頻度はいささか常識の範囲を超えている感がないわけではないが、その大部分は転勤に伴う諸手当等の増額要求であり、自己の意に反して転勤させられたXが、転勤に伴う労働条件の悪化を防止するための要求を行うことは、理解できないではなく、むしろYによる違法な配転命令がXの処遇改善要求を激化させたものと評価すべきであること＜中略＞、Xの要求の中には、後に労基署の是正勧告によってYも応じざるを得なかったものもあり、Xの要求がかならずしも理由のないものばかりではなかったと考えられること等に照らせば、XがYに対し処遇改善要求を繰り返したことについて、Xを強く非難することはできないというべきである。また、Xの処遇改善要求によって、Yの業務が具体的に妨害されたことを認めるに足りる証拠は何ら存在しない。

　以上を総合すると、Yが、前記認定のXの勤務状況等を理由に、就業規則の定める解雇事由である「業務能力又は勤務成績が著しく不良のとき」に該当するとして、Xに対し、本件解雇をしたことは、著しく社会的相当性を欠き、解雇権を濫用するものというべきであるから、右解雇は無効である。

昼間勤務のみから深夜勤務も含む職務への変更拒否を理由とする、女性タクシードライバーの解雇が無効とされた例

草加ダイヤモンド交通事件
（平成8年8月16日　浦和地裁越谷支部決定）（労判703号39頁）

(事案の概要)

　タクシー会社Yは、平成4年、5年頃に景気の低迷による人手不足の解消に伴い、好況期に認めていた日勤勤務を廃止し、同勤務に従事していた乗務員を、深夜勤務を伴う終日稼働・隔日勤務体制に移行させることとし、訴外組合と交渉・協議を行い平成5年4月に実施の合意を得た。新制度に対しては、日勤勤務者7名のうち4名は同意したが、Xを含む3名の労働者は、家庭の事情等から、反対していた。その後、平成7年4月から、日勤勤務が廃止され、就業規則も変更された。平成7年2月には、当時の日勤勤務者3名に対して、実施を3か月先に延ばしたい場合は、その旨の契約書を出すようにとの通告を行ったが、Xのみこれを出さず、その後Yは、話し合いを何度か行ったが、いずれも平行線に終わり、また、何度も指示を出したが、Xはこれにも応じなかった。そこで、Yは業務命令違反等を理由として、Xを解雇したものである。

(決定要旨)

　乗務員の勤務形態について日勤制を廃止して隔日勤務のみに変更すると、日勤勤務していた従業員にとって、5勤2休の昼間勤務が隔日の昼間夜間深夜勤務となるのであって、単に勤務時間の変更という以上に、労働者に不利益な労働条件を一方的に課することになるという面があることは否めない。のみならず、労働基準法では、女子労働者の健康、福祉の観点から、女子の深夜業は原則として禁止され、深夜業に従事することを使用者に申し出た者であって、当該申出に基づき使用者が行政官庁の承認を受けたものについては例外的に深夜業に従事させることができるとされている（同法64条の3第1項5号）。それゆえ、Yにおいて、日勤制を廃して深夜業を伴う隔日勤務のみの勤務形態に変更する場合、深夜業に従事することになるために、右変更に同意しない女子従業員については労働基準法で定める深夜業従事の申出を強制される結果になり、女子の深夜勤務を禁止した労働基準法にも違反することになる。女子従業員にも一律に、深夜業従事の申出の有無にかかわらず日勤制を廃止して隔日勤務のみにし、右申出を強制する結果となるような

就業規則の変更が、女子従業員であるXに関して合理的であるかはなはだ疑問である。

したがって、女子従業員を深夜業に従事させるための労働基準監督署長の承認を得るために女子従業員の任意の申出が必要であるとの観点からも、かかる勤務形態、労働条件の不利益変更については、少なくとも日勤勤務に従事している女子従業員個々の同意を必要とするものであって、日勤勤務に従事していたXの同意がない以上、右就業規則の変更による勤務条件の変更はXに関しては効力を生じないのであって、Xは隔日勤務に従事する義務はなく、隔日勤務への移行を前提にした暫定的日勤勤務に従事しなければならないものでもない。＜中略＞

Yは、Xを雇用する際、Xは隔日勤務を合意したのであるから、包括的に深夜勤務の申出をしたもので、労働基準監督署長の承認手続申請を拒否することは許されない旨主張する。しかし、Xが雇用される際、労働条件として隔日勤務に従事することが明確に合意されてなかったことは、前認定のとおりであり、かりにXが抽象的に隔日勤務を承知していたとしても、その後Xは一貫して日勤勤務を続け、YにおいてXの勤務条件としては日勤勤務が確立していたのであるから、Xが包括的に深夜勤務の申出をしたとみることは困難であり、日勤制を廃止して深夜勤務を伴う隔日勤務に移行した際、Xの深夜勤務の申出が必要であり、かかる労働条件の不利益変更にあって、Xが右申出をしなければならない義務があると解することはできない。

したがって、Xが隔日勤務という勤務条件の変更に従わなかったことがYの業務命令に従わなかったことに該当するとしてなされた本件解雇は解雇権の濫用に当たり、無効といわざるを得ない。

トラック運転手に対する延着事故を理由とする解雇に相当性がなく、解雇権の濫用であるとされた例

ミリオン運輸事件

（平成8年7月31日　大阪地裁判決）（労判702号38頁）

（事案の概要）

　Xは、運送事業者Yとの間で、貨物自動車の路線便運転手として雇用契約を締結していたが、午前中必着との指示を受けていた荷物について、寝過ごしにより午後1時30分ころに配達するという延着事故を起こし、その結果、親会社から路線便を解除されたことから、Yは、同事故を起こしたことを理由としてXを解雇したものである。

（判決要旨）

　＜本件解雇につき、Xが本件組合に加盟し、積極的に活動していることを理由としてなされたものであると推認するのが相当であり、不当労働行為に当たる、と判断したのちに、念のため、解雇権濫用についても判断している。＞

　＜Yは、本件解雇理由として、Xがその責めに帰すべき事由により、本件事故を起こし、そのため、親会社への出入り禁止処分等を受けるなどしたため、YにおいてXに対し、雇用契約上の債務を履行できなくなったので、止むなく、Xを解雇したと主張するが、本件事故は、午前中必着との指示を受けた荷物を、午後1時30分ころ配達するという内容の延着事故であり、これによって当該路線便が解除されたことは認められるが、Xが終局的に路線便等に乗務できなくなった訳ではない等、Xに雇用契約上の債務を履行できなくなった旨のYの主張は理由を欠くとしたうえで＞

　したがって、Yによる本件解雇は、Y主張の解雇理由を欠くということができ、本件解雇は効力を有しないものというべきである。

　なお、本件事故により、YにおいてXに対し雇用契約上の債務を履行できなくなったか否かを離れ、仮に、専ら、Xにより本件事故の発生及びこれがもたらしたYに対する影響等に着目して、これを理由とする解雇の相当性の有無を判断するとしても、本件事故による延着の程度は必ずしも大きいものではないこと、本件事故のもたらした影響の程度、内容は、前記認定のとおり、当該路線便が解除されたというに止まること、もとより、それ自体、必ずしも、軽微な損害とのみ評することはできないものであるが、本件解雇に至るまでの経緯等によ

れば、Yにおいて、仮に、Xに本件組合加入及び積極的な組合活動の事実がないとき、YがXに対し本件事故の発生及びその影響のみを理由として、解雇までしたか疑わしいことに鑑みるとき、YがXに対し、本件事故を理由として、解雇をもって処するのは重きに過ぎるというべきであって、結局、本件解雇は、社会通念上相当性を欠き、解雇権の濫用に当たり無効というべきである。

抗生物質の過剰投与等がある旨保健所に内部告発したことを理由とする解雇が無効とされた例

医療法人思誠会（富里病院）事件
（平成7年11月27日　東京地裁判決）（労判683号17頁）

（事案の概要）

医療法人Yにおいて、90年末頃から、入院患者のメチシリン耐性黄色ブドウ球菌（MRSA）感染が増大したことから、Yに勤務するXらは、その原因として、Yに勤務する医師Zが、第3世代抗生物質を大量投与していることを疑い、Zの許可なく担当患者のカルテをメモしたり、薬剤感受性検査報告書等をコピーして持ち出すなどして分析した。その結果、Zが、薬剤感受性検査の結果と無関係に抗生物質を多用していることが原因と判断し、YのA院長や実質的な経営者であるB会長に、同医師の指導を上申したものの、その後、Zの診療方法に変化はなかった。Xらは、院長や会長の言動から、病院全体で、営利本意という経営方針の下、Zの不適切な診療方法を許容していると疑うようになり、保健所へYの実態を上申することとした。翌日、Xらの言動等から不審を感じたYが保健所へ確認したところ、Xらが、Yについて何らかの申告をしたことが判明したことから、同日、Xらを解雇することとしたものである。

（判決要旨）

YがXらを解雇した直接の理由は、Y主張の解雇事由（保健所への申告）であることが窺われる。そして、Xらは平成3年12月11日、勤務時間中に保健所へ赴き、Yにおける治療方法、衛生状態、リカバリールーム等について内部告発をし、その指導改善方を求めたものである。しかし、Yにおいては、Zが抗生物質の過剰かつ不適切な投与を行うなどしていたこと、その診療方法は、院長も、非常識であると考えて、会長に同医師の解雇を上申していたほどであって、医学的見地から誤りである蓋然性が高いこと、当時、Yにおいては、MRSA保菌者が相当数存在し、死亡者も発生しており、第3世代系の抗生物質の過剰かつ不適切な投与がその原因の一つとなっている可能性が高く、Zの診療方法は入院患者の身体・生命の安全に直接関わる問題であること、Xらは院長や会長らに、Zの診療方法等について、再三その指導改善を求めたが、Zの診療方法に変化はなく、XらはYが右診療方法等の改善をする気がないものと判断して、保健所による指導改善を期待

して右内部告発に及んだものであり、不当な目的は認められないこと、Xらが、右保健所への申告内容が右保健所を通じて公表されたり、社会一般に広く流布されることを予見ないし意図していたとも認められないこと、Yは右申告の翌日にXらを本件解雇したものであるが、本件解雇通告時はもちろん、その後も保健所を通じてXらの申告内容が外部に公表されたことはなく、保健所から不利益な扱いを受けたこともないことが認められる。

以上によれば、Xらの保健所への申告を理由に、Xらを解雇するのは、解雇権の濫用にあたると言うべきである。

> 深夜、酒気を帯びて、同僚運転のバスを停めて乗車し、乗客から苦情を申し込まれるという事態になった運転手の解雇が無効とされた例

西武バス事件

（平成7年5月30日　最高裁第三小法廷判決）（労判672号15頁）
（平成6年6月17日　東京高裁判決）
（平成4年12月1日　東京地裁判決）

（事案の概要）

　Xは、Yに雇用されている路線バスの運転手である。Xは、翌日早朝勤務が予定されていた前夜は、自宅が車庫から遠いため、上石神井営業所に宿泊することにしていたが、平成元年6月30日、運転業務終了後、同僚と飲食店において飲酒し、翌日の早朝勤務に備えて宿泊する同営業所へ向かう際、同僚の運転手が運転する最終バスを、すでに定刻より約10分遅れていたにもかかわらず40秒ほど待たせた（Xは、飲食店で飲食していた同僚に、先に帰る旨伝えてくるまでの間待ってくれるよう依頼し、バスは駅前ロータリーをゆっくり回って出てきたところで、Xを乗車させた）。

　これに対し、同営業所まで乗車してきたバスの乗客から、バスを私物化しているなどの苦情を1時間あまり受けた。Xは当夜は営業所に宿泊し、翌朝も通常どおり勤務に就いた。

　Yは、①遅れてきた同僚運転のバスを停め2分ほど待たせて乗車し、乗客より苦情を申し込まれるという不祥事を起こしたこと、②酒気帯びのまま営業所に宿泊したこと等を理由として、就業規則の解雇事由53条（懲戒に関する条項）1号（「この規則又は遵守すべき事項に違背したとき」）、2号（「故意又は過失によって業務上不利益を生ぜしめたとき」）、5号（「素行不良で同僚に悪影響を及ぼすおそれがあると認められたとき」）、8号（「地位を利用して不都合な行為をしたとき」）、12号（「風紀秩序を乱したとき」）、13号（「前各号の他不都合な行為をしたとき」）及び54条（懲戒の種類を規定している条項）6号（「懲戒解雇は30日前に予告するか又は予告しないで所轄監督署長の認定を経て即日解雇する。会社が必要と認めたときは前項の懲戒処分の決定がなされるまでの間従業員を就業させないことがある」）により解雇することとしたものである。

　原判決（平成4年12月1日　東京地裁

判決）においては、

「Xの行為は、バスの運行に支障をきたし、さらに乗客から苦情の申入れを受ける事態を起こしたのであって、これは、Yの信用を失墜させたばかりか、秩序を乱し、他の従業員にも悪影響を及ぼすもので、就業規則53条1、4、5、8、12、13号所定の懲戒事由に該当するものということができる。上石神井営業所に宿泊した行為については、この種の行為に対する従前のYの対応に照すと、これだけをもってXを強く責めることは必ずしも妥当ではないというべきであるが、バス運行に支障を生じさせたXの一連の本件行為は、従業員としての基本的な執務態度が不良であり、YがXを普通解雇にするにつきやむをえない事由があるというべきである」

として解雇事由の存在を認め、解雇権の濫用に当たるか否かについても、

「Xが本件バスに乗った目的が翌日の勤務に備えたものであったからといって本件行為を有利に評価できるものではなく、また、本件バスの遅延は僅かであって、しかも最終バスが度々遅れているからといって、前記認定のとおりの経緯のもとで、停留所以外の場所でバスを止めさせ、結果的にも30秒位も運行遅滞を生じさせたことであってみれば、本件解雇が合理性を欠くとは認め難いし、Yの従業員が飲酒の上で私用で『2分待ってくれ、連れがいるから』という乗客無視の態度をとったことに遭い、バス運行の遅れを受けた乗客にすれば、苦情を申し出て当然であると考えられる。＜中略＞同年8月4日、7日に開催された労使双方各4人で構成する中央苦情処理委員会において、解雇が相当であるとの決定がされ、その旨がXに通知されたことが認められ、本件が他に比較して苛酷に過ぎると断ずる根拠はないというべきである」

として、解雇権の濫用には当たらず、当該解雇は有効であると判断された。

（判決要旨）

Xは、翌日の早朝出勤を意識しながら深夜まで友人と飲酒し、たまたま出会った本件バスの同僚運転士に対し、酔余の気安さからとは思われるものの、飲み仲間に別れを告げに行くため「2分間」の待機を求めるという、一般の乗客でさえはばかられる行為に及んだのであって、結果的にもバスの運行を遅らせたものであり、一般乗客への迷惑を顧慮しない不謹慎な行為であった。

しかもXは当時制服姿のままであり、その行為は、外見上も、公共交通機関を私物化したと見られてもやむを得ないものであって、乗客の苦情を惹起したのはもっともなことであり、十分問責されるべき非違行為であったといわざるを得ない。

しかしながら、Xは、酔余とはいえ、翌日の早朝勤務に備えて上石神井営業所に宿泊するために最終バスに飛び乗ったというものであって、その動機においては同情すべきところがあり、同僚運転士がXの求めに応じてロータリーをゆっくり巡行してくれた間に乗車が可能となったものであって、乗車地点も、最終バスであれば一般乗客でも運転士の裁量で乗車させることがありうる範囲内であったということができる。

Xの行為により本件バスが遅延した時間

は、40秒を超えない程度であり、懲戒処分決定書記載の「2分程」には至っていなかった。しかも、ロータリー内で本件バスが緩慢な走行をしたこと及び停車してXを乗車させたことによって付近の交通に危険を生じさせたとの事情もうかがわれず、また本件行為による遅延のために乗客が他の交通機関への乗り換えなどに支障を生じたというような影響もみられなかった。

以上認定したXの行為の動機、態様、結果、従前の勤務成績＜勤務成績が劣悪であるとか、運転士としての適格性を欠くということはできないと認定＞、他の懲戒処分選択の可能性、過去の処分例との均衡＜解雇より軽い類型の処分を選択することは十分可能であり、Y及び同業他社における処分例としても本件と同程度の行為で解雇された例が見当たらないことを認定＞、解雇という重い措置がXに与える影響等を総合考慮すると、YがXに対してした本件解雇は、退職手当金の支給を伴う普通解雇としてされていること及び労働協約に基づく苦情処理の手続においてXの苦情処理の申立てが容認されなかったことをしん酌してもなお、その原因となった行為と比較して、社会通念上の相当性を欠き、合理的な理由がないと判断せざるを得ないものであって、解雇権の濫用として無効である。

＜なお、上告審（平成7年5月30日最高裁第三小法廷判決）において、上告は棄却されている。＞

第一部

1 普通解雇　労働者の規律違反の行為に関するもの

解雇無効

飛び込み営業を嫌った職場放棄等を理由とする解雇が無効とされた例

カーマン事件

(平成6年5月30日　大阪地裁決定)(労判652号30頁)

(事案の概要)

　Yの営業担当社員であるXらは、採用される際に、Yの営業方法はいわゆるルートセールスによるものであり、Xらが取引のない不特定の顧客に飛び込んで営業活動を行う方法ではないと聞かされていたが、平成5年12月の営業会議において、いわゆる飛び込みで営業活動をするよう指示が出されたので、Xら営業部員はミーティングを行い、その結果、新規飛び込みによる営業活動は困難との結論に達した。同指示について、社長も交えて協議したところ、相当感情的になり、雰囲気が険悪になったことから、Xが、冷却期間が必要と判断し、真意ではなく、有給休暇を取らせて欲しい旨伝えた。これに他の債権者も同意し、Xらは全員退席した。これに対して、Yは、Xらが職場を放棄したものとして、解雇することとしたものである。

(決定要旨)

<上記の事由について、認定した上で>

　Yの新規顧客の獲得のためにいわゆる飛び込みセールスをするというのは、採用時の前提と異なっており、又営業部員の減員により労働過重がさらに増加すると考えたXらの反対も理由のないことではないから、Yは相当の手続でXらの同意を得るべく努力すべきであるのに、Xらの主張を聞かず、強圧的な応対に終始していたものであり、又日頃から会社方針に従わないものには解雇を示唆していたこともあり、本件の場合も同様にXらに解雇を示唆するなどしていたもので、その説得の方法は相当でなく、これに抵抗するXらが会社を退去するという方法によったのも、相当ではないが、Xの解雇を感じ、社長の態度等から個別に説得されるのと思い、これを回避するために咄嗟に採ったものであり、止むを得ない側面もあると考える。

　しかもXらの措置は自己の利益擁護のためになされたものであるが、Yの業務を故意に阻害する目的にでたものでなく、又Xらが会社に損害を与えるために故意に、あるいは組織的計画的に行ったものでなく、社長の強圧的態度と言動に触発され、いわば突発的に行動したものと認められるものであり、その責任をXらのみに帰すべきも

のでなく、Ｙにも相当の責任があるものと言うべきものである。

本件職場放棄の経緯や動機、その態様、期間、Ｙの対応、職場放棄のＹや取引先に与えた影響、解雇処分の真の理由等本件職場放棄の全容を総合するとこれを理由とする本件解雇は、営業部員全員による職場放棄であること等の点を考慮したとしても、Ｙの就業規則により無断欠勤が２日以上の場合や通常の職場放棄が減給、出勤停止とされ、無断欠勤５日以上が解雇とされていること等他の処分の場合と対比すると、著しく均衡を欠いたものであり、正当とは言えず解雇権を濫用するものであると言えるものである。

第一部

1 普通解雇　労働者の規律違反の行為に関するもの

> 業務制度の改定に、容易に応じようとしなかったことを理由とする解雇が無効とされた例

鴻池運送事件

（平成6年4月19日　大阪地裁決定）（労判656号35頁）

(事案の概要)

　トラック業を営むYに雇用されていたX1、X2は、本給、皆勤手当、職務給などの固定給に加え、売上の20パーセントの歩合給をその賃金としており、歩合給の売上最低保証額は65万円であったところ、平成5年7月、Yは、この最低保障制度を廃止する旨申し入れを行った。Xらは、これを拒否し、8月に入っても協議を続け、Xらからも対案を出すなどしたが、合意には至らなかった。Yはその後、当初の案を示し、これに合意しない場合には解雇するとして即答を求めたので、Xらは、数時間後これを承諾するとの回答をしたが、その後、YがXらを解雇したものである。

(決定要旨)

　＜X1について
① 休憩室において、誰とはなしに「2回走っても、3回走っても同じだ。」という旨の発言があり、これに同意した。
② Yの了解を得て、午後からの配達を断り、代わりの運転手が配達をしたことがあった。
③ 「宵積みの仕事があるから行ってくれないか」と上司に言われた際、「遅くなる」と答えたところ、上司はこれを撤回した。
④ 「宵積みの仕事があるから行ってくれないか」と上司に言われた際、「他の従業員に行かせろ」と答えたところ、上司はこれを撤回した。
⑤ YとXらが賃金制度改訂の協議をした際、他の従業員が改訂案をのんだと聞かされ、怒りの発言をしていた。
との事実を認定し、X2については
① 上司から、業務に行ってくれといわれ、「あれはAと決まっていた」と主張し、Aが業務に就いたこと。
② 上司からの業務の依頼に、時間の確認がされていないことに疑問を述べたところ上司からの無線が切れた。
③ X2は、倉庫の合鍵を持っていたが、洗車機の電源や冷凍庫のモーターのスイッチが倉庫の中にあってこれをあける必要が生じることもあった。
との事実を認定した上で＞

Yは、Xらが、Yの業務上の指示に従わないこと、勤務態度の悪いことなどを本件解雇の理由として主張するが、YはXらと本件解雇直前まで賃金改訂交渉をしていて、Xらがそれを受諾すれば当然雇用関係を継続する意思であったことが窺えるうえ、Yが離職票に具体的な事情として、賃金条件が折り合わないためと記載していること、解雇を告げた際には勤務態度などについて触れていないこと、解雇理由とする事実がXらの賃金体系の最低保障制度の廃止を提案した以後の出来事を中心としていることなどからすると、Yは、Xらが賃金制度の改訂に容易に応じようとしなかったことを主たる理由として本件解雇をなしたものといわざるを得ない。

　しかし、就業規則や賃金規則の全くないYとXらの間において賃金制度の改訂に応じないことが直ちに解雇理由となり得ないことは明らかであり、XらがYから諾否を迫られて最終的にはYの改訂案を受諾する意向を示したのになされた本件解雇の効力は、この点において問題があるといえる。

　X1の解雇理由について、認定した事実のうち、①は、労働意欲に欠けることを窺わせるとしても、従業員が仲間うちで語り合った言葉に過ぎず、それだけで解雇理由とはならないし、②ないし④は、いずれもその指示が簡単に撤回されており、Yがそれらについて A に明確に注意をしておらず、業務に具体的な支障が生じなかったことはYも自認しており、業務命令違反とはいい難く、⑤は、Y提案の賃金改訂について、フリーの運転手としてXらと同じ反対の立場を取っていた訴外Zが、これを受諾したと聞かされ、これに対し怒りを禁じ得なかったことから発せられたもので、現実に暴力を振るうことはなかったのであるから、これも解雇理由とすることはできない。

　X2の解雇理由について、認定した事実のうち、①及び②は、いずれもその指示が簡単に撤回されており、Yがそれらについて X2 に明確に注意しておらず、業務に生じた具体的な支障は明らかでなく、業務命令違反とはいえず、③は、債務者 X2 が倉庫の合鍵を持っていたことにも一応の理由があることを示すものである。

　以上の認定及び判断を総合すると、Yが小規模の企業であり、Xらの言動に従業員との調和を計るうえで問題があるなどの事情を考慮しても、本件解雇はいずれも解雇権の濫用にあたり無効であるといわざるを得ない。

勤務中に旅客機内で誤ってシャンパンを口にしていたこと等を理由とする解雇が無効とされた例

ノース・ウエスト航空（橋本）事件
（平成5年9月24日　千葉地裁判決）（労判638号32頁）

(事案の概要)

Xは、アメリカ合衆国ミネソタ州に本社を置き国際航空旅客運送業を主たる目的とするYに、上級整備士として雇用され、新東京国際空港整備部に勤務していた。平成3年1月7日、駐機中のNW007便の機内故障を修理するため、NW007便に乗り込み、作業終了後に機外に退出しようとした際、ギャレー内のテーブルに並べられていたシャンパンを、炭酸飲料と誤ってごく少量1回すすったところ、機内サービス主任に注意された。そのまま機外に出て、アルコールを摂取したことを上司に報告することなく勤務を継続したことから、乗客用のシャンパンを勤務中に飲んだこと等（解雇事由1）、上司に届け出ることなく、また、指示を得ることなく、他の出発便の整備を行ったこと（解雇事由2）、会社の自宅待機命令を無視して就労したこと（解雇事由3）を理由として、Xを解雇したものである。

(判決要旨)

1　解雇事由1について

＜本件行為は、アルコールを含む飲料であることの認識を欠いて行われており、故意による飲酒ではない、と認定した上で①　就業規則26条B項2号「賭博、飲酒、風紀紊乱等により職場規律を乱した場合」の該当性について＞

たしかに航空機整備士の職業倫理としては、勤務中にはたとえ誤ってであってもアルコール類は口にすべきではないといえるかもしれないが、本件行為は、過失によりごく少量のシャンパンを1回すすったというものであって、乗客が本件行為を目撃する可能性を否定することはできないことをあわせ考えたとしても、故意による賭博、飲酒及び風紀紊乱と同視しうる程重大な職場規律違反を生じさせるおそれのある行為に該当すると認めることはできない。

＜②　就業規則26条B項7号「業務上の命令を守らず、又はこれを破り、又は戒告を無視した場合」及び8号「会社の所有物、備品を破損、亡滅、遺失し会社の業務に損害を与えた場合」の該当性について＞

本件はアルコールを含む飲料であることの認識を欠いて行われたものであるから、

故意に業務命令に違反する行為には該当しない。＜中略＞本件行為の対象となった飲料は、Yが乗客に提供した残りの飲料であり、また、その量は一口すすった程度と認められるのであって、かかる態様の行為をもって、Yの所有物又は備品の破損、亡滅又は遺失に該当すると認めることはできない。

2　解雇事由2について

Yは、その従業員に対して、アルコール飲料の影響を受けた状態で勤務を行うことを禁じていたことが認められ、それゆえ、従業員は、何らかの原因により勤務中にアルコール飲料の影響を受けた状態に陥った場合には、上司にその旨を報告して勤務の継続について指示を求めることが命じられていると解するのが相当である。

Xは、本件行為後、勤務時間終了時まで整備作業を継続し、その間、上司に対し、本件行為につき報告して整備作業の継続について指示を求めたことはなかったものと認められる。

しかしながら、本件行為がグラスのシャンパンを1回ごく少量すすった程度のものであること、Xは本件行為後アルコール飲料の影響を受けた状態にはなく、また、X自身もアルコール飲料の影響を受けたとの認識を欠いていたと認められるから、Xの本件行為後の右行為は、就業規則26条B項7号ないし2号に該当するものではないというべきである。

3　解雇事由3について

使用者が従業員に対し労務提供の待機を命じることは、当該従業員の労務の性質上就労することに特段の利益がある場合を除き、雇用契約上の一般的指揮監督権に基づく業務命令として許されると解され、YがXに対し、1月18日までに自宅待機を命じたことは、Yの裁量権の範囲内でされた適法なものと認められる。Yが本件自宅待機命令を長期間継続した主たる目的が、XがNW007便内で故意にシャンパンを2回飲んだという認定事実を前提にして、Xに任意の退職を求めることにあり、その間必要な事実調査を尽くさなかったと認められることをあわせ考えると、少なくともXが就労を開始した8月11日の時点においてもなおYが本件自宅待機命令を継続したことは、正当な理由を欠く違法なものといわざるを得ない。そうすると、Xが、8月11日から3日間就労した行為は、違法な業務命令に従わなかった行為に過ぎず、これをもって就業規則26条B項7号に該当するとは解することができない。

＜結論＞

以上の検討によれば、本件行為、本件行為後整備作業を継続した行為及び8月11日から3日間就労した行為は、いずれも解雇事由に該当せず、また、これらを総合しても解雇事由には該当しない。

そうすると、＜中略＞本件解雇は無効である。

解雇無効

営業上の案件における損害の発生を理由とする解雇が無効とされた例

フレックス事件

（平成5年3月29日　大阪地裁決定）（労判636号61頁）

（事案の概要）

　コンピューターのソフトウェアのシステム設計及びプログラミング作成の受託等を業とするYで、システムエンジニアとして勤務していたXが、営業力強化の会社の方針により、営業推進部次長として営業活動に従事していたところ、会社の利益や営業方針を無視し、顧客に有利な営業上の交渉を独断で行い、会社に損害を与える等自己の権限外の行為を為し、また、営業管理上の資料の提出を拒む等、所属長の命令指示に従わなかったとして解雇されたものである。

（決定要旨）

＜Xは、営業責任者であったにもかかわらず、Yの営業方針に従わず、Xが以前申立外株式会社Zに勤務していたこともあって、Zの利益を図る意図のもと派遣技術者3名（A、B、C）の引き上げの指示に従わず、2名の引き上げのみ行ったとの主張に対して＞

　結果的にZがAの引き上げ要求に応じなかったので、Aの引き上げはできなかったが、Xは、Zとの間でA、B及びCの3名の引き上げ交渉を行っていたというべきであり、Yの指示に反し、Zとの間でBとCの2名のみの引き上げ交渉をし、Aについては引き上げ交渉をしていなかったとは認められない。

＜Xは、申立外K株式会社から要請のあった、Kのシステム開発のプロジェクトの管理者として、現場の作業進捗状況等を把握し、Y等に報告する必要があったが、作業進捗状況について十分な把握をせず、適切な報告もせず、また、プロジェクト開発の管理不足から、当初予定の1.5倍の工程がかかり、プロジェクトにおいて約1400万円の赤字となったとの主張に対して＞

　Yは、下流工程において、プロジェクト管理者として、作業の進捗状況を十分把握して適切な報告をする必要があったのに、進捗状況の把握が不十分で、Kが要求する適切な報告をしていなかったため、これが一因となって作業の遅延や費用の増加が発生したということができる。しかし、Yにおいては、Kにつき、プロジェクト管理業務の責任分担がはっきりしていなかったため、プロジェクト管理者であったXは、Kから苦情が寄せられるまで、進捗状況をほ

とんど把握しておらず、プロジェクト管理者の業務を遂行していなかったのである。そして、上流工程の概要設計の段階からシステム開発が遅れており、また販売管理システムの規模増加については、Xに責任があったとは認められないうえ、Kは、Xからの費用増額の要求に対し、Kに外注枠がなかったことなどを理由に支払に応じなかったのである。したがって、右の事情を考慮すると、Kのシステム開発について生じたトラブルや赤字の発生の責任をすべてXに負担させることはできないというべきである。よって、Kのシステム開発についてのXの業務活動をもって、就業規則53条2項4号＜故意または重大な過失により、自己の権限外の行為をなし、または理由なく職務上の所属長の命令指示に従わなかったとき。＞6号＜故意または重大な過失により、会社の名誉、信頼を毀損し、または会社に重大な損害を与えたとき＞及び13号＜その他各前号に準ずる程度の不都合な行為があったとき＞所定の各懲戒解雇事由に該当するということはできない。

＜Xの営業活動や勤務態度について＞

Yは、Xの平成3年度の営業成績について、外注比率が高く、営業収益が上がっていないうえ、全部または一部についてYの技術者を使用した案件であっても、すべて赤字であるから、Xが適切な営業活動をしていたとはいえないと主張する。

しかし、平成3年度の営業成績が結果的に右のとおりであったとしても、もともと赤字を計上することを予想して請け負った案件もあり、Xが必ずしも適切な営業活動をしていなかったとはいえないので、右の営業成績をもって、直ちに就業規則53条2項所定の懲戒解雇事由に該当するということはできない。

Yは、週1回開催される営業会議において、営業担当者が報告書を提出して営業報告をしているが、Xは、報告書を提出することが極めて少なく、報告書を提出しても、事後報告がほとんどで、営業過程における経過報告やタイムリーな報告をすることはなかったと主張するが、右主張は理由がなく、Xの営業報告をもって、就業規則53条2項所定の懲戒解雇事由に該当するということはできない。

Yは、Xが出勤・退社時に義務付けられているタイムカードの打刻をせず、また勤務時間中に他の多くの従業員がいる前でおおっぴらに爪を切るなど、社内風紀上好ましくない執務態度が再三あり、これを何度注意しても改める様子がなかったと主張する。

Xは、入社後しばらくしてタイムカードを打刻しなくなったことが認められるものの、その点について、YがXに対し注意指導したとは認められない。また、Xが勤務時間中に爪を切ったことは認められるものの、頻繁にあったとは認められない。従って、就業規則53条2項所定の懲戒解雇事由に該当するということもできない。

＜結論＞

以上の事情を総合すると、Yがなした本件解雇は、Yが主張する就業規則第53条2項4号、6号及び13号所定の各懲戒解雇事由に該当する事実を認めることはできないので、無効というべきである。

使用者、他の従業員に対する誹謗を理由とした解雇が無効とされた例

電気工事会社（女子従業員地位保全申立）事件
（平成5年3月8日　大阪地裁決定）（労判628号40頁）

（事案の概要）

　電気工事の設計請負等を業とするYが、雇用していたXを、勤務時間の不遵守、勤務時間中の私語、電話受信時の不適切な対応等の社員として基本的態度の欠落等を理由として解雇したものである。なお、XとYの代表者は、昭和63年3月から平成2年12月ころまで男女関係を有しており、また、本件解雇の3か月前には、YがXに対してなした総務部総務課長、同部経理課長から工務部付への配置転換をめぐる係争について和解が成立している。

（決定要旨）

　＜勤務時間の不遵守については、外出後の帰社の遅れや私用外出がみられたことが一応認められ、Xの勤務時間に対する態度については、節度に欠ける点があったことは否定できないが、業務開始時間に遅刻して出社するのが常態であったとのYの主張は疎明が足りない。また、勤務時間中の他の従業員への私語については、Xが、Yの代表者等を誹謗する言動をし、他の従業員に少なからず不快感を与えていたことが一応認められる。Yの取引先への悪口については、その時期や具体的内容が明らかではなく、これを解雇の理由とするに足るものとは認められない。また、勤務時間内に私事についてY代表者と口論になり、Y従業員らに不快感を与えたことについても認められ、Xの態度は節度に欠けるものであったことは否定できない。なお、電話受信時の不適切な対応について暴行被疑事件にまで発展したこと等については、本件解雇の3か月前の和解において、同紛争を理由として一切不利益な取扱いをしない旨確約していることから、本件解雇の理由とするのは相当でないとしたうえで＞

　以上によると、Y主張の解雇事由のうち、疎明資料から一応存在が認められるのは、勤務時間の不遵守の点及び他の従業員に対するY代表者等を誹謗する言動の点並びに社内での個人的口論の点ということになる。

　そこで、これらの点が、社会通念上解雇を相当とする事由となるかについて検討すると、疎明資料によると、これらの事情が、Yの他の従業員の士気に少なからず影響し、

職場の人間関係を混乱させていることが窺われ、特段の事情がない限り、これにより解雇も止むなしと判断したとしてもあながち不合理とまでは言い切れないところがある。しかしながら、他方、本件においては、XとY代表者とが一時男女関係にあったという特殊な事情があり、その解消に至る経過においてXがY代表者に対し相当な不満を抱いていたことから、両名間に感情的なもつれがあって、これが、右にみるようなXの態度に表れていることがうかがわれ、この点については、Y代表者にも責任の一端があることは否定できない。もとより、かような私的怨恨を職場に持ち込むことは職業人たる者の態度としては容認しにくいところではあるが、Yの如き小規模な事業所においては、このような感情的不満が表面化するのを避けるのは困難であると思われ、この点、Xの心情にも酌むべき面がないとはいえない。かような状況のもとで、右のような事態を招くに至った責任の一端を負うべきY代表者が、これを理由にXを解雇することは、経営者として信義にもとるきらいがないではなく、ことに前回の仮処分事件において、当事者間に前記のような和解が成立している以上は、当事者双方ともに、右和解の趣旨に則り正常な関係を回復するため誠実に努力すべきであるにもかかわらず、その後、さしたる事情の変化も認められないのに、Xを右和解のわずか3か月後に解雇したことは相当とはいい難い。以上の事情を総合するならば、現段階においては、本件解雇は、解雇権の濫用にあたるものとして、無効と言わざるを得ない。

> 横領行為、勤務懈怠等を理由とする解雇が、解雇を正当とするに足るとは認められないとして無効とされた例

マツヤサービス事件

（平成4年11月20日　大阪地裁決定）（労判620号55頁）

（事案の概要）

　Xは、貴金属、宝石、時計、カメラ等の運送業を営むYに雇用されていたが、①Xが、自ら運送を担当していた代引商品の商品代金総額270万円あまりを横領したこと（平成4年3月25日に示談が成立）、②Xが出退勤時刻を遵守せず、勤務時間中にしばしば職場を離脱したこと、③Xは、上司の命令に服従せず、上司に対し反抗的態度をとったこと、④Yは、Xに対して下請業者の代引商品の運送業務の管理を命じたが、Xが管理を怠ったため、下請業者Aが代引商品を運送して集金した商品代金を着服する事故が起きたこと、を理由として解雇されたものである。

（決定要旨）

<①Xが、自ら運送を担当していた代引商品の商品代金総額270万円あまりを横領したことについて>

　代引商品代金横領については前記のとおり示談が成立して解決しており、Xはその後も勤務を継続していたものであるから、右事実はそれのみでは解雇の理由とはなりえない。

<④Yは、Xに対してAの代引商品の運送業務の管理を命じたが、Xが管理を怠ったため、Aが代引商品を運送して集金した商品代金を着服する事故が起きたことについて>

　同地域においてAによる代引商品代金流用が発生した事実は認められるものの、もともと、下請業者による代引商品代金流用については、事実上Yが黙認していた状態が存在したうえ、これを防止しようとするならば、Yは、まず、神戸地区における荷物及び伝票の管理及び仕分けの責任者であるBの業務執行方法を改善するのが筋合いであるのに、これをしないままXに代引商品の管理責任のみを負担させ、かつ、Xに対して、代引商品の管理を命じた以後も、そのような管理を実質的に可能とするような、業務方法の変更等の具体的措置は何ら講じられておらず、しかも、Xに対し右指示を行った後に発生した代金未納についても何らの措置をも講じないまま放置していたものである。

右代金未納事故に関しては、YのAに対する対応にその原因があり、これを放置したままXに対し代引商品の管理を命じたとしても、代金流用を防止することは期待できない状態にあったものということができる。そうすると、Xの代引商品管理の懈怠によって代金未収事故が発生したものとは言い難く、代引商品管理の懈怠との点は、正当な解雇理由とはなり得ない。

＜*他の解雇理由については、いずれもこれを認めるに足りる疎明がないとしている。*＞

以上によれば、本件解雇についてこれを正当とする理由は見出し難く、結局解雇権の濫用にあたるものとして、無効というべきである。

第一部

1 普通解雇 労働者の規律違反の行為に関するもの

> 事業所内のトラブルを警察沙汰にしたことなどが「従業員として不適当」という解雇事由にはあたらず、解雇が無効とされた例

武松商事事件

(平成3年12月18日　東京高裁判決)(労判634号82頁)
(平成3年5月30日　横浜地裁判決)

(事案の概要)

　Xは、産業廃棄物等の収集運搬を業とするYに、ダンプカー運転手として雇用されていた。Xは、全国一般労働組合神奈川地方本部に加入しており、たびたびYの従業員に対して組合の必要性を説いていたところ、同僚のA及びBは、最初は同調していたが、そのうちXの組合活動に批判的になり、Xを敬遠し、むしろ敵視するようになった。こうした状況の中で、Xのロッカーの中の品物が外に放り出されたり、Xの担当車両のタイヤの空気が抜かれたり、ブレーキオイルタンクのキャップが緩んだりすることがあったことから、Xは、AやBらの仕業であると疑い、営業所の所長らにその旨申し出たところ、相手にされなかった。

　このような事態を不安に感じたXの妻が、JR根岸駅前の交番の警官に事情を話し、また、X自身も磯子警察署の交通課や刑事課に相談したところ、警察署からYに対し、従業員同士のトラブルの有無について問い合わせがあった。これに対し、Yは、内部に不心得者がいると言いふらすのはYの名誉と信用を害することであるからやめるように言ったが、Xは内部の者の嫌がらせであるとして主張して受け入れなかったことから、YはXに対し解雇することを通告したものである(解雇事由は「事業の縮小、廃止、その他業務の都合によるとき」及び「その他従業員として不適当と認めるとき」)。

　なお、Yは、Xが、業務執行中に得意先の自動車に接触する事故を起こしたこと、たびたび横浜市環境事業局の工場で立小便をしたり、禁止されている場所で洗車をしたりして同工場の職員から注意を受けていたことも解雇事由として併せて主張している。

(判決要旨)

＜1「事業の縮小、廃止、その他業務の都合によるとき」の該当性＞

　規定の体裁や同項の他の解雇事由と対比すると、「その他業務の都合によるとき」とは、事業の縮小、廃止に準ずるような経営

上の都合による場合をいうものと解すべきところ、右認定のXの行為はこれに当たらない。

<2「その他従業員として不適当と認めるとき」の該当性>
＜業務中の事故や、工場内での立小便、洗車については、解雇後に解雇事由として主張しはじめたものであり、また非違行為とはいえ、軽微なものであり、Xの担当職務を替えたり、班長職を解くなどして決着しており、実際には、Xがタイヤ、ブレーキオイルタンクのキャップ等の異常を問題視し、警察沙汰にしたことを理由にXを解雇したものであることを認定した上で＞

先に認定したXの行為は、非違行為としては軽微なものであるか、すでにXとYとの間で決着したものであるか、あるいは非違行為に当たらないものであり、Yとの雇用契約における信頼関係を破壊するものともいえないから、これをもってXが解雇に値するような不適格者であるということはできない。したがって、就業規則24条1項4号の「その他従業員として不適格と認められたとき」には該当しないというべきである。

そうすると、本件解雇は、就業規則に定めるべき解雇事由がないのにこれがあるとしてなされたものであって、解雇権を濫用するものというべきであるから、＜中略＞無効というべきである。

＜なお、控訴審（平成3年12月18日東京高裁判決）において、控訴は棄却されている。＞

第一部

1 普通解雇　労働者の規律違反の行為に関するもの

解雇無効

> 競業する音楽事務所を設立した楽団員の解雇が労働協約上の解雇協議条項に反し無効とされた例

大阪フィルハーモニー交響楽団事件
（平成元年6月29日　大阪地裁判決）（労判544号44頁）

(事案の概要)

　Xは、昭和39年10月以来Yにコントラバス奏者として雇用されていたところ、Yは、XがYと競業関係に立つ音楽事務所を設立したことにより、Yに対して収入面でも運営面でも多大な損害を与えたことを理由として、昭和62年12月31日付で解雇の意思表示（第1解雇）をした後、一旦これを留保したが同63年1月31日付で再び解雇の意思表示をしたものである。

　なお、Yの就業規則等においては、業務に堪えられない者、労働能率が著しく劣悪な者、精神又は身体の障害により業務に堪えられない者は、組合と協議して解雇を決定することのみが定められていた。

(判決要旨)

＜解雇事由の有無について＞

　Xは、就業規定Ⅱ項の楽団員の解雇事由は限定的列挙であると主張する。なるほど（証拠略）によれば、就業規定には右条項＜*上記概要参照*＞以外に楽団員の解雇に関する規定はない。しかしながら、同条項の文言に照らし、X主張のように解すべき必然性はないのみならず、X主張のように解するとすれば、同条項で列挙され、またはこれに準ずる事由以外の事由による解雇はおよそできないことになり、例えば非行によりYにいかなる損害を与えた楽団員ですらYは解雇できず、同人が自ら退職しない限り同人との雇用契約の継続を余儀なくされる等の不都合な結果を招来することになるから、同条項列挙の解雇事由は例示的なものと解するのが相当である。

　Yは、協定Ⅴ項＜*組合との解雇協議に関する規定*＞は就業規定Ⅱ項を受けて規定されたもので、楽団員の義務違反ないしは背信行為を理由とする解雇には適用されない旨主張する。しかしながら、右条項は文言上協議の対象となる解雇を何ら限定していないのみならず、（証拠略）によれば、協定は楽団員の採用、休職について組合の関与を認めているほか、採用時における楽団員、従業員の採用条件、職員以外の楽団員の退職条件、組合員の昇進、降格、登用、賞罰、定員をも組合との協議条項とし、Yの行う人事に組合が参加することを広く認めているのであるから、同条項は、Yの楽団員に

対する恣意的な不当解雇を防止することを目的として、あらゆる場合の解雇について適用されると解するのが相当である。

<組合との解雇協議の実施について>

協定第Ⅴ項にいう「協議」とは、前記同条項の目的に照らし、特段の事情がない限り解雇の意思表示の事前になされることが必要であり、しかも、単に労使が当該解雇につき話合いの場を持っただけでは足りず、解雇の是非当否について双方がそれぞれの立場から、議論を尽くすことをいうものと解され、同条項にいう「協議が整った」とは、労使が右議論を尽くしたうえで双方が解雇相当との結論に到達した場合をいうと解するのが相当である。

これを本件についてみるに、Ｙと組合の本件解雇についての協議は、第１解雇後初めてなされ、しかも右協議は６回を数えたものの、Ｙは終始一貫してＸの解雇に固執し、組合の行うＸの復職要求に一顧だに与えなかったため、組合は右要求の実現が不可能であることを知り、ついにＹとの交渉を断念し、これを終息したのであるから、右協議が同条項にいう協議に該当すると認めることは困難であり、また、組合が右経緯でＹとの交渉を終息したことをもって、組合が本件解雇に同意したものと解する余地があるとしても、右同意が同条項の「協議が整った」場合に該当しないこともいうまでもない。したがって、本件解雇手続は同条項に違背するものといわねばならない。

本件解雇は、協定第Ⅴ項に規定する組合との協議が整わずなされたものであるが、本件解雇事由が解雇に相当する強度の背信性をもち、かつ、協議が整わなかったことにつき専ら組合に非がある等の特段の事情が認められるときは、なお本件解雇は有効であると解するのが相当である。

<Ｘに本件解雇を相当とする重大な背信行為があったと認めることはできず、他にこれを認めるに足りる証拠もないと認定した上で>

本件解雇は、その手続において協定第Ⅴ項に違背してなされた違法なものであり、しかも、前記特段の事情も認められないから、無効であるといわねばならない。

1 普通解雇 労働者の規律違反の行為に関するもの

解雇有効

入管法違反で罰金30万円の有罪判決を受けた教師の解雇が有効とされた例

明治学園事件

（平成14年12月13日　福岡高裁判決）（労判848号68頁）

（事案の概要）

　Yは、カトリックの精神に基づく教育を行っている学校法人である。Xは、昭和48年から、Yに勤務する社会科教諭であり、自己のカトリック信仰から在日ペルー人の救援活動を始め、ペルー人の就労を斡旋する際に、寄付金等の名目で事業主から1人当たり3～10万円程度を、保証金等の名目でペルー人から1～3万円程度を受領していたところ、出入国管理及び難民認定法（入管法）違反の疑いで逮捕された。この事件についての新聞報道により、Yは混乱した。

　Yは、Xを休職処分とし、月例給与の2割または6割を支給することとしたが、Xを支援するため、Yの労働組合の代表を事務局長とする「不当弾圧を許さない会」（「許さない会」）が結成され、刑事事件の判決確定までの間、Xの復職等をめぐって団体交渉が行われた。

　Xに対して、一審判決で懲役8月、執行猶予3年の判決が出ると、YはXを無給休職処分としたが、これについても「許さない会」は、Xの復職等を要求して、Yに団体交渉を申し入れた。Yは理事長の海外出張を理由に交渉の猶予を申し入れ、理事長の帰国後も、団交出席人員を3名以内とすることを要求し、Yが指定した日時の交渉を「許さない会」がボイコットしたことに対して、団交に欠席しない旨の文書を提出することを要求するなどして、団交に応じなかった。

　そして、平成10年4月10日、福岡高裁で、原判決破棄、罰金30万円に処する旨の判決が確定すると、Yは就業規則に基づき、Xを通常解雇することとしたものである。

（判決要旨）

　Xは、入管法の不法就労あっせんの罪に基づき、逮捕・勾留された後、公訴を起訴され、同罪につき、罰金30万円に処する旨の有罪判決が確定した（本件控訴審判決）。同罪は、在留外国人の不法就労を助長し国の出入国管理秩序の根本を侵すものであり、このような行為を故意に1年近くの長期にわたって反復継続してきたXの責任は重大であり、殊にXが社会科担当の現職の中学

校教員の立場にあったことに照らして考えると、生徒や保護者からその適格性に疑念を持たれても止むを得ないものがあったといえる＜中略＞。また、YもXの前記犯罪に関する捜査機関による捜査の対象とされ、このことが大きく報道されるなどした結果、Yの教職員や生徒、その保護者などの関係者に混乱を惹き起こした。このような事情があったにもかかわらず、Xは、前記有罪判決を受けたことにつき、特段の反省の情を示すこともなかったばかりでなく、支援者共に、平成8年12月以降はほぼ毎週のようにYに赴き、抗議活動を行ってきたのであるが、その抗議活動の態様は、文化祭バザーや入学試験当日に拡声器を用いて演説をしたり、シュプレヒコールを行うなど、生徒やその保護者をも巻き込むもので、Yの授業や行事に少なからぬ支障を生ぜしめるものであった。＜中略＞Xについて生じた前諸事情は、Xの就業規則19条1号（本則その他学園の規則に違反し、又はこの規則前文に示される学園の教育方針に協力せず、本学園の教育事業遂行に支障が生じたとき）、5号（信用失墜行為があったとき）及び8号（学園の経営上やむを得ない事情及び前各号に準ずる事由の生じたとき）に該当すると解するのが相当であるから、Yがこれらの条項に基づいてした本件解雇（普通解雇）は、合理性、相当性があり、有効と解すべきである。

＜中略＞本件あっせん行為が行われた経緯やその背景を考えると、本件あっせん行為が前記Xが主張するような動機＜宗教的見地から発する人道的見地から行ったもの＞に基づくものであったことが窺えなくはない。そして、その動機自体は、Yの就業規則前文やカトリック教育を標榜するYの教育方針に合致するものであったとの評価も可能と思われる。しかし、動機や目的が正当なものであったとしても、その手段として犯罪を犯すことが許容されるものではない＜中略＞。本件あっせん行為の動機がXの宗教的信念に基づく人道的なものであったとしても、そのことから直ちに本件解雇が無効とされることにはならない。

第一部

1 普通解雇

労働者の規律違反の行為に関するもの

解雇有効

> 4回にわたるけん責処分にも反省することなく始末書を提出しなかったこと等を理由とする解雇が有効とされた例

カジマリノベイト事件
(平成14年9月30日　東京高裁判決)(労判849号129頁)

(事案の概要)

　Xは、平成7年6月にYに入社して以来、工務部において工事の見積り、契約、出来高管理等の業務に従事していたが、上司の指示に対する不服従、誹謗等について4回にわたりけん責処分を受け、始末書の提出を求められたが提出しなかったこと等を理由として、Yは、Xに対し、同9年4月18日付で解雇通告をしたものである。

　Xは、本件解雇は、Xが労働基準監督署等に申告したこと、労働組合に加入したことによるもので、不当労働行為に当たり、解雇は無効であると主張した。

　第一審判決(平成13年12月25日　東京地裁判決)においては、「本件けん責処分の理由とされた事由はいずれも、上司と部下との意見の対立や行き違いを原因とするものに過ぎず、社会通念に照らし重大な問題とはいえないから、本件解雇は権利の濫用に当たり無効である」と判示している。

(判決要旨)

　(1)　Yが本件解雇の理由として主張する事実については、①E部長、K副部長及びD部長に対する侮蔑的発言、②時間外労働制限の指示に対する不服従、③Yにおいて使用していない用語の使用、④遅れて提出された下請からの請求書への受理年月日記載指示に対する不服従、⑤パソコンの代わりに電卓を使用するようにとの指示に対する不服従、⑥集計表の編てつ方法の指示に対する不服従、⑦新規工事入手報告書のコピー作成の拒否と同僚に対する侮蔑的発言、⑧現場や下請からの電話でD部長に無断で勝手なやりとりをすること、⑨取引業者からの労務費請求に対し請求書が遅れたとしてD部長に無断で支払を翌月にする旨の連絡をしたこと、⑩X個人のパソコンとファックスモデムを社内に持ち込んでファックス送信を行ったこと、⑪派遣社員の指導を誠実に行わなかったこと、⑫収入印紙税額一覧表を上司に無断で下請会社に配布したこと、⑬優先的に作成する書類があるのに不急の注文書等を作成したこと、⑭新入手工事概要報告書のコピー作成の指示不服従、⑮不要書類の無断作成、⑯控えるように指示されている休憩時間中の作業、⑰上司の机上の書類を無断で読んだりすることがいずれも認められる。

　(2)　これらの事実はこれを一つ一つ取り

上げると比較的些細なものが多いように思われるが、企業全体として統一的・継続的な事務処理が要求される事柄について、Xは独自の見解で合理的であると考えて上司の指示に従わず自己の事務処理方針を変えないという態度が顕著である。＜中略＞

これらは従業員一人一人が自分の好みで行うということになると企業全体としての統一性が保たれず非能率、更には過誤にも通じるおそれがあるほか、人事異動の際に（休暇取得時等に他の者が代わって仕事をする場合でも）支障が生ずるものであり、いずれも軽視することができないものである。＜中略＞

そして、Xのこのような態度はそれぞれについてYの事業の進行に支障をもたらすものである上、職場全体の秩序、人間関係に悪影響を及ぼすものである。＜中略＞

(3) ＜XがプロバイダーＮのホームページ上に社内に問題があると掲載するなどした行為や公的機関に社内の問題を告げた行為等について＞直ちに真実とは認められないか、仮に真実であるとしても、これをインターネット上にオープンにしたり取引会社に告げたりすべきものでないことは明らかであり、上記のXの行為はいずれもYないしその従業員の信用・名誉を毀損するものである（プロバイダー会社Ｎのホームページ上に掲載された記事については匿名の記事であり、その内容がYに関するものであるかどうかが直ちに判明しないとしても、多数の者が利用するインターネットの世界でいつ何時これがYに係る記事であることが判明するか、そのおそれ自体は否定することができない)。

(4) 本件第1けん責処分後から第4けん責処分に至るまでのY及びXの対応等については、Yは第1けん責処分をするに当たってはXに反省の機会を与えようとの意図に出たものであったが、Xからは反論のみで反省の趣旨のうかがえない返答書が提出され、その後も第2回以降のけん責処分がされたがXの態度は変化しないばかりか、第3回けん責処分ではXは通知書をその場でシュレッダーに投入して破棄するという行為に及び、更に第4回けん責処分を行ったが結局Xに反省の態度が認められなかったことから本件解雇に至ったものである。そして第1けん責処分においては始末書の提出について1か月の期間を設定しており、これに対しXは即日返答書を提出している。第2けん責処分はその後1か月以上経てされており、第4けん責処分までの期間は10日間程度であるが、既に第1けん責処分の時点からは十分な弁明の期間が与えられており、第4けん責処分の5日後にはXは返答書を提出している。したがって、全体としてけん責処分がXの弁明の機会を与えないでされた不当なものであるとは認められない。

(5) Xには、上記(1)ないし(3)のような行為があり、Xは日頃上司から注意を受けていたのにこれを聞き入れずほとんど改善することがなかったため4回にわたるけん責処分を受けたが、それでもXの態度に変化がなかったことからYは本件解雇に至ったとみることができ、Xについては就業規則39条2号の「勤務成績又は能率が著しく不良で、就業に適しないと認めるとき」に該当するものと認められる。そして、以上みてきたところからすると本件解雇が権利の濫用に当たるとみることもできない。

解雇有効

学園理事への誹謗・中傷と辞任強要で組合との紛争を生じさせたことを理由とする解雇が認められた例

群英学園事件
（平成14年4月17日　東京高裁判決）（労判831号65頁）

（事案の概要）

　Yは進学予備校を経営する学校法人であり、Aが理事長を務めているが、Aは高校と短大を経営する訴外学校法人Zの理事長でもある。ところで、YやZでは、以前にも職員からA退陣を求める動きがあったところ、平成9年7月、Yの講師であるX1、事務職員X2は、突然、Aを含む理事らとの会談を求めた。その席でX1らは、Yの現理事の1人であるCも関与して平成5年頃作成されたA退陣を要求する一部職員による決議書（「本件決議書」、Aの不正経理問題を指摘するものであるが、実際には公表はされなかった）、Aを含むYの理事の退陣を求める文書等（「本件各文書」）を提示しつつ、AがYの資金から自宅改築や子女の留学費用捻出を行っている等の指摘をして、Aら理事の総辞任を求めた。

　また、これに応じない限り、不正事実をマスコミ等により公表すると述べた。その後、X1らがZの教職員で組織された訴外労組に、申入れの経緯や本件決議書を交付したため、訴外労組が、Aの辞任要求書や運営の正常化を求める要望書を提出するに至った。

　YはX1、X2に対して問題解決までの自宅待機を命じたが、Aの諮問を受けたY人事委員会が懲戒処分相当とする答申を行ったことから、YはX1らに解雇を通告した（「本件解雇」）。

　なお、本件解雇が通告される前に、X1らは自宅待機処分の取消しを求める仮処分を申請し（後に取下げ）、その提訴日に記者会見を開いて、Y内の稟議書や領収書を示しつつ、昭和59年に行われたYの校舎改築工事を利用しAが不正な私費処理をしたと指摘した結果、翌日の新聞にX1らが主張するところが掲載されるに至った。

（判決要旨）

　使用者はその裁量に基づき労働者に対する解雇権を行使することができる。したがって、就業規則所定の解雇事由に当たる事実がある場合において、解雇権を有す使用者が裁量により労働者を懲戒解雇に処することなく、通常は退職金の支給や解雇後の再就職等において有利と解される普通解雇に処することは、それが懲戒の目的を内包す

ることがあるとしても許されないものではないというべきであるから、特段の事情のない限り懲戒解雇事由に該当する事実をもって普通解雇処分に付することもできると解するのが相当である。＜中略＞

＜懲戒解雇の決定があったときはこれを理由に普通解雇できる旨を定めた就業規則56条1項1号（懲戒解雇事由を定めた同81条ないし3号、5号、9号）の該当性について＞

　過去にマスコミ騒動で辛酸を嘗めた経験を有し、後記のとおり証拠のないものであっても学校法人の理事長の横領行為などという不正経理問題がいったんマスコミに流れてしまうと、その報道内容が真実に反することを証明し購読者等の報道の受け手に正しい認識を抱かせるにはいかに厖大な労力を要し、しかもそのような労力を投じたからといっていったん誤って形成された認識を完全に払拭して従前どおりの信頼を回復することは不可能に近いことはマスコミ報道とその影響にまつわる経験則のよく教えているところであり、したがってこうした事柄に関するマスコミ報道によって被る被害がいかに大変なものであるかを思い知らされているＹ理事ら4名にとっては、その自由な意思に相当な抑圧を与えるものであったことは容易に推認することができる。ちなみに、こうしたマスコミの報道による甚大かつ回復困難な影響を考えると、仮に不正経営問題が合理的な根拠のある事実だったとしても、分別も備えた年令に達した社会人であり、Ｙに雇用されて予備校とはいえ教育に携わり、しかも幹部職員でも

あったＸらであってみれば、Ｙの事業規模、活動地域＜中略＞に照らし、そのような事実の公表がＹの経営に致命的な影響を与えることに簡単に思い至ったはずであるから、まずはＹ内において運営委員会、職員会議＜中略＞、評議委員会、役員会あるいは理事会等の内部の検討諸機関に調査検討を求める等の手順を踏むべきであり、こうした手順を捨象していきなりマスコミ等を通じて外部へ公表するなどという行為は、Ｙとの雇用契約においてＸらが負担する信頼関係に基づく誠実義務に違背するものであり許されないものである。

　＜Ｘらが架空と言い張るＳ工営の工事は、本件申し入れの10数年も以前のことであり、また、昭和59年に2度にわたり工事を施工していることが認められる等の＞事実によるとＸらは問題とするＳ工営の工事が真実は行われたものであることを知っていた上であえて不正経理問題として取り上げていたのではないかと疑われるのである。

　＜中略＞群馬県内では名の通った予備校の理事長が刑事犯罪行為を行っているというにほかならない本件のような不正経理問題をこのような形でマスコミに公表する行為は、仮にこれが真実であったとしても明らかにＡ理事長個人やＹの名誉・信用を著しく毀損し、その経営活動に重大な影響を与えるものであることは多言を要しない。Ｙは、学校法人ではあるが予備校経営を目的とするものであって公的補助のない全くの民間企業である。このような企業が予備校間の競争にうち勝つためには生徒の募集や著名な講師の勧誘などが求められるので

あり、常にこうした配慮を不可欠とする経営を継続していく上では社会的信用・評判をより高め、これを保持していくことが経営の基本姿勢であると考えられるところ、Xらが指摘するような不正経理問題が報道され公にされることは予備校経営上取り返しのつかない悪影響を与えることは明らかであるというべきである。＜中略＞現にYは入校生徒数の激減という常態に追い込まれ、かつてない経営難に陥っており、このためYの職員らの給与の切下げを余儀なくされ＜中略＞、職員の生活が圧迫される厳しい事態を招いているのである。

しかも、前記のとおりS工営の工事が架空のものであることは何ら裏付けをもたないものであったばかりか、かえってこの工事が行われた事実が認められ、これを架空工事であると広言しA理事長ら4名の理事らの責任を追及していたほかならぬX1自身が当時の経理担当者としてS工営の工事が事実であることを知っていたことが推認されるところ、Xらの行為はYとの雇用契約の根本的な信頼関係を踏みにじるものでありその違法性は極めて高いものであるといわなければならない。

＜中略＞以上のとおりであり、Xらは＜懲戒解雇事由を定めた＞就業規則81条1号ないし3号、5号及び9号所定の各事由に該当する懲戒解雇事由がある。

＜解雇権濫用法理の主張について＞

本件各解雇はYの裁量に係るものであるから、Xらがした上記各行為の原因、動機、性質、態様、Y及びその職員に対する影響、勤務態度等をあわせて考察してみると、Xらの生活に及ぼす影響等諸般の事情を考慮しても、本件各解雇が合理的根拠を欠き社会通念上相当でないということはできず、本件各解雇には解雇権行使に当たっての裁量の範囲逸脱、濫用等の違法があるものとは認められないから、Xらの解雇権濫用の主張は理由がない。

会社と競合する業務を営み、受注を横流ししたことなどを理由とする、営業担当課長に対する解雇が有効とされた例

東京貨物社事件

（平成12年11月10日　東京地裁判決）（労判807号69頁）

（事案の概要）

展示会場の賃貸等を業とする会社Yの営業本部長営業企画室課長の職にあった労働者Xが、A会社を設立し、友人Bと共同し又は単独でYと競合する業務を行いその対価を得ていたため、就業規則の規定（在籍のまま許可なしに他に就業しないこと等の服務規律に違反し情状が極めて悪質なとき出勤停止処分、会社の承諾なくして在籍のまま他に就職したときや業務上の地位を利用して私利を得たときに即時解雇する旨の規定）に基づいて、出勤停止処分を受け、その後解雇されたものである。

（判決要旨）

XはA会社を設立し、A会社の銀行預金口座入金にかかる仕事に関して、Bと共同し又は単独でYと競合する業務を行いその対価を得ていたものであり、右は出勤停止処分の事由を定める就業規則71条5号＜出勤停止事由として「第69条、70条に該当し情状が極めて悪質なとき」＞、69条1項＜訓戒として「服務規律に違反したとき」＞、45条6号＜従業員の責務として「在籍のまま許可なしに他に就業しないこと」＞、解雇事由を定める26条7号＜予告解雇事由として「その他の相当の理由があるとき」＞、72条7号＜即時解雇事由として「会社の承認なくして在籍のまま他に就業したとき」＞、10号＜同「業務上の地位を利用して私利を得たとき」＞に該当するというべきであるから、本件解雇及び懲戒処分は有効である。

解雇有効

> タクシー乗務員に対する、メーター不倒行為等を理由になされた解雇が有効とされた例

埼京タクシー事件

（平成11年8月20日　浦和地裁決定）（労判774号55頁）

（事案の概要）

　タクシー会社YにXは雇用されていたXは、以前からメーター不倒行為が噂されていたが、平成10年7月5日、予約車の表示をしながらYにその旨報告をせず（Yにおいては「予約車」の表示をする際には、Yの無線本部にその報告をすることとされている）、料金メーターを作動させずに、乗客を乗せているところを同僚Aに目撃された。翌日、AがYに報告したことから、そのことが明るみになったものである。

　Yは、メーター不倒は乗務員服務規律により禁止された行為であり、就業規則の懲戒解雇事由に該当するとして、他に始業時間不遵守、勤務離脱、他の社員に対する暴言等を理由として、Xを解雇したものである。

（決定要旨）

　Xが、本件時刻ころ、本件現場付近において、「予約車」の表示を掲げながら料金メーターを作動させることなしにその運転するタクシーに乗客を乗せていたこと、及びXが、右乗務によって同客から収受したであろう料金をYに対して納金しなかったこと、以上の事実は認められる。

　＜同僚Aがメーター不倒を目撃した状況は不合理であると即断することはできず、Xが、*本件時刻当時、Xは休憩していたとの主張はなんら具体的に主張立証していないとしたうえで*＞

　以上の点を総合すると、現段階においては、Aの供述を信用性がないものとして排斥することはできず、また、Xが本件時刻当時休憩しており、本件現場付近にはいなかったとの主張を採用することもできない。

　メーター不倒行為は乗務員服務規律12条＜*乗務員は特別な契約を除き、メーター器を使用しないで営業してはならない。（以下略）*＞及び14条＜*乗務員は次にあげる行為をしてはならない。*＞(8)＜*メーター不倒*＞により禁止された行為であるから、Xの行為は右各規定に違反するものであり、もって、Xは就業規則46条＜*従業員が次の各号の1に該当したときは、解雇する。*＞(3)＜*故意に自己の業務を怠りもしくは他人の業務を妨げたとき*＞、(4)＜*正当な事由なしに会社の指示命令を拒否または違反した*

とき＞、(17)＜その他の諸規則に違反しまたは、前各号に準ずる行為をしたとき＞所定の懲戒解雇事由に該当するものと認められる。そして、メーター不倒行為がその性質上タクシー会社の収入源を奪うものであり業務上横領に比すべき重大な行為であること、及び、Xが一貫してメーター不倒行為を否認しており反省の情を示していないことなどからすると、Xは就業規則19条＜従業員が次の各号の1に該当したときは、＜中略＞解雇する。＞(3)＜懲戒解雇事由に該当し解雇を相当とするとき＞に該当するものと認められる。＜中略＞

以上の事情によれば、本件解雇は、客観的にみて合理的な理由に基づくものというべきである。

> 営業目的が一部競合する会社を実質的に経営していたこと等を理由とする解雇が有効とされた例

積水ハウス事件

（平成11年3月29日　大阪地裁判決）（労判764号24頁）

（事案の概要）

　Yは、建物建築請負、不動産売買、不動産仲介等を営む株式会社であり、Xは、Yに雇用され、当時営業を担当していたものである。平成元年、不動産の売買、仲介、賃貸、管理業等を目的とするM社が設立され、M社の役員にはXの親族や取引関係者が就任していた。Yは、M社の設立直後に同社との間で継続的な不動産の管理契約を締結し、5年間継続的に管理委託費を支払った。

　Yの関連会社Tが、Hら所有の土地（以下、本件土地という）の商品化についてXに相談したところ、Xは、本件土地について調査し、S社に購入を打診するなど、売買に尽力した。ところが、Hが、T及び他1社の仲介のもとに本件土地を売却したことから、M社は代表取締役名義で、Hに対して、取引から除外されたために得られるはずであった報酬金が得られず損害を被ったとして、その損害金を請求する旨の内容証明郵便を差し出す等した。

　Yは、Xに出頭を求めて、M社とXとの関係及びHに対する書簡の件について3度にわたって事情を聴取し、さらに、Xに対して解雇理由の存在を告げて退職を勧めるために3度にわたってXを呼び出したが、Xは出頭しなかった。

　そこで、YはXに対して、Yと事業目的を一部競合するM社を設立し、それを実質的に経営していたこと等を事由として、平成6年8月4日、同月8日付けで通常解雇する意思表示をした。

（判決要旨）

＜Yの挙げた解雇事由のうち、「①Xが、Yと事業目的を一部競合するM社を設立し、それを実質的に経営していたこと」旨の主張について、M社の発起人が全てXの旧知の間柄の人物であったこと、X以外にもM社の経営に関与できた出資者がいたが、その者よりXのほうが出資金が多いこと等を認定した上で＞

　以上を考慮すれば、Xは＜中略＞M社を実質的に経営していたものと認めるべきである。

＜「②(a) Xが職務上知り得た情報を利用

して私的な利益を得、または得ようとした（Y及びM社が他数社とともに他物件の取引に関わった際にM社が仲介手数料名目の金員を得た）こと」旨の主張について、Y及びM社が他数社とともに、当該取引に関わったこと、Yの中で現実に右取引に関わったのはXであったこと、M社は当該取引の仲介手数料名目で、有限会社Eから約4800万円の振込みを受けたことを認定した上で＞

前記認定のとおり、M社はXが実質的に経営する会社であるから、右金員は、実質的にはXが取得したものであると推認され、XがYの従業員として右取引に関与していたことからすると、Xは職務上知り得た情報を利用して右私的な利益を取得したものと推認される。

＜「②(b) さらにXが職務上の地位を利用してYからM社へ管理委託費を支払わせたこと」旨の主張について、XがM社との間で本件管理委託契約に関連し、M社に対し平成2年5月から5年間断続的に1か月当たり9万7000円の管理委託費を支払い続けた事実を認定した上で＞

M社がXが実質的に支配するものであることが認められるのであるから、右9万7000円は実質的にXが取得したものというべきである。

＜「③XがYの取引業者である工務店から1000万近いリベートを受け取ったこと」旨の主張について、事実を認定した上で＞

Xは大阪府内の建築物請負工事に関連して、約900万円のリベートを取得したと認められる。

＜「④Xが本件土地の売買において、M社を介してHに対して法定の仲介手数料を超える額を要求したこと」旨の主張について、土地売却者に対して、M社が法定の仲介手数料を超える額の損害賠償請求の内容証明郵便を差し出したことは、XがM社を介してないしたものと認め、これと並んで、Xが土地を買い受けた会社に対して法定の仲介手数料を超える額をM社に対して支払うよう要求したことについても、XがM社を介してなした事実を認定した上で＞

Xは、M社を介し、規定以上の仲介手数料を要求したと認められる。

＜「⑤XがYの3度にわたる出頭命令に応じなかったこと」旨の主張について、Xが出頭しなかった事実を認め、またYの出頭命令に応じない理由として「物事の善悪のつかない幹部を登用した」「当社の上司を処分しないかぎり、今後呼出し等についても遠慮させていただきたいのが本音です」等と記載された書簡をYに差し出したことが認められるので、XがYに出頭しなかった真の理由は、Yの措置に不満を抱いていたことにあると推認されるとして＞

Xが呼出しに応じなかったことについて正当な理由があったとは到底認められず、その他これを認めるに足りる証拠はない。

＜本件解雇が解雇権の濫用にあたるかどうかについて＞

Xは、本件解雇が、言うべきことは言うという行動をとってきたXを社外に排除し

ようとの動機からなされたものであり、また、告知、聴聞も全く経ずに行われたものであって、解雇権を濫用するとの主張もしているけれども、本件解雇が右のような動機に基づいて行われたものであることを認めるに足りる証拠はなく、また、Yは＜3回にわたって＞Xから事情を聴取しようとしたのであるから、本件解雇が告知、聴聞を全く経ずに行われたものであるということはできず、本件解雇の意思表示について解雇権の濫用を基礎づける事実はこれを認めることはできない。

＜結論＞

以上の事実によれば、本件解雇の意思表示の前提となった解雇事由はこれをいずれも認めることができ、本件解雇を無効とする事由はない。

会社を誹謗中傷するビラ配布を理由とする解雇が有効とされた例

櫟山交通事件

（平成11年2月23日　千葉地裁松戸支部判決）（労経速1705号3頁）

（事案の概要）

Xは、タクシー事業を営むYにおいてタクシー運転手として雇用されており、Yの労働組合の執行委員長を務めていた。

Yの従業員であるAが、道路交通法違反の累積による運転免許の取消後に、運転免許証をカラーコピーで複製・偽造して使用し就業していたことから逮捕されたことを受けて、Xは、Aの事件が捜査当局に発覚したことについて、Yのタクシー業務の運行・労務管理体制が従前から運輸規則等の法規を遵守せず、極めて杜撰である旨を指摘するビラ（本件ビラ。「失効免許証カラーコピー、松戸の運転手、容疑で送検、タクシー業務で使用」との見出しをつけ、「事業者は、乗務しようとする運転手に対し点呼を行わなければなりません。しかし、Yは、その点呼等は行われていませんでした」、「本事件は起きるべくして起きた事件でした。組合は15年間も長い期間、陸運支局に申告をし適切な指導を求めて参りましたが、ようとして改善されず起きた事件でした」、「事業者として、適切な運行管理をしていなかったのは事業者Bでした」等の内容を記載したものであった）を作成、配付した。

このことから、Yは、Xを「会社の名誉信用を毀損する言動を繰り返しており、会社従業員としての適格性を著しく欠くものである」として解雇したものである。

（判決要旨）

タクシー事業における始業時点呼は、タクシー業務の安全確保のために必要な絶対条件であり、Yのタクシー事業が公共交通機関としての責務を果していく上で必須の手続であり、運輸規則22条によっても義務づけられており、旅客は、タクシー会社が正規の認可を受けた会社であり、タクシーの乗務にあたり、始業時点呼の所定の安全確認を行い、かつ、資格を有する乗務員が安全・確実に輸送してくれることを当然の前提に、タクシーを利用するのであって、無資格者がタクシーを運転することは全く予想していないから、タクシー会社が始業時点呼を行わず、そのために無資格者にタクシー乗務をさせていたとすれば、旅客の信頼を失い信用を完全に失墜し経営上深刻かつ重大な影響を被ることになるとこ

ろ、本件ビラの内容は、読者にＹが無免許運転の乗務員を承知の上で２年間も使用していたかのような誤解を生じさせるおそれがあるものであり、また、本件ビラは、Ｙが運輸規則に定められた始業時点呼を行わず、組合による15年間という長期に及ぶ指摘も無視し、そのため本件は起こるべくして起きたもので、Ｙはタクシー事業を営む当事者としての能力はないと非難し、これを公表したものであって、Ｙは、タクシー業務を営むにあたり、Ｙの松戸営業所において免許証の確認を含めて始業時点呼を実施してきており、Ａ乗務員がカラーコピー機を利用して極めて精巧な自動車運転免許証を偽造して点呼の際これを提示したため、同人の免許証の偽造と無免許運転を見抜けなかったものであるが、ＹがＡ乗務員の無免許運転を承知の上で同人を営業車に乗務させていたものではないから、Ｘが本件ビラを広範囲に多数配付して事実に反する事項を公表したことは、Ｙのタクシー事業の安全性・確実性に対する利用者の信頼とＹの信用に重大な影響を与えるものであり、Ｙの信用を著しく毀損し、Ｘ・Ｙ間の信頼関係を根底から覆す不当なものであって、正当な批判・言論行為であるとは到底いえず、Ｙが、このような重大な非違行為をしたＸとの労働契約を維持・継続していくことは不可能であるとして、Ｘを本件解雇に処したことは、誠にやむを得ないものというべきであり、社会通念上合理性を欠くということはできないから、本件解雇が解雇権の濫用にあたり無効であるとはいえず、また、Ｘの人格権を侵害する不法行為であるということもできない。

> 上司への反抗、過激な言辞等一つ一つとしては小さな事実が積み重なって解雇が有効とされた例

山本香料事件

（平成10年7月29日　大阪地裁判決）（労判749号26頁）

（事案の概要）

Yに、調香師として雇用されていたXは、

- Yの東京研究室とその事務室の配置図の送信を受けた際、自分用の机がないことに激怒し、担当者Kに電話をかけて怒鳴り、一方的に抗議したこと
- 無断欠勤したこと
- Xは、上司であるCから、東京研究室に使用する什器等の費用を聞かれた際、「なぜ、そこまで口出しするのか」と反抗的な態度をとったこと
- Xは、Cから、香料棚の注文先の業者を聞かれた際、「Cさんに口を出されたくない」と言って怒り出したこと
- Xは、香料のサンプル瓶を発注したが、Cがこれを購入することを知らず、その支払請求を受けて、経理担当として、これをXに問い合わせると、Xは怒って「いちいちCさんに言われることはありません」と応答し、これを咎めたBに対しても「上司らしいことを何もしてくれず、上司面するな」などと怒鳴ったこと

等、上司へ反発的な感情を抱き、東京研究室開設に対し、非協力的であったことから、職場の秩序を乱すとして、解雇されたものである。

（判決要旨）

Y主張の解雇事由については、以上のとおり認めることができるところ、その認定した個々の事実については、その一つをとって解雇事由とするには、いずれもいささか小さな事実にすぎない。ただ、Xは、その上司に当たるBや経理担当課長のCに反抗的であり、過激な言辞を発してその指示に素直には従わず、また、Kに対しても、不穏当な言動をしているのであるが、これらを総合すれば、Xには、総じて、上司たるBやCに反抗的で、他の従業員に対しても、ときに感情的な対応をする傾向があったといわなければならない。〈中略〉

Xの種々の言動は、部下の上司に対する言動としてみれば程度を超えており、CやKに対する言動も職場の秩序を乱すものといわざるを得ない。そうであれば、Xを解雇したYの措置は、その効力を否定することはできず、これを解雇権の濫用とする事由もない。

> 労働者の発言等が企業秩序に重大な影響を与え、信頼関係を維持することができない事由に当たるとして解雇が有効とされた例

株式会社大通事件

（平成10年7月17日　大阪地裁判決）（労判750号79頁）

（事案の概要）

Xは、主に自動車貨物運送業を営む株式会社であるYに、平成7年2月に雇用され、主として、取引先であるA精工において、フォークリフトを操作して、定期的に鋼材の搬入作業に従事していた。

Xは、平成8年初め頃から、A精工の従業員が自分に対して嫌がらせをしているように感じるようになり、同年8月頃には強い不信感を持つようになった。

同年8月23日、Xがフォークリフトで作業をしていたところ、A精工の従業員Bから作業を妨害されたと感じて、これに激昂し、Bの胸をこづいた上で、「殺したろか」などと大声で怒鳴った上、備品である流し台を破損させるなどした。

8月26日、Yは、Xに対して上記行為を理由として、1週間の休職処分を言い渡したところ、Xは、これに納得せず、A精工の従業員も処分すべきと主張した上、「もう辞めたるわ」と言って事務所を飛び出した。

8月28日、Xは、復職させてほしい旨電話で申し出たが、Yは既に退職手続を取ったため無理である旨回答した。

9月4日、Xは労働組合の幹部らとともにYを訪れ、現職復帰を求める旨の要求書をYに交付したのに対して、Yは、同月5日付書面により、Xは8月27日をもって退職したこと、仮にそうでないとしても、同書面をもってXを解雇することを通告したものである。

（判決要旨）

Xは、平成8年8月23日に、重要な取引先であるA精工の従業員に対し、同人に明確な落ち度もないにもかかわらず、自らの思い込みから、「殺したろか」等の暴言を吐いて脅迫し、同社の設備である流し台を蹴って破損させたうえ、同社の管理職らに対しても「上司が上司なら部下も部下や」などと誹謗する発言をし、右Xの言動を重く見たYが、Xに対し、休職処分を言い渡したのに対し、「会社辞めたる」と言って飛び出し、右休職処分に従う意思のないことを明確にし、翌日は出勤しないという行動に出たことは、いずれも、Yの企業秩序に重大な影響を与える行為ないしYとの信頼

関係に重大な影響を与える行為であり、これに加え、Xが、いったんは退職の申込みをしたことをも考慮すれば、Yが、もはやXとの雇用関係を維持することができないと考えたことは、やむを得ないことであるといわなければならない。

そして、XがYに雇用されていた期間は1年6か月余りに過ぎないこと、Xはまだ30歳代前半であり、大型免許及びフォークリフトの免許を有し、再就職も困難ではないことをも併せ考慮すると、Xは、入社以来、おおむねまじめに勤務しており、過去に処分歴もないこと、Xは、退職の意思表示を遅くとも2日後には撤回し、社長に謝りたいと申し出るなど反省の態度を示したこと、YにはA精工の他にも、フリーの運転手を始め他に職種があること等を考慮しても、本件解雇が社会通念上著しく相当性を欠くものであるとまではいえないというべきである。

したがって、Yによる解雇の意思表示（遅くとも、平成8年9月5日に行われたもの）は、解雇権の濫用となるものではなく、有効である（なお、Yは、右解雇の意思表示において、Xが休職処分に従わなかったことについて何ら言及していないけれども、普通解雇が解雇権濫用に該当するか否かの判断に当たっては、解雇時に存在した事情は、たとえ使用者が認識していなかったとしてもこれを考慮することが許されるというべきであるから、本件解雇の効力を判断するに当たり、Xの休職処分に対する態度を考慮することは当然に許されるというべきである）。

> 業務に支障をきたし、業務上の命令に従わないことを理由とするパートタイマーの解雇が有効とされた例

NTTテレホンアシスト事件
(平成10年5月29日　大阪地裁判決)(労判750号90頁)

(事案の概要)

　Yは、電話番号案内業務等を業とする株式会社であり、Xは、電話による電話番号問い合わせに対応するオペレーター業務に従事するパートタイム従業員としてYに雇用されていた。

　Yにおいては、顧客とトラブルが生じた際には、主任に対応を任せるよう指導しており、オペレーターの側から回線を切断することは厳しく禁止していたにもかかわらず、Xは、顧客と応対中、一方的に回線を切断することがたびたびあり、上司の注意にも応じなかった。また、Xは顧客とトラブルを生じることも多く、勤務中独り言を言ったり、オペレーター台を足蹴にしたりすることもあり、その都度、上司から注意を受けていた。

　平成8年7月26日、キータッチが荒く独り言が多いため、上司が注意し、帰宅させたところ、翌日から4日間欠勤した。

　平成8年8月27日、Xは、顧客とトラブルを生じ、一方的に回線を切断したことから、上司に注意され、同日の勤務終了後、改めて回線を切断してはならない旨の注意を受けたのに対し、Xは、「自分は悪くない。システムが悪い。今後も切ることがある」旨答えたため、上司Aは「解雇だ」と告げ、Xを帰宅させた。

　後日、Yは、X宅で今後の勤務について話し合いを行ったが、Xが、顧客との対応中に一方的に切断をしないとの確約を繰り返し拒否したことから、Yは所定の就業規則の解雇事由(「職責を尽くさず、又は職務を怠り、よって業務に支障をきたしたとき」及び「業務上の指示命令に従わないとき」)に該当するとして、Xを解雇することとしたものである。

(判決要旨)

　<前記の事実を認定した上で>Xは、平成8年8月24日及び27日に顧客とトラブルを生じ、Yにおいて厳しく禁止されているオペレーターの側から回線を切断する行為に出たことが認められるのであって、右行為は、就業規則第10条の(5)及び(6)<「職責を尽くさず、又は職務を怠り、よって業務に支障をきたしたとき」及び「業務上の指示命令に従わないとき」>に該当するも

のということができる。

右事実に加え、Xは、雇用契約が更新される前である平成8年7月以前にも、欠勤、顧客とのトラブル、キーボードの乱暴な取扱いや台の足蹴り、独り言などが多く、特に、同年8月に雇用契約を更新する直前には4日間の無断欠勤をするなど（なお、Xは無断欠勤ではない旨主張するが、X本人によれば、Xは、上司から勤務態度について注意され帰宅した後、Yから連絡がないため、届けも出さずに出勤しなかったというのであり、無断欠勤に該当するというべきである）、勤務態度が良いとは決していえなかったこと、Xの回線切断行為があった同年8月27日に、上司であるA代理から、今後回線切断をしないよう注意されたのに対し、「自分は悪くない。システムが悪い。今後も切ることがある」と、反省の色を見せずかえって開き直るような対応をとったこと、翌28日以降のXとYとの交渉においても、Y側が求めた「電話回線を切断しない」ことの確約に難色を示し続けたことを勘案すれば、Yが、Xとの雇用関係の回復を断念し、本件解雇に及んだのもやむを得ないことといわなければならず、本件解雇は、解雇権の濫用となるものではなく、有効というべきである。

第一部

1 普通解雇　労働者の規律違反の行為に関するもの

> 自己中心的で上司の注意や業務命令に対して反発を繰り返したとして行われた解雇が有効とされた例

日本火災海上保険事件

（平成9年10月27日　東京地裁判決）（労判726号56頁）

（事案の概要）

　Yの従業員であったXは、Yに入社後、営業業務、審査業務、研修業務などに従事していたが、Xの勤務態度が職務怠慢であり、異常な行動に満ちており、自己中心的な言動が甚だしく、不衛生等社員としての自覚に欠け、上司の指示命令には反抗的であって協調性を欠いており、代理店や顧客からも批判や顰蹙をかっていたほか、職場の雰囲気を乱す等の理由から、Yが解雇したものである。

（判決要旨）

　＜Xについて、営業業務に従事していた間、

① 自己中心的、独断的で、同僚や代理店の都合を顧みずに自分の都合を優先するなど協調性に欠け、身だしなみがだらしなく、代理店等に挨拶をしなかったり、態度が横柄であったりしたため、代理店等の評判が悪く、契約の更新を断られたこともあったこと、

② 勤務態度に対する上司の注意や忠告に耳をかさなかったこと、

③ 黙ってじっと見つめるなどして、女子社員から気味悪いと言われることがあったこと、

等の事実が認められ、また、東京研修室で、研修業務に従事していた間には、

④ 就業時間中に頻繁に社用電話で、「私は忙しいので、時間指定で修理に来い。」などと高圧的な言辞で、電機製品販売店に対し、購入した電機製品についての故障の苦情を述べたり修理を命じたりしたこと、

⑤ 日頃、上司や同僚の何気ない会話や電話での会話に聞き耳を立て、特異な解釈をしてメモをし、昭和63年ころには「某女性社員が、自分に執拗につきまとう原因について」と題する文章を書いて、社内で所持していたこと、

⑥ Xの講義は、重点の置き方が不適切で、不必要な自慢話をしたりしてわかりにくいうえ、研修生の質問に対して、意味を取り違えて説明したり、質問が聞こえないと言ってはぐらかしたり、説明が不十分であったりしたため、研修生の間に、いらだちや混乱が生じたこと、

⑦　社内の苦情処理委員会に対して、自分を副長に昇格させないのは不当であるとして、「(Xの)革新的・創造的な職務達成状況を評価せず、某女子社員の讒言を鵜呑みにし、副長昇格裏申の不作為に至ったことに異議申立する。」、「A課長は、Xの聴講中創造的・革新的くだりになると、中学卒という異様に長い会社勤務で既成概念がこびりついているためか、自分がこうあるべきと考えているものと違うことに我慢がならないらしい。」、「(A課長は)学歴のないコンプレックスの裏返しか、質問が出るとここぞとばかり出しゃばり、不必要な細かい業務知識を事細かに説明し、ひとり悦に入って研修をスポイルします。」等を内容とする「昇格異議申立書」を提出したこと等が認められるとした上で＞

Xは、東京研修室配属（昭和60年4月）以降も、自己中心的で職務怠慢であり、上司の注意や業務命令に対して、あれやこれや述べて反発するばかりで従わず、非常識な言動がみられ、昇格異議申立書において、上司・同僚を中傷・誹謗したもので、このようなXの勤務態度及び言動は、職場の人間関係及び秩序を著しく乱し、業務に支障を来すものと認められる。Xが右勤務態度及び言動について全く反省していないこと及びXの東京研修室配属以前の勤務態度も併せ考慮すれば、Xの右勤務態度及び言動は、旧協約＜旧協約の記載内容は、旧協約終了後もこれを労使慣行として尊重する旨合意しているので、旧協約の内容自体は現に労使間を有効に規律している。＞第34条＜従業員が、各号の1に該当した場合は、＜中略＞その従業員を解雇することができる＞2号＜甚だしく職務怠慢で勤務成績が不良な場合＞及び3号＜その他従業員として資格なきものと認められた場合＞に該当し、かつ、解雇手続＜任意退職の勧告、労働組合との協議等＞にも瑕疵は認められず、本件解雇は有効であると言うべきである。

解雇有効

> 会社名義のクレジットカードのクーポン券を集め、6年間で14万円相当の商品券等を取得した職員の解雇が有効とされた例

上田株式会社事件

(平成9年9月11日　東京地裁決定)(労判739号145頁)

(事案の概要)

　Yの経理課員であるXが、同僚とともに、Yの代表者が名義人である(法人)クレジットカードの利用明細書に添付されてくる応募シールを集め、応募台紙の会員署名欄に、名義人である会社代表者の氏名を無断で記入したうえでカード会社に送付し、カラーテレビやギフトカード(総額約14万相当)を6年間にわたり不正に取得していたことから、YはXを普通解雇したものである。

　Yは、当初は業績不振を理由に、その後は能力不足を理由に退職勧奨を行ったが、Xが組合に加入し、退職問題について団交を開催するようになったころからは、Xの上記行為が、金券横領(就業規則59条13号)、私文書偽造(同条20号)に該当するものとして、退職を勧奨し、それでも平行線であったため、これらの行為が就業規則の普通解雇事由に該当するとして、本件解雇に及んだものである。

(決定要旨)

<1　金券横領、私文書偽造について>

　<Xが、クレジットカードの利用明細書に添付されてくる応募シールを集め、カード会社に送付し、カラーテレビ等を取得していたことを認定したうえで、当該行為は>

　就業規則59条13号の「会社の所有物を私用に供し、又は盗んだ時」、同条20号の「その他、前各号に準ずる不都合な行為があった時」に該当するというべきである。そして、就業規則44条4号は、普通解雇事由として「懲戒解雇の事由に該当した時」と定めているから、Xには本件解雇理由があるというべきである。

<2　勤務成績の不良について>

　<Xの上司評価は判断力、理解力、事務処理能力等について、低いことが認められるが、Yにおける成績評価が、個別採点方式ではなく、個々人の良い点、悪い点を抽出した上での抽象的な相対比較に基づいており、部長会議における多角的な検討、協議を経て決定されているとして、客観性に疑問が残ること、就業規則44条1号は、勤務成績の「著しい」不良を普通解雇事由としていることから、Xの勤務成績が不良と評価されても、それが普通解雇事由である勤務成績の「著しい」不良に該当するまでということはできないとした上で>

よって、勤務成績の不良を理由とする本件解雇は理由がない。

<3　解雇権の濫用について>
　本件解雇は就業規則に定める解雇事由が存在するから、本件解雇には相当な理由があるということができる。
　<本件解雇の手段の相当性については>
<中略>Xの一連の行為の態様、程度やカードの件発覚後のXの反省態度の欠如といった情状を考慮すれば、たとえXに対する本件解雇が懲戒処分としての意味合いを有するものであるとしても、Yが懲戒処分の出勤停止ではなく、普通解雇を選択したことが不相当なものであるとまでいうことはできない。
　<YのXに対する退職勧奨については>
<中略>Yのした退職勧奨は、その頻度、内容に照らし、退職勧奨に応じなければ解雇すると述べて、Xをしてあたかも任意退職しか選択する余地がないように仕向けるものであり、Xに対して退職を強要するものであるとの誹りを免れないというべきである。

<団体交渉におけるYの対応について>
<中略>Yは、Xに対する解雇は可能であり、Xの退職が問題解決の絶対条件であると主張し、X及び組合は、Xに対する解雇は懲戒解雇、普通解雇とも無効であり、退職には応じられないと主張して双方が対立し、<中略>このような場合には、もはや団体交渉を再開しても、X、Yいずれかの譲歩によって交渉が進展する見込みは極めて乏しいのであるから、Yが団体交渉を再開することなく本件解雇をしたとしても、それが団体交渉拒否の不当労働行為にあたるということはできない。
　<中略>本件解雇は懲戒解雇事由にも該当する相当な解雇理由が存在し、かつ、その手段も不相当なものではなく、本件解雇に先立つ組合との団体交渉においても、不当労働行為に該当するような事実は認められないのであるから、YのXに対する退職勧奨の方法に問題があったことを考慮しても、本件解雇が解雇権の濫用にあたるということはできない。
　したがって、本件解雇は有効というべきである。

> 粗暴な行動をとって、自宅謹慎の業務命令を出された社員が出社して便所に居続けるなどしたため行われた解雇が有効とされた例

豊田通商事件

（平成9年7月16日　名古屋地裁判決）（労判737号70頁）

（事案の概要）

　Xは、昭和47年4月、いわゆる総合商社であるYと雇用契約を締結し、昭和56年には電算部に配置され、予測貸借対照表の作成業務等に従事した。Xは、昭和58年7月頃から同じ職場のAに好意を寄せ、手紙や電話で執拗に自らの思いを伝え続けていたところ、Aがこれに困惑して警察に相談するようになったことから、上司に精神科の受診を勧められ、以後、精神の異常を疑わせる行動をとり続けていたため、昭和60年11月中旬から約1か月半、同61年7月中旬から精神科の病院に入院した（妄想性人格障害と診断されている）。

　61年11月、Yは、Xについて、病院からナイトホスピタル（昼間はYに勤務し、夜間は病院で過ごすもの）を受け入れてほしい旨の要請があったため、これを受け入れることとしたが、Xはその後も無銭飲食や業務命令違反、社内での暴行などを行ったため、平成2年6月12日、解雇する旨通告したものである。

（判決要旨）

　Xは、本件行為はXの精神疾患によって惹起された可能性があり、病気の症状の一つと考えられるべきものであるので、それらは、およそ懲戒処分の対象にはなり得ず、就業規則59条＜懲戒事由に係る規定＞各号に該当しない旨主張する。なるほど、Xの通院歴、入院歴、及び病院での診断結果等によれば、本件行為がXの精神疾患によって惹起された可能性のあることは、X主張のとおりである。

　しかし、精神疾患によって惹起された可能性がある行為であっても、事理弁識能力を有する者によるものである以上、懲戒処分について定めた就業規則の規定の適用を受けるというべきであるところ、Xの本件行為が幻覚、幻想等に影響されて引き起こされたことを窺わせる証拠はなく、Xに対する病院での診断結果も、主に人格障害というもので、事理弁識能力の欠如が疑われるほどに重い精神疾患ではないと考えられることなどからすれば、Xには事理弁識能力があったと認められるから、本件行為に

ついて精神疾患によって惹起された可能性をもって直ちに就業規則59条の適用を否定することはできない。＜中略＞

本件解雇は、懲戒解雇事由に該当することを理由として普通解雇をしたものではなく、普通解雇事由について規定した就業規則16条1号＜第59条各号に該当し情状の特に重い場合に懲戒解雇等する旨の規定＞に該当することを理由として普通解雇をしたものであるから、Xの主張のような手続的瑕疵はない。＜中略＞

Xは、昭和59年7月ころから平成2年6月ころまでの約6年間にわたって、就業規則59条3号＜素行不良で風紀秩序を乱しまたは会社の名誉を失墜させた場合＞、5号＜業務上の命令に服従しない場合＞、6号＜役員、職員、会社関係者に暴行、脅迫を加えまたは故意に会社の業務を妨げた場合＞、9号＜会社の許可を受けないで会社の金銭物品を融通もしくは持ち出した場合＞に該当する行為を繰り返し行ってきていること、Yは、昭和62年3月19日から同年9月5日までのXのナイトホスピタルに協力するなど、Xの治療に協力的な態度をとっていること、Yは、平成元年6月20日、同年9月7日、同月18日に、Xの親族に対して、専門医の治療を受けるようにXを説得してほしいと依頼しており、Xが治療を受けられるようにするため、Yとして適切な行動をとっていること（なお、＜証拠略＞には、「職場において分裂病が疑われる者がいる時、原則として、家族ないし保護者に連絡し、職場での異常行動などについて、精神衛生的立場から充分に説明し、家族ないし保護者の者が責任をもって病者を専門医に受診させるようにすることが、最も適切な処置であると思う」との記載があり、治療を受けさせるために親族に依頼することは適切な行動であると認められる）からすれば、YはXが治療を受けた上で正常な勤務をすることができるように協力してきたものであるということができる。

以上によれば、本件解雇が解雇権の濫用であるとはいえない。

不正経理処理を理由とする即時解雇が有効とされた例

第一自動車工業事件

（平成9年3月21日　大阪地裁判決）（労判730号84頁）

(事案の概要)

　Xは、自動車修理等を業とするYにおいて、集金や経理を行う業務に従事していたが、昭和46年ころから、取引先からの入金がありながら、Yの帳簿にその全部または一部を記帳しない等の扱いをするようになり、平成5年8月の時点においてその額は、入金額の全額が記帳されていない分が約87万円、一部のみが記帳されていなかった分が約75万円に達していた。

　また、Aの給与については、Aに交付された給与支払明細書に記載された額と賃金台帳等へ記載された額が異なっていた。

　これに対し、平成5年ころから経理を担当するようになったBが、不正を疑い、Xに対して経緯の説明を求めたものの、Xは十分な説明を行わなかったことから、YはXを解雇することとしたものである。これに対して、XはYに対して解雇予告手当の支払を請求した。

(判決要旨)

＜上記事実を認定した上で＞

　Yは、Xに対し、XがYの経理を処理するにあたって、不正を疑わせる点があり、これに対する充分な説明をしなかったことを理由に、本件解雇を通告したのであるが、Xは、昭和46年ころから、取引先からの入金がありながら、Yの帳簿には、その全部または一部を記帳しないようになったうえ、Aの給与につき、賃金台帳と異なる金額を支給したり、Aの長男に対する架空の借受金やその返済を記帳したりするなど、本来の経理業務のあり方からはずれた不明朗かつ不実な取扱いをしていた。そして、BがYの経理に関与するようになり、Xの右のような経理処理上の不正を疑わせるような事実が発覚し、Aから、その説明を求められたにもかかわらず、Xは、充分な説明や資料の提出をすることもなかったばかりでなく、自宅に持ち帰った振替伝票等の会計書類も、なかなか持参しないなど、誠意ある対応をしなかったのである。

　このように、Xは、実際に回収した金員の一部について、Yに入金処理をせず、また、そのことをAに糺された際にも、誠実に対応しなかったのであることに照らせば、Xは、自らの職務である経理業務につき、Y

との労働契約の内容たる職務を果たしたということはできない。

そして、Yは、Xの右のような態度を理由として、本件解雇を行ったのであるから、本件解雇は、Xの責に帰すべき事由に基づくものといわざるを得ない。

＜中略＞

以上の次第で、本件解雇は、即時解雇として有効であり、Xは、Yに対して、解雇予告手当の請求権を有しないというべきである。

1 普通解雇　労働者の規律違反の行為に関するもの

解雇有効

頸肩腕症候群に罹った労働者が、勤務指示を不満として行ったビラ配布、診療妨害等を理由とする解雇が有効とされた例

日本電信電話（西新井電話局）事件
（平成8年10月30日　東京地裁判決）（労判705号45頁）

（事案の概要）

　Xは、昭和45年11月、Yに採用された後、案内交換手として業務に従事していた昭和48年に頸肩腕症候群（業務との因果関係は認められなかった）に罹患したため、業務軽減措置が取られていたが、昭和56年にYの症状は固定したと判断され、通常の勤務が指示されたところ、Xは、主治医の診断書を根拠として、業務指示に従わず、自分の判断で軽減勤務を繰り返したことや、Xがそれまでの療養期間中に会社に対する不満を記載したビラ配布を行ったり、診療室に押しかけ診療行為を妨害したことなどがあったことから、昭和56年6月、Xに対して、免職処分を行ったものである。

（判決要旨）

　Xに対するYの本件各勤務指示は、いずれも合理的かつ相当であるから、右指示が不満であるからといって本件ビラ配布行為による療養専念義務違反・診療妨害行為、本件勤務指示を無視した欠務及び精密検診受診拒否を本件免職処分事由としたことをもって解雇権の濫用ということはできない。

そして、本件ビラ配布行為による療養専念義務違反・診療妨害行為、精密検診受診拒否の各行為の動機、方法・態様、結果及び欠務の動機、態様、期間・程度等を総合的に勘案すると、たとえXが従前職制から嫌がらせや締め付けを受けたと感じ、Yに不信感を抱いていたこと、医師も自己の病状を理解してくれないと考え、医師不信の状態にあったこと、A健康管理医との信頼関係も徐々になくなったこと等Xの主観的心情を考慮したとしても、本件免職処分は、客観的に合理的で社会通念上相当として是認される。

　したがって、本件免職処分がYによる解雇権の濫用で無効であるというXの主張は採用できない。＜中略＞

　Xは、本件免職処分が、Xが療養のために休業する期間及びその後30日間以内になされたものであるから、本件免職処分は労基法19条に違反して無効であると主張する。

　しかし、証拠＜証拠略＞によると、Xに対しては、電話交換業務を離れた約2か月後である昭和48年7月10日以降昭和56

年4月15日まで7年以上ほぼ同内容の診断がなされてきており、本症に関する診察内容にも特段の変化がなく、この間の治療内容も「電気モビ、ホットパック」が継続的に行われてきたことが認められ＜証拠略＞、Xの症状の変化を窺わせるような事実はなかった。そして、前述の通り、同日の時点で、主治医のB医師がXを診察した模様を記載したカルテには、肩部の筋肉硬結の記載が見られる他は他覚的所見の記載はなく＜証拠略＞、また、右診察・検査結果を基に同月25日にB医師が作成した診察・検査結果等通知書＜証拠略＞においては、「診察での所見では筋肉圧痛、硬結あるも大した苦痛ではない。頸椎X－Pでの所見はやや異常を呈しているが基質的な異常は認められない」との診断内容となっており、右診察・検査結果等通知書を基礎資料にして、C病院のD医師及びE病院のF医師が判定した結果は、いずれもXは通常の一般事務に就労するについては、全日勤務可能との判断がなされている＜証拠略＞のであり、同月15日の時点で、Xの症状は治癒ないし少なくとも症状固定の状態にあったと認められる。

したがって、Xの症状は、遅くとも昭和56年4月14日には症状固定の状態にあったということができ、Xの前記主張は採用できない。この点、Xは、本件免職処分の前後、B医師の指示により、マッサージやはりの治療を受けており、同月以降本件免職処分までの間、右疾病による療養のため合計26回83時間の休業をしたと主張するが、右主張にいう治療や休業の事実が認められるとしても、症状固定という前記認定を揺るがすことにはならないし、また、B医師は、Xは、平成2年7月20日の時点においても治療を継続しているが、自覚症状がかなり残ったり、増悪したりしているから完全治癒ではないと考えると述べるが、この点も前記の理由により信用し難い。

以上述べたところから、本件免職処分が、Xが療養のために休業する期間及びその後30日間内になされたとはいえず、本件免職処分が労基法19条に違反して無効であるというXの主張は採用できない。

1 普通解雇　労働者の規律違反の行為に関するもの

NC旋盤工の行ったコンピューターデータの抜き取り行為、データの消去等を理由とする解雇が有効とされた例

東栄精機事件

（平成8年9月11日　大阪地裁判決）（労判710号51頁）

(事案の概要)

　Yは運搬機、ディーゼルエンジン、工作機械部品の製作等を業としており、業務は訴外会社からの発注が95％を占め、訴外会社からの発注、検収、未納品等の指示はコンピューターを電話回線でつないだヴァンシステムにより行われていた。

　Xは、昭和44年にYに雇用されていたが、かねてより、Y内のQCサークルを通じ、あるいはY代表者宅に内容証明郵便で送るなどして、各種改善提案を行っていたが、これに対するYの対応が十分とは感じられず、またYのXに対する給与計算に誤りがあったことなどから、Yに対して不満をもつようになっていたところ、①平成4年8月末より数度にわたりYのヴァンデータを自己のフロッピーディスクに無断で複製して整理し、これをYに送りつけたり、②平成5年7月に休暇を取った際に、NC施盤の数値制御装置に読み込まれていたプログラムを消去し、さらにテープ14本を無断で社外に持ち出し、13本を破棄してYの業務を妨害したり、③さらに右妨害行為の後、Yが事情を問いただしたのに対して、訴外会社に内容証明を出せばYなんか潰れてしまうとの暴言を吐いたことがいずれも就業規則の解雇事由に該当するとして解雇されたものである。

(判決要旨)

　＜上記の①～③の行為について、いずれも就業規則の処分事由に該当すると認定した上で＞

　以上によれば、Yは、Xの前記各行為について、懲戒解雇を選択することも決して不可能ではなかったということができるが、これをしないまま、Y就業規則14条1項3号（就業状況が著しく不良で就業に適しないと認められる場合）、5号（その他前号に準ずるやむを得ない事由がある場合）を適用し、Xを通常解雇とした本件解雇には理由があるものというべきである。

　＜Xの解雇権濫用の主張（「Yの主張する解雇事由は、いずれもYに損害を与えるようなものではないばかりでなく、Yは、Xに対する解雇通知書には解雇事由として①及び②の事実しか挙げず、かつ、Xに弁明の

解雇有効

機会も与えていないという手続上の違法がある」）について＞

Xの各所為は、いずれも故意になされたものであって、殊に本件妨害行為に至っては、意図的にYの業務を妨害するためにしたものであって、悪質であるから、YにおいてはXを懲戒解雇とする余地も十分にあったと考えられるところである。しかしながら、Yは、Xの長年の勤続の事実に鑑み、特にXが退職金を受給できる通常解雇としたものであって、その措置は、至って温情のあるものというべきであるので、本件解雇をもって解雇権の濫用とすべき事情は認めることができない。

なお、Yは、Xを解雇するに当たっての右暴言の事実を解雇の通告書に記載していないが、従業員を通常解雇するに際して、その解雇事由をすべて告知し、従業員に弁明の機会を与えなければならない法律上の根拠はないばかりでなく、右暴言は、Xによるヴァンデータの抜き取りや本件妨害行為とも密接に関連する文脈でなされたことは前記認定のとおりであるから、たまたま右暴言について解雇通告書に挙示されていなかったとしても、そのことの故に本件解雇が解雇権濫用として無効になるものではない。

したがって、Xの、本件解雇が解雇権濫用であるとする主張は採用できない。

第一部　1　普通解雇　労働者の規律違反の行為に関するもの

パチンコ店の店長がパチンコ玉の不正な玉出し等の行為をしたことを理由とする解雇が有効とされた例

阪神観光事件

（平成7年9月12日　大阪地裁決定）（労判688号53頁）

（事案の概要）

　Yは、パチンコホールの経営等を業とする株式会社であって、Xらは、平成元年11月に、ホールの従業員としてYに雇用されたところ、平成6年7月15日、YはXらに対し、Xらが客が獲得した景品玉でない玉を計数器に流して、景品換えのレシートを作成するといった不正な玉流しをして、Yに多大な損害を与えたこと等を理由として、解雇の予告なく、口頭で即時に解雇の意思表示をするとともに、Xに対しては、同月20日に、書面により解雇の意思表示をしたものである。

　なお、Yは、本件地位確認仮処分審理中である平成7年8月3日、Xに対し、雇用契約を解約する旨の意思表示をした（以下「予備的解雇」という）。

（決定要旨）

＜即時解雇の効力について＞

＜Xが店長としての任務に背き、不正な玉流しをし、Yに多大な損害を与えたものであると認定した上で＞

　労働基準法第20条の「労働者の責に帰すべき事由」とは、労働者の地位、職責、継続勤務年限及び勤務状況等に鑑み、該事由が同条の保護に値しないほど重大で悪質な事由をいうものと解すべきである。

　Xは、店長としての任務に背き、不正な玉流しをし、Yに多大な損害を与えたものであるが、Xが右行為に及んだのは、客とのトラブルを避けんがためであって、不正な見返りを求めて右行為に及んでいたわけでなく＜証拠略＞、また、パチンコ機械別売上記録の保存を怠った点も、Yの指示が十分でなかった憾みがあるから＜証拠略＞、いまだ即時解雇の要件が備わっていたとはいい難い。

　そうすると、Yが、即時解雇に固執するのであれば、Xの解雇は無効である。

＜通常解雇の効力について＞

　労働基準法20条が定める予告期間をおかず、解雇予告手当を提供することなく行われた解雇であっても、使用者が即時解雇に固執する趣旨でないことが明らかで、解雇された労働者が解雇予告手当の支払を請求すれば、速やかにその支払がなされたと

いえるような場合には、解雇の意思表示から30日の経過をもって解雇の効力が生ずるものと解してよい。

これを本件についてみると、Yは、Xの解雇に際し、「法律の定めは守る」といった発言をしていたものと一応認められるが＜証拠略＞、その趣旨は必ずしも定かでないところ、本件審理は即時解雇の効力を専ら争点として進められてきたものであり、その終結に近くなるまで、Yから解雇予告手当支払の意思は全く示されておらず＜証拠略＞、Yにおいては、即時解雇の要件が十分具備されているものと確信し、Xの不正を厳しく追及していたものであって、即時解雇に固執する趣旨でないことが明らかであったとはいい難い。

そうすると、平成6年7月15日ないし20日になされたXの解雇は、通常解雇としてもその効力を有しないというべきである。

＜予備的解雇の効力について＞

Yは、平成6年7月15日ないし20日の解雇が通常解雇である旨明言の上、平成7年8月3日到達の書面により、通常解雇の意思表示をしたものであるところ、＜証拠略＞＜前記認定によると＞右解雇には通常解雇としての合理性があり、解雇権の濫用とはいいがたい。

第一部

1 普通解雇　労働者の規律違反の行為に関するもの

無届欠勤、遅刻、早退が多いことを理由とする総婦長に対する解雇が、有効とされた例

湯川胃腸病院事件

（平成6年11月8日　大阪地裁決定）（労判684号14頁）

(事案の概要)

　Yは、内科、外科、消化器科等を診療科目とする医療法人であり、Xは、平成元年にYに看護師として、雇用され、平成3年に一旦退職した後、平成4年8月21日に、総婦長として再雇用されたところ、平成6年1月21日、YはXに対し、無断欠勤や遅刻、早退が多いことを理由として、普通解雇する旨の意思表示をしたものである。

(決定要旨)

　Yが本件解雇の理由として主張する欠勤等のうち、一部には正当の理由を備え、かつ、就業規則所定の手続を履践しているものもみられるが、Xは、少なくとも、事前にも事後にも届出のない欠勤を9日（うち8日については正当の理由の疎明がない）、事前にも事後にも届出のない2時間以上4時間未満の遅刻又は早退を合計6回（うち4回については正当の理由の疎明がない）、事前に届け出ているが正当の理由のない2時間以上4時間未満の早退を1回、事前にも事後にも届出のない2時間未満の遅刻又は早退を合計7回（うち6回については正当の理由の疎明がない）、事前に届け出ているが正当の理由のない2時間未満の遅刻を2回していることとなる。そして、これらは、就業規則所定の各懲戒事由に該当するものである。

　その上、＜証拠略＞によれば、Xの右の欠勤等は、Xの統括する看護課の他の職員に比べても異常に多いことが疎明される。

　そして、事後的に有給休暇扱いとなったにせよ、右以外にも無断で欠勤等をしていることも合わせて考えると、Xは、総婦長としての適格性を欠くものと評価されてもやむを得ないというべきである。

　もっとも、＜証拠略＞によれば、以上のような欠勤等の一部について、Xの給与計算上、欠勤控除等がなされていないことが疎明される。しかし、＜証拠略＞によれば、それは、当時、Yにおいて、Xの勤務形態や待遇について、未解決の問題点があったため、Yの裁量でそのようにしていたものであり、Yの給与計算がやや恣意的であったことは否めないが、このことをもって、右の欠勤等が正当なものとなるわけではないし、また、本件解雇の真の動機が別にあ

るとの疎明があるとすることもできない。

また、本件解雇は普通解雇であるから、解雇事由を事前にXに告知し、弁解の機会を与えないでなされたからといって、直ちに右解雇が権利濫用となるものではない。

したがって、Yの主張するその余の解雇理由について判断するまでもなく、本件解雇は、権利濫用にあたらないものということができる。

解雇有効

> ほとんど仕事らしい仕事をせず、勤務態度も改まらなかった労働者の有期契約期間途中での解雇が有効とされた例

情報システム監査事件

（平成6年5月17日　東京地裁判決）（労判660号58頁）

（事案の概要）

　Yは、事務計算、技術計算の受託及びこれに付随するサービス等を業務とする会社であり、X（米国籍）は、平成4年8月頃、Yとの間で、法務省の在留資格の許可日より1年間との期間で、翻訳やコンピューターシステムの分析等の業務を行うとの雇用契約を締結（許可日平成4年10月28日）した。

　ところが、Xは勤務表の虚偽記載を行ったり、いろいろな理由を付けて業務を行わないことが常であるとともに、上司から勤務態度について再三注意を受けても、意に介さず、自らを正当に処遇していないとして不満を抱き、Yの不当性ばかりをあげつらう態度に出るなどしていたことから、このような行為は、Yの就業規則所定の「業務に関する命令若しくは指示に不当に反抗し、あるいは社内規則を無視し、職場規律を著しく乱したとき」との解雇事由に該当するものとして、Yは、Xに対して、契約期間中途である平成5年6月4日に予告を行った上で、同年7月4日をもってXを解雇したものである。

（判決要旨）

＜・*勤務表及び勤務記録表に虚偽の記載をしたり、記入・押印をしなかったことがしばしばあり、平成4年7月16日から同5年7月4日までの間に、虚偽記載が合計11回、記載懈怠が合計32回等に及び、A所長代理らが何度注意しても改まらなかったこと、*

・*コンピューターシステムに関する情報誌や国際シンポジウムの講演資料の英文和訳を命じても、Xは和文英訳はできるが英文和訳はできないなどと言って、ほどんどやらなかったこと、*

・*Xはコンピューター・プログラミングの仕事を希望しているとして、Yからシステム設計の資料作成の仕事を命じられても、そのような簡単な仕事はできないなどといってこれを拒否したこと、*

・*その他、ビジネス・スーツやビジネス・シューズを着用しない、冬季にオーバーやマフラーを着用したまま就業する、勤務時間外に昼食をとる等の常識に欠ける行動に出ることがあり、A所*

長代理からしばしば注意を受けていたが、改まらなかったこと、等を認定した上で>

　Xは、Yから本件雇用契約書に定められた業務を命じられても、何かと理由にならない理由を述べてこれを拒否し、ほとんど仕事らしい仕事をしていないといわざるを得ず、上司であるA所長代理らから勤務態度につき再三注意を受けても、意に介さず、自らを正当に処遇していないとして不満を抱き、Yの不当性ばかりをあげつらう態度に出るなどしているものであって、右行動は、Yの就業規則22条(1)h所定の「業務に関する命令、もしくは指示に不当に反抗し、あるいは社内規則を無視し、職場規律を著しく乱したとき」との（普通）解雇事由に該当するものというべきである。

　そして、本件解雇の合理性を疑わせるような事情は、本件全証拠によるもこれを認めることができない。

　よって、Yが平成5年6月4日にした、同年7月4日をもってXを解雇するとの意思表示は有効なものというべきである。

解雇有効

> 勤務時間や納期を守らず、上司の指示に従わないなどの勤務態度が改まらないことを理由とする解雇が有効とされた例

ユニスコープ事件

（平成6年3月11日　東京地裁判決）（労判666号61頁）

(事案の概要)

　翻訳業務等を目的として、半導体等に関する日本語の技術文書を英文技術文書に翻訳することを主要な業務とするYに雇用されていたXが、勤務時間や合意された納期を守らず上司の指示に従わないことを理由として、Yに解雇されたものである。

(判決要旨)

　＜Xについて、
① 自己のやり方に固執するXの勤務態度を危惧したY代表者が、出張先では上司に従い、また、スタッフと協調するようXに助言したにもかかわらず、Xは、Yで取り決められていた様式を守らず、自己の編集方針の赴くまま原稿の修正変更を繰り返し、上司の指示を無視したりしたため、スケジュールが遅れがちになったこと、
② 平成3年3月以降、超過勤務をしても残業手当が支給されないことの不満から、Yが注意するまでの2か月間、タイムカードを押さなかったこと、
③ 仕事が、Xと営業担当者及び制作進行管理者との間で取り決めたスケジュールどおり進行しなかったため、制作管理者がスケジュールを変更しようとしたところ、Xは、同人の目の前で、スケジュール表を破り捨てて投げつけたこと、
④ Y代表者は、平成3年6月1日、Xに対して、「問題は他の従業員との不調和及び経営者側との不調和によるオフィスにおける問題であり、ここ2週間、何度か話し合いをしたが全く解決していない。これらの点について解決しないのなら、辞職をお願いするほかない」旨の注意喚起をしたこと、
⑤ Yが、納期遅れが生じている製品につき、受注した会社から納期を守るよう連絡を受けたため、Xに対して、同製品が何時頃までに完成するか聞いたところ、「今日は上がらない。」、「いくら言ってもやらない。」と答えたこと、等の事実を認定した上で＞

認定した事実によれば、Xの編集者としての勤務状況は、編集者としての能力こそは平均的なものであり、技術文書の編集

にあたって度々修正を加えるXのやり方も、高品質の技術文書に近づけようとするXの意欲に基づくものと推察され、それ自体は非難に値するものとはいえないが、Xの場合には、自己のやり方に固執する余りYにおいて定められた仕様に従わない態度をとったり、度重なる修正変更を加えたり、あらかじめ合意したスケジュールどおりに仕事を進行させないことによって、他の共同作業者及び管理者に困惑や迷惑を与えたばかりか、共同作業者及び管理者としばしば争いとなったことが認められるから、Xの勤務態度は、非協調的・独善的なものであったものと評価されてもやむをえないものということができる。

また、Yにおける編集者には、当然のことながら顧客との間で取り決められた納期を遵守しようとする態度が要求され、納期に間に合わないような場合においても、そのことを事前に管理者に対して申告し、社内或いは顧客に対する対応措置を求めるなどとして、納期に間に合わないことによる混乱を未然に防止しようとする態度が要求されるところ、Xの仕事はしばしば遅れがちとなり、納期に遅れることが明らかになっても、そのことを納期直前まで編集責任者に告げないために、納期当日になって業務上の混乱を生じさせたことが認められるのであるから、納期を遵守する態度の面においても、これが欠けていたということができる。しかも、Y代表者は、Xの右のような勤務態度を理由に直ちにXを解雇したものではなく、XがYに勤務していた約1年5か月の間、Xに対し、その勤務態度の問題点を度々指摘して注意を喚起したり、勤務体制に配慮するなどして、Xの非協調的な勤務態度の改善を求めてきたが、解雇されるまでその勤務態度はついに改善されなかったばかりか、かえって、反抗手段としてタイムカードを押さなかったり、無断欠勤をするなどしたことも認められる。

以上の諸事情を総合すれば、本件解雇は、合理的理由があり、解雇権の濫用には当たらないというべきである。

整理解雇に係る基本的な裁判例

解雇有効

> 特定の事業部門の閉鎖に伴う従業員の解雇について、解雇の合理性の判断基準を示した例

東洋酸素事件

(昭和54年10月29日　東京高裁判決)(労判330号71頁)

(事案の概要)

　酸素・窒素等の製造販売を営むYは、昭和44年下期に4億円余の累積赤字を計上した。その原因は、業者間の競争激化、石油溶断ガスの登場による価格下落、生産性の低さ等の問題を抱えるアセチレンガス製造部門であった。このためYは同社川崎工場アセチレン部門の閉鎖を決定し、昭和45年7月24日、同年8月15日付でXら13名を含む同部門の従業員全員について就業規則にいう「やむを得ない事業の都合によるとき」を理由として解雇する旨通告した。そこで、XらはYを相手に地位保全等の仮処分を申請した。なお、その際他部門への配転や希望退職募集措置などは採られず、また、就業規則や労働協約上にいわゆる人事同意約款は存在しなかった。

(判決要旨)

　解雇が労働者の生活に深刻な影響を及ぼすものであることにかんがみれば、企業運営上の必要性を理由とする使用者の解雇の自由も一定の制約を受けることを免れないものというべきである。

　特定の事業部門の閉鎖に伴い同事業部門に勤務する従業員を解雇するについて、それが就業規則にいう「やむを得ない事業の都合による」ものと言い得るためには、①同事業部門を閉鎖することが企業の合理的運営上やむを得ない必要に基づくものと認められる場合であること、②同事業部門に勤務する従業員を同一又は遠隔でない他の事業場における他の事業部門の同一又は類似職種に充当する余地がない場合、あるいは同配置転換を行ってもなお全企業的にみて剰員の発生が避けられない場合であって、解雇が特定事業部門の閉鎖を理由に使用者の恣意によってなされるものでないこと、③具体的な解雇対象者の選定が客観的、合理的な基準に基づくものであること、以上3個の要件を充足することを要し、特段の事情のない限り、それをもって足りるものと解するのが相当である。

　以上の要件を超えて、同事業部門の操業を継続するとき、又は同事業部門の閉鎖により企業内に生じた過剰人員を整理せず放置するときは、企業の経営が全体として破綻し、ひいては企業の存続が不可能になる

ことが明らかな場合でなければ従業員を解雇し得ないものとする考え方には、同調することができない。

なお、解雇につき労働協約又は就業規則上いわゆる人事同意約款又は協議約款が存在するにもかかわらず労働組合の同意を得ず又はこれと協議を尽くさなかったとき、あるいは解雇がその手続上信義則に反し、解雇権の濫用にわたると認められるとき等においては、いずれも解雇の効力が否定されるべきであるけれども、これらは、解雇の効力の発生を妨げる事由であって、その事由の有無は、就業規則所定の解雇事由の存在が肯定された上で検討されるべきものであり、解雇事由の有無の判断に当たり考慮すべき要素とはならないものというべきである。

よって、先に述べた判断基準に照らして当該事案を検討すると、①について、同部門の業績不振は業界の構造的変化とY特有の生産能率の低さに帰因し、その原因の除去と収支改善は期待できず、②について、同部門従業員47名のうち46名は現業職であるから、配転の対象となる職種は現業職及びこれに類似する特務職に限られるが、かかる職種は当時他部門でも過員であり、近い将来欠員の発生の見込みはなく、配転先確保のため他部門で希望退職者を募集すべき義務があるかは、当時、求職難の時期であり全従業員を対象に希望退職者を募集すると同業他社から引き抜かれ、これに同部門従業員を配置すると当分の間作業能率が下がることは避けられない等の事情を勘案すると希望退職者を募集すべきであり、これにより同部門閉鎖によって生ずる余剰人員発生を防止することができたはずとはいえない。③について、同部門は独立した事業部門であって、その廃止で企業全体での過員数が増加したのであるから、管理職以外の同部門の全従業員を解雇の対象としたことは一定の客観的基準に基づく選定であり、その基準も合理性を欠くものではない。

以上のとおりであるから、本件解雇は就業規則にいう「やむを得ない事業の都合による」ものということができ、本件解雇について就業規則上の解雇事由が存在することは、これを認めざるを得ないものというべきであり、他に同認定を妨げるべき特段の事情の存在は認められない。

また当時Yには人事同意約款等は存在せず、アセチレン部門が経営上放置し得ないほど赤字で廃止もあり得ることは繰り返し説明がなされていた。この事情のもとでは、Yが組合と十分な協議を尽くさないで同部門の閉鎖と従業員の解雇を実行したとしても、特段の事情のない限り、本件解雇が労使間の信義則に反するとはいえない。

その他の整理解雇裁判例
解雇無効

> 非採算部門を対象とした整理解雇について、優良部門を解雇回避措置となる希望退職の対象外とすることは認められるが、非採算部門の社員に対する退職勧奨の際の退職条件の前提となる費用捻出策が不十分であり、整理解雇は無効と判断された事例

日本通信事件

(平成24年2月29日　東京地裁判決)(労判1048号45頁)

(事案の概要)

X1乃至X3らは、データ通信サービス、テレコムサービス事業等を行うYの従業員であった。なお、Yの従業員数は約100名(整理解雇前)であり、Yには5社の連結子会社があった。

Yは、平成22年3月、平成23年3月期の事業計画(平成23年3月期の連結黒字転換を着地点とし、平成22年9月までにY単体での月次黒字転換を中間目標とする、これらの達成が困難である場合、第2四半期以降に人員削減を含むコスト削減を実施する)を決議した。しかしながら、その後、上記中間目標を達成することが不可能であることが判明した。

そこで、Yは平成22年10月、法人営業の拠点であった西日本支社を閉鎖するとともに、直ちに利益を生まないプロダクトマーケティング部と指定事業者準備プロジェクトの廃止を決定し、廃止される部門の人員を主たる対象として、連結ベースで約50名、Y単体で32名に対して退職勧奨を行ったが、Xら3名と他1名は退職に応じなかった。そこで、Yは、就業規則64条3号の「事業の縮小その他会社の都合によりやむを得ない事由がある場合」に基づき、Xらを解雇した(以下「本件整理解雇」という)。

これに対しXらは、本件整理解雇は解雇権の濫用であるとして、Yの従業員としての地位確認の請求を行った。

(判決要旨)

就業規則64条3号にいう「事業の縮小その他会社の都合によりやむを得ない事由がある」ものといい得るためには、適合性の原則に基づくものとして①当該整理解雇(人員整理)が経営不振などによる企業経営上の十分な必要性に基づくか、ないしはやむを得ない措置と認められるか(要素①=整理解雇の必要性)、必要性及び適切性の原則に基づくものとして②使用者は人員の整理という目的を達成するため整理解雇を行う以前に解雇よりも不利益性の少なく、かつ客観的に期待可能な措置を行っているか

（要素②＝解雇回避努力義務の履行）及び③被解雇者の選定が相当かつ合理的な方法により行われているか（要素③＝被解雇者選定の合理性）という3要素を総合考慮の上、解雇に至るのもやむを得ない客観的かつ合理的な理由があるか否かという観点からこれを決すべきものと解するのが相当である。

そして、要素②については、人員の調整は、解雇以外の方法、配転・出向、一時帰休、採用停止、希望退職の募集、退職勧奨等によっても行うことができ、ここに解雇回避努力を尽くしたか否かという要素が問題となるところ、かかる使用者の解雇回避努力義務に対しては、比例原則のうち必要性の原則（最終の手段原理）が最もよく妥当し、使用者は、整理解雇を実施する以前において、当該人員整理の必要性に応じて、客観的に期待可能なものであって、解雇よりも不利益性の少ない措置を全て行うべき義務を負っているものと解される。

解雇回避努力に必要性の原則（最終の手段原理）が妥当することからいうと、単に一事業（プロジェクト）や事業部門に限定すべきではなく、企業組織全体を対象に解雇回避努力すなわち希望退職の募集や配転・出向の可能性を検討するのが原則である。

まずY組織全体を対象とした希望退職の募集を行わなかった点については、リストラクチュアリングを実行するプロセスにおいては、存続が予定される事業にとって必要な能力を備えた人材を維持・確保することが強く求められるのであるから、非採算部門・プロジェクトだけでなく、利益を生む優良部門・プロジェクトをも対象として希望退職の募集を行うことにより、そうした有益な人材まで失う可能性を極力排除することは企業として当然の措置であるといい得る。そうだとすると企業の存続にとって必要な能力を備えた人材まで失う可能性がある希望退職の募集をY組織全体との関係で実施するよう求めることは、客観的にみてYにとって受忍の限度を超えるものというべきである。

しかしながら、本件整理解雇（人員整理）の必要性が高く、可及的に速やかなリストラクチュアリングの完遂を求められていたことを考慮に入れたとしても、本件退職勧奨を行うに当たって、Yは、Xらに対し、解雇回避措置の一環として可能な限り本件退職勧奨の対象者を絞り込むとともに、金銭面で有利な退職条件を提示することができるよう、社会通念上相当と認められる程度の費用捻出策を講じるべき義務を負っていたものというべきである。

そして、Yにおける役員報酬等の合計額は優に3億2000万円を超えていたことが認められるが、Yは、本件整理解雇手続に着手した後、高額な役員報酬等のカット・削減分を原資として、退職勧奨の対象従業員を絞り込むとともに、金銭面で有利な退職条件を提示することができるよう一定の配慮を行った形跡は全くうかがわれない。

むしろ、上記高額な役員報酬等には一切手を付けないまま、本件退職勧奨において、「①1か月分の賃金（解雇予告手当と同額）②残りの年休の3分の1の買い上げ及び③勤続年数×5日×日給の退職金」という100万円にも満たない程度の退職条件を提示し、これに応じなかったXらに対して本件整理解雇を断行しているのであって、Y

は本件整理解雇手続において、社会通念上相当と認められる程度の費用捻出策を講じたものということはできない。しがたって、Yは解雇回避努力義務を十分に尽くしたものと評価することはできない。

> ある金融商品の販売から事実上撤退したことを理由に、当該金融商品を扱う部署にいた者に対して行った整理解雇が、解雇権濫用法理により無効であるとされた例

クレディ・スイス事件

（平成23年3月18日　東京地裁判決）（労判1031号48頁）

（事案の概要）

　Xは、証券取引業を主たる目的とするYにおいて証券会社向けの金融商品の開発・営業業務を担当し、「JP15」という商品を特に多く取り扱っていた。そうしたところ、Yは平成20年9月の金融危機を契機に約6400億円の純損失を計上し、この対策として全従業員の11％にあたる5300名の人員削減を行うことを決定し、グループ全体で複雑性の高い商品に関する業務を縮小することとした。そして、「JP15」についてもメンテナンス業務を除いて撤退することになり、Xの業務も事実上なくなったため、Yは、平成20年12月に退職勧奨を行い、同月11日以降期間を定めずに自宅待機を命じた上、約1年が経過したところで、YはXに対して解雇を通告した。これに対し、Xは本件解雇が解雇権濫用法理により無効であるとして地位確認の請求を行った。

　Yは、本件解雇は経営状態の悪化という業務上の必要性に基づくものであり、また、Yはグループ全体での平成21年度の定期昇給停止、グループ全体で平成20年のIPC（年俸とは別に従業員に支払われる金銭　平成21年2月支給額）の対前年比大幅削減、グループの会長、グループ最高経営責任者、インベストメント・バンキング部門最高経営責任者の平成20年の業績に対する報酬辞退、オフィススペースの削減や出張会議等の大幅な削減による経費削減、駐在員用住宅のコスト削減、Xの異動先候補の提示等を行い解雇回避努力を尽くしたこと、Xが担当していた業務から撤退するものであり人選の合理性が認められること等を主張し、また付随してXが著しく協調性を欠き同僚や上司との間で深刻な人間関係上の問題を生じさせており、Xとの信頼関係が破壊されていること、退職に伴い最大計6か月分の給与相当額の退職金を上乗せして提示したこと等を主張した。

　これに対してXは、業務上の必要性、解雇回避努力、人選の合理性の存在を何れも否定し、これらについての誠実な説明や協議も行われなかった旨主張した。

解雇無効

(判決要旨)

① 業務上の必要性について

Xが集中して取り扱っていた「JP15」は、平成20年9月から、取引時点の予想ヘッジ取引の時価評価額に比して取引市場がヘッジ不可能な方向に動いたことによって、Yに大きな損失をもたらした。「JP15」は、損失をあらかじめ限定する取引ができないリスク（ヘッジが不可能なリスク）を有している商品であったため、Yとしてはメンテナンス業務を除いて撤退することとしたものであり、これによりXの業務は事実上なくなった。よって、解雇の業務上の必要性は肯定されるものである。

但し、Yは自宅待機を命じてから1年以上経過した後にXを解雇しており、解雇の業務上の必要性の程度は高度とは言えない。

② 解雇回避努力について

Yは、平成21年2月にストラクチャリング部（Xの所属していた部署）に所属する従業員に対し2億2022万5940円もの巨額なIPCを支払い、またYグループは、Xの解雇直後である平成22年1月から従業員の年俸を昇給させた。

更に、Yのストラクチャリング部では、平成20年1月以降4名の従業員に対し退職勧奨を行いながら、同年4月から4名の従業員の新規採用を行った。

これらのことからすると、業務上の必要性に比較して、Yの解雇回避努力は明らかに不十分である。

③ XとYの信頼関係が破壊されているとのYの主張について

Xの上司はXに対し、Xが同僚に対してしばしば癇癪を起こしたり、怒鳴ったりしたため、同僚がXを信頼しなくなり、過去9ヶ月にわたりXに対しこのような行動をやめるように繰り返し指導をしていたこと、これに対し、Xの上司がXが自分の行動が自分自身及び同僚にとって害があるということを認めたこと等を内容とするメールを送信し、Xは、このメールを受け取り理解した旨の返答を行っており、Yとして、Xが職場で深刻な人間関係上の問題を生じさせていると認識していたことは認められる。しかしながら、Yの主張する問題点は、言い合いになった、文句を言った、Xが強い口調で反論し言い合いになった、大声でのしった、非難した等といったものであり、解雇理由として客観的に合理的とは言い難い。しかも、この間Yは、Xに高額なIPCを支給するなど矛盾した行動を取っており、YがXに対し就業規則上の懲戒処分を行っていないこと、Xに対する注意の後は、目立ったトラブルが減るなど一定の効果があったことが認められる。

④ 異動先候補を提示したこと、及び退職金を上乗せして提示したことについて

YがXに対し、退職勧奨に際して退職金を上乗せして提示したこと、及び退職勧奨後に異動先候補を提示したことは事実である。しかし、Yの提示した異動先候補は、候補者ではあっても、Xが希望すればYが必ず受け入れるという提案ではなかったことが認められる。よって、本件解雇の業務上の必要性の程度と解雇回避努力の不十分さを考えると、Yの提案を根拠に本件解雇

を有効と解することはできない。

⑤　結論
　以上のとおり、本件解雇は業務上の必要性の程度が高度なものであるとは言えず、これに比して解雇回避努力は不十分なものであり、その他の事情を根拠に本件解雇が有効であるとも言えず、本件解雇は解雇権濫用法理により無効である。

その他の整理解雇裁判例
解雇無効

> 人員削減のため行われた変更解約告知に応じなかったことを理由とする解雇は、整理解雇と同様の要件が必要となるとされ、当該解雇が無効とされた例

関西金属工業事件

（平成19年5月17日　大阪高裁判決）（労判943号5頁）

（事案の概要）

　Yは、鈑金および金属の加工を業とし、従来からM電工を主要な取引先として、最盛期の平成4年には約50億円の売上げがあったが、M電工の方針によりYへの発注が順次縮小されるようになり、Yの売上げが漸次減少し、平成10年9月期の決算の頃から赤字経営となった。平成14年11月30日には、M電工との取引が解消され、Yの売上はさらに減少することになった。Yは、経費節減、非正規社員の雇止め、役員報酬の引き下げ等を実施し、さらには平成14年10月、勤続1年以上の全従業員を対象として20名の第1次希望退職を募ったところ、26名の従業員が退職に応募し、応募者全員が退職した。

　しかし、その後も平成15年9月期には営業損失が約2億7300万円に上り、平成16年2月までほぼ毎月営業損失を計上しており、また、人件費の状況も、売上高に対する比率が、平成15年4月から同年9月までの平均で95％、同年10月から平成16年2月までの平均で61％という相当な高率であった状況であった。そこで、Yは、毎月1500万円から2000万円の営業損失が生じていることに鑑み、毎月の人件費を600万円削減することを計画し、600万円のうち100万円分は役員報酬の引き下げ、残り500万円のうち260万円分は賃金の引き下げ、残りの240万円分は6名分の人員削減（勤続25年以上の正社員の平均賃金が44万円であるため。）により実現しようと考え、平成16年3月、勤続30年以上の全従業員を対象に6名の第2次希望退職を募集するとともに、同年4月、勤続25年以上の全従業員を同年5月20日付で解雇し、他方で、解雇対象者について新規の条件での採用を募集する旨の変更解約告知の通知を行った（以下、「本件変更解約告知」という）。しかし、第2次希望退職募集に応募する従業員はおらず、また、本件変更解約告知に応じない対象者がXら10名いた。そのため、Yは、平成16年5月17日、Xらに対し、同月20日付で解雇する旨通知したところ（以下、「本件解雇」という。）、Xら10名が地位確認及び賃金支払い等を

求めて提訴した。なお、Y作成の本件変更解約告知の通知文書には、本件変更解約告知により解雇される日（平成16年5月20日）と同一の日に整理解雇がされることが予定されており、このような整理解雇が行われることによって新規採用の応募に対する採用決定がされないことがありうる旨明記されていた。

一審で、Yは、本件解雇は変更解約告知による解雇であるため、いわゆる整理解雇法理をそのまま適用すべきではない（厳密な意味での被解雇者の人数に相当する人員削減の必要性及び具体的な被解雇者の選定基準は考慮する必要がない）旨主張したが、一審判決は、本件変更解約告知後に予定されていた整理解雇は本件変更解約告知と独立したものとはいえないとして、整理解雇法理に従って検討した上で本件解雇を無効とし、定年に達した1名を除く9名の地位確認等を認めたため、Yが控訴した。

（判決要旨）

本件変更解約告知とその後予定されていた整理解雇との関係について、Y作成の本件変更解約告知の通知文書には、本件変更解約告知により解雇される日（平成16年5月20日）と同一の日に整理解雇がされることが予定されており、このような整理解雇が行われることによって新規採用の応募に対する採用決定がされないことがありうる旨が明記されていたことなどからすれば、整理解雇が、本件変更解約告知とは独立したものとして予定されていたと認めることはできない。

そこで、整理解雇法理に従って、人員整理の必要性について検討すると、変更解約告知が適法な使用者の措置として許される場合はあろうが、本件のように、それが労働条件の変更のみならず人員の削減を目的として行われ、一定の人員については再雇用しないことが予定されている場合には、整理解雇と同様の機能を有することとなるから、整理解雇の場合と同様に、その変更解約告知において再雇用されないことが予定された人員に見合った人員整理の必要性が存在することが必要となる。

Yでは、平成15年9月期には営業損失が約2億7300万円に上り、平成16年2月までほぼ毎月営業損失を計上しており、また、人件費の状況も、売上高に対する比率が、平成15年4月から同年9月までの平均で95％、同年10月から平成16年2月までの平均で61％という相当な高率であった状況からすると、本件解雇の当時には、Yにおいては人件費を削減する必要性が高かったものと認められる。しかし、それを前提としても、本件解雇当時人員削減の必要性が認められるのは、6人を超えない限度であるというべきである。しかるに、本件解雇ではXら10名が解雇されており、全員解雇する必要性があったことについての主張立証はされていない。

次に、Yは、本件計画の説明に当たって、6名の人員を削減する必要性があることを説明したにとどまるのであって、その説明した人員削減の必要性の範囲を超えて、Xら10名について本件解雇を行うことは、労使間の手続の相当性の点においても合理性を欠くと考えられる。

以上により、本件解雇は無効であると認

められる。なお、仮に6名までの人員整理の必要性が認められたとしても、Xらに対する本件解雇は同一の理由に基づいて同一の機会に行われており、特定の6名を選定する作業が実際に行われていない以上、本件解雇すべてを無効と認めるしかない。

> 外資系コンサルタント会社マネージャーに対する解雇が、整理解雇としても能力不足解雇としても無効とされた例

PwC フィナンシャル・アドバイザリーサービス事件

（平成15年9月25日　東京地裁判決）（労判863号19頁）

（事案の概要）

　Xは、平成12年10月1日、コーポレイト・ファイナンス及び投資銀行サービスに関するコンサルティング等を業とするYとの間で、期間の定めのない労働契約を締結し、財務コンサルタントとして勤務していた。Xの等級はマネージャー（6等級あるうちの下から3番目の等級3に当たる。）で、インベストメントバンキング（投資銀行）部門（以下、「IB部門」という。）に属していた。

　Yは、Xに対し、平成14年2月4日、IB部門についてリストラの必要があること、XはYで必要とされていないこと、自主的に退職する場合3か月分の賃金相当額の割増退職金を給付することを説明し、雇用契約の合意解約を申し出たが、Xがこれに応じなかったことから、Xを解雇する旨の意思表示をし、同月12日付けで解雇の手続を行った（以下、「本件解雇」という。）。

（判決要旨）
＜整理解雇の有効性について＞

　人員削減の必要性については、Yが、広範な業務を取り扱うIB部門を閉鎖し、M&A部門を開設して、業績の向上を図ろうとしたことには、経営上の合理性が認められ、IB部門に所属していた者について、人員整理の必要性が認められる。ただし、①IB部門の業績不良に大きな影響を与えている未実現利益は、そのすべてが実現不可能であるとは解されないこと、②IB部門所属の社員数が増大しているが、それはYの経営判断によるものであること、③Yは、本件解雇に近接して7名を新規採用しており、Y全体の経営が逼迫していたとは認め難いことからすると、Yに対しては、信義則上、高度の解雇回避努力義務が求められ、解雇者選定の妥当性等についても、十分に吟味する必要があるというべきである。

　まず、解雇回避努力義務については、①Yに採用された時点で、Xに金融・財務に関する実務経験がほとんどなかったにもかかわらず、YがXをマネージャーとして、年収1100万円で雇用したのは、MBA資格保有者を確保したいというYの事情であること、②YはXに実務経験がほとんどないことを前提に採用している以上、経験不足を理由とした入社直後における低評価を重

解雇無効

視することは不相当であること、③Xが主として関与していたプロジェクトKの評価は、マネージャーとして期待された能力を上回る評価を受けていること、④入社直後と本件解雇直前の各評価を除いた平成12年12月から平成13年10月までの評価は、絶対評価として、マネージャーとしての能力に欠けるところはないとされていること、⑤プロジェクトHに関する評価は、Xを解雇することが検討され始めた後に行われたもので、また、Xと同時期に解雇された従業員についても、解雇直前になって評価が低くなっているところ、Yから両名以外に対する評価の開示がなく、評価が客観的に行われたものであるか検証できないこと、⑥他の従業員の労働時間に関する資料の提出はなく、Xとの比較ができないことを総合すると、XのIB部門における勤務実績において、Xがマネージャーとしての能力に欠けていたと客観的に認めることはできない。そして、IB部門におけるマネージャーとしての能力が欠如しているとは認められないXについて、IB部門と職務の互換性がある他部門へ配置転換することが不可能であったとすることもできない。

この点、Yは、Xに対し、退職勧奨及び割増退職金の提案をしたことをもって、解雇回避努力義務が尽くされた旨主張するが、かかる提案は、雇用契約を終了させる点において、解雇と異なるところはなく、他の解雇回避措置を取ることが困難な場合において、初めて、整理解雇を正当化する要素となる余地があるというべきである。しかし、Yにおいて、他の解雇回避措置をとることが困難であると認めることはできないから、解雇回避努力義務が尽くされたということはできない。また、Xのマネージャーとしての能力が著しく劣っていたとすることは困難であり、Xを整理解雇の対象としたことについて、合理性は認められない。

以上により、本件解雇については、人員整理の必要性は認められるものの、解雇回避努力義務及び被解雇者選定の合理性のいずれの点においても、十分な努力及び合理性があるとは認められない。したがって、本件解雇は、解雇権を濫用したものとして、無効である。

＜能力不足解雇の有効性について＞

Xがマネージャーとしての能力をおよそ発揮できなかったといえないことは前記のとおりであり、この点においても、本件解雇は、客観的で合理的な理由を欠き、解雇権の濫用として、無効である。

Yは、外資系コンサルタント会社の人事システムの特殊性を主張するが、そのようなコンサルティング業界に身を置く者であるとしても、賃金により生計を立てている以上、キャリアアップに適した転職の機会が訪れるまでの間、会社に在職することについて合理的期待を抱いているというべきであり、その者を解雇するに当たって、客観的で合理的な理由が必要であることは、他の業界の場合と異ならない。

＜結論＞

以上によれば、Xの解雇は無効であり、Xは、Yに対し、労働契約上の権利を有する地位にあることの確認及び解雇された日以降の賃金を請求することができる。

解雇無効

> Yの親会社である米国法人が巨額の損失を生じたこと等によりグループ全体で人員削減が必要であるとしてなした整理解雇が無効とされた例

ゼネラル・セミコンダクター・ジャパン事件

（平成15年8月27日　東京地裁判決）（労判865号47頁）

（事案の概要）

ダイオードを主とした半導体製品を日本国内で販売しているYの親会社である米国法人A社が、米国の景気後退等の影響から経営が悪化し（Y自体の経営状況は売上が横ばいか若干微増の状況が続くなど、悪化しているとまでは言えない）、経営改善のため、アイルランド工場閉鎖、従業員数の23％削減を行うこととし、Yら子会社に対しても人件費の一律10％削減を求め、Yは平成12年に早期優遇措置、13年7月には10％の人件費削減策を発表し、冬季賞与支給の削減などが行われた。しかし、A社は巨額の営業損失が見込まれたため、自力での再建を断念し、B社に買収されることになり、その結果、YはB社の孫会社になり、B社の子会社であるC社の統括下に入った。C社の責任者らは、Yの高コスト体質の改善のためにさらなる人員削減が必要と判断し、Yの組織図、従業員全員の勤務評価書、職務経歴書を検討し、Xを含む従業員5名と面接を行うなどした結果、出荷伝票の作成及び入出庫品のコンピュータ処理等のカスタマーサポート業務に従事するXを含む5名を解雇したところ、XがYに対して労働契約上の権利を有する地位にあることの確認等を求めた。なお、Yの就業規則によれば、「職制の改廃、経営の簡素化、事業の縮小その他会社業務の都合により剰員を生じたとき」、「その他会社業務の都合上、やむを得ない事由があるとき」に該当する事実が存在するときは、Yは、従業員を解雇することができる旨規定している〔就業規則第46条(6)、(7)〕。

（判決要旨）

1. 整理解雇の判断基準

本件解雇が就業規則第46条(6)、(7)の要件を充たしているか否かを判断するに当たっては、Yにおいて人員を削減する必要があったのか、Yの解雇回避努力の有無、人選の合理性の諸要素を総合して判断するのが相当である。

2. 人選の合理性

Xは月額39万円余の賃金を得ている従

解雇無効

業員であるところ、Xの行っている業務は出荷伝票等の作成が主であり、英語力、PC能力の不足、会社への貢献度等を考えると、経営者であるYにおいてこの際Xを解雇しようとする意図にはそれなりの合理性がないわけではない。しかし、Xは、入社時には英語力、PC能力を持っていることは要件とされていなかったのであり、入社以来20年間以上問題もなくYに勤務していたものであり、このような従業員を解雇するためには、真に、人員削減の必要性があり、解雇回避努力も尽くした上での解雇でなければ、解雇は有効とはなり得ない。

3．人員削減の必要性

Yは人員削減の必要性を主張するが、①Yの平成13年5月から現在に至るまで売り上げは横ばいか、若干微増の状況が続いており、平成13年度の当期未処分利益剰余金は6億1000万円もあり、これは同年度の給与手当1億7023万円の約3年半分に相当する額であること、また、同14年度上半期の未処分利益剰余金も依然として5億5020万円を計上していること、②Yの従業員の推移をみると、本件解雇前月までの従業員数はA社が発表した平成12年末の従業員数を23％削減するという目標を達成した数字であること、また、Yにおいて、平成13年末の正社員数を5名削減する必要があったというのであれば、本件解雇前月までに5名退職しておりXを解雇しなくても既に目標を達成していること、③Yの従業員のうちカスタマーサポート業務に従事している者は、平成13年5月1日時点で、正規従業員がXを含めると6名、有期契約社員2名、派遣社員1名の合計9名であるところ、本件解雇後の平成14年7月時点でも、正規従業員2名、有期契約社員2名、派遣社員5名の合計9名と総数はまったく同じであることなどが認められ、そうだとすると、就業規則第46条(6)にいうところの「会社業務の都合により剰員を生じたとき」、換言すれば人員を削減する必要があったか否かは疑問であり、未だこの点の立証がされているとはいえない。

4．解雇回避努力

Yは過去における人件費削減等の解雇回避努力を主張するが、これをもって、本件解雇の際の解雇回避努力の事実ということはできず、Yは、本件解雇に際しては、何らの解雇回避努力を尽くしていないといえる。

5．結論

以上のような本件に顕れた解雇に関する諸事情を総合すると、Yは、就業規則第46条(6)、(7)の要件である「職制の改廃、経営の簡素化、事業の縮小その他会社業務の都合により剰員を生じたとき」、「その他会社業務の都合上、やむを得ない事由があるとき」に該当する事実の存在を立証しているということはできず、この判断を覆すに足りる証拠は存在しない。

> 「やむを得ない事業上の都合」を理由とする解雇が、解雇対象者の選定に合理性がなく、無効とされた例

労働大学（本訴）事件

（平成14年12月17日　東京地裁判決）（労判846号49頁）

（事案の概要）

Yは、労働運動の強化等の労働者教育事業を行うことを目的とする団体であり、平成11年11月25日、Yは、昭和49年10月にYに入局したXをはじめとする3名に対し、Yの就業規則26条4号（事業を廃止・縮小するなど、やむを得ない事業場の都合によるとき）に基づき、平成11年11月29日をもって解雇する旨の意思表示をしたものである。

（判決要旨）

本件解雇は、Yの就業規則26条4号の「やむを得ない事業上の都合」を理由とするものであるところ、この事由による解雇は、使用者の側における事業上の都合を理由とするものであり、解雇される労働者の責めに帰することができないのに、一方的に収入を得る手段を奪われるものであって、労働者に重大な不利益をもたらすものである。したがって、一応は、前記の解雇事由に該当する場合であっても、解雇が客観的に合理的な理由を欠き社会通念上相当として是認できないときは、解雇は権利の濫用として無効になると解すべきであり、これは、使用者において人員削減の必要性があったかどうか、解雇を回避するための努力を尽くしたかどうか、解雇対象者の選定が妥当であったかどうか、解雇手続が相当であったかどうか等の観点から具体的事情を検討し、これらを総合考慮して判断するのが相当である。

＜人員削減の必要性について、売上げ減少による赤字経営が続いたこと等の事実を認定した上で＞

Yは、現に倒産の危機にあったとはいえないが、従前のまま経営を続けると、近い将来存続が危ぶまれるような状況に陥る可能性が高かったといわざるを得ない。当時の社会情勢からみると、もはや売上げの増加を図ることは困難であったから、Yとしては、経営再建を実現するためには、まず経費を削減する方策を講じることが必要な状況にあったということができる。人員削減は、この経費削減のための一つの方策であるから、Yには何らかの人員削減の必要性があったと認められる。

解雇無効

<解雇回避努力について、平成2年7月以降、財政再建を目的に事務局職員の賃金の減額、人員の削減、経費の削減などを実施した事実を認定した上で>

Yは、様々な方法で経費削減を実施したほか、平成11年3月、事務局職員を対象に希望退職者を募集したが、希望退職に応じた職員はいなかった。Yが希望退職者を募集した際に提示した退職金は180万円に過ぎなかったから、この条件で希望退職に応じる者が現れるとは期待しがたいが、Yの経営状況に照らすと、Yがこれ以上高額の退職金を提示することは困難と言わざるを得ない。そうすると、Yは、Xらの解雇を回避するために一応の努力をしたということができる。

<解雇対象者の選定の合理性について、Yが、職員としての適格性の有無を人選基準とした上で、XらはいずれもYの業務に非協力的であり、Yの職員としての適格性を欠いていたとの主張について>

「適格性の有無」という人選基準は極めて抽象的であるから、これのみでは評価者の主観に左右され客観性を担保できないだけでなく、場合によっては恣意的な選定が行われるおそれがある。このような基準を適用する場合、評価の対象期間、項目、方法などの具体的な運用基準を設定した上で、できるだけ客観的に評価すべきである。

しかし、Yが「適格性の有無」という人選基準について具体的な運用基準を設定した上で各職員の適格性の有無を検討したことの主張立証はない。YがXらの不適格性として主張するのは、Xらの勤務態度に関する個別の出来事であり、これが他の職員との比較でどのようであったかも判然としない。

このように、「適格性の有無」という人選基準は抽象的なものであり評価者の主観により左右されやすいものであるところ、客観的合理性を担保する方法で評価が行われた形跡がないこと、Yがこのような人選基準の存在を本件訴訟前に説明しなかったことに合理的理由が見いだせないだけでなく、Yが本件解雇当時これとは異なる人選基準を適用するかのような説明をしていたことからすると、「適格性の有無」という人選基準によって人選の合理性を基礎付けることはできない。

<本件解雇の効力について>

本件解雇当時のYの経営状況に照らすと、何らかの人員削減の必要性が認められ、Yは解雇を回避するための一応の努力をしたと評価することができるが、合理的な人選基準によりXら3名を解雇対象者として選定したとは認められない。Xらに対する本件解雇は、いずれも著しく不合理であり、社会的に相当とはいえないから、解雇権の濫用として無効というべきである。

> 赤字部門の廃止については、事業経営上の必要性が認められたが、回避努力に欠けるとして、解雇が無効とされた例

鐘淵化学工業（東北営業所Ａ）事件
（平成14年8月26日　仙台地裁決定）（労判837号51頁）

（事案の概要）

Yは、合成樹脂等の製造及び販売を行っているものであり、Xは、平成元年1月から準社員として建材事業部東北営業所に採用され、同年6月から正社員として勤務した。平成2年9月Y出資のA社が設立され、Xを含めた東北営業所の社員は全員A社に出向した後、平成11年4月に東北営業所に復帰した。

Yは、企業全体としては黒字経営であったものの、建材事業部については、平成10年以降赤字の状態が続いていたことから、Yは、平成13年7月に東北営業所の閉鎖を決定したが、同営業所に勤務するXを含む5名について仕事がなくなったため、通勤可能範囲の関連会社に受け入れを打診したが拒否され、その後、9月7日に関西にある関連会社への雇用を提案したが、Xらがこれを拒否した。

さらに、Yは労働組合を通じてXらに総合職の転換を提案したが、Xらはこれを拒否し、東北での継続勤務、職場確保を要求した。このため、Yは同月27日にXらに対して10月31日付で解雇する旨の解雇予告通知書を交付し解雇の意思表示をしたものである。

（決定要旨）

YによるXらの解雇はいわゆる整理解雇であるが、解雇権の行使といえども、それが客観的に合理的な理由を欠き社会通念上相当として是認できない場合には権利の濫用として無効とされるべきである。整理解雇は、使用者側の経営上の理由のみに基づいて行われるものであり、その結果、帰責事由がない労働者の生活に直接かつ重大な影響を及ぼすものであるから、恣意的な整理解雇は是認できるものではなく、その場合の解雇権の行使が一定の制約を受けることはやむを得ないところ、整理解雇の有効性を判断する上では、①人員削減の必要性、②解雇回避努力義務の履行の程度、③人選の合理性、④解雇手続の相当性の観点から総合的に検討した上で、整理解雇がやむを得ないものかどうかを判断する必要があるというべきである。

〈人員削減の必要性について〉
　Y全体としてみた場合には過去最高の経常利益を上げる状態とはなっているが、建材部門については赤字状態が続き、YはXらの整理解雇を検討する以前からも経費削減のための合理的努力を続けてきたものと認められるところ、Yのように企業全体として黒字であったとしても事業部門別に見ると不採算部門が生じている場合には、経営の合理化を進めるべく赤字部門について経費削減等の経営改善を図ること自体はYの経営判断として当然の行動というべきである。そして、住宅着工件数の減少を見た場合、東北営業所とAの業績の落ち込みは一時的な景気後退による不況というよりも経済構造の変化に伴う不況によるものと考えられることに照らし、これまでの経営合理化をさらに進める必要があったというべきであって、Yが東北営業所の廃止を含む経営合理化を行ったことはやむを得ないというほかない。そうすると、東北営業所の閉鎖によって剰員が生じる結果となるのは避けられないのであるから、本件ではYの東北地区における人員削減の必要性が認められるといわなければならない。

〈解雇回避努力義務の履行の程度について、関連会社Bへの転籍出向の可能性に関し、Yの主張するXの業務の不存在、専門性の観点から営業職への転換の困難さ等について、Xは、かつてAで営業事務として働いていたことから、営業職への転換は困難であるとは必ずしもいえず、さらに転籍出向の可否を検討する余地があった旨述べた上で〉

　Yは、Xらを関連会社等に転籍出向等させる形でのその雇用を維持する方策を模索すべきであったのに、そのための努力が不十分であったと認められる。以上によれば、Yは、Xらの関連会社各社等への出向ないし配置転換による雇用場所の確保につき、真摯にして十分な努力ないし検討をしないまま本件解雇をなしたと認めざるを得ず、解雇回避努力義務を尽くしたとは評価できないというべきである。

〈人選の合理性について〉
　Yは、Xらが解雇の対象となったのは、Xが転居を伴う転勤がない地域職であることが理由である旨主張するが、これ自体については、総合職と比較した場合、雇用確保のための選択肢が狭いために、結果的に解雇の対象となる可能性が高くならざるを得ないという意味において人選の合理性を欠いているとはいえない。

〈解雇手続の相当性について〉
　Yは、平成13年8月7日Xらに対して整理解雇する予定であることを説明した後も、労働組合との協議を続け、その中で、関西圏の関連会社への転籍出向の提案、「地域職」から「総合職」への転向の提案、関連会社等への受け入れ可能性の打診を行い、退職の条件についても退職金の特別加算及び再就職会社への登録の斡旋等を行うことにより退職に伴う不利益に対して一定の配慮をしていることが認められ、Yとしては、Xらを整理解雇するに当たり一応の手順を踏んで手続を進めたということができる。

<結論>

　Yについては、整理解雇に関する四要件のうち解雇回避努力の点において、Xらの雇用維持に向けた真摯な配慮が窺われず、むしろ消極的姿勢に終始していたものであり、解雇回避努力義務が履行されたとは到底評価できないものである。もとより、上記四要件は一つの要件が欠ければ直ちに解雇権が濫用となるものではないとしても、Yは、<企業利益を計上していること等により>企業組織全体としてみた場合にはXらの雇用を維持する余力を十分過ぎるほど残している企業なのであり、これに対し、Xがその職を失うことにより受ける経済的な不利益が非常に大きいことを考慮すると、解雇回避については最大限に努力を払うことを要するというべきであるのに、解雇回避の方策を真摯に模索しようとはしなかったというべきであるから、本件では、他の3要件が一応備わっていること、特にYが退職金の特別加算及び再就職会社への登録幹旋等の退職条件を提示していることを考慮したとしても、Yの解雇回避努力義務の懈怠は重大な違法性を帯びるといわざるを得ない。したがって、YのXに対する解雇の意思表示は解雇権の濫用として無効というべきである。

> 赤字部門の廃止に伴う解雇について、当該赤字部門の廃止の必要性は認められたが、手続が適正さに欠けるとして無効とされた例

国際信販事件

(平成14年7月9日　東京地裁判決)(労判836号104頁)

(事案の概要)

　Yは、債権買取事業、旅行事業、保険事業を営んでおり、Xは、Y旅行事業部で経理業務に従事していたが、Yは、平成11年9月に旅行事業部が慢性的に赤字であることを理由に同事業部の廃止を決定し、同月20日、従業員に対し、同年11月30日をもって旅行事業部を廃止するとともに、同日をもって同事業部所属の従業員全員を会社都合により解雇する旨通知したものである。

(判決要旨)

　＜Yの主張する旅行事業部の経営赤字について、大幅な赤字があるとの資料による客観的裏付けがないとした上で＞Yの主張はそのまま採用することができない。仮に旅行事業部を廃止すべき必要性があったとしても、高度の必要性があったとまではいえない。そして、Yは、本件解雇の直近である第14期においては、会社全体でみれば、債権買取事業の業績の大幅な伸びに伴い業績は好調であり、従業員3名を増員し、高率の株式配当を実施した上、営業規模拡大に伴う人材の補充、育成強化を予定していたから、仮に旅行事業部を廃止したとしても、これによる余剰人員を他の部門で吸収する余地がなかったとはいえないから、人員削減をすべき経営上の必要性は大きいとはいえない。

　Xは経理の知識と経験があったから、Xを旅行事業部から個別割賦事業部に配置転換する余地がないとはいえないところ、Yは、配転可能性の有無を検討したことはなく、Xに配置転換を提案したこともなかった。Y代表者は、旅行事業部の他の従業員と同様、Xに再就職の斡旋希望の有無を聴取するための面談を申し出たところ、Xがこれを拒否したと供述するが、いつ、どのようにして面談を申し出たかは判然としない上、Yは、Xの解雇の問題に関する団体交渉に応じなかったこと、旅行事業部の廃止に先立ちXのみ他の従業員とは異なり予定よりも早く解雇しており、Xを他の従業員と同等に処遇する意思があったとはいえないことからすると、採用することができ

ない。また、Yが人件費及び諸経費を削減するための努力をした形跡はなく、Yは、本件解雇の前後を通じ、社長、専務、常務といった役員に対する高額の取締役報酬の支給を続けていた。そうすると、Yが本件解雇を回避するための努力を十分に尽くしたとはいえない。

さらに、Yは、X及びXの所属する労働組合との間で本件解雇について十分な説明や協議をしたとはいえない。

そうすると、本件解雇は、Xが時給社員であり正社員とは立場が異なるというYの主張を考慮したとしても、客観的合理的理由を欠くものであるから、解雇権の濫用として無効である。

> 経営上の必要性を理由とした解雇が、解雇回避の努力、被解雇者に対する手続等いずれも不十分であり、無効とされた例

奥道後温泉観光バス事件

（平成14年4月24日　松山地裁判決）（労判830号35頁）

〈事案の概要〉

　Yは、バス、タクシー等の一般旅客運送、ホテル、ゴルフ場経営等を行う会社であり、Xは、貸切バスの運転手として勤務していたところ、Yは、平成11年度のホテル部門の黒字以外は、すべて赤字であり、平成12年1月に6年連続の赤字が確実視されたことから、貸切バス事業について、バス運転手の31名のうち、20名の人員削減を行い、11名体制とし、必要に応じて希望退職者から嘱託雇用をして運行することとした。

　人員削減の方法としては、まず希望退職者を募り、応募者が20名に満たない場合は不足の人員について整理解雇をする旨を発表したところ、18名が希望退職に応募したことから、同年2月1日にXらに対して、同月20日付で就業規則所定の「経営不振による事業縮小」を理由として解雇する旨の意思表示をしたものである。

〈判決要旨〉

　企業は、経営不振を打開するため、自らの経営判断にしたがって、事業の縮小等を行うことができ、それに必要な措置を講ずることができる。しかし、その一方で、整理解雇が、労働者の特段の責めに帰すべき理由のないところで行われ、しかも、それが労働者の生活に深刻な影響を及ぼすものであることを考えると、整理解雇を実施するに当たっては、信義則から導かれる一定の制約があると解することが適当であって、この制約を逸脱した整理解雇は権利の濫用として無効なものと解される。

　そこで、整理解雇が無効であるか否かを判断するに当たっては、①人員削減の必要性があること、②人員削減の手段として整理解雇を選択する必要性があること、③解雇基準とその適用が合理的で、手続上も妥当であること、④被解雇者などに対して誠実な説明がなされていることなどの諸事情を検討し、それらを総合的に判断することが必要となる。本件では、Yの就業規則で、「事業の廃止又は、整理縮小その他会社の都合により必要を生じたとき」には社員を解雇する旨の規定（第78条3号）があって、本件解雇もこの規定に基づいて行われたものであるが、同規定を解釈するに当たっても、ここで述べたような配慮を欠かすこと

ができないと思われる。

<人員削減の必要性について>

　Yの営業損益が、長年、赤字続きであり、すでに巨額の負債を抱えていたこと、さらには、将来的な経営改善の見込みが立っていなかったことからすれば、多少の賃金カットや、正社員の自然減、配置転換による人件費の削減という方法をとっただけでは、なお、抜本的な経営改善に結びつかないとの判断もできるとは認められる。そこで、本件で、Yがまず、希望退職者を募り、希望者が不足の時は整理解雇するとの経営判断を行ったこと自体には、一定の理解をすることができる。

<本件解雇の必要性について>

　Yのバス部門では、事業の運営上、20名の余剰人員を生じていたという事実はなかったものと認められる。

　すなわち、Yは、本件解雇の後も、閑散期以外の時期には、多くの嘱託運転手を雇って貸切バス業を営業し、平成12年9月には、Yのタクシー部門の運転者4名をバス運転者に選任したり、ホテル部門の運転者3名を予備運転者兼務とするなどしているのである。このようなことからすると、Yのバス部門に20名もの余剰人員があったとは、到底、認めることができない。

　結局、本件解雇とそれに先立つ希望退職者募集は、不要人員の削減を目的とするものではなく、正社員であるバス運転者の賃金をカットするために行われ、さらには、Xらを解雇するためにも行われたと推認する余地があるものと思われる。

<被解雇者に対する手続の妥当性などについて>

　希望退職者の募集、整理解雇は、いずれも労働者にとって、生活の基盤を揺るがす重要な問題であり、Yが主張する諸事情を考慮したとしても、本件では、なお、労働者への説明が不十分であったといわざるを得ず、関連して、労働者側に与えられた考慮期間も不十分なものであったと解される。

　以上のとおりであって、これらのことを総合して判断すると、その余の点について判断するまでもなく、本件解雇は、解雇権の濫用として無効なものと認めることが相当である。

> 事業の縮小を理由とした解雇が、人員削減の必要性がなく無効とされた例

古沢学園事件

(平成13年3月28日　広島地裁判決)(労判849号144頁)
(平成14年4月24日　広島高裁判決)(労判849号140頁)

(事案の概要)

Yは、いわゆる専修学校を5校設置している学校法人であり、Xは、平成5年10月1日にYとの間で雇用契約を締結し、当初は、Yの設置する府中校の講師として、平成8年3月からはYの設置する西風新都校の講師として就労し、いずれも電気・電子工学科を担当していた。

Yは、電気・電子工学科の生徒数が大幅に減少したことに伴い、西風新都校を別の専門学校と合併したことから、平成11年6月18日に、Xに対し、就業規則第50条4号に規定する「事業の縮小その他学園の都合によりやむを得ない事由がある場合」に基づいて、同年7月20日をもって解雇する旨の意思表示をしたものである。

(判決要旨)

＜Yにおいて、生徒数の大幅な減少が予想される事実はないどころか、逆に生徒数は増加しており、資源エネルギー庁公益事業部長通達に記載されている「実習における教員1人当たりの生徒の数は、おおむね10人を超えないものであること。」を充たすためには、教員数を増加させる必要性があった事実を認定した上で＞

本件においては、Yの主張する生徒数の大幅な減少や将来の生徒数のさらなる減少が予想されることを認めるに足りる証拠はないばかりか、かえって、YがXに対して解雇を通知した当時、本件通達の基準を充たすために教員を増員する必要があったこと、現に、2名を講師として採用していることなどに照らせば、YがY就業規則第50条第4号の規定に基づいてXを解雇しなければならない必要性があったものとは到底いうことができない。

したがって、当該解雇は、解雇権の濫用に該当し、無効である。

※　高裁判決においても、原判決は相当であり、控訴は理由がないとして棄却されている。

その他の整理解雇裁判例
解雇無効

人員整理の必要性、解雇回避の努力、解雇対象者の選定の合理性等いずれも不十分であり解雇が無効とされた例

塚本庄太郎商店（本訴）事件

（平成14年3月20日　大阪地裁判決）（労判829号79頁）

（事案の概要）

　青果物仲買等を目的とするYは、9名の正社員、3名のパートタイマーのほか、アルバイトが勤務していたが、不況による人件費削減を理由に、平成12年9月25日、3名の自主退職者を募集後、自主退職者がいないときには3名を指名解雇する旨を労働組合に告知した。その後同年10月31日以降労働組合との間に団体交渉が4回開催されたものの、希望退職者の応募が期限を過ぎても出なかったため、同年12月26日に、労働組合の執行委員長Xら2名及び非組合員1名を、就業規則34条1項2号の規定（やむを得ない事業上の都合によるとき）に基づき解雇したものである。

（判決要旨）

　解雇については、民法上にその制約はなく、労働基準法等で一定の場合についてのみ、その行使が制限されているに過ぎない。しかしながら、解雇が使用者の権利の行使であるとしても、その行使について客観的に合理的な理由を欠き、社会通念上相当性がないと判断される場合には、権利の濫用であって、その解雇は無効といわなければならない。

　本件解雇は、Yの経営上の理由から人件費削減を目的として行われたものであり、いわゆる整理解雇といわれるものであるが、かかる解雇についても、これが客観的に合理的理由を欠き、社会通念上相当性を有しない場合には、権利の濫用として無効になるというべきである。そして、その有効性を判断するためには、使用者における人員削減の必要性の有無、程度、その解雇回避の努力の有無、程度、被解雇者の人選の合理性の有無、解雇手続における労働者への説明の程度等の諸般の事情を総合考慮して判断すべきものである。Yが零細企業であるという事情は、上記のような考慮要素を判断する中で検討されるべき事情であって、単に零細企業ということだけで、全く自由に解雇をなし得るとすることは相当ではない。

＜・*平成11年には経営損失を出している事実はあるものの、Yにおいて、代表者の私用自動車の維持費を負担しているが、その処理が不明瞭であることか*

解雇無効

- ら、さらに、経費削減を図る余地を肯定できること。
- 希望退職者を募る意思表示をする約3か月前にアルバイト2名を採用し、かつ、解雇後に、アルバイト1名及びいったん解雇した従業員1名を採用していることは、人員削減の必要性の存在を疑わしめること。
- Xらは、遅刻が多く決して良好な勤務態度ではなかった等の上、賃金水準が高かったことが認められるが、勤務態度については平成12年5月頃以降は改善されていることから、アルバイト従業員よりも先に解雇される理由はなく、解雇回避努力を怠ったものといわなければならないこと。
- 組合との団体交渉において、Y側も平成11年度の税務資料を示したのみで、必ずしも経営状況について、十分な説明を行おうとしなかったこと。

を認定した上で＞

以上によれば、Yにおいて人員整理の必要性があったかについて疑念があり、また希望退職の募集は行っているものの、経費削減の状況等からすれば誠実に解雇回避努力を行ったともいえず、さらにXらに対する人選の合理性があったともいえず、Yが組合に対し十分な説明を行っていなかったことを総合考慮すれば、本件解雇については、合理的な理由がなく、また社会通念上相当性を欠くものであり、解雇権の濫用として無効であるといわざるを得ない。

> 身体障害者に対する解雇が整理解雇であるとされ、解雇者の選定基準や解雇手続が相当でなく、無効とされた例

乙山鉄工事件

（平成14年3月15日　前橋地裁判決）（労判842号83頁）

（事案の概要）

Xは、出生時に罹患した神経線維腫症により、左上肢の筋力低下や長距離歩行ができないなどの身体障害や中程度の知的障害があった。Xは、昭和51年に、金属製品の製造加工等を目的とする有限会社であるYに、養護学校の紹介により雇用され、金属の削りかすの片づけ、鋸盤への材料支給等比較的簡単な作業に従事していた。

平成10年頃にYに導入された新しい機械（両端圧接機）での作業について、平成12年7月頃からXも、従来から行ってきた作業に加えて、当該作業の一部に携わるようになったが、Xがその作業をうまくできなかったことから、Yは、同年8月3日、「業務遂行に対し、再三指導を行ってきましたが、残念ながら改善の方向性が感じられません。また、経営悪化による会社の体力低下で、継続雇用が困難な状況となってしまいました。上記理由により、2000年8月31日をもって解雇といたします」と記載された文書をXに手渡し、解雇の意思表示をしたものである。

（判決要旨）

＜解雇理由のうち、Xが再三の指導に従わないことを解雇理由とすることについての主張立証がないことを前提とした上で＞

本件解雇は、Y就業規則39条7号＜整理解雇＞の事由に該当するとして行われたものというべきであり、Yが主張するXの就業態度についてはその一事情として斟酌されるに過ぎない。

本件解雇は、いわゆる整理解雇であるから、その解雇としての効力を有するためには、次の四つの要件が必要である。①人員削減の経営上の必要性、②整理解雇選択の必要性、③被解雇者選定基準の合理性、④解雇手続の相当性、合理性。

＜人員削減の経営上の必要性について、Yが大幅な売上減により赤字経営となっており、労務費の減少の必要性があることを認定した上で＞

経営の健全化のため労務費削減を目的とする人員削減措置が取られることも一つの方法としてやむを得ないものというべきである。

その他の整理解雇裁判例
解雇無効

<整理解雇選択の必要性について>

本件では、Yにおいて指名解雇を回避するための真摯かつ合理的な努力が行われたものということはできず、整理解雇を選択する必要性があるとは認められない。すなわち、一般に、人員削減の実施に当たっては、会社の一方的意思に基づく指名解雇よりも従業員の意思に基づく希望退職の募集等による任意退職の方が従業員の犠牲が少ないというべく、そして、希望退職の募集は整理解雇回避の有力な手段となるところ、Yは、希望退職者の募集をしておらず、しかも、残業規制は既に実施されているけれども、一時帰休、賃金の切り下げ、配置転換などの解雇回避のための他に取り得る手段の検討がなされたことは認められず、また、経営健全化のために必要な整理解雇の規模等については具体的計画の立案が見られない。

<被解雇者選定基準の合理性について、Yの従業員には、独身者が3人しかおらず、Xはそのうちの1人であり、この3人の中でXは作業を指示通りする努力をしなかったとのYの主張に対して>

一般的には妻帯者よりも独身者の方が解雇による影響が少ないことは確かであり、勤務態度（勤務成績）を選定基準とすること自体は抽象的には合理性がないとはいえない。しかし、Yは、平成12年7月から、従業員Aを通じてXに対しそれまで従事させてきた切り粉の片づけ、ピン材の洗浄及び鋸盤への材料の供給に加えて両端圧接機の仕事に従事するよう指示し、これらの作業の使い分けがうまくできないことを理由に同年8月1日にはXの解雇を決定している。しかし、Bを初めとしてYの従業員はXが障害を有することをおおむね知っているところであるから、上記程度の期間しか置かずにXが指示どおりに作業をすることができないと判断したのは性急であったというべきである。また、Yは、Xが指示に従わないとか、他の従業員に迷惑をかけても謝らず平然としていたことなども主張するが、これらの事情だけで独立してXを被解雇者に選定した合理的な理由となり得るものではない。

<解雇手続の相当性、合理性について>

本件解雇の手続は、以下のとおり、相当性、合理性を欠くものである。

すなわち、Y、具体的にはBら役員や従業員は、Xに注意するときは「はい」の返事があるまで繰り返し説明する。しかるに、Bにおいて、平成12年8月1日、Xに対し解雇する旨伝えたときにはっきりした確認をしたとは認められず、また、同月3日解雇書面を交付したときにはXの応答を確認していない。したがって、Yによる本件解雇の意思表示が明確になされたかどうか疑問の余地がある。そもそも、使用者は、整理解雇をするに当たっては、労働者に対して（整理）解雇の必要性とその時期、規模、方法につき納得を得るべく説明するなど誠意を持って協議すべき信義則上の義務を負うと解される。

しかるに、Yは、Xに対し平成12年7月31日頃、当時課せられた仕事ができなければ解雇するかもしれない旨の説明をし、

同年8月1日にはXの解雇を決めてこれをXに伝えており、解雇理由としては、同月3日交付にかかる解雇書面中に「経営悪化による会社の体力低下で、雇用継続が困難な状況となった」と記載しただけで、他に整理解雇について説明や協議を行った事実は認められない。上記解雇書面の記載のみでは人員整理の必要性や解雇の説明としては不十分であり、上記相当性、合理性は見出しがたい。

<結論>

以上検討したところによれば、Yには、経営上の人員削減の必要性があるといえるが、そのために整理解雇を選択することの必要性、被解雇者の選定及び解雇手続の妥当性の点では到底合理性があるとはいえず、本件解雇は整理解雇の要件を満たさないものであって無効である。

解雇無効

> 海外法人日本支社で行った整理解雇が対象人員数、選定手続等に適正さが欠けるとして、無効とされた例

ヴァリグ日本支社事件
(平成13年12月19日　東京地裁判決)(労判817号5頁)

(事案の概要)

　ブラジルに本店を有するYの日本支社において、Yでは路線縮小、海外支社の一部閉鎖等の合理化実施にもかかわらず資本金の額を超える累積損失額を抱えており、経営悪化の一要因である航空機リース料負担を改善するために、リース料改訂交渉において航空機リース会社から示された条件である人員削減を約束する「特別合意」(ただし、政府又は組合の規制により人員削減が禁止されている場合には他の手段により経費削減を達成することを許容されている)がなされていた。

　このため、日本支社においても定年年齢の引下げとともに、早期退職勧告が行われたが応募者が1名にとどまっていたことから、第1次的にX1(貨物営業部長)を含む53歳以上の幹部職員に対し、個別に退職勧告がなされたが、X1はこれに応じず(5名は承諾)、また第2次的にX2(予約部次長)を含む53歳未満の幹部職員に対して、退職勧告がなされたが(2名は承諾)、X2は退職する条件として再就職先の斡旋を申し入れたところ、Yはこれを拒否し、X1及びX2はいずれも就業規則33条「社員が次の各号の1に該当する場合は30日前に予告するか、または平均賃金の30日分を支給して解雇する。＜中略＞」1号所定の「止むを得ない業務上の都合」を理由に解雇されたものである(なお、第3次的に業務成績が不良な一般従業員(組合員)を対象に退職勧告が実施され、また解雇通告の約4か月前及び約7か月後には全従業員の賃金につきベースアップが実行されている)。

(判決要旨)

　本件解雇は、Yの就業規則33条1号の「止むを得ない業務上の都合」を理由とするものと解されるところ、この事由による解雇は、もっぱら使用者の側における業務上の都合を理由とするものであり、解雇される労働者にとっては、何らの落ち度もないのに、一方的に収入を得る手段を奪われるものであって、労働者に重大な不利益をもたらすものである。したがって、一応は上記解雇事由に該当する場合であっても、解雇が客観的に合理的な理由を欠き社会通念

その他の整理解雇裁判例

解雇無効

上相当として是認できないときは、解雇は権利の濫用として無効になると解すべきであり、これは、使用者において人員削減の必要性があったかどうか、解雇を回避するための努力を尽くしたかどうか、被解雇者の選定に妥当性があったかどうか、解雇手続が相当であったかどうか等の観点から具体的事情を検討し、これを総合考慮の上で判断するのが相当である。

＜人員削減の必要性について＞
　①Ｙは、平成3年末時点で1億米ドルを超える累積損失を抱え、その後、路線縮小、海外支社の一部閉鎖、人員削減等の合理化に着手したものの、平成5年末の累積損失額は資本金の額を超える3億388万3000米ドルにまで達していたこと、②当時の航空業界は、国際線の収益が平成3年以来低落傾向にあって厳しい経営環境にあったこと、③Ｙは、銀行団及びリース債権者から、経営再建に協力する条件として、人員削減を始めとする更なる経費削減の実施を要求され、（中略）少なくとも年間6840万米ドルの人件費を削減することを約束せざるを得なかったことが認められ、かかる事実関係の下においては、企業の合理的かつ健全な経営という見地からすれば、Ｙが経営再建の一環として人員削減を検討・実行したことそれ自体が不合理であるとはいえない。
　しかしながら、＜海外全体の人員削減率25％に比べ、日本支社の削減目標（29名）が約40％と多いこと等について＞Ｙ日本支社では、本件解雇通告後のわずか約4か月前である平成6年5月及び約7か月後である平成7年5月のいずれにおいても全従業員の賃金についてベースアップを実行しようとしていることに照らすと、日本支社において前記のような多数の人員を削減する経営上の必要性があったことについては疑問が残るというべきである。

　なお、＜人員削減に係る「特別合意」について＞この合意は、「政府又は組合の規制により上記に言及された人員削減が禁止されている場合」には、他の手段により経費削減を達成することを許容するものであり（我が国においては、確立した判例理論である解雇権濫用法理を前提とした労使慣行があり、これは政府又は組合の規制に準じるものというべきである）、特別合意における人員削減の数自体は絶対的なものではないと解すべきである。

＜解雇回避の努力等について＞
　本件のごとき使用者側の事情を理由とする解雇の効力を判断するに当たっては、使用者が解雇を回避するための一定の努力をしたか否かをその要素として考慮すべきところ、使用者に要求される努力の程度は、人員削減の必要性や緊急性の程度等を考慮し、諸般の事情を総合考量の上決するべきである。
　＜・本件解雇の直近の会計年度（平成5年末時点）の経営状態は、営業収益自体は黒字転換していたものの、多額の経常損失を計上し、累積損失も増加の一途を辿っていたから、財政再建は緊急の課題であり、その一環として、全社的な経費削減について緊急の必要性があったこと等を認めつつ、日本支社においては、本件解雇後の平成7年度

においてもベースアップを実施していること、

・他方、Y日本支社が本件解雇に先立って採った措置をみると、一応は早期退職者募集とその勧奨を行っているが、平成6年8月16日に公表されたこの早期退職者募集は、募集人員も示されていない上、6か月分の給与の上乗せという早期退職の条件も、退職日である11月30日の5日後に支給される3.5か月分の賞与を受給できないことを考慮すると、実質は2.5か月分の上乗せにすぎず、当初から必要な応募者の確保を期待できないようなものに過ぎないともいえ、この応募者が1名に止まったことが判明するや、直ちに、X1を含む幹部職員に対し同一条件による退職勧告を個別に行い、同月19日にはこれに応じないX1に解雇を通告している事実を認定した上で>

YがXらの解雇を避けるため必要な努力を尽くしたというには疑問があり、そもそも、YにおいてXらの解雇を回避しようとする意思があったのかすら疑いを抱かざるを得ない。

<被解雇者の選定の妥当性について>

被解雇者を選定するにあたり、一定の年齢以上の者とする基準は、一般的には、使用者の恣意が介在する余地がないという点で公平性が担保され、また、年功序列賃金体系を採る企業においては、一定額の経費を削減するための解雇人員が相対的に少なくて済むという点においてそれなりに合理性があるといえないではない。しかし、本件において基準とされた53歳という年齢は、定年年齢まで7年間もの期間が残存し、残存期間における賃金に対する被用者の期待も軽視できないものである上、我が国の労働市場の実情からすれば再就職が事実上非常に困難な年齢であるといえるから、本件の事実関係の下においては、早期退職の代償となるべき経済的利益や再就職支援なしに上記年齢を解雇基準とすることは、解雇後の被用者及びその家族の生活に対する配慮を欠く結果になる。加えて、Y日本支社では、53歳以上の者であっても、一般従業員は対象とせず、幹部職員のみを解雇の対象としているところ、Xらの担当する幹部職員としての業務が、高齢になるほど業績の低下する業務であることを認めるに足りる証拠はないことからすると、幹部職員で53歳以上の者という基準は必ずしも合理的とはいえない面がある。

そして、本件においては、53歳未満の「幹部職員」であっても退職勧奨を受けなかった者もいたことを勘案すると、結局のところ、Yは、まず非組合員を対象に、一部の者を除外して、順次退職勧奨・整理解雇を行ったともいえるのであり、他方、組合員に対しては、勤務成績不良を理由に解雇対象となった6名を除き、本件解雇の翌年もベースアップを実施し、また平成6年度春闘で53歳昇給停止の解除を約束するなど優遇する対応を取っているのであって、この処遇格差は、非組合員が日本支社の幹部職員であることのみをもっては合理的と評価することはできず、以上のような本件の事実関係の下では、Yの退職勧奨・整理解雇の対象の人選は全体として著しく不合理

であるといわざるを得ない。

<解雇手続の相当性について>

解雇手続の相当性を判断するに当たっては、使用者が労働者に対し、解雇の必要性について誠実な説明をしたか否かをその一要素として考慮すべきところ、ロス支社長が人員削減の必要性に初めて言及したのが平成6年6月1日（本件解雇通告の約3か月前）であり、しかも、同日から本件解雇通告に至るまで、Yは人員削減の規模や退職勧奨・整理解雇の基準を終始明確にしなかったのであるから、Yの本件解雇通告を含む整理解雇についての説明は、退職勧奨または整理解雇の対象となった職員の理解を得るに足りる誠実なものであったとはいえない。

<結論>

本件解雇通告当時、Yにおいては、企業の合理的な運営の見地からすれば全社的には人員削減の必要性が存在し、一般抽象的にはY日本支社もその例外ではないといえるから、就業規則33条1号の事由が存在したことは一応肯定し得るものの、その人員削減の手段として行われた本件解雇は、退職勧奨・整理解雇の対象人員数、人選基準や解雇手続等を総合考慮すれば著しく不合理であって、社会的に相当とはいえないから、解雇権の濫用であり、無効というべきである。

> リストラの必要性は認めるものの、回避義務を尽くしたとはいえないとして、解雇が無効とされた例

ワキタ（本訴）事件
（平成12年12月1日　大阪地裁判決）（労判808号77頁）

（事案の概要）

Xは、昭和56年春から、派遣労働者として採用された後、Yに直接雇用され、その後、期間の定めのない労働者として雇用されるようになった。以後、15年間勤務していたところ、Yは、Xが、その所属している国際事業部において余剰人員化しているとの判断から、Xを業績不振および業務量の減少を理由にパートタイマー就業規則11条7号「会社の業務の都合により雇用の必要がなくなったとき」に基づき、解雇することとしたもの。

（判決要旨）

＜Yの最近の数期の売上高やその利益状況は、減収、減益の傾向にあるものの、経常利益は赤字ではなく、近年採用人数は減らしているものの、希望退職者の募集や、整理解雇を前提とした退職勧奨は行っていない。また、Xは英文タイピストとして雇用され、英文の書簡や見積書などの海外取引用書類を英文タイプライターで作成する業務を行ってきたが、この10年来は、海外取引業務の簡素化や、パソコン導入により、英文タイプの必要性がなくなり、昨今の営業不振や電子メールの普及によって、書類作成事務は減少してきた。このような状況の下では、専門的に文書作成を担当する従業員を置く必要は必ずしもなくなり、他の部署においても英文タイピストの必要はなく、Xは余剰人員化した。以上の事実を認定した上で＞

しかしながら、解雇は賃金によって生計を維持する労働者にとって重大な影響を与えるものであるところ、余剰人員化したことについては、労働者に何らの責任もないのであるから、余剰人員化したというだけで解雇できるものではない。Xは、パートタイム労働者であるが、その勤務時間は、正社員より1時間30分短いだけであり、期間の定めのない雇用契約を締結した労働者であり、かつ、本件解雇時まで既に15年以上勤務していた者であって、雇用継続に対する期待度は高く、雇用関係の継続に対する期待、信頼について正社員に比べて格段に異なるものがあるとはいえず、むしろこれに近いものがある。そして、Xが国際事業部においては余剰人員化し、他部署

において、英文タイピストの必要性がなかったことは認められるものの、Xは、相当以前から、一般補助事務要員としての業務を行っていたものであって、一般補助事務要員としてであれば他部署に配置することも可能であったということはできる。正社員については、いわゆるリストラ中であるというものの、整理解雇やこれを視野においた退職勧奨が行われているわけではなく、Yとしてもそこまでの必要性があるとは判断していないわけであるし、その後、Yは、パートタイム労働者を雇用しており、また、解雇回避のためには、Xをフルタイム労働者に職種変換することも考えられてよく、配転の可能性がなかったとはいえない。Xの賃金は、新規雇用のパートタイム労働者からみれば、相当に高額であるが、Xと同程度の勤務歴を持つ正社員の賃金に比べれば、それほど高額とはいえず、解雇回避の手段としての出費という意味では、これを捻出することができないほどに解雇の必要性があったとはいえない。しかるに、Yは、Xに対し、配置転換の提示をしていないし、退職勧奨もおこなっていないのであって、Yが営業不振の中にあって、いわゆるリストラを実施中であることを考慮しても、解雇回避の努力を尽くしたとはいい難いものである。＜中略＞

　以上によれば、Xの解雇は、社会通念に反するものといわなければならず、本件解雇は、パートタイマー就業規則11条に規定する解雇事由に該当しないものであり、少なくとも解雇権の濫用として無効なものである。

その他の整理解雇裁判例
解雇無効

> 営業所の閉鎖に伴う解雇が、回避義務や組合・従業員への説明・協議を尽くしておらず、無効とされた例

揖斐川工業運輸事件
（平成12年9月21日　横浜地裁川崎支部決定）（労判801号64頁）

（事案の概要）

貨物自動車運送業を営んでいるYは、本店他6つの営業所を有し、Xらは、そのうち、川崎営業所に勤務していた。Yの総売上高および純利益は平成7年以降減少傾向で、川崎営業所においても、11年以降初めて総利益が赤字に転じた。Yは、平成9年以降、新規採用者の中止、役員報酬、管理職・一般職の給与削減、昇給停止、諸経費等の削減を行い、12年3月の1か月間、希望退職募集を実施した。Yは、同月15日幹部会において、川崎営業所の閉鎖と、同営業所従業員の合意退職に向け、Xらの所属する一般労組分会等と団交を行うが、交渉決裂の際には解雇する旨の決定を行った。

これにしたがい、Yは分会と団交を行ったが、分会が川崎営業所の閉鎖および同営業所従業員の退職につき協力に応じなかったため、Yは同年4月30日付けでXらを解雇することとしたもの。

（決定要旨）

整理解雇が有効といえるためには、①Yに人員整理の必要性があること、②Yにおいて解雇を回避するための努力を十分に尽くしたが解雇を余儀なくされるに至ったこと、③解雇の対象となる人選が合理的であること、④Yにおいて組合又は従業員らに対して十分な説明をし、協議を経たことが必要と解される。＜中略＞

まず、人員整理の必要性について検討するに、本件解雇当時、Yの総売上高及び純利益が減少して営業成績が悪化しており、経営を立て直す必要があったことは否定できない。

しかしながら、川崎営業所のこれまでの営業成績、川崎営業所と他の営業所等との比較によっても、Yの現在の経営状態が川崎営業所を閉鎖してその従業員全員を解雇するまでに悪化していたかどうかはにわかに判断しがたいところである。そして人員整理が仮に必要であったとしても、以下のとおり、本件においては整理解雇の他の要件を欠いているというべきである。

＜また、①YはXらに対して、配置転換、関連会社への出向、一次帰休の募集を一切行っていないこと、②Yの行った退職募集の期間が1か月と短く、退職条件は会社都

合退職と変わらないこと、③Yが希望退職者募集期間満了までに、川崎営業所の閉鎖およびXらの退職・解雇を決定していることにかんがみれば、解雇回避義務を尽くしたとは言えないこと、④Yは本件解雇後、分会との間で4回にわたり団体交渉を行っているが、本件解雇の撤回はできないとの回答に終始し、分会から、川崎営業所と他の営業所の業績を比較した文書の開示及び代替案の提出を求められたが、これに応じていないこと等にかんがみれば、Yが組合又はXらに対して、十分な説明・協議を経たものということはできないこと、と判断した上で>

　以上によれば、本件解雇は、整理解雇の要件を欠くものであり、したがって、解雇権を濫用したものであるから無効である。

その他の整理解雇裁判例

解雇無効

> 現在は、人員削減をする経営上の必要性は小さくなっており、配転等の回避策も可能だとして解雇が無効とされた例

マルマン事件

（平成12年5月8日　大阪地裁判決）（労判787号198頁）

（事案の概要）

　Yは主として家電品を販売する会社であるが、バブル経済崩壊後に業績不振となり、不採算部門の撤退をはじめとする経費削減に努め、組織改革も行い、平成7年下期からは人員整理に着手し、218名の人員を110名に削減する計画を立て、新規雇用の中止、希望退職の募集を決定した。また、Yは、希望退職の募集に併せ、退職勧奨を行っていた。

　Xは、昭和42年に入社後、営業職に就き、支店長などを歴任してきたが、平成7年の上司による「特別考課表」ではAからEの5段階中Dランクに評価付けられ、協調性に欠けることなどと併せて、退職勧奨の対象者とされた。Xが平成8年3月の退職勧奨に応じなかったところ、Yは、同年4月、Xを配置するために新たに市場情報室を設置し、フィールドマネージャーという肩書きを与えて配転し、Xに健康食品の消費者動向調査等を命じた。平成9年4月に、YはXに、市場調査室の継続ができないことを述べ、退職の勧奨を行ったがXはこれに応じなかったため、平成9年5月9日付けで就業規則の「天災地変、経済界の変動、その他やむをえない事由により会社が事業の縮小、又は閉鎖のやむなきに至ったとき」に該当するとして、Xに解雇の意思表示を行ったものである。

　なお、Yは本件解雇は、整理解雇であるとともに、懲戒解雇事由に相当する事由があるので、普通解雇として有効であると主張している。

（判決要旨）

　いわゆる整理解雇については、これが労働者の責に帰すべき事由がない経営上の理由により、特定の労働者を解雇するものであることからすれば、人員削減の必要性がない場合、使用者が解雇回避努力を尽くさない場合、被解雇者の人選に合理性がない場合、さらには労働者との協議を尽くさない場合の解雇については、社会通念上合理的な理由がなく解雇権の濫用として無効になるとするのが相当である。

　そこで、本件整理解雇について検討するに、平成8年初め頃には大幅な人員削減を行う必要があったことは認められるが、希望退

職者の募集や退職勧奨等の実施によりその必要性は大幅に減少していた。また、市場情報室の要員については、その廃止によって不要となることは明らかであるが、他のグループ企業からの営業要員受け入れは、これと時期を同じくするものであり、Xの営業成績自体は優良とはいえず、また、Yの経営姿勢に沿わない部分があるとしても、平均的なレベルであったし、Xを営業要員とすることが困難であった事情は認められない。

また、Xは過去に大阪以外の勤務地で勤務したことがあり、現実に他地域への配転を提案して拒絶されたという事実もない。さらに、営業以外の職種についてもこれを希望していたことからすると、Xの配置については、関連会社への出向も含めて、検討の余地はあったということができる。

以上のとおり、人員削減の必要性は小さくなっており、他に、配転等の解雇回避措置を採りうる状況の下では、Xただ1人を、整理解雇として指名解雇しなければならなかったというのは疑問である。退職勧奨の対象者のうちで、これを拒否したのが、Xだけであるとしても、他の退職勧奨者との公平を害するとまでの事情もない。

これらの人員削減の必要性の程度、解雇回避の努力等の諸事情を総合して判断すると、Xに対する本件整理解雇は、未だ、社会通念上合理的な理由があるということはできず、解雇権の濫用として無効であるといわざるを得ない。

なお、Yは普通解雇の理由としてXの市場情報室での執務状態等をあげるが、市場情報室に十分な成果を期待するのであれば、Xに担当させたこと自体に問題があり、体制としても不十分で、その責任をX1人に負わせるのは酷というものであり、Xに対する解雇は整理解雇以外の普通解雇としてもこれを社会通念上合理的とする事情はないから、解雇権の濫用として効力を認めることはできない。

> 生徒減による経営難を理由とする解雇が、解雇回避努力が尽くされていないとして無効とされた例

三田尻女子高校事件
(平成12年2月28日　山口地裁決定)(労判807号79号)

(事案の概要)

　Yは、高等学校を設置する学校法人であり、Xら(X1～X4)はその教育職員として勤務してきたところであるが、Yは「生徒減による経営難」を理由に、平成8年度において、21名の人員削減を行い、平成9年度においても、同様の理由により、同年11月26日と平成10年1月21日、希望退職を募集し、同月26日から29日にかけて、Xらを含む10名の教職員に対して、指名退職勧奨を行った。そして、平成10年3月24日、Yは、退職勧奨を受け入れなかったXらを含む7名の教員に対し、「Yの財務状況が極めて厳しいため、即時解雇する」旨の意思表示をなしたものである。

(決定要旨)

　一般に、使用者の財政状態の悪化に伴い、人件費削減のための手段として行われるいわゆる整理解雇は、労働者がいったん取得した使用者との雇用契約上の地位を、労働者の責に帰すべからざる事由によって一方的に失わせるものであり、それだけに、労働者の生活に与える影響も甚大なものがあるから、それが有効となるためには、①経営上、人員削減を行う必要性があること、②解雇回避努力を尽くした後に行われたものであること、③解雇対象者の選定基準が客観的かつ合理的であること、④労働組合又は労働者に対し、整理解雇の必要性とその時期・規模・方法につき、納得を得るための説明を行い、誠意をもって協議すべき義務を尽くしたこと、以上の各要件すべていずれも充足することが必要である。

　そして、本件のごとく、使用者たるYが私学である本校の設置・経営者であり、労働者たるXらがその教員であるような場合、Xらが主張するとおり、安易な教員数の削減は、教育の質の低下を来たし、そのしわ寄せを生徒に押しつける事態を生じさせるおそれがあることから、右教員の整理解雇に当たっては、右に挙げた整理解雇の制限法理が、一般私企業の場合に比してより厳格な判断基準の下に適用されるべきと解される。

　Yについては、本件各解雇に際し、将来的予測として帰属収入の恒常的減少が避けられない状況にあることから、その資産を

維持すべく、消費支出、特にその中でも大きな割合を占める人件費の削減が必要であるとの認識を有してこれに当たっていたということ以上の点は指摘し難いところである。

かえって、Yは、各解雇時点において、直ちに指名解雇の手段による更なる人員削減を行わずとも、継続的に希望退職者を募りつつ、一定期間、それ以後における長期的な視野に立った人件費削減及び収入増加に向けた取組に関する協議を十分に尽くすなどの手段を講ずる一方で、同期間内の消費支出超過分については、比較的優良な資産の一部を取り崩してこれを充てることにより、相応の程度柔軟かつ弾力的に対処し得るだけの財政的な体力を有していたと思料される。

本件の場合、Yにつき、本件各解雇に至るまでに、希望退職者を募る方法により指名解雇を避けるべく配慮したことは一応認めることができるものの、同各解雇当時、客観的に見て、Xらをして、その意思とは無関係に、Yの教員たる地位を一方的に失わせるという、平成8年度に続き、これと一環をなすとみられる再度のかつ大幅といってよい人員削減をしなければならない程に、その財政状況が悪化した状況にあり、かつ、Yが同各解雇を回避すべく努力を尽くした上でこれらをなしたとの各疎明はいずれも足りないというべきである。加えて、本件各解雇に際して、Yが、妥当な手続を尽くしたとも解し難い。

そして、以上検討したところを、前記に掲げたより厳格な判断基準に則った4要件に照らした場合、本件各解雇は、上記4要件のうち、①、②及び④を備えていないとみられるので、同要件中③につき検討するまでもなく、本件各解雇は、許容される整理解雇の場合に当たらず無効である。

その他の整理解雇裁判例

解雇無効

訴外会社のXに対する2度にわたる解雇の意思表示が、いずれもいわゆる整理解雇の4要件を満たしておらず、無効とされた例

タジマヤ事件

(平成11年12月8日　大阪地裁判決)(労判777号25頁)

(事案の概要)

　森林浴製品等の製造、販売等を業とする訴外会社Aに雇用されていたXが、訴外Zにおいて、不良リース等による莫大な損失等を原因とする経営不振により事業縮小及び大阪支店の閉鎖が実施されたことに伴い、Aから2度にわたって、解雇の意思表示を受けた。これに対し、Xは、Aから営業譲渡を受けた食料品等の販売を主たる業とするY(YはAの発行済株式を多数保有し、Zには非常勤のYの兼務役員がいたが、役員会や株主総会、財務会計等は別個で、就業規則も別で異なる労務管理を行っていた)に対し、Xの雇用契約も引き継いだものであり、Yにおける労働契約上の権利を有する地位にあることの確認等を求めたものである。

(判決要旨)

　本件各解雇がいわゆる整理解雇であることはYも認めるところであるが、整理解雇が有効となるためには、第1に人員削減の必要があること、第2に使用者が解雇回避のための努力を尽くしたこと、第3に被解雇者の選定が妥当であること(客観的で合理的な基準を設定し、これを公正に適用して行われたこと)、第4に手続が妥当であることが必要であると解される。＜中略＞

＜人員削減の必要性について＞

　訴外会社では、平成7年頃、不良リースによって莫大な損失を抱えるに至っていることが判明したこと、その後経費節減の一環として個別の退職勧奨による人員削減などが行われたこと、それにもかかわらず訴外会社の業績では到底損失の目処が立たず、平成9年3月頃には再建を断念せざるを得なかったこと、このため、営業譲渡が不能であれば解散して清算するしかないとの方針が決定されていたことなどが認められ、本件第1解雇当時、訴外会社単独では営業の継続は困難な事態にまで立ち至っていたのであるから、事業縮小とそのための人員削減の必要性が大きかったことは認めることができる。

<解雇回避努力義務について>

これに対して、訴外会社は、退職勧奨等によって一部従業員を任意退職させるなどしてきてはいるが、他方、解散後は、訴外会社の事業をYが引き継ぐことが予定されており、現に事業規模を縮小したうえでYが引き継いでいること、その際、在籍する従業員もYが全員雇用していることなどが認められ、Xがそのまま訴外会社に在籍していたとしたら、他の従業員同様Yに雇用された蓋然性は高いというべきである。しかるに、事業縮小の一環としてXが担当していた大阪支店における営業部門の廃止が不可欠なものであったのか、そうだとしても、事業引継とともにYに雇用させるべく、希望退職者の募集や配置転換をするなどしてXの雇用継続を図ることができなかったのかなどについて、Yは何ら主張するところがなく、訴外会社においてこれらの検討が十分になされたとは認められず、訴外会社がXの解雇回避のための努力を尽くしたとは認められない。

<被解雇者の選定について>

いかなる基準でXが被解雇者に選定されたかも不明であって解雇者選定の妥当性も認め難い（Y代表者本人尋問中には、Xの成績が上がらなかったことが解雇の理由であると述べている部分があるが、Xの成績不良を裏付ける証拠はなく、右供述から人選の妥当性を認めることはできない）。

<解雇手続について>

第1解雇の予告は、事前の協議や説明もなく、法定の予告期間もあけずに、Xに告知されたものであって、手続的にも不当というほかない。Xが、訴外会社の指示で大阪支店従業員に退職勧奨をし退職させたとの事実があることは認められるが、そのことは、Xにおいて訴外会社の財務状況や人員削減の必要性を認識する契機になったとしても、訴外会社が、Xに対し、単なる任意退職の勧奨とは異なる整理解雇を通告するにおいて、事前に十分な説明や協議をすべき義務を免れさせるものではない。

<結論>

以上によれば、第1解雇は、整理解雇としての有効要件を満たすものとはいい難く、解雇権の濫用であって無効である。

<第2解雇について>

第2解雇の通告は、訴外会社解散を主たる理由としてなされているが、訴外会社解散は、すでに第1解雇当時に予定していたところであり、第1解雇当時に予想できなかった事情の変更があったわけではないし、訴外会社が、第1解雇から第2解雇までの間に、Xの解雇回避の努力をしたことや人選の見直しをしたこと、Xに対する十分な説明や協議がなされたことなどについては何らの主張もなく、これを認めるに足る証拠もない。

したがって、第2解雇もまた第1解雇同様整理解雇としての有効要件を満たすものとはいい難く、解雇権の濫用であって無効である。

解雇無効

> 回避努力、説明義務の履行等の手続がなされておらず、人選も恣意的になされた疑いがあるとして、解雇が無効とされた例

日証（第1・第2解雇）事件

（平成11年3月31日　大阪地裁判決）（労判765号57頁）

（事案の概要）

金融業を営む会社Yが和議を申請し、再建を図ることを理由として全従業員に対して解雇する旨の通知を行い、その後一部従業員だけを再雇用し、会社で内勤社員として雇用されてきたXらについて再雇用しなかったものである。

（判決要旨）

整理解雇は、従業員に何らの帰責事由がないにもかかわらず、使用者側の事情によって、一方的に従業員たる地位を失わせるものであるから、使用者が整理解雇をするに当たっては、労使間の信義誠実の原則に従って解雇権を行使すべきことが強く要請され、使用者の解雇権の行使が労使間の信義に反した結果、社会通念上相当なものとして是認できないときは、当該解雇の意思表示は、権利濫用として無効になるというべきである。

そして、当該解雇の意思表示が権利濫用となるか否かは、主として以下の観点を総合的に考察して判断すべきである。

すなわち、第1に、人員削減の必要性が存すること、第2に、希望退職者の募集等使用者が解雇回避のための努力を行ったこと、第3に、被解雇者の選定が客観的で合理的な基準に基づいてなされたこと、第4に、解雇手続が妥当であること（使用者が、労働組合や従業員に対して、具体的状況に応じ、解雇の必要性やその時期、規模、方法を説明し、納得の得られるよう協議したことなど）が必要と解される。＜中略＞

＜人員削減の必要性について、Yは、第1次解雇がなされた平成6年10月27日、大阪地裁に和議を申し立てて事実上倒産しており、事業規模の縮小は避けられないとの事実を認定したうえで＞

人員削減の必要性が大きいことは明らかで、この点は、当事者間にも争いはない。

＜被解雇者の選定等について、Yは、平成6年10月21日頃和議申立を行うことを決定した後、25日頃、和議申立と同時に従業員全員を一旦解雇する方針を決め、全従業員を招集して説明会を開催する旨の通知を出した。27日、和議申立の後、従業員に

対して、和議に至った事情、同月28日付で従業員全員を一旦解雇し、一部の者を再雇用することなどが説明され、説明会終了後に各従業員に対して、解雇通知が渡された。28日、Yの本社では、解雇手続の説明会が開催されるなどしていたが、一部の従業員は通常どおり業務を行っていた。Yは、組合との労使協議ののち、11月7日頃、各部署部長クラスの推薦に基づく稟議で再雇用者を内定させ、同月15日頃、再雇用者に対して、10月28日付で採用通知を送付した、との事実を認定したうえで＞

Yは、本件第1解雇について被解雇者を選出するという通常の指名解雇の方法によらず、和議申立と同日に全従業員をその翌日付で解雇したうえで一部の者を再雇用という方法により選出したのであるが、右のような手法は、結局、選出されなかった従業員を被解雇者として選定したのと同様であり、再雇用者の選出基準は、同時に被解雇者選出基準でもあるから、その選定基準に差をもたらすものではなく、客観的で合理性のあるものでなければならない。＜中略＞

本件選別基準の内容をみても、業務に秀でた者、能力のある者等抽象的で評価的な要素が多く、客観的な選定基準とはいい難く、本件選別基準に、選別者の恣意的な人選を防止するというような機能は期待できない。

現に、再雇用者の人選を見ても、Yの主張によれば、各部署担当役員がまず、当該部署の幹部クラスを選出し、選出された幹部従業員が部下を選出したというのであるが、従前の支社長や部長クラスの幹部職員は殆ど全て再雇用されており、これでは、果たして経営破綻についての原因究明やそれを踏まえた再建に向けての真摯な人選がなされたかについて疑問がもたれるのも当然というべきである。＜中略＞Yの本件解雇については、解雇回避努力、解雇手続における説明義務の履践等に信義に従った手続きがされていないし、既に和議申立段階で再雇用者、したがってまた、被解雇者の人選を終えているが、その人選については多分に恣意的になされた疑いがあり、かつ、現実の人選も疑問なしとしないもので、客観的で合理的な基準に基づいて被解雇者の人選を行ったとは到底認められず、第1解雇は権利の濫用に該当し、無効というべきである。＜中略＞

また、Yは、第1解雇の人選を前提として、予備的に、その後説明義務を尽くしたことを理由に第2解雇が有効である旨主張するが、右のとおり、当裁判所は、第1解雇は、手続きの妥当性を欠くほか、人選の合理性が認められないとの理由で、権利濫用に該当すると判断するものであるから、第1解雇の人選を前提とする第2解雇もまた、権利の濫用に該当するものとして無効というべきである。

解雇無効

> 会社解散に伴う団交の継続中に行われた突然の解雇は、手続全体の適法性に疑問が残るとして無効とされた例

グリン製菓事件

(平成10年7月7日　大阪地裁決定)(労判747号50頁)

(事案の概要)

Xら35人は、個人営業の小売店舗等を取引先とする製菓会社Yに雇用されていたが、Yが、経営不振から、赤字経営になる前に廃業したいと考え、労働組合との団交を開始したが、労働組合との団交が決着しない段階で、突然、会社を解散、従業員全員を解雇したもの。

(決定要旨)

＜本件解散は、真意による解散であり、また不当労働行為や解散権の濫用に該当することもないこと。Yが、事前に古参の従業員約10名に対し、「このまま行くと会社が赤字になるため、体力のあるうちに事業を閉鎖する」旨伝えたところ、従業員らはこの企業閉鎖に対抗するため、労働組合を組織し、Yと団交を行うこととなったが、Yは、団交の中で、会社閉鎖の方針を撤回し、企業継続の余地の有無について再検討を行ったものの、組合との間では再建について、十分な話し合いはなされず、8回目の団交で、組合から「人員補充要求」と「会社の経営の譲渡要求」があったところ、Yから組合に対し、それは、不可能であり、会社継続はどうしても無理であることを再度説明し、組合が9回目の団交を申し入れた日の翌日、Yは、残っている従業員を集めて会社を解散、本件解雇に至ったことを認定したうえで＞

Yの意思は、当初より、工場を閉鎖して企業廃止する方向であり、組合との交渉においては、一時は組合に対し会社再建の方向への配慮を示すような態度を示したものの、結局、再建に関しては組合との間で真剣な協議をしておらず、その真意に変わるところがなかったもので、交渉経過におけるYの態度からすると、組合嫌悪の意図は窺われるが、それが本件解散及び本件解雇を決意したもっぱらの動機であるとか、それを手段として組合活動、団体交渉を止めさせようとしたとは認め難く、本件において、不当労働行為意思による解雇であるとまでは認められない。

ところで、解散に伴う全員解雇が整理解雇と全く同列に論じられないことは言うまでもないが、いわゆる解雇権濫用法理の適用において、その趣旨を斟酌することがで

解雇無効

きないわけではない。

　すなわち、解散に伴う解雇を考える場合に、整理解雇の判断基準として一般に論じられているところの4要件のうち、人員整理の必要性は、会社が解散される以上、原則としてその必要性は肯定されるから、これを問題とすることは少ないであろう。また解雇回避努力についても、それをせねばならない理由は原則としてないものと考える。しかし、整理基準及び適用の合理性とか、整理解雇手続の相当性・合理性の要件については、企業廃止に伴う全員解雇の場合においては、解雇条件の内容の公正さ又は適用の平等、解雇手続の適正さとして、考慮されるべき判断基準となるものと解される。

　本件解雇においても、その具体的事情の如何によっては、右要件に反し、解雇権濫用として無効とされる余地はありうるものと考えられる。〈中略〉

　本件解雇は、XらのYの解雇条件の決定手続に対する参加の機会を与えておらず、組合との団体交渉の継続中に突然になされたものであって、解雇基準の合理性やその手続全体の適正さには疑問が残るものであり、本件解雇に関するYからの誠意ある話し合いがあったとは認められないことからすると、信義則上の義務を尽くしてなされたものであるとは認め難く、その限りで、本件解雇は、Xらの手続上の権利を害し、信義則上の義務に違反したものとして、解雇権の濫用に当たり、無効となると解すべきである。

解雇無効

経営危機下の整理解雇が、整理基準に合理性がなく、労働組合との協議を尽くしたとは言い難いとして無効とされた例

高松重機事件

(平成10年6月2日　高松地裁判決)(労判751号63頁)

(事案の概要)

Xは、Yに正社員として雇用されていたが、Yは、不況下での受注減少等により2期連続で大幅な赤字決算となったことから、人員削減、工場閉鎖、労働条件の見直し等を柱とする黒字転換計画案を全従業員に発表し、Yの組合の下部組織である分会に計画実施への理解を求めた。計画発表直後、組合員33人のうち17人が分会を脱退し、約1か月間の団体交渉を経て、分会は計画実施に反対しない旨表明した。Yは、嘱託社員等8名を解雇し、さらに13名の希望退職者を募集したところ、応じた労働者が7名にとどまったことから、第3次人員削減対策として、出勤不良や高齢等を基準にXを含む4人を退職勧奨対象者として指名し、これに応じないXを解雇したものである。

(判決要旨)

＜人員削減の必要性について＞

本件解雇は、現在の危機的経営状況から脱出し経常赤字を黒字に転換することにより将来の企業の維持存続を図るためになされたものであると解され、その限度でYに整理解雇をなすべき経営上の必要性が存したことは認められるものの、右程度を超えて、差し迫った倒産の危険を回避すべき緊急の必要性がYに存したとまでは認めるに足りない。＜中略＞

＜解雇回避努力について＞

本件解雇を含む黒字転換計画による人員削減は現在の経営危機からの脱出と将来の経営健全化を目的とするものであることを考慮しても、第2次希望退職募集期間経過後わずか10日余り後に本件解雇を予告して退職勧奨を行ったことの妥当性については疑問がある。そして、本件解雇後、平成7年10月から平成9年6月までの間に合計8名の自主退職者がでていることも考えあわせれば、希望退職募集期間をより長く取り、あわせて残業時間の減少に伴う賃金の減額を説明して従業員からの個別の事情聴取等も行っていれば、希望退職者が増加して本件解雇を回避することができた可能性も否定できない。

したがって、本件においては、Yが整理

解雇回避努力を尽くしたというには疑問の余地がある。＜中略＞

＜被解雇者選定基準について＞

本件の整理基準は準社員・正社員の区別なく設定され、適用されている。しかしながら、Ｙにおける正社員と準社員の地位を比較すれば、準社員は組夫及び臨時工の別称であり、正社員と異なり終身雇用の保証がなく、仕事量の多寡に応じて雇用される流動的な労働者であって雇用調整が極めて容易であることからすれば、準社員は、終身雇用制の期待の下で雇用されている正社員とは企業との結び付きの程度が全く異なり、整理解雇の場面においては、特段の事情がない限り、まずは準社員の人員削減を図るのが合理的であると解される。＜中略＞

したがって、本件においては、整理解雇に当たり準社員と正社員の雇用保証の違いを考慮して被解雇者を選定すべきであったというべきであり、この点で整理解雇基準の設定に合理性がないと考えられる。

＜協議手続について＞

Ｙは、分会に対し、人員削減対策の必要性、実施時期・方法等提示可能な資料を示して説明し、第２次希望退職募集以後、今後４名の人員削減対策を実施したいとして整理解雇の可能性とその規模に触れて説明したことが認められるが、整理解雇の具体的な実施につき明確な意思表示を避けたまま４名の整理解雇に踏み切ったもので、希望退職募集後の整理解雇の有無・時期・方法、さらに受注台数の減少に伴う整理解雇の必要性につき分会の納得を得るため誠意をもって協議を尽くしたとまでは認めがたい。

＜結論＞

以上検討したところを総合すれば、Ｙは経営危機に直面して整理解雇をする必要があったが、解雇回避努力を尽くしたことにつき疑問があるうえ、整理解雇の基準に合理性がなく、労働組合と整理解雇につき協議を尽くしたとは言い難いので、本件解雇は整理解雇の要件を欠き無効であると解するのが相当である。

その他の整理解雇裁判例

解雇無効

> 部長職にあった者に対する降格、自宅待機等を経た解雇が、就業規則所定の「組合の了承」がないとして無効とされた例

ロイヤル・インシュアランス・パブリック・リミテッド・カンパニー事件

（平成8年7月31日　東京地裁決定）（労判712号85頁）

〈事案の概要〉

　Xは、昭和53年11月から、保険業務及びその関連業務を目的とする株式会社であるYに雇用されて、平成5年以降、東京本社マーケティング部長として勤務していた。

　Yは、近年の厳しい競争実態により昭和63年以降事業損益が赤字に転落し、その後は、赤字の額が毎年増大していたことから、事業の見直しを行った結果、Xらのポストが消滅したため、平成7年9月28日にXらに対して自宅待機を命ずるとともに部長職を解いた後、平成8年3月29日に同月3月31日付をもってXらを解雇したものである。

　本件については、解雇の有効性に関し、Yの就業規則中の「退職及び解雇規程」2条(5)において、「会社が経営上やむを得ないと判断し、労働組合がそれを了承したとき」に該当するか否かが争われるとともに、Yは、予備的主張として本件解雇は整理解雇である旨主張しているものである。

〈決定要旨〉

〈就業規則に基づく解雇の主張について〉

　〈「退職及び解雇規程2条(5)」〉において、解雇の手続要件として従業員組合の了承が規定されているのは、Yの従業員が、経営者側の一方的な事情によって解雇されることを一定限度で制限しようとする趣旨であると解すべきである。

　そして、本件Xらが平成7年11月の新体制への移行に伴い部長職を解かれたことは当事者間に争いがないのであるから、その結果、Xらがいずれも従前の管理職としての地位を喪失して一般の従業員と全く同等の法的地位を有するに至ったことが明らかである。

　そうである以上、Xらに対する本件解雇についても、同規程2条(5)が適用されることになり、したがって、解雇のための手続要件であるYの従業員の組合の「了承」という事実の存在が疎明されない限り、本件解雇は、無効であるが、本件全疎明資料を精査してもなお、本件解雇に際して、右

了承があったことの疎明があると言うことはできない。〈中略〉
　すると、その余の事実の疎明の有無につき判断するまでもなく、Ｙの主位的主張である就業規則「退職及び解雇規程」２条(5)に基づく解雇の主張は、失当である。

〈整理解雇の主張について〉
　整理解雇の法的本質は、普通解雇であり、ただ、それが会社の倒産とか特定の非採算部門の整理その他の特殊な事情ないし状況の下になされる解雇であることから、その解雇の正当性の判断あるいは解雇権の濫用の判断等において、その判断要素として、通常の解雇の判断に一般に必要とされる諸事情に付加して、整理解雇に特有の諸事情を綜合考慮しなければならなくなることがあり得るのに過ぎず、まして、法律上、整理解雇が独立した解雇事由となることはないし、また、整理解雇に固有の法律要件が確定的なものとして存在するわけでもない（いわゆる整理解雇における整理解雇の必要性とか解雇避止義務の履行等の諸事情は、そのような意味での付加的な事情の一つであると解するべきであり、整理解雇の主張がある場合において、それらの事情の全てを常に判断対象とすべき論理的な必然性は全くなく、事案によって、判断に必要な要素が異なるのは当然である）。
　したがって、就業規則による解雇制限がある場合には、整理解雇においてもまた、一般的に承認されている解釈に従い、原則として、その就業規則による解雇制限が機能するものと解釈すべきである。
　ところで、本件では、Ｙの就業規則「退職および解雇規程」２条(5)に経営上の理由による解雇の場合が解雇事由として列挙されており、この経営上の理由による解雇の概念にいわゆる整理解雇の場合が完全に包含されることは、同規程の文言解釈のみでも明らかである。そして、〈中略〉Ｙが整理解雇としてＸらを解雇しようとする場合には、同規程に定める手続要件を履践することが不可能であるか又は同規程に定める手続要件の履践を求めることが却ってＸらにとって酷な結果を招来してしまうというような極めて特殊な事情が存在するなどの特段の事情がない限り、同規程に定める手続要件を充足する必要があることは、整理解雇以外の普通解雇としてＸらを解雇しようとする場合と全く異なることがないと解すべきである。
　しかるに、本件解雇については、同規程に定める手続要件としての従業員組合の了承があったことの疎明がないのであるから、結局、Ｙの主位的主張につき判断したところと同じ理由により、この点に関するＹの主張もまた失当たるを免れない。
　右判断のとおりであり、Ｙは、他の解雇事由を何ら主張・疎明しないから、結局、本件解雇は、無効である。

解雇無効

経営不振を理由とする整理解雇が、回避努力、人選の合理性、労働者への説得等が不十分として無効とされた例

株式会社よしとよ事件

（平成8年2月27日　京都地裁判決）（労判713号66頁）

(事案の概要)

　Yは、旅行用品類、土産品等の販売等を業とする株式会社で、Xらは、パートとしてYに雇用されていたところ、平成2年度以降の売上げが減少傾向にあったことを理由として、平成5年8月21日、Yは、Xらに対し、解雇する旨の意思表示をしたものである。

(判決要旨)

＜整理解雇の要件＞

　会社が整理解雇をするに当たっては、左記の要件を満たさなければならないというべきである。

　　　　　　　　記
① 人員を削減する経営上の必要性があること
② 解雇を回避する努力を尽くしたこと
③ 被解雇者選定基準が合理的であること
④ 組合及び労働者の納得を得るために説明、協議を行ったこと

＜解雇回避努力について＞

　希望退職の募集は、労働者の自主的な決定を尊重しうる点に意味があるところ、Yは、希望退職を募ってはいるが、他方で、これに応じなければ、対象者全員を解雇するというものであるから、Xらに退職しない自由はなく、Yの方針は、右希望退職募集の趣旨にそぐわないといえる。

　また、Yの意図した人件費削減を行うためには、3名の従業員を解雇し、引き続き在職する2名の従業員について賃金等の労働条件を切り下げる方法を採っても達成できるのに（労働条件の変更に応じなければ、そのときに更に解雇等の措置を検討する。あるいは、被解雇者の選定の基準の一つとして、労働条件の変更に応じる意思の有無を考慮する）、Yは、5名全員を一斉に解雇しており、解雇回避の手段として相当とはいえない。

　さらに、Yは、本件解雇後に2名のパートを採用する予定であったところ、Xらが解雇を争うことを留保しつつパートに応募したことに対し、Yは、解雇を認め、退職金等を受け取ることが前提であるとして、これを拒否している。この点について、Yは、解雇を争っている者に再雇用はあり得ない旨主張するが、採用予定が2名であるのに

対し、Yは5名の従業員を解雇しているから、Xらのうち、少なくとも2名はパートとして採用されないことになるところ、本件解雇の適法性につき疑問を持っている者に対し、解雇を認めなければ、パートとして採用しない（本件解雇を争うか、パートとして採用されることを期待するか、の選択を迫る）という方針は、Xらの地位を無用に不安定にするものであり、従業員の身分保障の趣旨に反する。

右各点からして、Yは解雇を回避する努力を尽くしたとはいえない。

<解雇者選定の合理性について>

Yが本件解雇をするにあたって、正社員とパートの身分、年齢、労働能力、解雇により受ける打撃の程度などを考慮したことを認めるに足りる証拠はないところ、Yは、Xら及びAについてだけ希望退職及び解雇の対象とし、5名全員を解雇した後パートとして2名を再雇用という方針を採っている。そこで、B及びCに特別な能力があり、D及びCが賃金切り下げに同意していたとしても、前記認定事実によれば、D、C、Aが既に定年を過ぎているのに対し、Xらは定年に達していないのであるから、Yがこれを考慮していないのは、それだけで被解雇者を選定する基準の合理性を疑わせる。

<労働組合又は労働者との協議について>

人事同意約款につき、分会の同意まで要するか否かについては争いがあるが、事前に協議をしなければならない点については争いがない。したがって、同意まで要するか否かはさておき、Yは、組合及び労働者の納得を得るために誠実に説明、協議を行う義務があるというべきである。そして、分会が解決に向けてYと協議をするためには、Yの経営状態を把握することが不可欠であり、そのためには、貸借対照表や損益計算書等の資料を十分検討する必要がある。また、右資料が膨大な量になること、短時間で控えを取ることは困難であることを考慮すれば、右資料の閲覧だけでなく、コピーを取ることを認める必要がある（Yは、コピーを取らせなかったのは、外部へ流出することを恐れたからである旨主張するが、Yは、従前、分会に対し、年度末の決算等の資料のコピーを交付していたところ、これによって、何らかの不都合があった事実を認めるに足りる証拠はないから、Yの主張は採用できない）。それにもかかわらず、Yは、「試算表」と題する資料を交付しただけで（「試算表」の作成者がYの顧問税理士であることを考慮すれば、分会がその信用性に疑いを差し挟むことは、あながち不合理とはいえない）、貸借対照表や損益計算書等の資料については、京都府地方労働委員会での団体交渉の席に持参し、その控えを取ることを認めただけで、分会の要求にもかかわらず、コピーを取ることを認めなかったのであるから、Yは、誠実に説明、協議を行ったとはいえない。

<まとめ>

右諸事情を考慮すれば、仮に前記1①<人員整理に係る経営上の必要性について>の要件を満たすとしても、本件解雇は、解雇権の濫用であって違法なものというべきである。

その他の整理解雇裁判例
解雇無効

> 経営権譲渡後のホテル事業閉鎖に伴う解雇が、手続に相当性がないとして無効とされた例

シンコーエンジニアリング事件
（平成6年3月30日　大阪地裁決定）（労判668号54頁）

（事案の概要）
　Yは、ホテル事業を行い、Xらを雇用していたが、経営不振を理由に、その経営権をA社に譲渡して自らはホテル事業を閉鎖し、Xらを解雇したものである。

（決定要旨）
＜解雇の効力について＞
　解雇は、労働者に対し社会的経済的に極めて大きな影響を与えるものであり、しかも、本件のような余剰人員の整理を目的の一つとする解雇は労働者に特段の責められるべき事由がないのに使用者の都合により一方的になされるものであることから、たとえ、企業合理化のためにいかなる経営施策を講ずるかが経営者の固有の権限に属するとしても、その有効性の判断は慎重になされるべきである。そこで、右のような整理解雇が正当として許されるか、権利濫用として無効となるかは、①長期的な経営不振のため、経営合理化を行わなければ、企業が倒産するに至るなど回復し難い打撃を被ることが必定であり、これを回避するために事業閉鎖をする高度の必要性が存在したか、②使用者が経営努力を払うとともに、従業員の配置転換、一時帰休、希望退職募集等によって解雇回避の努力を尽くしたか、③被解雇者の選定が合理的であったか、④使用者が労働者に対し事態を説明して了解を求め、解雇の時期、規模、方法等について労働者の納得が得られるように努力したか（解雇手続の相当性、合理性）という観点から判断されるべきである。そこで、以下において、右の観点から本件解雇の有効性について検討する。

＜ホテル事業の閉鎖及び解雇の必要性について＞
　＜平成2年度から不動産部門の不振の影響により、経営不振になり始め、平成3年度にはさらに急激に経営状態が悪化して、本件解雇当時、経営状態がかなり切迫していたことを認定した上で＞
　平成3年ごろ、Yは、本来の営業活動は順調であると従業員に説明していること、同年6月4日の団体交渉の席では、7月以降に不調の不動産部門をホテル部門から独立させれば、賃金の支払いが可能であると

述べていること、右認定の数値からしてホテル事業自体を原因とする経営不振とは考えにくいこと及び過大な人件費は経営努力によって削減も可能であること等に照らすと、Yの右主張＜経営状態の切迫の理由として過大な人件費をあげていること＞は採用できない。

＜Yは、ホテル事業を譲渡した理由として、抵当権者Bが①所有と経営の一致による営業継続②人員削減③負債及び従業員を引き継がないことを求めた旨を主張したが、①Yは他のホテルの経営権のみを譲渡していること②人員削減はY自身の経営努力で可能であり譲渡の理由とならないこと③債務の承継については具体的内容が不明であり、Xら以外で雇用を希望した者は引き続き雇用されていることを認定した上で＞

いずれも合理的な説明とはなってない。

＜Yの解雇回避の努力について＞

Yは、経費削減、仕入先への支払条件の変更等により、解雇回避努力をしたと主張する。

しかし、平成2年春ころには、経営コンサルタントによる報告書を受領したというが、いかなる内容のものであったか明らかでないし、それをどのように実行しようとしたのか、その結果がどうであったのか等について具体的には全く明らかにされていない。

また、とりわけ人件費の削減が必要であった点について、Yは、人員を他の部門に回す余裕がなかったと主張するが、具体的条件を提示した希望退職の募集、一時帰休等について具体的に検討した形跡は見られない。

＜被解雇者の選定の合理性について＞

Yは、有限会社Aへの就職あっせんについては、パートタイマーあるいはアルバイトとしてしかできないとした上で、Xらを除く希望者については全員あっせんしたが、Xらは団体交渉において正社員としてのあっせんを強く希望したため、あっせんしなかったことが認められる。しかし、疎明資料によれば、平成3年8月分の賃金については、社会保険料の控除はなされていないものの、社員とパートタイマー、アルバイトの区別がなされていること、10月分の賃金からは、一部の社員について社会保険料が控除され始め、11月からは、正社員全員について控除が開始されたこと、＜従業員＞BとCについては、8月1日から雇用保険に加入しているため、10月に3か月分の保険料を請求されたことが一応認められる。これらの事実からすると、8月1日の時点で、正社員としての雇用が行われたというべきである。これに対し、＜Y代表者＞Dは、ホテルがなかなか売却されないため、ホテルとして継続営業していく必要から10月から正社員としたと説明する。しかし、経済情勢がなかなか好転しない状況にあって、営業譲渡後2、3か月でホテルの売却ができることを前提として雇用したというのはおよそ考えられず、採用できない。他方、＜当時のY代表者＞E、＜Y経営の各ホテルの総支配人＞Fらが、本件労働組合を嫌悪する言動をとっていたことからすると、Xらをその希望どおりに正社員としてあっせんすることができたにもかかわらず、

あっせんせず、解雇したことが一応認められ、被解雇者の選定に合理性があったものと一応にしろ認めることはできない。

<解雇手続の相当性・合理性について>

多数従業員の生活の基盤を預かる使用者にとっては、事業閉鎖を決定する以上、従業員に対しその旨を明確に表明しその理由及び必要性についても十分に説明することが求められているというべきところ、本件労働組合の要求にもかかわらず、経理関係の資料等の公開、事業閉鎖の理由や必要性についての客観的資料を伴った具体的説明がなされた様子はうかがえない。したがって、解雇手続の相当性・合理性を一応にしろ認めることはできない。

<結論>

以上からすれば、本件解雇当時、Yのホテル事業がかなり切迫したものであったことは一応認められるものの、事業閉鎖を行なわなければならないほどに会社の経営が危機的状況にあったとまでは一応にせよ認めることができない。よって、本件解雇は正当なものであったとはいえず、解雇権を濫用するものとして無効であるというべきである。

> 雇用調整の意味をもつ出向命令の拒否を理由とする解雇は整理解雇であり、必要性がない等として無効とされた例

大阪造船所事件

（平成元年6月27日　大阪地裁決定）（労判545号15頁）

（事案の概要）

Yは、船舶の建造・修理、橋梁、鉄骨等の製造販売等を行う株式会社であり、Xは、昭和37年にYに入社して以後、設計担当や陸機工事関係の施工管理業務に従事してきた。

Yは、折からの造船不況の対策として、昭和61年以降、経費削減のため資産の売却や関連会社への従業員の出向を進めてきたところ、昭和62年にも労働組合と合意の上で、Yの造船事業を縮小し、関連会社であるA造船に集約することとし、このため、従業員についてもA造船に出向させることとした。

Xは、昭和62年3月11日に同出向の内示を受け、3月31日に辞令の交付を受けたが、これを拒否したため、Yは、4月10日賞罰委員会を開き、Xの出向命令を拒否した行為は、Yの就業規則53条1項4号の「その他やむを得ない事由のあるとき」に該当し解雇する旨を決定し、4月17日にXに対して解雇の意思表示をしたものである。

（決定要旨）

本件解雇はXにおいて本件出向命令を拒否したことが就業規則53条1項4号の「その他やむを得ない事由のあるとき」に該当するとしてなされたものである。本件出向は、余剰人員の整理、即ち雇用調整のための出向であって、Yが主張するとおり、整理解雇を回避するためのものと一応認められるが、かかる出向命令を拒否した場合の解雇の効力を判断する場合には、通常の出向命令を拒否した場合とは異なった事情を考慮する必要がある。使用者の業務上の必要性がもっぱら人員整理の必要から労働者を排除することにあり、客観的にみて労働者においてこれに応じることが殆ど考えられず、これに応じなければ任意退職せざるを得ないという内容の出向命令（内示）は、形式的には出向命令（内示）ではあるが、実質的にみれば整理解雇をするにあたり、解雇を回避するための措置としてなされた退職勧奨と出向命令（内示）の2つの側面をもったものであり、とりわけ、退職勧奨の性格が強いものとみるのが相当である。そうであるとすれば、このような性格をもっ

た出向命令を拒否したことは、要するに整理解雇をするにあたってなされた退職勧奨に応じなかったものと捉えることが事案の本質に合致しており、かかる出向命令の拒否を理由とする解雇の効力を判断する場合には、通常の出向命令を拒否したことを理由とする解雇の効力を判断する場合になされる出向命令拒否を業務命令違反とみて、出向命令の業務上の必要性と出向者の労働条件上および生活上の不利益とを比較衡量して当該出向命令が権利濫用になるかどうかの検討をするという方法よりも、整理解雇の法理に照らして、解雇の有効性を検討することが事案の本質に沿った適切な判断方法であると解するのが相当である。

　なお、右のように出向に応じることが殆ど考えられず、しかも出向を拒否した場合には退職せざるを得ないような二者択一の出向命令（内示）については、出向命令（内示）を退職勧奨と捉えるのではなく、端的に出向命令（内示）自体を整理解雇と捉えるべきであるとする考え方もあり得よう。しかし、事実上退職せざるを得ないとはいうものの、法的にはあくまでも任意退職であり、任意に退職した者についてもこれを整理解雇されたものということはできない。したがって、出向命令（内示）自体を整理解雇ということはできず、あくまで退職勧奨にとどまるというべきである。

　ところで、整理解雇が労働者にとって企業から放逐されるにつき何ら責められるべき事情がないにもかかわらず、使用者側の経営の苦境克服という一方的事情により生活の糧を得る唯一の手段ともいうべき従業員としての地位を失わせるものであること

に鑑みれば、整理解雇が有効とされるためには、第1に企業が厳しい経営危機に陥っていて人員整理の必要性があること、第2に解雇を回避するために相当な措置を講ずる努力をしたこと、第3に右解雇回避措置を講じたにもかかわらず、なお、人員整理の必要上解雇をする必要性があること、第4に被解雇者の選定基準が客観的かつ合理的なものであって、その具体的な適用も公平であること、第5に解雇に至る過程において労働者または労働組合と十分な協議を尽くしたことの各要件を充足することを要し、右要件を欠く場合には、かかる整理解雇は解雇権の濫用として無効と解すべきである。《中略》

　第1に、人員整理の必要性についてみるに、A造船出向の内示を受けた95名及び関連会社・新会社出向等の54名の合計149名について、人員削減をせざるを得ないものと認められる。

　第2に、《中略》解雇を回避するために相当な措置を講ずる努力をしたかどうかは、当初予定された余剰人員の解雇を回避するために相当な措置をしたかどうかだけではなく、当該解雇を回避するためにいかなる措置がなされたかをも考慮すべきであるところ、Xに対する解雇を回避するためには、1名の人員を削減すれば足りることになるが、Yは今回の人員整理については、一切希望退職を募集していないことなどを考えると、Xに対する解雇を回避するために相当な措置を講ずる努力をしたものとはいいがたい。

　第3に、人員整理の必要上解雇の必要性があったかどうかについてみるに、解雇回避の措置により、当初人員整理が予定され

た149名の内148名の削減が達成されたこと、当初の削減予定人員がおおよそのものであり、1、2名の増減をも許さないものであるとは考えられないことなどからして、もはや、この段階で人員整理の必要上解雇の必要性があったものとはいいがたい。

第4に、被解雇者の選定基準およびその具体的な適用についてみるに、本件については、解雇の必要性はないものというべきであるが、仮にこれを認めるとしても、Yにおいて被解雇者の選定基準を設定したことは認められないから、この要件を充足しないことは明らかである。〈中略〉

第5に、解雇に至る過程において労働者または労働組合と十分な協議を尽くしたかについてみるに、YはXを解雇するに当たり、組合との間で「人員対策に応じなかった者の取扱いについて」の確認書を取り交わしており、一応の協議をしたとはいうことはいえようが、本件については、被解雇者の選定基準は設定されていないのであるから、整理解雇についての協議がされた訳ではなく、人員対策に応じなかったことを理由とする解雇についての協議がされたことにすぎないから、本件解雇につき十分な協議を尽くしたとはいいがたい。

以上検討してきたところによれば、本件解雇は整理解雇であるというべきところ、解雇を回避する相当な措置がとられたとはいいがたく、そもそも解雇の必要性が認められず、被解雇者の選定基準も設定されておらず、解雇に至る過程においても十分な協議がされたとはいいがたいのであるから、本件解雇は無効であるといわなければならない。

その他の整理解雇裁判例

解雇無効

園児の減少に伴い、保母を対象になされた解雇が、希望退職の募集などの手続を経ずに行われたとして無効とされた例

あさひ保育園事件

（昭和58年10月27日　最高裁第一小法廷判決）（労判427号63頁）

（事案の概要）

　Yは、保育園を経営している者であり、Xは、保母として、Yと雇用契約を締結していた。

　昭和50年4月におけるYの園児数は、185名であったが、そのうち、16名が同年6月30日付で新たに設立されたA保育園に転園し、さらにその後昭和51年には、60名の卒園児に対して、入園児は35名であったところ、同年4月30日に新たに設立されたB保育園に18名が転園したため、園児数は、126名となった。

　このような状況の下で、Yは、それまでの定員150名を120名に削減することを決定し、北九州市に届け出て、3月11日に承認された。

　Yでは市から支給される措置費がその主たる運営資金であったところ、定員削減により、これが減額されることになったこと、園児の減少により従前8名いた保母は6名でも足りることになったこと、従前から保育園の運営費に余裕がなく、収入減少に対応するには人件費削減によるしかなかったことを理由として、同年3月5日、理事会において2名の保母を解雇することを議決し、同月25日、Xほか1名を解雇したものである。

（判決要旨）

　原審の適法に確定した事実関係のもとにおいては、Yにおいて、園児の減少に対応し保母2名を人員整理することを決定すると同時に、Xほか1名の保母を指名解雇して右人員整理を実施することを決定し、事前に、Xを含むYの職員に対し、人員整理がやむをえない事情などを説明して協力を求める努力を一切せず、かつ、希望退職者募集の措置を採ることもなく、解雇日の6日前になって突如通告した本件解雇は、労使間の信義則に反し、解雇権の濫用として無効である、とした原審の判断は、是認することができないものではなく、原判決に所論の違法はない。

> 会社更生法の適用下において行われた運航乗務員（機長または副操縦士）の解雇について、解雇権濫用法理が適用され、整理解雇が有効とされた事例

日本航空（パイロット等）事件

（平成24年3月29日　東京地裁判決）（労判1055号58頁）

（事案の概要）

　Xらは、国際旅客事業、国内旅客事業等の航空運送事業及びこれに関連する事業を営む企業グループの事業中核会社として定期航空運送事業等を営むYの従業員（航空機の運航乗務員）であった。

　Y及び子会社2社は、経営不振の結果、平成22年1月19日、更生裁判所に対して、会社更生手続開始の申立てをし、同日、会社更生手続開始決定がなされ、管財人（A及び株式会社企業再生支援機構）が選任された。

　管財人は、平成22年8月31日、更生裁判所に対し、更生計画案を提出した。この更生計画案では、「グループの人員削減をより推進し、平成21年度末の48714人から平成22年度末には約32600人とする予定である。」とされていた。

　そして、Yは、平成22年10月以降、運航乗務員の削減目標人数を371人と設定し、数回希望退職を実施したが、目標人数には達しなかった。

　そこで、平成22年12月9日、管財人Aは、Xらを含む81名に対し、解雇理由を「企業整備等のため、やむを得ず人員を整理するとき」として、同月31日付で解雇する旨の意思表示をした。これに対し、Xらは解雇権の濫用であるとして、Yの従業員としての地位確認請求を行った。

（判決要旨）

　本件解雇は、使用者の経営上ないし経済上の理由によって行われた解雇なのであるから解雇権濫用法理の適用に当たっては、権利濫用との評価を根拠付ける又は障害する考慮要素として、人員削減の必要性の有無及び程度、解雇回避努力の有無及び程度、解雇対象者の選定の合理性の有無及び程度、解雇手続の相当性等の当該整理解雇が信義則上許されない事情の有無及び程度というかたちで類型化された4つの要素を総合考慮して、解雇権濫用の有無を判断するのが相当である。このことは、当該更生手続がいわゆる事前調整型の企業再建スキームとして利用されたものであるか否かにより結論を異にする根拠はないのであり、本件更

生手続が株式会社企業再生支援機構の支援と会社更生手続を併用して事業廃止を回避した事前調整型企業再建スキームであることは、上記結論を左右するものではない。

　人員削減の必要性について、Yでは、巨額の債務超過による破綻的清算を回避し、更生手続により事業再生するための事業遂行の方策の一つとして、当初から事業規模を大幅に見直し、それに応じて人員・組織体制を効率化し、人員を削減することが掲げられ、可決・認可された更生計画でも、事業規模に応じた人員体制とすることが内容とされていた。そして、平成22年8月20日までに策定した確定下期計画の内容は、不採算路線を運休・撤退するとともに、ビジネス需要に対応した路便網を維持・拡充することにより収益性の高い路線構成への転換を企図するものであり、更生計画案の考え方に沿うものであることはもちろん、経営判断としての合理性を欠くと評価する事情は存しないものである。また、更生計画を上回る収益が発生したとしても、例えば更生計画において予想された額を超える収益金の使途については、原則として、更生計画の遂行に必要な費用、会社の運営に必要な運転資金もしくは裁判所の許可に基づく共益債権等の支払いまたは借入金の返済に充てると定められていたこと等からすると、このような収益の発生を理由として、更生計画の内容となる人員削減の一部を行わないことはできないというべきであり、Yが更生計画を上回る営業利益を計上していることは、更生計画に基づく人員削減の必要性を減殺する理由とはならない。

　解雇回避努力については、解雇に先立ち、平成20年10月に賃金の5％減額等を行い、また、平成22年3月以降、合計6度にわたり、一時金を支払うという条件で希望退職を募集したことからすれば、Yは本件解雇に先立ち、一定の解雇回避努力を行ったことが認められる。

　人選の合理性については、本件人選基準のうち、Xらに適用されたのは「病気欠勤・休職等による基準」「目標人数に達しない場合の年齢基準」である。これらはいずれも、その該当性を客観的な数値により判断することができ、その判断に解雇者の恣意が入る余地がない基準であり、このような基準であるということ自体に、一定の合理性が担保されているということができる。

　また、本件解雇を行うにあたってYが採った手続の過程から、特に整理解雇が信義則上許されないと評価するだけの事情は窺われない。

　以上によれば、Yは、本件解雇を行った平成22年12月当時、破綻的清算を回避し、利害関係人の損失の分担の上で成立した更生計画の履行として、事業規模に応じた人員規模にするために、人員を削減する必要があったこと、Yは、特別早期退職及び希望退職の募集等一定の解雇回避努力を行ったこと、解雇対象者の選定は明示の人選基準により合理的に行われたことが認められ、他方、Yは、本件解雇を行うにあたり、解雇対象者の理解を得るように努めていて、整理解雇が信義則上許されないと評価するだけの事情が認められないから、本件解雇は、管財人が有する権限を濫用したものとは認められない。

その他の整理解雇裁判例

解雇有効

> 厳しい経営状況にあったYが、収益性に疑問のあった部署の従業員であったXを整理解雇したことは、社会通念上相当なものとして、解雇権濫用に当たらないと判断した例

CSFB セキュリティーズ・ジャパン・リミテッド事件
（平成18年12月26日　東京高裁判決）（労判931号30頁）

（事案の概要）

有価証券の売買等を目的とする外資系のYは、厳しい経営状況であったため、大規模な退職勧奨を実施することとし、収益性に疑問のあったXの所属するインターバンクデスクを人員削減対象部門とし、インターバンクデスクの営業担当者として十分な貢献をしていないXを退職勧奨の対象者の一人として選定した。なお、Xは、当該部署において、ヴァイスプレジデントという職位にあり、年収が部下と比較してはるかに高額であったものの、売上等の貢献度は部下を上回ったことがないという事実があった。また、Xは人間関係上のトラブルからインターバンクデスクに配転された経緯があり、さらにインターバンクデスク内においても、人間関係上のトラブルが生じていた。

退職勧奨の対象者であった43名のうち、Xを除く42名は退職に合意したが、Xは合意せず組合に加入したため、Yは、X及び組合に対し、3回にわたり団体交渉をし、退職勧奨の必要性、Xを対象者として選定したことの理由、退職パッケージ等について説明等をしたものの合意に至らなかった。そのため、Yは、Xに対し、就業規則42条4項「事業の継続が困難になったとき」等を理由として、解雇した。

これに対し、Xは、Yの従業員としての地位を求める訴訟を提起した。

なお、第一審判決（東京地裁平成17年5月26日）では、Xの解雇は、就業規則42条4項「事業の継続が困難になったとき」に該当し、社会通念上相当なものとして是認できるとして、Xの請求を棄却している。

（判決要旨）

Xが整理解雇の4要件として主張する①人員削減の必要性、②人選の合理性、③解雇回避努力、④手続の相当性は、整理解雇の効力（権利濫用の有無）を総合的に判断する上での重要な要素を類型化したものとして意味合いを持つにすぎないものであって、整理解雇を有効と認めるについての厳格な意味での「要件」ではないと解すべきである。

その他の整理解雇裁判例
解雇有効

　そして、①の「人員削減の必要性」については、本件解雇当時においてYは経営上の理由に起因して従業員を解雇することが企業の合理的運営上やむを得ない状態にあったものと認められ、その必要性があったものということができる。

　また、②の「人選の合理性」については、原審で判断したとおり、インターバンクデスクの収益性に疑問があり、また、当該部署において、部下よりもはるかに給与水準が高いXが、その部下よりも売上等の貢献をしていた事実がないことからすると、Yにおいて人員削減の対象部署としてインターバンクデスクを選定し、インターバンクデスクにおける人員削減の対象者として、支給給与額と売上実績（貢献度）とを考慮してXを選定したことが不合理とまではいうことができないものと認められる（なお、本件退職勧奨の対象者とされた43名のうちXを除く42名は退職に応じている）。

　③の「解雇回避努力」については、本件解雇当時のYの厳しい経営状態に加えて、Xの上記のような貢献度やXが同僚や上司との間で深刻な人間関係上の問題を生じさせていたこと等を考慮すると、Xを他部署に配転させることを試みなかったとしても、Yが解雇回避努力を怠ったとまではいえない。

　④の「手続の相当性」については、Yは、Xに対して退職勧奨をなした後本件解雇通告をする間の約4ヶ月の間に、3回にわたってX及びXが加入した組合との間で団体交渉に応じて、退職勧奨の必要性、Xを対象者として選定したことの理由、退職パッケージ等について説明等をし、それにもかかわらず本件退職勧奨の撤回を求めるX及び組合との間で合意に至らず、Yはその後においても団体交渉や都労委のあっせん手続等に応じるなどし、それでもなお合意に至らなかったという経過に徴すると、Yにおいては本件退職勧奨及び本件解雇についてXの納得が得られるよう相当の努力をしたものということができる。

　以上を前提として、整理解雇の効力を判断する上での重要な要素である①人員削減の必要性、②人選の合理性、③解雇回避努力、④手続の相当性の4つの要素についての上記の検討結果を総合的に判断すると、本件解雇は、Y就業規則42条4項の「事業の継続が困難になったとき」に該当し社会通念上相当なものとして是認することができ、客観的に合理的な理由を欠き社会通念上相当であるとは認められない場合に該当しない。

　したがってYが解雇権を濫用したものとは認められず、本件解雇は整理解雇として有効であるというべきである。

その他の整理解雇裁判例

解雇有効

> 業績不振による子会社移籍を拒否し全員採用に固執した結果、営業譲渡の協議が整わずに行った解雇が有効とされた例

静岡フジカラー他2社事件

（平成16年5月20日　静岡地裁判決）（労判877号24頁）

（事案の概要）

Y1（Y3の100％子会社）は、ミニラボの増加及びデジタルカメラの台頭により、売上高回復の見込はないとの判断から、企業存続を断念し、Y2（Y3の子会社）に営業全部を譲渡し解散する旨を決議した。

Y1は、Xらの所属組合に対し、会社を解散し、営業全部をY2に譲渡すること及び社員の半数につきY2で採用するよう要望していく旨を通知した。Y1の臨時株主総会においてY2への営業の全部譲渡及び会社解散決議がなされた後、Y1は組合と団交を重ねたが合意に至らず、Y1はXらに対し、解雇予告を行った。これに対し、組合は、解雇撤回、解散延期を要求し、労使協議がまとまらない限りY2の採用面接を受けないこと、組合の要求は希望者全員の採用、退職金2年分加算であるとの要求を繰り返していた。Y1は、組合が、その要求を変えない限り、当初予定通り会社解散・営業譲渡によりXらを解雇する旨回答した。そこで、Xらが、本件会社解散・営業譲渡は、組合を排除するための偽装であり解雇は無効であるとして、Y1、Y2に対し、労働契約上の権利を有することの確認等を提起した。

請求棄却。

（判決要旨）

＜会社解散・営業譲渡＞

Y1の業績は、悪化の一途をたどっており、Y1が今後の営業継続の可能性や退職金支給可能性を考え会社解散とY2への営業譲渡を決意したのは、経済合理性に基づいた経営判断であった。組合員全員がY2に採用されなかったことも組合側の面接拒否という行動がその原因であり、本件営業譲渡・本件解雇が組合を排除する目的でなされたとはいえない。したがって、会社解散が、偽装解散であるとして、会社解散の無効・解雇無効をいうXらの主張は採用できない。

＜整理解雇＞

ア　Y1の粗利に占める人件費の割合は高く、近年は構造的な原因により経常的に利益を出せない状態に陥っていて、人員削減の高度の必要性があった。

その他の整理解雇裁判例
解雇有効

イ　Ｙ１は希望退職によって社員を半減した場合には退職者に対する退職金の支払いが不可能であり、残った人員で事業継続は困難であること等から希望退職者募集による再建は不可能と考えたことは不合理とはいえず、解雇回避努力違反があったとはいえない。

ウ　Ｙ１が全員を解雇したことは不合理とはいえず、会社解散の必要性が認められた以上止むを得ないことであり、人選に合理性のないことの根拠とすることはできない。

エ　Ｙ１は、労働条件や退職金につき、組合からの要求資料を手交し、退職金上積みを回答し、解雇撤回の非現実的な要求を改めないと全員が失職するなど警告し６回も団交を行っていることなどから、解雇手続が妥当性を欠くとはいえない。

以上、仮に本件解雇に整理解雇要件が必要であったとしても、要件を充たしている。

＜Ｙ１とＹ２の同一性＞

Ｙ１とＹ２の資本関係は事案の概要の通りであり、役員の大部分が共通ということはなく、経理の混同や保証関係もなく、他に両社が同一と認める事情はない。以上によれば、Ｙ２に労働契約が承継されることはない。

> 半日パートという職種の廃止に伴う解雇については、整理解雇の法理が適用されるとして有効とされた例

厚木プラスチック関東工場事件
（平成14年3月1日　前橋地裁判決）（労判838号59頁）

（事案の概要）

　Yは、合成樹脂製品の製造、加工及び販売を業とする株式会社であり、Xは、平成3年9月頃、労働時間は午前中の3時間45分のみ、時給は650円のパートタイマー（半日パート）としてYに雇用され、関東工場で工場作業員として働いていた。

　Yは、平成9年10月17日、Xを含む半日パートに対し、生産ラインの製品検査の機械化による剰員を理由に同年12月15日をもって退職してもらいたい旨通告した。

　同年11月19日、XはYに引き続き就労したい旨申し入れたところ、同月20日及び12月8日にYは、退職慰労金の支払を提示して退職を勧奨したが、Xはこれを拒否したため、同日、解雇通知書を交付して同月15日限りで解雇する旨通知したものである。

（判決要旨）

　Yの会社都合によりXを解雇した本件解雇については整理解雇の法理の適用ないし準用があるものの、既に認定した正社員や準社員等との取扱いの差異等から、半日パートの職種自体の廃止の必要性など整理解雇の個々の要件を検討するに当たっては、正社員や準社員等を整理解雇する場合とは自ずから差異が認められるべきものといえる。

＜人員削減の必要性＞

　Yにおいては、半日パートにつき、平成4年秋頃以降、その職種としての廃止が検討されてきたものであるが、半日パート従業員の配置の困難性、2人1組で行う作業について準社員が半日パート従業員と組を作ることを嫌がる傾向にあること及び機械化の状況などに照らすと、Yが半日パート従業員を職種として廃止する方針を取ったことには合理性が認められ、いいかえれば、半日パート従業員について人員削減の必要性があったということができる。

＜解雇回避努力＞

　前記のとおり、本件解雇を整理解雇に準じた性質のものであるとする以上は、Xについては解雇以外の方法を取る余地がなかったか検討を要するところである。

　この点、まず、Xは、関東工場に限定してYに雇用され、前橋市に居住していたことから、関東工場以外の部署である東京本

その他の整理解雇裁判例
解雇有効

社、旧東京工場、九州事業部のいずれかに配置転換することは、Xの都合や交通費、住居費といったコストの面に照らし、事実上不可能というべきである。また、関東工場の他種類の従業員、すなわちアルバイトないし準社員への転換についても、アルバイトについては、重量のある物を運搬する業務が含まれているか、専ら夜勤であるため、女性であるXをアルバイトに配置転換することは不可能であり、準社員については、機械化の影響で準社員自体にも剰員があることや、Xの仕事振りからすると、やはり準社員への配置転換はできないものといわざるを得ない。＜中略＞

以上によれば、Xが任意の退職に応じなかった以上、YがXを解雇したことは真にやむを得なかったというべきである。

＜人選の合理性＞

Yは、本件解雇に当たり、半日パートという職種自体を廃止するため、Xを含む半日パート従業員3名全員に退職勧奨を行い、Xを除く2名の従業員は既に退職に同意して、平成9年12月15日任意退職しており、前記のとおり、半日パート（職種）の廃止はやむを得ないものである以上、解雇の人選に誤りを生じる余地はない。

＜解雇手続の相当性＞

Yは、Xより、平成9年11月19日、退職勧奨に応じない旨の返答を受けて同年12月8日までの間、Xに対し、規定外の退職慰労金として1か月分給与8万1970円と退職一時金3万円の合計11万1970円を支払う旨条件を提示し、Xがこれに応じなかったことから、上記退職慰労金の支払いに加えてXのための再就職先を紹介する旨の提案をするなど、できる限り誠意をもってXに対したものといえる。＜中略＞

Yは、Xに対し、平成9年12月8日、同月15日をもって解雇する旨の解雇通知をしたが、解雇予告手当金の支払がなされていないので、同月15日限りの解雇としてはその効力を有しない。しかし、使用者が即時解雇に固執する趣旨でないときは解雇通知から30日の経過又は30日分の給与相当額が支払われたときに解雇としての効力が発生すると解されるところ、弁論の全趣旨によれば、本件においてYは平成9年12月15日限りでの解雇に固執する趣旨ではないと認められ、したがって、本件解雇自体が解雇予告手当不払のために当然に無効になるということはできず、同月8日の解雇通知から30日が経過した平成10年1月7日の経過により本件解雇はその効力が発生するものと解される。

＜結論＞

以上のとおりであって、本件解雇の無効をいうXの請求部分は理由がない。

JRからの業務請負の受注打ち切りによるJR工場内出張所の閉鎖に伴う解雇が有効とされた例

大誠電機工業事件

（平成13年3月23日　大阪地裁判決）（労判806号30頁）

（事案の概要）

車両及び各種電気機器具の製造・販売等を業とするYは、主要な取引会社であるJR西日本との請負契約に基づき、JRの工場内に国鉄時代から設けられていた出張所での電車車両の誘導業務を行ってきたが、平成11年9月末日、YとJR西日本との請負契約が期間満了によって更新されることなく終了した。

このため、Yは、出張所の維持及び人員の再配置は無理であるとして、事態の経過や月3万円の給与の上積み等を行う等の説明をした上で、Xを含む出張所での電車車両の誘導業務に従事してきたYの従業員6名全員に対して9月末をもって解雇する旨通知したものである。

（判決要旨）

本件解雇は、JR西日本からの本件請負契約の更新拒絶により余剰人員となったXらを人員整理のために解雇するというものであり、いわゆる整理解雇に該当するものであるところ、解雇権の行使といえども、それが客観的に合理的な理由を欠き社会通念上相当として是認できない場合には権利の濫用として無効とされるべきである。整理解雇は、使用者側の経営上の理由のみに基づいて行われるものであり、その結果、何らの帰責事由もない労働者の生活に直接かつ重大な影響を及ぼすのであるから、恣意的な整理解雇は是認できるものではなく、その場合の解雇権の行使が一定の制約を受けることはやむを得ない。

かかる観点から整理解雇が有効とされるための要件を検討すると、第1に、人員整理の必要もなくなされた解雇が不当であることはいうまでもないし、第2に、人員整理の必要が認められる場合でも、解雇によって労働者が被る影響を考えると使用者には解雇に先立ちこれを回避するための方策を講じるべき努力義務があるというべきであり、第3に、その人選が合理的なものでなければならず、第4に、労使間の信義という点からして、使用者には、当該解雇が恣意的なものでないことを労働者ないし労働組合に納得させるべく説明や協議を行うべきことも要請されるというべきである。そして、整理解雇が、客観的に合理的な理由

を有するものであるか否かは、これらの要件に即し、かつ、最終的にはこれらの要件該当性の有無、程度を総合して判断されるべきである。

<人員整理の必要性>

平成7年以降Y全体の売上高は年々下落してきていたし、平成9年の時点で博多営業所の閉鎖が免れないものとなり、さらに平成11年7月以後は電車車両の検査周期の延長から更なる受注減少が見込まれるなどして、Yは本件解雇以前から退職勧奨による余剰人員の整理を進めるなどしていたのであって、このようななかで本件請負契約の終了により本件業務がなくなることになったのであるから、Xらが余剰人員となるのは明らかである。

現に、平成11年の売上高の推移をみても、7月以降はJR西日本の関連会社であるA社（Yに対する電車車両部品検査修理等の直接の発注者である）に対する売上が極端に減少し、全体の売上を大幅に押し下げている。Yは、Xらが解雇された前後ころの人件費、買掛金、Y負担の社会保険料等しか明らかにしてはいないが、これだけでみても、そのころの月々の売上からこれらの諸経費を控除した余剰は僅かであり、吹田出張所関係の収益がなくなる同年10月以降もXらを雇用し続けたとした場合、赤字経営となることは明らかである。

以上によれば、Yに人員整理の必要があったことを認めることができる。

<解雇回避の努力>

すでに本件解雇前から本社では人員が余剰化しており、Yは、従業員の新規採用を停止し、退職勧奨で任意退職を促したりして本件解雇告知前のみならず告知後も本社での人員整理を推し進めていたし、役員の報酬減額をしたり、さらには役員自身も退任するなどしたのであって、それでも、結局、本件解雇の平成11年9月ころの状況では、右のとおり、Xらの雇用継続を確保することは困難な状態であった。そのころ、本社従業員には残業もなく、残業調整をする余地もなかった。

また、Yは、規程どおりの退職金の支給をしたほか、代償措置としては微々たるものとはいえ、特別手当の支給も行うなどしている。

以上によれば、Yとしては、本件解雇を回避するためになすべきことはほとんど行ってきているというべきであり、その努力を尽くしたものということができる。

<人選の合理性>

本件解雇は、本件業務がYからなくなったことに伴って、それに従事していたXらを全員一律に解雇するというものであったから、その人選がYの恣意に基づいてなされたものということはできない。

本社勤務の従業員との関係でみても、Yは、かねてから退職勧奨等を行うなどしていたのであるから、さらに本社で退職者募集を行う余地はなかったと考えられるし、本件解雇後にYが本社に残した従業員は、いずれも有資格者や熟練工であるからYの業務遂行には不可欠な人材であり、主として誘導業務に関わってきていたXらとの比較では代替性に乏しいものであったと認め

られる。

以上によれば、人選の合理性も認められる。

＜手続の妥当性＞

Yは、JR西日本から本件請負契約の更新がないことが確定したことの通知を受けるや、その直後に、Xらに対し、事情を説明したうえで本件解雇を通告している。

その後、分会が平成11年7月以降になってJR西日本に対し団体交渉を求めるなどしたことはあるが、Xら及び分会が、説明が不十分であるなどとして、本件解雇に関する事情説明等をYに対して求めたりしたことを認めるに足る証拠はない。

以上によれば、本件解雇が手続的にも不当であったとは認められない。

＜本件解雇の有効性＞

以上を総合すると、本件解雇は、整理解雇としての有効要件を満たすものというべきであり、客観的にみて合理的な理由があると認められる。

解雇有効

> 経営改善のための配転命令に従わなかったためなした解雇が、就業規則上の「事業の運営上やむを得ないとき」にあたり有効とされた例

八興運輸事件

（平成12年9月8日　大阪地裁判決）（労経速1757号12頁）

（事案の概要）

　Yは、一般貨物自動車運送事業等を目的とする株式会社であり、Xは、トレーラー運転手として大阪営業所に勤務していた。大阪営業所における貨物取引量は近年減少傾向にあり、平成8年度の収支は、1400万円あまりの欠損となっていた。

　そこで、大阪営業所においては、人員削減策を取ることとなったが、当時大阪営業所には、所長以下4名の事務職員と7名の運転手が所属しており、これら事務職員のうち2名を退職や転勤で削減した。しかし、希望退職については応募者がいなかったことから、運転手1名を、宮崎の営業所に配置転換することとした。

　7名の運転手に対し、Yは、各人の意向や配転に応じられない家庭の事情等について聴取し、その結果、家族に最も影響が少ないという理由で、Xを配転候補者とした。

　Yは、Xに対して本件第1次配転命令を発したが、「宮崎に行っている間に大阪営業所がなくなると困る」等の事情を告げ、配転に応じなかった。

　これに対し、Yは、同年本件2次配転命令を命じ、配転期間を2年に短縮し、Xの母親を伴う家族赴任を認める旨の条件を提示したものの、Xは依然受け入れなかった。

　大阪営業所においては、老朽化したトラック1台を減車したことから、6台のトラックを7名の運転手が交替で使用する状態となっていた。

　このような状況もあり、Yは、Xの懲戒解雇なども検討した結果、就業規則第38条3号の「事業の運営上やむを得ないとき」に該当するとして、本件解雇の意思表示をしたものである。

（判決要旨）

＜人員削減の必要性＞

　Yの大阪営業所においては、業務量の減少により、収支が悪化しており、年間1000万円を超える欠損が生じる状態にあり、人員整理の必要があったものと認めることができる。そして、配転の人選について、家族に影響が少ない者という観点からXを選定したことについても、これを不合理とす

る理由はない。そして、本件解雇が行われた平成11年2月の段階においても、赤字幅は減少しているものの、収支状況が好転した訳ではなく、依然として年間1000万円を超える収支状態にあり、しかも、トラックは6台であるのに、運転手は7名という人員過剰の状態となっていた。そして、解雇を行うについても、配転においてXが選定された事情に変化はないから、解雇の対象としてXが選定されたことに不合理はない。

＜解雇回避努力義務＞
　解雇回避努力としても、希望退職者の募集が行われ、配転も検討されており、Yとしては、解雇回避努力を尽くしたものということができる。本件各配転命令は、就業規則に根拠を持ち、配転期間を2年ないし3年に限定したものであり、労働者の不利益を勘案しても、濫用といえるものではない。

＜人選の合理性＞
　Xは、人選が合理的でないともいうが、選定基準は、家族関係という労働者側の不利益を考慮したもので、独身で、世話を要する家族がいない唯一のXを選定したことに不合理な点はない。

＜解雇に至る手続＞
　解雇に至る手続については、組合を通じて交渉することを避けたという点は認められるが、組合からの団体交渉申入れには応じているし、Xが組合に加入したのは、本件第1次配転命令の内示がされた後であり、配転の必要性などは、X本人に説明されており、Yにおいて、配転条件の譲歩も行っている。＜中略＞

　以上を総合すれば、Xには、就業規則第38条3号の「事業の運営上やむを得ないとき」に該当する事由があり、本件解雇を解雇権の濫用とする事由はない。

その他の整理解雇裁判例

解雇有効

> 経営不振からなされた支店の閉鎖に伴う同支店の従業員に係る解雇が、有効とされた例

シンガポール・デベロップメント銀行（本訴）事件

（平成 12 年 6 月 23 日　大阪地裁判決）（労判 786 号 16 頁）

(事案の概要)

　Yは、シンガポールに本店を置き、昭和59年より日本における営業所として東京と大阪に支店を置き、普通銀行業務を主たる業務とするものであり、Xらは、いずれもYの大阪支店において送金、輸出入業務等を担当してきたものである。

　Yは、平成11年3月4日、本店からの指令で同年6月ないし7月頃に、大阪支店を閉鎖すると発表するとともに、同月18日、大阪支店の従業員に対し、退職日は同年6月頃をメドとし、特別退職加算金を支払い、転職斡旋会社のサービスを提供する等の方針を示した。

　次いで、同年4月5日、同支店従業員に対し、「退職希望パッケージ」として、次の提案をした。

① 支店従業員全員に対して希望退職に応ずる旨要請する。
② 希望退職を募る条件として、退職一時金を支払う。
③ 追加退職金として、平成11年6月1日時点における基本給及び職務手当の各6か月分を支給する。
④ その他、未消化の有給休暇の買い上げ、夏期賞与の支給、転職斡旋サービスの提供を行う。

　XらとXらの所属する組合は、東京支店への配転を求めたが、Yは、同年5月21日、通常退職金を5割増とし、かつ、追加退職金を6か月分上乗せする（計12か月分）等の提案をしたが、東京支店への配転には応じなかった。

　その後、Xらは、希望退職に応じなかったため、Yは、同年6月8日、Xらに対し、同月15日付の解雇を予告し、同日Xらは解雇されたものである。

(判決要旨)

　Yが解雇の自由を主張し、解雇権濫用法理を批判する部分は独自の見解であって、採るに足らない。

　解雇は、雇用契約の解約であり、労働者の権利義務に重大な影響を及ぼすものであるから、社会通念に反する解雇が権利の濫用として許されないのはいうまでもないところである。

　本件解雇は、Yの大阪支店閉鎖に伴うも

解雇有効

のであるところ、支店を閉鎖するかどうかという判断は企業主体たる使用者がその経営責任において行うところであるが、だからといって、その支店の従業員を直ちにすべて解雇できるということにはならない。営業の縮小などに伴う人員整理の必要性から行われる解雇は、使用者の経営上の理由のみに基づいて行われるもので、その結果、労働者に、何の帰責事由もないのに、重大な生活上の影響を及ぼすものであるから、解雇の必要なくされることは許されないし、その必要がある場合でも、これに先立ち解雇回避の努力をすべき義務がある。人員整理の必要から行われる、いわゆる整理解雇が有効であるためには、第1に、人員整理が必要であること、第2に、解雇回避の努力がされたこと、第3に、被解雇者の選定が合理的であること、第4に、解雇の手続が妥当であることの四要件が要求されており、当裁判所もいわゆる整理解雇については、右4要件該当の有無、程度を総合的に判断してその効力を判断すべきものと思量する。

＜人員整理の必要性について＞

そこで、まず、人員整理の必要性について検討する。＜中略＞

Y在日支店の業績不振は明らかであるが、我が国では、いわゆるバブル崩壊後不況が長引き、金融機関の破綻もあり、関西では、その経営基盤の弱体化が指摘されていること、また、アジア諸国においても経済危機があったことは公知であって、これらから企業の資金需要が落ち込んでいることは容易に推認でき、大阪支店の閉鎖は、その収支状況の現状を踏まえ、業績改善の見通しがないことから行われたもので、これを不当なものとする理由はない。＜中略＞

以上によれば、Yにおいて、大阪支店の閉鎖により、その従業員の人数分が余剰人員となったということができるから、人員整理の必要性が生じたことはこれを認めることができる。

＜解雇回避の努力及び被解雇者の選定の合理性について＞

次に、Yにおける解雇回避の努力及び被解雇者をXらとしたことの合理性について検討する。

支店を閉鎖したからといってその支店の従業員を直ちにすべて解雇できるものではないことは前述のとおりである。Yにおいては、その従業員を各支店において独自に雇用し、雇用した従業員については、就業場所が雇用した支店に限定されていると認められるものの、支店で雇用したといっても雇用契約はYと交わされたものであるし、就業場所の限定は、労働者にとって同意なく転勤させられないという利益を与えるものではあるが、使用者に転勤させない利益を与えるものではないから、右事実があるからといって、人員整理の対象者が閉鎖される支店の従業員に自動的に決まるものではない。

閉鎖される支店の従業員にとって解雇回避の可能性があるかどうかは、閉鎖がやむを得ない以上、当該支店以外の勤務の可能性があるかどうかということであるから、Y大阪支店閉鎖に伴う人員整理においては、大阪支店以外の部署への転勤の可能性が検

その他の整理解雇裁判例
解雇有効

討されることになるが、出向等は問題とならず、海外への転勤の実現可能性がない本件では、結局のところ、解雇回避が可能かどうかは、東京支店への転勤が可能かどうかということに尽きる。

そこで、東京支店への転勤の可能性について検討する。

＜東京支店は、規模が小さい上、そこで行われている業務には、専門的な知識や高度な能力を必要とする部分があり、たとえ、希望退職を募り、欠員が出た場合であっても、Ｘらを就労させることができる適当な部署が生じるとはいえない等の事実を認定した上で＞

Ｙが東京支店において希望退職を募集しなかったことは不当とはいえないので、東京支店に欠員がない以上、Ｘらを東京支店に転勤させるためには、東京支店の従業員を解雇するよりほかない。しかし、Ｘらを東京支店で勤務させるには、転勤に伴う費用負担が生じるばかりでなく、東京支店でその業務に習熟した従業員を辞めさせた上で、業務内容によっては習熟していないＸらを担当させることになるのであって合理性がない。＜中略＞

これらを総合考慮すれば、Ｙが解雇回避努力を欠いていたということはできないし、転勤ができないのであれば、大阪支店の従業員が解雇の対象となるのはやむを得ないところである。

＜解雇手続の妥当性について＞

次に、解雇手続の妥当性についてみる。

＜Ｙが退職希望パッケージ等を提案するとともに、団体交渉にも応じていた等の事実を認定した上で＞

以上によれば、東京転勤については、団体交渉において、Ｙがこれを拒否する理由の説明としては、終始、東京支店においてＸらを配置するポジションがないというものであったが、交渉の経緯をみても、Ｙの対応に妥当でない点があったとまでは認められない。

＜結論＞

以上を総合すれば、本件解雇は、整理解雇の要件を充たすものということができ、解雇権を濫用したとまで認めることができない。

その他の整理解雇裁判例

解雇有効

経営合理化によるタクシー会社の無線センター従業員の解雇が有効とされた例

北海道交運事業協同組合事件

（平成12年4月25日　札幌地裁判決）（労判805号123頁）

（事案の概要）

　Yは、一般乗用旅客自動車運送業を営む法人を組合員とする協同組合であり、Xは、昭和48年3月にYに雇用され、経理事務、一般事務、電話交換、無線センター業務などに従事してきた。

　Yは、平成7年3月にXを含めた40歳以上で10年以上勤務している女性職員10名の解雇を通知したが、Xは、給与を減額し、無線センターに配置転換されることにより、雇用継続された。

　その後、Yは、平成10年8月15日から、無線センターにGPSシステムを採用し、従来の無線で配車してきたときより、従業員を減らすことができるようになった。

　平成11年1月26日、YはXに対し、Yの組合員が合併して減少するため、管理部門の合理化等を進める必要があり、その際には人員整理をすることとし、Xも対象となっている旨を伝えた後、同月1月29日に、同年2月28日をもって解雇する旨通知したものである。

（判決要旨）

　本件解雇は、Yの就業規則19条1項5号の「事業の縮小、廃止、その他、やむを得ない事業の都合により剰員となったとき」に基づくものであるから、企業の経営の合理化による余剰人員の整理、いわゆる整理解雇の性質を有するものと認められる。そして、一般に解雇は、労働者の生活に重大な影響を与えるものであり、整理解雇は、労働者の責めに帰すべき事由がなく使用者側の都合による解雇であるから、人員整理をする経営上の必要性、被解雇者の選定の合理性、解雇回避の努力を尽くしたか否か、解雇手続の妥当性などの諸事情を総合考慮して、整理解雇する相当の理由がない場合には、解雇権の濫用として整理解雇することは許されないと解すべきである。

＜人員整理をする経営上の必要性について＞

　人員整理をする経営上の必要性については、経営者の合理的な判断に基づく裁量が認められるべきであり、タクシー業界の規制緩和・自由競争に備えて生産性を上げるためにGPSシステムを採用することは企業経営上合理的なものと認められるし、GPSシステムの採用によって無線センターに配

置された職員のうち、6名の職員が余剰人員になるとの判断も不合理とは認められないから、無線センターのうち6名を余剰人員として整理をする経営上の必要性・合理性は肯定できる。

<被解雇者選定の妥当性について>

無線センターの余剰人員6名の選定についても、退職予定者1名と電話対応に問題のあった4名のほか、他の職員に比べて地図検索能力に問題のあったXを選定したものであり、その選定に合理性がなかったとはいえない（Xが女性であることを理由に選定したとは認められない）。

<解雇回避の努力について>

Xを解雇したことについても、Xは、運転免許証がないから他の職員のように乗務員として配置転換することはできないし、Yないしその組合員であるタクシー会社の事務員の勤務内容や勤務状況に照らせば、Xを配置転換すべき事務職を見出すことはできず、Xの家庭状況も考慮した上、Xを解雇するとしたYの判断が不当・不合理であるとはいいがたい（Yの経営状況は、Xの雇用を継続するだけの余裕がある（Xを解雇しなければYの倒産が必至であるものではない）とは認められるが、だからといって、配置転換（ないし出向）すべき適当な職種がないにもかかわらず、余剰になった人員の雇用をなお継続することを法的に強制・要求することはできない。また、無線センター部門の6名の人員整理であるから、一時帰休や希望退職の募集の手段をとらなかったことをもって、解雇回避の努力を尽くしてないと評価することもできない）。

<解雇手続の妥当性について>

Yの就業規則やX所属の労働組合との労働協約において、いわゆる人事同意約款があるとの事実は認められないし、Xが本件解雇前に労働組合の組合員として活動していた事実もうかがえないのであるから、本件解雇に当たり、X所属の労働組合との団体交渉をしなかったことをもって、整理解雇の手続の妥当性を欠くと評価することはできないし、A部長のXに対する解雇の説明が十分であったか否かは問題とする余地はある（無線センターでの余剰人員の整理の一環であり、Xを配置転換すべき場所がないことの説明は一応されている）としても、本件解雇を無効とするだけの手続違背があるとは認められない。

<その他>

その他、本件解雇が女性ゆえの差別であるとは認められないし、平成7年3月の解雇・配置転換をもって本件解雇が無効になるとの理由もない。

<結論>

右の検討のとおり、本件解雇は、Yの就業規則19条1項5号所定の理由があり、整理解雇として合理的な理由を欠き相当でないとすることはできず、解雇権の濫用とは認められない。

解雇有効

> ほとんど業務が無くなった事業所の閉鎖に伴う従業員の解雇が、経営上の必要性等から有効とされた例

廣川書店事件

(平成12年2月29日　東京地裁決定)（労判784号50頁）

(事案の概要)

Yは、自然科学部門の学術書の出版を業としており、事業所として、東京本社及び文京区の倉庫のほか、平成11年7月19日に閉鎖されるまで長野市に分室（Yが印刷を発注していたA印刷会社内に所在している）を設置していた。

Xは、昭和53年9月、Yに入社した後、平成5年1月1日に正社員となったが、入社以後ずっと長野分室に勤務し、Yの書籍の進行促進、本社への連絡等に従事していた。

Yは、A印刷会社への発注量の減少及び技術革新により長野分室での業務がなくなったとして、平成11年6月30日、Xに対し、同年7月19日付で長野分室を閉鎖すること、それに伴い同月20日付で退職してもらいたいことを告げ、退職勧奨を行った。

そこで、XとXの所属する労働組合は、Xに対する退職勧奨の問題について団体交渉を行ったが、解決されないまま、YはXに対し、同年7月28日付書面をもって同月30日付解雇の意思表示を行ったものである。

(決定要旨)

使用者が労働者を解雇することは元来自由であるところ、使用者の解雇権の行使も、それが客観的に合理的な理由を欠き社会通念上相当として是認することができない場合には権利の濫用として無効となるものと解するのが相当であり、就業規則によって解雇事由が限定されている場合、右の点を踏まえて当該解雇が就業規則上の解雇事由に該当するかどうかを検討することになる。ところで、本件解雇については、Yは就業規則27条を根拠としており、本件に関連するのは、同条(5)、(6) ＜*(5) 業務の整備または作業の合理化その他により冗員を生じた場合、(6) やむを得ない業務上の都合による場合*＞であると解せられ、本件解雇がこれに該当するかどうかについて検討しなければならず、より具体的には、長野分室閉鎖の必要性、配置転換の可能性、解雇手続の相当性等の諸事情について検討する必要がある。

解雇有効

<長野分室閉鎖の必要性>

まず、長野分室の閉鎖の必要性についてであるが、そもそも事業所等の開設及び閉鎖などは、経営判断に属する事柄であるところ、<中略><業務量が減少し続けてきていること、さらに平成10年には長野分室固有の業務がなくなっていたこと等の事実を認定した上で>もはやYにとって長野分室の存続理由はなくなったというほかなく、平成11年7月19日付で長野分室の閉鎖を決定したYの経営判断が合理性を欠いていたということはできず、長野分室閉鎖の必要性はあったものといわざるを得ない。

<配置転換について>

次に、Yの配置転換について検討する。
<中略>
少なくとも、XとYとの雇用契約締結当時（昭和53年9月、平成5年1月1日の両方を含む）の双方の意思としては、長野分室が存続する限り、Xの勤務地は長野分室であることで合致していたものと推認することができる。とはいえ、長野分室の閉鎖がやむを得ないからといって、当然に本件解雇が有効であるということはできない。解雇によって生計維持の道を断たれるという労働者の被る重大な結果を考慮すれば、Xが本社への配置転換を希望していた本件においては、配置転換の可能性が肯定できれば、なお、Xは就業規則27条(5)にいう「冗員」には該当しないというべきであるし、同条(6)にいう「やむを得ない業務上の都合」があるとはいえないというべきだからである。

そこで、Xの配置転換の可能性について検討する。<中略><Yは経営状況が厳しく、5年以上も社員の募集を行っていないこと、Xの経歴からすれば、本社で編集業務や営業を行うことは容易でないというべきであること等を認定した上で>

このように、Yの経営状況、業務量、Xの経歴を考慮すれば、Xの配置転換は著しく困難であったといわざるを得ない。

<解雇手続について>

そして、本件解雇手続については、Yは、当初から一貫してXの退職を主張して廣川労組との団体交渉は決裂してしまったとはいえ、本件解雇に至るまで、Xに対し、退職金、解雇予告手当、特別退職金等の提案を行い、廣川労組と3回の団体交渉も行い、その中で、やや具体性は欠くものの、長野分室閉鎖の事情、Yの業績不振について一応の説明を行っており、本件解雇手続が不相当であるとまではいえない。

<結論>

右によれば、Yの長野分室の閉鎖には、経営上の必要があり、Yの経営状況からみてXの雇用継続は困難で、Yにおける最近の業務量、Xの経歴からみて配置転換も困難であったというべきであるから、本件解雇は就業規則(5)、(6)に該当し、本件解雇は有効であるというべきである。

解雇有効

業績悪化による人件費削減の必要性からなされた解雇が、人員削減の必要性や人選の合理性等が認められ、有効とされた例

明治書院事件

（平成12年1月12日　東京地裁決定）（労判779号27頁）

（事案の概要）

Yは、高校用教科書の出版その他を業とする出版社であるが、少子化傾向に伴う生徒減少により業績が悪化したため、経費削減、業務効率化等を行った。

しかし、経営状況は好転せず、一定の人件費の削減の必要性が生じたため、15名の希望退職者を募集することを労働組合に説明した。これにより、平成11年4月の第1次希望退職者募集においては5名が応じたものの、同年5月の第2次希望退職者募集では応募者がいなかった。Yは、平成11年5月28日に、労働組合に対し、10名を解雇せざるを得ない状況にあるとして、整理解雇を予告した。その後、Yは、整理解雇における人選基準として、平成9年2月21日から平成11年6月20日までの間の遅刻・早退・欠勤の総合計時間の多寡によることを示し、Xら10名を人選した上で、平成11年7月16日付けで整理解雇を行った。

なお、Yにおいて、本件解雇前に導入し、又は本件解雇後に導入しようとしている派遣社員は複数名に上っていた。

（決定要旨）

＜人員削減の必要性について＞

平成5年8月から、Yが本件雇用調整を決断した平成11年5月に至るまで、Yの業績は悪化の一途をたどっているということができること、一方、Yにおいては、業態の多角化を図ったものの、いまだ高等学校用教科書販売を主たる経営内容としており、しかも、教科書の採択が従前どおりYにとって有利な状況になく、かえって、大手有力出版社が高等学校用教科書の分野における活動を強化し始めたこと、このような事情にかんがみれば、Yの業績の悪化は単に一時的なものではなく、この傾向は少なくとも今後数年は継続するものと予想されること、本件雇用調整を図るためYは2度にわたり希望退職者募集を行ったが、これに応じた5名の人件費では、Yの収支を均衡させるに足りる削減人件費約1億円には足りず、なお、6400万円の人件費削減が必要であったこと、以上の事実が一応認められる。よって、Xは、本件解雇を行った平成11年7月の時点において人員削減の必要性を認めるに足りる合理的かつ客観

解雇有効

的な理由があったというものである。＜中略＞

また、本件解雇は、専ら人件費を削減することによってYの収支の均衡を図ることを目的としたものであって、本件解雇前後に近接して派遣社員を採用したとしても、これによって人件費を削減したことにならないとの特段の事情がない限り、人員削減の必要性を減殺するものとは言い難い。

＜解雇回避努力について＞

Yは平成4年8月以降経費削減の努力をしてきたこと、平成8年以降業務の効率化のための施策を実施してきていること、それにもかかわらずYの経営状況は好転せず、平成11年初頭において、Yの収支を均衡させるためには人件費を一定額削減しなければならない状況に陥ったため、Yは希望退職者募集（第1次）を行ったこと、しかし、応募者が削減の必要な人数に達しなかったため、Yは再度希望退職者募集（第2次）を行ったが、これには応募者が出なかったこと、以上のとおり希望退職者数募集人員には達しなかったため、Yはやむを得ず整理解雇によってこれに対応することを選択したこと、以上の事実が認められる。そうすると、Yは本件解雇を回避するための相当な努力を尽くしたものというべきである。

＜人選の合理性について＞

本件解雇に当たって採用された人選基準は、平成9年2月21日から平成11年6月20日までの間の遅刻、早退、欠勤の総合計時間の多寡（ただし、昭和19年12月31日以前に生まれた従業員及び平成8年4月1日以降に入社した従業員を除く）というものである。当該基準のうち生年月日による制限については、高齢者は再就職が一般に困難であること、同じく入社年月日による制限については、入社歴が浅い者については、Yが会社業務に習熟させるために教育、研修等を行っている最中であり、教育等のために支出した費用の回収が十分ではないこと、以上の点をYが慮った結果によるものであることが一応認められる。これらの事実に加え、遅刻、早退、欠勤の総合計時間の多寡を整理解雇の人選基準とすることは、整理解雇における人選基準として想定し得る基準の中でも相当程度客観的かつ合理的な部類に属するものであるということができることにもかんがみれば、本件人選基準は合理性を有するものというべきである。

＜解雇手続きについて＞

Yと本件労働組合との間の協議等の経過にかんがみて、その協議等に当たってYが柔軟に対応していたとしても、また、Yがなお本件労働組合と協議を続行することを選択しても、その結果として、真に相互に共通の理解を得られる可能性があったかは疑問なしとしない。そうすると、右の点をもって、Yが、整理解雇に当たり、本件労働組合との間で要求されるべき協議を尽くしたことを否定すべき事情とまでいい難いというべきである。以上の点にかんがみると、Yは整理解雇に当たってこれを正当化する程度に本件労働組合と協議を尽くしたものということができる。

<結論>

整理解雇が解雇権の濫用に当たるか否かについては、人員削減の必要性、解雇回避努力の有無、程度、人選の合理性及び組合との協議等の各要素を総合考慮して判断するのが相当であるというべきところ、右各要素に関する前記の検討を総合考慮すれば、X10を除く者＜Xらのうち人選基準を適用した結果の上位9名＞については、本件解雇が解雇権の濫用に当たるとは認められない。しかし、＜中略＞本件解雇のうちX10＜遅刻・早退・欠勤の総合計時間の11位の者＞については、解雇権の濫用に当たるというほかはなく、無効である。

その他の整理解雇裁判例

解雇有効

> 部門の閉鎖により、他部署のポジションを提案されて、拒否した社員の解雇が有効とされた例

ナショナル・ウエストミンスター（第3次仮処分）事件
（平成12年1月21日　東京地裁決定）（労判782号23頁）

（事案の概要）

　Xは、昭和58年6月に、外資系銀行のYに入社し、トレード・ファイナンス（貿易担当業務）を担当していた。

　平成9年3月当時、Xはアシスタント・マネージャーの地位にあったが、Yは経営方針転換により、トレード・ファイナンスから撤退し、その統括部門であるGTBS（グローバル・トレード・バンキング・サービス）部門の閉鎖を決定した。Yは、同部門の閉鎖によりXのポジションが消滅するがXを配転させ得るポジションは存在しないとして、同年4月14日にXに対し、一定額の金銭の支給及び再就職活動の支援を内容とする退職条件を提示し、雇用契約の合意解約を申し入れた。しかし、Xはこれを拒否し、Yでの雇用の継続を望んだため、Yは、他部署のクラークのポジションを提案したが、Xがこれも受け入れなかったため、同年9月1日にXに対し、同月末日付けで普通解雇する旨の意思表示を行った。これに対して、Xは、解雇権の濫用として争ったものである。

　なお、本事案については、本件訴訟に先立ち、東京地裁に対して、Xの地位保全等の仮処分（1次）申立てが行われ、平成10年1月から12月までの賃金仮払いが命じられるとともに、Xの地位保全及び翌平成11年分の賃金仮払い（2次）の申立てに対しても賃金仮払いが命じられている。これに続いて、Xは平成12年1月から本案判決までの賃金仮払いを求める申立て（3次）を行ったのが本件訴訟である。

（決定要旨）

　本件就業規則には解雇事由が列挙されているが、いずれも従業員の職場規律違反行為や適格性の欠如等何らかの落ち度があることを内容とすることが認められ、Xについて同列挙事由に該当の事実が存在しないことは当事者間で争いがない。しかしながら、現行法制の建前としては、普通解雇については解雇自由の原則が妥当し、ただ、解雇権の濫用に当たると認められる場合に限って解雇が無効になるというものであるから、使用者は就業規則所定の普通解雇事由に該当する事実が存在しなくても、客観的に合理的な理由があって解雇権の濫用に

わたらない限り雇用契約を終了させることができる理である。そうであれば、使用者が、就業規則に普通解雇事由を列挙した場合であっても、限定列挙の趣旨であることが明らかな特段の事情がある場合を除き、例示列挙の趣旨と解するのが相当である。

GTBS部門閉鎖の決定は、グループのいわゆるリストラクチャリング（事業の再構築）の一環であるところ、リストラクチャリングは、限られた人的・物的資源を戦略上重要な事業に集中させ、不採算事業を縮小・廃止し、もって、資本効率の向上、競争力の強化を図ることを目的とするものであり、このような事業戦略にかかわる経営判断は、それ自体高度に専門的なものであるから、基本的に、株主によって選任された執行経営陣等、企業の意思決定機関における決定を尊重すべきものである。そして、リストラクチャリングを実施する過程においては、新たに進出する事業で求められる能力を備えた人材への需要が新たに生まれる一方、廃止ないし縮小される事業との関係では、余剰人員の発生が避けられないものであり、この間の労働力の需給関係は必ずしも一致するとは限らないから、企業において余剰人員の削減が俎上に上ることは、経営が現に危機的状態に陥っているかどうかにかかわらず、リストラクチャリングの目的からすれば、必然ともいえる。

他方、余剰人員として雇用契約の終了を余儀なくされる労働者にとっては、再就職までの当面の生活の維持に重大な支障を来すことは必定であり、特に、景気が低迷している昨今の経済状況、また、雇用の流動性を前提とした社会基盤が整備されているとは言い難い今日の社会状況に照らせば、再就職にも相当の困難が伴うことが明らかであるから、余剰人員を他の分野で活用することが企業経営上合理的であると考えられる限り極力雇用の維持を図るべきで、これを他の分野で有効に活用することができないなど、雇用契約を解消することについて合理的な理由があると認められる場合であっても、当該労働者の当面の生活維持及び再就職の便宜のために、相当の配慮を行うとともに、雇用契約を解消せざるを得なくなった事情について当該労働者の納得を得るための説明を行うなど、誠意をもった対応をすることが求められるものというべきである。

いわゆる整理解雇の4要件は、整理解雇の範疇に属すると考えられる解雇について解雇権の濫用に当たるかどうかを判断する際の考慮要素を類型化したものであって、各々の要件が存在しなければ法律効果が発生しないという意味での法律要件ではなく、解雇権濫用の判断は、本来事案ごとの個別具体的な事情を総合考慮して行うほかないものである。

GTBS部門の閉鎖によりXが従前就いていたポジションが消滅するが、それにもかかわらず、Xとの雇用契約を従前の賃金水準を維持したまま継続するためには、YとしてはXをサポート部門における他の管理職のポジションに配転することが必要であったが、これらのポジションに就いている者はいずれも、それぞれの担当業務で必要とされる専門知識・能力を有するものと評価された結果であり、これらの者に代えてXを当該ポジションに就けることが合理

その他の整理解雇裁判例
解雇有効

的であるとする根拠はない。

　Yが、GTBS部門閉鎖当時、近い将来において新たな管理職のポジションを設ける予定を有していたとしても、それは、Xが従前オペレーション部門で培ってきた実務経験、技能等とは異なる、新たな専門知識・能力を必要とするポジションであり、Xが、そのような専門知識・能力を十分に有しているものとは認められず、結局、Xを配転させ得る管理職のポジションが生じる可能性はなかったものといわざるを得ない。

　Yは、平成9年4月のXに対する雇用契約の合意解約の申し入れに際し、就業規則所定の退職金が約800万円であるのに対して特別退職金等約2330万円余の支給を約束し、同年9月の解雇通告に際し約335万円を上乗せし、同年10月には退職金名目で1870万円余をXの銀行口座に振り込んでいるが、これはXの年収が1052万円余であることに照らし、相当の配慮を示した金額である。さらに、YはXの再就職が決まるまでの間の就職斡旋会社のための費用を無期限で支払うことを約束しており、YはXの当面の生活維持及び再就職の便宜のために相応の配慮をしたものと評価できる。

　また、Yは、サービセズの経理部におけるクラークのポジションを年収650万円でXに提案したが、これは、当時、同ポジションには年収450万円の契約社員が十分に満足のいく仕事をしていたところ、退職予定のない同人を解雇してまでXにポジションを与えるべく提案をしたものであること、さらにYは、賃金減少分の補助として退職後1年間について200万円の加算支給の提案もしたこと、加えて、YはX及び組合との間で団交を行い、雇用契約を解消せざるを得ない事情について繰り返し説明を行ったことなどからすると、Yはできるかぎり誠意をもってXに対応したものといえる。

　以上のとおり、Xとの雇用契約を解消することには合理的な理由があり、Yは、Xの当面の生活維持及び再就職の便宜のために相応の配慮を行い、かつ雇用契約を解消せざるを得ない理由についてもXに繰り返し説明するなど、誠意をもった対応をしていること等の諸事情を考慮すれば、未だ本件解雇をもって解雇権の濫用であるとはいえない。

その他の整理解雇裁判例
解雇有効

訴外会社からの業務委託契約の打切りによりなされた部門閉鎖に伴う解雇が有効とされた例

角川文化振興財団事件
（平成11年11月29日　東京地裁決定）（労判780号67頁）

（事案の概要）

　文化の振興に寄与することを目的として設立されたYに嘱託（3年契約、月給制）、臨時雇用者（2か月契約、日給月給制）、臨時日給者（2か月契約、日給制）の雇用形態で書店Aからの出版企画の編集制作委託業務に従事するために雇用され、労働契約の更新手続を行わないまま期間満了後も引き続き労務に従事し、4年間から10年間編さん室で勤務してきたXら9名が、Aからの業務委託契約打ち切りによるYの書籍編集部門編さん室閉鎖に伴い、YからAの100パーセント出資子会社である会社Bに移り、賃金は低額になるものの雇用契約ではなく請負契約を締結して仕事を継続する旨の提案を受けていたところ、Yに解雇されたことから、Yは実質的にはAの一部門であり、AはYとの業務委託契約を解消すべき必要のないにもかかわらず破棄して、Xらを解雇し、子会社Bに移らせて低い労働条件で働かせて経費削減をしようとしたものであり、本件解雇はA主導による雇用形態と労働条件を不利益に変更する目的で行われた「リストラ解雇」で解雇権の濫用、もしくは整理解雇の要件を充たさず無効である等として、労働契約上の地位及び賃金支払の仮処分を申し立てたものである。

（決定要旨）
<労働契約の期間について>

　1年を超えない期間を定めた労働契約の期間満了後に労働者が引き続き労務に従事し、使用者がこれを知りながら異議を述べないときは、民法629条の1項により黙示の更新がされ、以後期間の定めのない契約として継続されるものと解され、また、1年を超える期間を定めた労働契約は労働基準法14条、13条により一定の事業の完了に必要な期間を定めるものの外は期間が1年に短縮されるが、その期間満了後に労働者が引き続き労務に従事し、使用者がこれを知りながら異議を述べないときは、民法629条1項により黙示の更新がされ、以後期間の定めのない契約として継続されるものと解される。

　そうすると、X1を除くその余のXらとYとの間の労働契約はYにおいて働き始めた当初に締結した労働契約又はYにおいて

その他の整理解雇裁判例
解雇有効

働き始めた後に切り替えた労働契約で定めた2か月という契約期間が経過した後は期間の定めのない契約として継続されているというべきである。

<X1については、3年という契約期間がX1の従事する姓氏大辞典の編さんという事業の完了に必要な時期を定めたものということができないことから、X1とYとの間の労働契約の期間は労働基準法13条及び14条により、1年に短縮され、1年経過後は期間の定めのない契約として継続されていると判断した上で>

以上によれば、XらとYとの間の労働契約は本件解雇に及んだ時点において期間の定めのない契約であったと認められる。

<解雇について>

解雇は本来自由に行いうるものであることからすれば、使用者は単に解雇の意思表示をしたことを主張し疎明すれば足り、解雇権の濫用を基礎づける事実については労働者がこれを主張し疎明すべきであるということになる。そして、Yには就業規則の定めがないことからすれば、Yは本件解雇の理由に当たる事実についてこれを主張し疎明する必要はなく、かえってXらにおいて解雇権の濫用を基礎づける事実として解雇が理由らしい理由もないのにされたことを主張し疎明する必要があるというべきである。

したがって、以下においては、右に述べた観点から、本件解雇に当たって解雇の理由となった事実がなかったかどうかを検討する。<中略>

<解雇権の濫用>

XらはAに採用されたのではなくYに採用されたのであって、本件全疎明資料に照らしても、Aとの間に雇用関係が存することを認めることはできないのであり、YとAは別の法人であること（争いがない）からすれば、法的にはAがXらの雇用主であるということはできないのであり、その上、本件解雇をした法的主体はYであってAではないのであるから、AがXらの実質的な雇用主であるという観点に立ってみれば、本件解雇はXらが主張するように雇用形態と労働条件を不利益に変更する目的で行われたリストラ解雇であるといえないでもないからといって、そのことから直ちに法的にはXらの雇用者であるYがXらの雇用形態と労働条件を不利益に変更する目的で本件解雇に及んだということはできないのであって、したがって、本件解雇がXの主張に係るリストラ解雇という意味において解雇権の濫用として無効であるということはできない。

<整理解雇の回避努力について>

一般に余剰人員を削減しこれを整理する目的でするいわゆる整理解雇をするに当たっては、使用者が希望退職の募集などの他の手段を採ることによって解雇を回避することができたにもかかわらず、直ちに解雇した場合、あるいは、整理解雇を回避することが客観的に可能であるか否かは別として、整理解雇はいわば労働者側に出血を強いるものであることから、使用者としてもそれ相応の努力をするのが通例であるのに、何の努力もしないで突然整理解雇した

りした場合などには、諸般の事情を考慮すると、使用者は整理解雇を回避するために十全の努力をしていないとして解雇権の行使が権利の濫用に当たるというべき場合があり得るものと解される。なぜなら、整理解雇は労働者側に解雇される帰責性がないにもかかわらず解雇によって失職するという不利益を被らせるものである以上、終身雇用を前提とする我が国の企業においては企業としてもそれ相応の努力をするのが通例であるのに、何の努力もしないで解雇することは、労働契約における信義則に反すると評価される場合があり得るからである。

しかし、整理解雇において使用者に解雇回避努力が求められる理由が右のとおりであるとすると、本件解雇は姓氏大辞典などの出版企画の編さんに携わる目的で平成2年11月以降Yに雇用又は再雇用されたXについてされたものであり、本件解雇の理由がAからの出版企画の編集、制作の委託の打切りであることからすれば、本件においてはXらの雇用主であるYが本件解雇に当たり解雇回避努力を尽くしたかどうかを検討する前提が欠けているというべきである。

したがって、仮にXらの主張するようにYが解雇回避努力を尽くしていなかったとしても、そのことから直ちに本件解雇が権利の濫用として無効であるということはできない。

<整理解雇基準について>
本件解雇は姓氏大辞典などの出版企画の編さんに携わる目的で平成2年11月以降Yに雇用又は再雇用されたXについてされたものであり、本件解雇の理由がAからの出版企画の編集、制作の委託の打切りである以上、Xらの雇用主であるYがXらを解雇の対象としたことに何ら不合理な点はないというべきである。

<協議説得義務について>
整理解雇を行うに当たって企業が事前の説明、協議を尽くすことは望ましいと考えられるから、事前の説明や協議を尽くさなかったことが、諸般の事情を考慮すると、解雇に至る手続が信義に反するかどうかという観点から、解雇権の濫用という評価を基礎づける事情に当たるといえる場合があり得るものと解される。

Yが本件解雇に先立ち本件解雇をせざるを得ない理由などについてXらに説明しXらとの間で協議していないことは<証拠略>のとおりであるが、本件解雇は姓氏大辞典などの出版企画の編さんに携わる目的で平成2年11月以降Yに雇用又は再雇用されたXについてされたものであり、本件解雇の理由がAからの出版企画の編集、制作の委託の打切りである以上、Yが本件解雇に先立ち本件解雇をせざるを得ない理由などについてXらに説明しXらとの間で協議していないことが信義に反するということはできない。

<結論>
以上によれば、本件解雇は整理解雇として解雇権の濫用に当たるということはできない。

その他の整理解雇裁判例

解雇有効

> 配転を模索し、対象人員も専門性の低い者を選ぶなどの努力が尽くされているとして整理解雇が有効とされた例

ナカミチ事件

（平成11年7月23日　東京地裁八王子支部決定）（労判775号71頁）

（事案の概要）

ホームオーディオ機器等の製造販売を業とするYが技術系の従業員Xらを就業規則15条1項3号に定める「やむを得ない業務上の都合による場合」に該当するとして解雇したものである。

（決定要旨）

本件解雇は、やむを得ない業務の都合による解雇、いわゆる整理解雇としてなされたのであるが、整理解雇の場合、①人員削減の必要性が存したか、②削減対象者選定は相当であったか、③解雇を回避するための努力が十分に尽くされたか、④解雇に至るまでの手続は相当であったかの要件が充足されるべきであるから、以下、各要件につき検討し、もって、本件解雇が、雇傭契約上の信義則に照らして、解雇権の濫用に該当するか否かを判断することとする。

＜人員削減の必要性について、オーディオ業界の厳しい経営状況、Yにおける工場の閉鎖、希望退職の実施、子会社の整理統合等経営合理化や、役員数、役員報酬の削減による経営合理化にもかかわらず、5期（35期から39期まで）連続して経常損失を計上し、一時は経営破綻の危機に瀕し、グランデ・グループ等から経営支援を受けた結果、経営利益を計上した（40期）ものの、必ずしもYの業績が好転したものとは言えず、再び経常損失を計上するに至った（41期）点を認定した上で＞

長年にわたる企業の経営危機を打開し、企業の再建・存続を図るために費用節減の手段として経営者の責任において労働者を解雇することは違法とはいえず、その解雇が不合理なものでないかぎり、使用者が独自の見地からその責任において判断決定すべきであることを考えると、本件においても、右のようなYの人員動向や経営状況に照らすと、Yが、本件解雇の時点において、更なる経営の合理化の必要性があり、人員を削減することが企業の合理的運営上やむを得ないものであると判断したことに違法性はないというべきである。

＜削減対象者選定の相当性について、YがXらを余剰人員として削減の対象とした

のは、経常損失を計上する見通しとなったことから、関連会社との業務機能の整理統合や不要業務の見直しなどを進めた結果、Yらが所属していたグループの縮小、業務の廃止を決定したことによるものであり、そのグループに所属していた正社員につき各人の能力や担当業務内容を検討した結果、他の社員より担当業務の専門性が劣るXを削減の対象としたものと認定した上で＞

余剰人員としてXらを削減対象に選定したYの判断には特に不合理な点は認められない。＜中略＞人員削減対象者の選定の基準がYにとっての必要性及び効率にあることは自ずと明らかであって、右基準が明示されていないことをもって、直ちに雇用契約上の信義則に反するものということはできない。

＜解雇回避努力について＞

YはXらをそれぞれの所属部門において余剰人員と判断した後も、Xらの配置転換の可能性を模索し、Xらの能力に対する評価を基礎に、他部門への配置転換のみならず、子会社への転籍や外注業務（警備業務及び清掃業務）の社内への取入れをも検討した末、これらがいずれも困難であると判断してXらの解雇を決定したのであり、右決定に至る過程に照らすと、本件解雇においては、雇用契約上の信義則により要求される解雇回避のための努力は十分に尽くされたというべきである。＜中略＞

使用者が労働者を整理解雇するに当たっては、当該解雇を回避するための努力が十分に尽くされなければならないとはいえ、労働時間の短縮、新規採用停止、希望退職者の募集、派遣社員等の人員削減、従業員に対する再研修等の措置が常に必要不可欠な解雇回避措置として求められるものではなく、いかなる措置が講じられるべきかについては、企業規模、経営状態、従業員構成等に照らし、個別具体的に検討されるべきものと解されるところ、Xらが指摘する各解雇回避措置は、いずれも、本件解雇を回避するための措置としては不適当であるか、あるいは現実性に欠けるものといわざるを得ないから、Yが本件解雇を回避するための努力を十分に尽くしたとはいえない旨のXらの主張を採用することはできない。

＜解雇に至るまでの手続の妥当性について、YがXら、およびXらが加入した労働組合に対しても数回にわたり、Yの経営状況、Xらが従事する業務の縮小・廃止の必要性や経緯を説明した上、Xらの能力に対する評価及び配置転換することができない理由を具体的に明らかにしていること、更に、労組との交渉決裂後、再度、Xらに対し、会社都合の退職金に月額給与の6か月分を上積みした金員の支払を条件として退職勧奨を行っていることを認定した上で＞

手続は雇用契約上の信義則に照らして相当であると認められる。

＜結論＞

本件解雇が、雇用契約上の信義則に照らして解雇権の濫用に該当するものと断ずることはできない。

> 経営再建策としての労働条件の変更を伴う再雇用等について、応じない従業員の解雇が有効とされた例

スカンジナビア航空事件

（平成7年4月13日　東京地裁決定）（労判675号13頁）

（事案の概要）

　Yは、スウェーデンに本店を置く外国株式会社であり、Yはその日本支社であって、平成6年6月10日当時、140名を雇用していた。

　Xら15名は、いずれも日本支社の従業員であって、業務内容及び勤務地を特定した雇用契約を締結していた。

　Yは、業績不振の経営再建策として、平成6年6月10日、地上職及びエア・ホステスの日本人従業員全員に対して、早期退職募集と雇用期間、賃金体系等が従前と変更される再雇用の提案を行い、同募集の応募期限である7月29日までに、115名が早期退職に応じたものの、残り25名は従前の労働条件で雇い続けるよう、労働組合を通じて回答した。

　このため、Yは、労働組合との団体交渉を通じて、早期退職募集期限を延長し、さらに、早期退職者を募集する一方で、早期退職に応じない25名に対して、9月30日をもって解雇する旨の解雇予告の意思表示をし、自宅待機を命じたものである（25名のうち、再雇用の可能性がある18名については、個別に再雇用後の新ポジションと新賃金を示して、早期退職を促し、最終的には、9名がこれに応じている）。

（決定要旨）
＜変更解約告知について＞
　＜Xらのうち、再雇用後の新ポジションと新賃金を示すとともに、解雇の意思表示をした者に対する解雇の意思表示について＞

　この解雇の意思表示は、要するに、雇用契約で特定された職種等の労働条件を変更するための解約、換言すれば、新契約締結の申し込みを伴った従来の雇用契約の解約であって、いわゆる変更解約告知といわれるものである。

　なお、Xらは、右の再雇用の申し入れを捉えて、仮にXらがYの早期退職に応諾し再雇用に応募したとしても、再雇用契約が締結されるか否かは不確実であるから、Yが行ったのは再雇用への申し込みの誘因に過ぎないと主張するけれども、前記のとおり、Yは、補充する業務を念頭に置きつつ、Xらに対してポジション及び賃金等の新労働条件を具体的に明示して提案しているのであって、Yがこのように具体的ポジションをあげて再雇用の提案を行いながら、そ

のXを再雇用しないことがあるとは到底考えられないから、Yの右提案は、新雇用契約締結の申し込みであるというべきである。

＜本件変更解約告知の効力について＞

YとXら従業員との間の雇用契約においては、職務及び勤務場所が特定されており、また、賃金及び労働時間等が重要な雇用条件となっていたのであるから、本件合理化案の実施により各人の職務、勤務場所、賃金及び労働時間等の変更を行うためには、これらの点についてXらの同意を得ることが必要であり、これが得られない以上、一方的にこれらを不利益に変更することはできない事情にあったというべきである。

しかしながら、労働者の職務、勤務場所、賃金及び労働時間等の労働条件の変更が会社業務の運営にとって必要不可欠であり、その必要性が労働条件の変更によって労働者が受ける不利益を上回っていて、労働条件の変更をともなう新契約締結の申込みがそれに応じない場合の解雇を正当化するに足りるやむを得ないものと認められ、かつ、解雇を回避するための努力が十分に尽くされているときは、Yは新契約締結の申込みに応じない労働者を解雇することができるものと解するのが相当である。＜中略＞

＜日本支社のコストの約60％を人件費が占めるという実状にかんがみ、
① 従来の賃金体系が、勤続年数に応じて賃金が上昇し続ける年功賃金体系であって、全体の賃金水準が高過ぎる、熱意ある従業員の意欲をそぐなどの問題点があり、是正する必要があったこと、
② 退職金制度については、従来の退職金が年功に応じて高騰し続ける基本給に一定の勤続年数による係数を乗じて定められるものであったため、その支給水準が著しく高く、また従前の従業員数が本件合理化により約3分の1に激減したため、新しい退職金制度を設ける必要があったこと、
③ 労働時間については、新組織における業務内容の変化に応じて、労働時間も一部で延長、一部で短縮する必要があり、その変更には高度の必要性があったこと、
を認め、一方労働者が受ける不利益については、
① 新賃金体系によって、必ずしも全ての者の賃金が従来よりも下回るものではないこと、
② Xらが新労働条件での雇用契約を締結する場合に、従来の雇用契約終了にともなう代替措置として規定退職金に加算して、相当額の早期割増退職金支給の提案を行ったこと、
等を合わせ考えると、前記の業務上の高度の必要性を上回る不利益があったとは認められないとして＞

以上によれば、Yが、Xらに対し、職務、勤務場所、賃金及び労働時間等の労働条件の変更をともなう再雇用契約の締結を申し入れたことは、会社業務の運営にとって必要不可欠であり、その必要性は右変更によってXらが受ける不利益を上回っているものということができるのであって、この変更解約告知のされた当時及びこれによる解雇の効力が発生した当時の事情のもとにおいては、右再雇用の申入れをしなかったXらを解雇することは

解雇有効

やむを得ないものであり、かつ、解雇を回避するための努力が十分に尽くされていたものと認めるのが相当である。

＜整理解雇について＞

　企業の業績不振にともなう人員削減としての解雇が肯定されるためには、その解雇時点において人員削減の必要性について使用者側に合理的かつ客観的な理由があり、解雇を回避するための努力が十分に尽くされていることを要するものというべきであり、業績不振にともない一定の職種の労働者の労働力が不要になった場合、企業の規模、人員削減の必要性の程度、その労働者の職種転換の能力などを総合考慮して、その者を雇用し続けることが企業経営上困難であり、その者を解雇することが雇用契約上の信義則に照してやむを得ないものと認められる場合、当該労働者の解雇は有効なものであると解するのが相当である。

＜人員削減の必要性＞

　＜世界的な不況やヨーロッパ域内の航空規制緩和等により、Yを取り巻く環境が激変していること、航空部門は年々赤字が増加し、平成2年以降度重なる経営合理化を進めてきており、今後とも合理化が必要であること、日本支社の経費は約60％が人件費であり、その削減を行わざるを得ない状況にあったこと等から＞

　本件においては、人員整理をすることが企業の合理的運営上やむを得ない必要に基づくものであったというべきである。

＜解雇回避措置＞

　＜当初の早期退職募集期限を4度にわたり延長したこと、再雇用の提案をしたこと等の具体的な解決策を提示したことを認めた上で＞これらに鑑みると、Yは、解雇を回避するための相当な努力をしたものというべきである。

＜解雇手続＞

　＜22回の団体交渉が開催され、当該交渉においては、書面による回答をし、開示を要求された資料をできる限り提出したこと等から＞Yは、信義則上要求される協議を尽くしたというべきである。

＜被解雇者の選定＞

　いかなる整理基準を設け、これをいかなる範囲の従業員に適用して被解雇者を人選するかは、第1次的には使用者自らが自己の判断と責任の下において諸般の事情を考慮して決定すべきものであり、右基準及び適用の方法等が人員整理の本来の目的に違背して恣意的であると認められる場合でない限り、当該整理基準・人選に合理性があると認めるのが相当である。

　＜被解雇者の選定について、それぞれの家庭状況、新組織における業務についての適性を判断した上で＞

　Yが整理解雇の対象者としてXらを選択した理由には相応の合理性が認められ、この人選が不合理で恣意的であるとの的確な疎明はない。

＜結論＞

　以上によれば、Xらに対する本件解雇はいずれも有効である。

> 経営危機に陥り、人員整理等の手段を講じた後に、協調性に欠け能力の劣るXを対象とした整理解雇が、有効とされた例

八千代電子事件

（平成6年8月30日　東京地裁八王子支部判決）（労判659号33頁）

(事案の概要)

Yは、コンピューター等の自動検査システム等の設計、製造販売を業とする会社であり、不況により、受注、売上げが急減し、そのため、人員の削減、不採算部門の別法人化、新規顧客の開拓、部門の縮小、配転、借入金の返済猶予、役員の報酬カット、部課長に対する賃金カット等の経営改善努力を行ったものの、依然として黒字経営に転ずる見込みがないことから、第2次の人員整理として、さらに10名を整理解雇する必要が生じ、機械設計部門に所属する従業員のうち、かねてから設計者としての適格性に問題があり、他の従業員との協調性にも欠け、解雇しても業務に支障が生じないものとされたXを第2次人員整理の対象とすることとし、平成5年12月20日、他の9名とともに解雇したものである。

(判決要旨)

Yは、昨今の不況による受注、売上げの減少により、深刻な経営危機に見舞われたため、平成3年10月頃から、不要な人員の大幅な削減を含むあらゆる経営改善の努力をしたが、それでもなお黒字経営に転ずる見込みが立たないところから、残存人員40名中、なお不要の人員10名を削減することとし、技術部門の人員11名についても、かねてから他の従業員との協調性に欠けるばかりでなく、技術者としての能力も他の従業員に比べて見劣りがするXを含む不要の2名を整理解雇することとし、本件解雇をしたものであるから、本件整理解雇は有効であるといわなければならない。

解雇有効

> 極度の経営不振に陥り、事務全般を外部委託することになったため行われた整理解雇が有効とされた例

福岡県労働福祉会館事件

(平成6年2月9日　福岡地裁判決)(労判649号18頁)

(事案の概要)

　Yは、福岡県下の労働組合及び労働福祉事業法人をもって組織され、労働者の経済的社会的地位の向上に寄与する福祉事業活動の推進を図ることを目的として設立された法人であるところ、この目的に資するため、昭和53年にA会館を開館した。

　しかし、A会館の稼働不振から事業収入が伸び悩み、経営難に陥ったため、経営改善の方策を検討した結果、人件費の在り方を抜本的に見直すことが必要であるとして、Xら職員全員を解雇したものである。

(判決要旨)
＜人員整理の必要性について＞

　Yは、A会館を開館した当時から、当初の見積りを超える7億円の負債を負っていた上、事業収入が伸び悩み、昭和54年度には経常利益を生じたが、翌55年度には早くも赤字に転じ、以後毎年860万円ないし3800万円の赤字を計上し、途中業績を回復するために委託部門を直営化したものの、かえって赤字を増大させることになり、昭和61年度及び同62年度には年間1億円前後に達する赤字を計上し、昭和62年度における繰越損失は3億458万円にも達し、翌63年度は不動産の一部を売却してようやく年度利益を上げるという状況であった。また、Yは、多大な借入金の支払利息の返済等に追われ、右返済のために借入れをし、更に借入金を増大させるという悪循環を繰り返していた。右のような経営状況に至った原因については、Xらも主張するように、Yの経営判断に相当程度甘い面があったことは否定できないものの、右恒常的な赤字経営の状況にあって、そのまま推移すればやがてYの事業経営が破綻することは必至であったと解され、Yの事業経営のそれ以上の悪化を防ぐために、人員整理を含む抜本的な経営合理化を実施する差し迫った必要が存在していたものと言うことができる。

　そして、右赤字解消の手段としてまず考えられる収入増加に関しては、公認会計士による財務分析において、駐車場収入、テナント収入及び維持管理費収入等に関して種々問題点が指摘されているが、これらは、労働福祉事業団体としてのYの性格、入居関係団体に対する配慮及びテナント業者に

対する過度の負担増等からその実現にはかなりの時間を要し、直ちに大幅な収入増加を図ることは見込めない状況にあったこと、他方、経費の中に占める人件費の額が年間4300万円にものぼり、前記公認会計士の財務分析においても人件費の抜本的な見直しが強調されていたこと、Yが公的融資を受けることについても、融資先からその前提として人件費削減を含む経営合理化の必要を指摘されていたこと、Yは、本件解雇前に維持管理費配分率の変更、料金値上げ、退職者不補充等一定の経営努力をし、また事業団体から補助金の補助を受けたり、資産売却を試みるなどして赤字の解消を図り、漫然と右赤字状況を放置していたわけではないことからすると、右経営合理化の方策の一つとして、A会館の業務を全て外部委託とし人件費の削減を図ったことはYの経営判断上まことにやむを得ない措置と解することができる。

＜解雇回避努力について＞

前記のとおり、本件ではXらを含む職員全員の人員整理の必要性があったと認められるから、当該要件に関しては、Yが右人員整理の手段として解雇以外の方法を採ることにつき努力したかどうかを検討すれば足りるものと解される。

そこで検討するに、本件解雇に先立つ平成元年7月7日、YはXらに対して、職員全員を同年8月末日をもって退職とし、退職金は正規の120パーセントを支給する旨提案したこと、再就職先については、Yは、同月24日に開催された団体交渉の席上、X1に対してB株式会社、X2及びX3に対してC株式会社をそれぞれ紹介したこと、ところがXらは、継続雇用を主張して再就職の意思がないことをYに表明したこと、右あっせんに際して、Yは、賃金のほか業種及び勤務先等Xらの労働条件がなるべく下がらないよう配慮したこと、その後もYはXらに対して、再就職先のあっせんを続けたが、Xらは、Yが全員退職の方針を撤回しない限り右あっせんには応じられないとしてこれを拒絶したことからすると、Yは、解雇回避のために最大限の努力をしたものと認めるのが相当である。

＜解雇基準の合理性について＞

本件解雇は、Yの職員全員を対象とする人員整理の一環としてなされたものであるから、解雇基準の設定及びその適用に関して、Yに恣意的要素が介入する余地はなく、当該要件の存否は、本件においては問題にならない。

＜解雇手続の相当性について＞

Yは、組合との間で、合計13回にわたって団体交渉を続け、人員整理について組合と協議してきたものの、全員退職の方針を巡ってその必要性がない旨主張する組合と対立し、結局右交渉は決裂したものであって、右交渉回数、交渉の席上Yから組合に対してYの経営状況や整理解雇に至った経緯、経営改善案等に関して説明がなされ、退職の勧奨や再就職のあっせん等もなされていること、Yが右交渉を拒否した事実はなく、また右交渉においてYが不誠実な対応をしたという事実も認められないこと等の事情に鑑みると、Yは組合との間で本件

その他の整理解雇裁判例
解雇有効

解雇に関して十分に協議を尽くしたものと解するのが相当である。

<結論>

以上のとおり、本件解雇は、整理解雇の要件を満たしているものと言うべく、Yの就業規則14条1項1号に規定する「やむを得ない業務の都合による場合」及び同項6号所定の「事業の継続が不可能となり、事業の縮小・廃止をするとき」に該当するものと認めるのが相当である。

そして、右認定判断に照らせば、本件解雇が権利の濫用にあたると言うことは到底できない。

石炭の需要減少等経営環境悪化を理由とする整理解雇が有効とされた例

三井石炭鉱業事件

（平成4年11月25日　福岡地裁判決）（労判621号33頁）

(事案の概要)

　Yは、A鉱山株式会社の石炭生産部門を分離独立させ子会社として設立された、石炭の採掘及び売買等を業とする株式会社であり、昭和48年10月1日から営業を開始した。

　XらはいずれもYにおいて一般職社員として雇用されていたものである。Yは、石炭の需要減少と貯炭の増加の状況を勘案すると経営環境が悪化し、人員計画上余剰人員が生じたとして、まず、希望退職を募集し、これが余剰人員数に満たない場合には昭和63年度末現在で満52歳以上の者を解雇する旨の提案をした。

　その後、労働組合と団体交渉を続けていたが決裂したため、Yは、昭和63年6月29日付を皮切りに、Xらを解雇したものである。

(判決要旨)

＜整理解雇の有効性＞

　本件のように、一般職社員就業規則14条4号（事業を休廃止又は縮小したとき）及び7号（前各号のほか、やむを得ない事由があると認めたとき）を適用して有効に整理解雇をするためには、①労働者の解雇が事業の経営上やむを得ないものであるかどうか、②整理解雇の基準が合理的であるかどうか、及び③その解雇手続が社会通念上相当と認められるかどうかという観点から総合的に判断することを要すると解すべきである。けだし、整理解雇は、労働者側には通常なんら帰責事由がなく、専ら使用者側の経営の都合で労働者を解雇するものであるから、右のように解するのが公平かつ合理的であるからである。

　そこで、まず、①の点につき考察するに、この点は、人員削減の方法以外の合理化施策を十分に講じたうえでなお事業の経営上人員削減がやむを得ないものと認められるかという観点のみならず、希望退職の募集などの人員削減の手段が講じられたにもかかわらず所期の成果が得られずやむを得ず労働者を解雇する必要がある場合であるかという観点からも検討することを要するものというべきところ、本件においては、Yは我が国の石炭産業界の構造的不況の下で、特に昭和61年度以降種々の合理化施策を講じたが、なお合理

解雇有効

化としては不十分であるうえ、三池鉱業所について合理化によって生じた一般職社員の余剰人員が614名に達したため、そのうちの610名を削減することとし、まず、希望退職を募集したところ、294名（保安発破係員4名を除く）が応募したにとどまったことから、本件整理解雇に及んだものであって、右事実関係に照らせば、①の点につき積極に解するのが相当である。

次に、②の点につき考察するに、「昭和63年12月31日までに満53歳以上に達する者」を解雇の対象とすることの合理性については、高齢者は若年者に比べて再就職が困難である等の事情はあるものの、Yにおける定年は55歳であって、勤務を続けるとしても最大限約2年であるうえ、退職金の支給や福利厚生関係その他の点で配慮が払われていることを考慮すると、右解雇基準は、恣意の入らない客観的基準として、合理性を有するものというべきである。

③の点については、使用者が労働者ないしその属する労働組合との間で誠実に交渉したものといえるかどうかが特に問題である。

XらのB労組は、Yから本件合理化提案を受けた際、人員削減を伴う合理化には絶対反対するとの立場から右提案に全面的に反対し、また、希望退職の募集の後、Yから本件整理解雇に関する団体交渉の申入れを受けて交渉した際にも、整理解雇に絶対反対するとの態度に終始したため、交渉が前向きに進まなかった。

右事実に照らせば、協議の進展を図ることができなかったのは、主としてYとB労組との基本的立場の相違によるものというべきであって、Yにおいて誠実な交渉を回避したことによるものということはできない。

以上によれば、本件解雇については、就業規則所定の解雇事由（一般職社員就業規則14条4号、7号）の存在したことが認められる。

＜Xらの解雇権の濫用の主張に係る検討＞
＜整理解雇の必要性について＞

Yの経営状態に関しては、我が国の石炭産業が国の保護政策に大きく依存する体質を有していたところ、コストの高い国内炭が安価な輸入炭に対し国際競争力を喪失したことが明らかとなった本件整理解雇当時、従来の国の石炭産業保護政策が大幅に縮小され、また、硫黄分の多い三池炭の需要の拡大が困難である等の理由から、Yが早急に生産量を減少させつつ生産性を高める必要に迫られていたこと、数次の合理化にもかかわらずYの収支は改善されず、Yが将来的にも独立した企業として存立していくためには生産コスト引き下げに向けた合理化の必要性が認められたこと、Yの繰越損失のうち筑豊地区への鉱害補償債務20億円についてはA鉱山からYが分離独立する際右債務を上回る価値を有する石炭部門の資産等とともにこれを引き受けたものであってYが右債務を負担するのは理由があり、また、有明海海苔漁場への海底陥没補償20億円及び四国沖へのボタ捨て費用5億円はYが事業を営むうえでの必要経費というべきであり、これらはA鉱山が負担すべきものとはいえないこと、Y所有の不動産等はYの借入金を担保するための鉱業財団抵当

解雇有効

の目的となっておりYが自由に処分することは困難であったこと、Yがその所有にかかる土地の処分をしたとしても、それによってYが将来的にも十分存立していくために必要な生産コストの引き下げに向けた合理化が回避できたとはいえないことが認められる。

<整理解雇基準の合理性について>

この点に関しては、年齢による整理解雇基準の設定は客観的基準であり主観的要素が入り込まないこと、高齢者から解雇していく場合は、その再就職が困難である等の問題点も多いことは確かに否定できないが、退職金等によりその経済的打撃を調整できること、炭鉱経営者が高齢者の体力面や機械化への適応性に不安をもつのも一概に理由がないとはいえないことが認められる。

<整理解雇手続の相当性について>

この点に関しては、YとB労組との本件合理化提案及び本件整理解雇に関する団体交渉の決裂は、YとB労組の基本的立場の相違による点が大きいといえ、Yの交渉姿勢に主たる原因があったと認めることはできない。

<結論>

以上の諸事情に鑑みれば、本件解雇は、整理解雇の必要性、整理解雇基準の合理性、整理解雇手続の相当性の面から総合的にみて、解雇権を濫用したものとまでいうことはできない。

その他の整理解雇裁判例

解雇有効

> 別会社に出向してその事業の責任者になるために雇用された労働者について、当該事業からの撤退と別会社の閉鎖を理由とする解雇が有効とされた例

チェース・マンハッタン事件

（平成4年3月27日　東京地裁判決）（労判609号63頁）

（事案の概要）

　Yはアメリカの財閥であり多国籍企業であるAグループの金融部門の中心をなす銀行であり、Xは昭和61年4月1日にYとの間で雇用契約（以下、「本件雇用契約」という。）を締結すると同時に、Yと親会社を同じくするB社の全額出資により設立されたC社に出向し、同年6月28日付けでその代表取締役に就任した。C社は設立当初は営業活動をしない休眠会社であったが、コンピューターその他の事務用機器の需要が急増したことから、そのリース事業に参入することになったもので、本件雇用契約は、C社が上記リース事業に参入するに際して、リース事業の経験堪能者をYの名前で募集し、採用後直ちにそのゼネラル・マネージャー（代表取締役に相当すると解される。以下、「GM」という。）としてC社に出向する目的のもとで締結されたものである。もっとも、XはYから東京支店「営業部」（カスタマー・グループ）のバイス・プレジデントの名刺あるいはその融資先である在日外資系企業11社のリストを渡されて業務に従事し、与信枠の管理に関する書面にマネージャーとして署名し提出するなどしたことがある。

　C社は昭和61年及び翌昭和62年に損失を計上し、昭和63年の推定でも同年全期の利益が赤字、今後5年間でも大きな利益を期待できないと判断されたため、Yは昭和63年6月9日付け「閉鎖勧告書」に基づいてリース事業から撤退しC社を閉鎖することを決定したとして、Xに対し、昭和63年7月にY以外での雇用先を探し始めるように指示し、さらに、翌年平成元年3月29日付け文書により、出勤を停止して再就職活動に専念することを指示すると共に90日後の同年6月30日にXを解雇する旨を予告した。そして、Yは、同年6月30日、Xに対して、同日をもって本件雇用契約が終了した旨を通知し、それ以後、Xとの間の雇用契約関係を争っている。

（判決要旨）

　本件雇用契約は、XがC社に出向しそのGMに就任してリース事業の責任者となる

ことを目的で締結されたもので、YがXに対して年間1351万円余の高額な給与等を支払いかつ成果によりバイス・プレジデントの資格を与えることとしたのも、このような雇用契約の目的に対応したものであって、C社における地位及びその事業と関係なしに、XがYの銀行業務に従事する目的で締結されたものではないことが認められる。したがって、C社がリース事業を廃止した場合はもとより、たとえC社が存続してリース事業を続けていても、Xが何らかの事由でC社のGMの地位を喪失したような場合には、その結果として、前提となる本件雇用契約そのものの存在に影響を与えることがあることは避けられない。

また、たしかにXがYの銀行業務に関与したこと自体を否定することはできないが、Xが融資担当者として与信審査等の業務を遂行するために必要な研修を受けたといえるかどうかには疑問があること、与信枠の管理に関する書類へのXの署名はYが内部的にまとめたものをXが閲覧して署名したに止まること、XがYの銀行業務に関与した期間は昭和63年3月ころから同年12月ころまでであること、YとC社とは事務所が同じビルの中にあり、C社の事業のターゲットはYの既存の得意先に絞られ、YとC社とで与信枠を共通にするなど両者の業務が密接に関連していたといった事情を総合すれば、XはC社のリース事業とは別の業務としてYの銀行業務に従事したというよりも、C社のリース事業と関連のあるものとして、臨時あるいは付随的にYの銀行業務に関与したに止まると解するのが相当である。

そうすると、XがYの銀行業務に関与したことがあることは事実としても、上記の関与の程度、態様及び期間を勘案すると、C社に出向しそのGMに就任してリース事業の責任者となるという目的が事後的に変更されて、C社のGMと兼務の形でYの銀行業務に従事することあるいはC社のGMを解かれた場合にはYの銀行業務に従事することが新たに約定されたものと解することはできない。

したがって、本件雇用契約は、XがC社に出向しそのGMに就任してリース事業の責任者となることを目的とするものであって、このことを離れてYの従業員としての身分が問題となるものではなく、その意味では、Yの従業員としてその銀行業務に従事することを目的として締結される通常の雇用契約とは著しく異なる。

そして、C社がリース事業からの撤退を決定した結果、本件雇用契約締結の目的ひいてはXのC社におけるGMとしての地位存続の意味がなくなり、しかも、リース事業からの撤退の判断に格別の不合理が認められないことから、XのC社における取締役の任期満了による退任の時期に合せて、YがXに対して解雇の意思表示をしたことは相当であり、解雇権の濫用ということはできない。

したがって、当該解雇の意思表示の無効を主張するXの請求には理由がなく、棄却を免れない。

> 出勤停止処分後も反省せず、会社の運行管理に従わない態度を明らかにしたとしてなされた懲戒解雇が無効とされた例

平和自動車交通事件

(平成10年2月6日　東京地裁決定)(労判735号47頁)

(事案の概要)

　Yは、旅客運送業(タクシー営業)を営む会社であり、Xは、平成3年12月に入社し、以来、タクシー運転手として勤務してきた。

　Yは、Xの営業成績が悪く、これを指導すると反抗的な態度をとってきたことを理由として、平成9年7月22日以降出勤停止の措置をとったところ、Xは社内にビラをまくなどしたため、さらに出勤停止期間を延長した。その後の10月23日、Yは、XがYの運行管理には従わない態度を明らかにしたとして、就業規則に基づき、Xを諭旨解雇処分としたものである。

(決定要旨)

　Yは、就業規則81条1号において、従業員が譴責、減給、降格、乗務停止又は出勤停止(以下「出勤停止等」という)の処分を受けたにもかかわらず改悛の見込みがないときは諭旨解雇又は懲戒解雇に処する旨を定めている。しかしながら、懲戒処分は、使用者が労働者のした企業秩序違反行為に対してする一種の制裁罰であるから、一事不再理の法理は就業規則の懲戒条項にも該当し、過去にある懲戒処分の対象となった行為について重ねて懲戒することはできないし、過去に懲戒処分の対象となった行為について反省の態度が見受けられないことだけを理由として懲戒することもできない。Yの就業規則81条1号の定めは、以上の理解を前提とする限りにおいて効力を有するというべきであり、具体的には、過去に出勤停止等の処分を受けたことがあるにもかかわらず、新たに出勤停止等の事由となる非違行為を犯し、もはや改悛の見込みがないと認められる場合に、右の新たに犯した非違行為についてより重い懲戒処分である諭旨解雇又は懲戒解雇に付することを規定したものと解するのが相当である。したがって、就業規則81条1号に該当する事由があるというためには、過去に出勤停止等の処分を受け、もはや改悛の見込みがないというだけでは足りず、Yの主張に即していえば、就業規則80条3号＜*業務上の指示命令に従わないとき*＞に該当する事由が存在することを要する。

　Yは、＜*XがYの運行管理には従わない*

態度を明らかにした事実＞が就業規則80条3号に該当する旨主張する。

しかし、＜証拠略＞及び審尋の全趣旨によれば、Xは、10月16日ころ、組合委員長から「会社は、君が始末書を書けば乗務させると言っているがどうか」と尋ねられ、出勤停止の効力について裁判所で争っていることを理由に始末書を書くつもりはない旨答えたことは認められるけれども、Xが組合関係者からYの運行管理に従うことを誓約するかどうか確認された事実、及びその際XがYの運行管理に従わないことを表明した事実を認めるに足りる疎明はない。

＜中略＞なお、仮に、Xが組合関係者とのやりとりの中でYの運行管理に従う意思がないというようなことを言ったり、あるいは、そのような態度をとったことがあったとしても、Yに対して直接、運行管理に従う意思がない旨を表明するなどして、Yの業務上の指示・命令に従わない態度を明らかにしたものでない以上、就業規則80条3号に該当するとはいえない。＜中略＞

以上によれば、本件諭旨解雇は、その余の点について判断するまでもなく無効というべきである。

言動が名誉毀損や誹謗・中傷にあたらず、就業規則上の懲戒事由に該当しないこと等を理由として懲戒解雇が無効とされた例

中央林間病院事件

（平成8年7月26日　東京地裁判決）（労判699号22頁）

（事案の概要）

　Yは、個人病院の経営者であり、Xは、平成3年秋頃からYの経営するA病院に週1回の割合で非常勤医師として勤務していたが、平成4年4月から同病院の院長に就任した。

　Yは、平成5年3月29日、Xに対し、病院の財務、経営内容が悪化していることを関係者以外の一般職員に理由なく吹聴する等したことは、病院の信用を著しく毀損し、病院の業務を妨害したこと、Yを誹謗中傷したこと、職務上の秘密を漏らしたことなどを理由として、契約関係解消の意思表示をしたものである。

　なお、本件においては、XY間の契約が雇用契約であるか否かについても争われたが、裁判においては、XY間には使用従属関係が生じているとして、雇用契約と認定している。

（判決要旨）

＜Yに対する誹謗中傷＞

　XがB医師に対し、「A病院には学会認定の指導医もいないし、B医師のような若い、これから学位を取る立場の人が長くいるところではない」等と述べた点については、就業規則54条2号＜23条に掲げる職員の禁止行為をしたとき＞、23条1号＜当病院の名誉を毀損し、又は利益を害すること＞該当性が、又、「Yは騙されやすい性格である」ということを話した点については、就業規則54条11号＜上長を誹謗又は中傷し、もしくは不当に反抗して、その名誉、信用を傷つけたとき＞該当性が一応問題とはなりうるが、いずれもこの程度では、右各号の禁止する「名誉毀損」や「誹謗又は中傷」に当たるとは認められない。その他の点については、経営や医療業務についてXに許された範囲内の正当な意見の主張にとどまり、懲戒事由に該当せず、他に、Xがこれに抵触する発言をした事実を認めることはできない。

＜看護婦等に対する誹謗、中傷＞

　看護婦等に対する誹謗・中傷（証拠・人証略）によれば、Xは総婦長や、他の看護婦に対し、カルテの記載方法が悪いこと、中央林間病院の医師、看護婦、事務職員の

レベルが低いとの発言をしたことが認められる。この点について検討するに、(人証略)の各証言によれば、医師、看護婦及びレセプト関係の医事課の職員等の教育及び指導は、Xの職務内容であったこと、Xの医学水準は高く、従業員もそれを認識していたことが認められるところ、各証拠関係をもってしては、Xの前記発言が、Xの右職務内容や立場に照らして許容された範囲を逸脱したものであることを認めるには足らず、他にこれを認めるに足る証拠もない。そうすると、Xの前記発言が就業規則上の懲戒事由に該当するとは認められない。

＜A病院の経営状況の悪さについての吹聴＞

Xは主に日曜祭日にA病院のナース・ステイションにおいて、同病院の経営状況が悪いことを看護婦に話したことが認められる。＜中略＞

そこで検討するに、A病院の経営状況が極めて悪いことは、Xの前記発言に関わりなく、同病院内においてはもはや周知の事実となっていたと認められる他、Y自らも従業員に対しこれを認める発言をしていたのであるから、Xが同病院の経営の悪さについての話を同病院に勤務する看護婦にしたとしても、とりたてて責められるべきものとは解されないし、Xの発言が看護婦らの不安を必要以上に駆り立てたという事実も認められない。したがって、この点についても、Xの前記発言が就業規則上の懲戒事由に該当するとは認められない。

なお、(人証略)は、Xが、A病院の経営状態が悪いことを同病院外の者についても話した旨証言するが、内容の明確さに欠け、直ちに信用することができない。又、同証人の証言中には、Xの発言により看護婦が不安に感じて大量退職したという趣旨の部分があるが、明確さに欠ける上、反対趣旨のX本人尋問の結果に照らし、採用することができない。

＜中略＞以上からすれば、Xについては、Y主張にかかる懲戒事由が存したことを認めることができない。

＜懲戒手続について＞

就業規則51条には、職員の懲戒は、同条各号に定める原則に従い実施すること、懲戒委員会を設置し、すべて委員会にはかりその結果に基づき院長が決定すること及び懲戒委員会は、委員3名をもって構成し、委員は院長、副院長、事務長各1名とすることが定められている。

そこで、本件懲戒解雇が右規定に則ったものであるか否かを検討する。Y本人尋問の結果及び弁論の全趣旨によれば、当時、副院長は存在しなかったこと及びYは総婦長と相談したうえ、Xの解雇を決定したことが認められる。

思うに、本件においては、本件懲戒解雇当時、副院長が存在しなかったことや、懲戒解雇対象者が院長であるといった特殊性が存したことからすれば、就業規則51条の規定＜懲戒については、*懲戒委員会を設置し、すべて委員会に諮りその結果に基づき院長が決定する旨の規定*＞どおりでなければ懲戒解雇をなしえないとするのは相当ではなく、代替的な方法によることも可能であると考える。しかしながら、右に認定

した程度のものでは、Yが独自にXの懲戒解雇を決定したのに何ら代わるところがなく、就業規則51条が、懲戒処分については、A病院の中枢的立場にある者の協議検討の上慎重に決定しようとした趣旨が全く没却されているのであって、就業規則上の懲戒委員会に代替する措置が執られたとは到底認められない。

したがって、本件懲戒解雇は、手続的な面においても、瑕疵が大きいものであると言わざるを得ない。

＜結論＞

以上からすれば、本件懲戒解雇は無効であると認められる。

懲戒解雇に係る基本的な裁判例

解雇有効

労働者が自宅待機命令に反して工場内への入構を強行し警士を負傷させたこと等を理由とする懲戒解雇が有効とされた例

ダイハツ工業事件

（昭和58年9月16日　最高裁第二小法廷判決）（労判415号16頁）
（昭和55年12月24日　大阪高裁判決）
（昭和52年3月24日　大阪地裁判決）

(事案の概要)

Xは、Yに組立工として勤務していたが、昭和46年11月、沖縄返還協定批准阻止、佐藤内閣打倒を訴えるデモに参加し逮捕され、同年12月6日まで勾留された。

Xが欠勤している間に、Yでは作業の編成替えが行われ、Xは余剰人員化した。Yは、Xに対し、勤務に就かず直ちに帰宅し、翌朝事情聴取のため労務第2課に出頭するよう命じたが、Xはこれに従わず、元の工場で働いた。その後、同様に出頭命令に応じないことが重なったことから、就労禁止及び自宅待機を申し渡したものの、Xは無視して就労しようとしたことから、YはXが就業規則所定の「正当な理由なしに職務上の指示命令に従わない者」に該当するとして、同月21日から20日間の出勤停止処分とした（本件第1次出勤停止処分）。

その後もXは、工場への入構を試み、これを阻止しようとした警士らともみ合いになり、警士らに「会社の手先である」と暴言を吐いたり、負傷させたりした。また、工場前において、本件第1次出勤停止処分に対する抗議、Yの経営方針や労務政策一般を過激な表現で非難する内容のビラを配布した。

これに対し、Yは就業規則所定の「正当な理由なしに職務上の指示命令に従わない者」に該当するとして、1月22日から20日間の出勤停止処分（本件第2次出勤停止処分）とした。

第2次出勤停止処分が終了する頃、YはXに対し、新しい職場が見つかるまで当分の間自宅待機するよう命じたが、Xは、再び繰り返し工場内への入構を試み、これを阻止しようとする警士ともみ合いになり、警士を負傷させた。また、もみ合いなった際には、危険を避けるため、組立課長の命令でベルトコンベアが3分間停止された。

Yは就業規則所定の「勤務怠慢又は素行不良で会社の風紀秩序を乱した者」、「故意又は重大な過失により会社に損害を与えた者」及び「その他諸規則に違反し、又は前各号に準ずる行為をした者」に該当すると

懲戒解雇に係る基本的な裁判例
解雇有効

してXを懲戒解雇したものである。

なお、原審は、第1次出勤停止処分については、懲戒権の濫用とは認められず、適法であるとしたものの、第2次出勤停止処分については、ビラ配布については就業規則所定の懲戒事由（「正当な理由なしに職務上の指示命令に従わないもの」）に該当せず、その他の行為については懲戒事由に該当するものの、本件第1次出勤停止処分の対象となった一連の行為とその目的、態様等において異なるところはなく、その続きにすぎないから、本件第2次出勤停止処分は不当に過酷な処分であって無効であるとした。また、懲戒解雇については、Xの行為は懲戒事由には該当するが、Yは本件第2次出勤停止処分の期間が満了するにもかかわらず合理的理由のない自宅待機命令を発し、いたずらにXの反発を助長したものであって、Xが本件第1次、第2次出勤停止処分に引き続き就労を拒否されたことに焦燥を感じ、強行入構を図り本件懲戒解雇の対象となった行為に及んだとしても、あながちXを一方的に非難することは相当でなく同情の余地があること、警士の負傷は警士らとXがもみ合っているうちにたまたま発生したことであって悪質なものとは認められないこと等を理由として、本件懲戒解雇処分は、懲戒権の濫用として無効であると判断した。

（判決要旨）

本件第2次出勤停止処分をみると、その対象となった昭和46年12月18日及び同月19日の行為は、本件第1次出勤停止処分前の所為であり、しかも本件第1次出勤停止処分の対象となった一連の就労を要求する行為とその目的、態様等において著しく異なるところはないにしても、より一層激しく悪質なものとなり、警士が負傷するに至っていることと、Xは本件第1次出勤停止処分を受けたにもかかわらず何らその態度を改めようとせず、右処分は不当で承服できないとしてこれに執拗に反発し、その期間中池田第2工場の門前に現れて右処分の不当を訴えるビラを配布するという挙に出たこととを併せ考えると、本件第2次出勤停止処分は、必ずしも合理的理由を欠くものではなく、社会通念上相当として是認できないものではないといわなければならず、これを目して権利の濫用であるとすることはできない。

次に、本件懲戒解雇について考えるに、原審の確定した前記事実関係によれば、Xは、職場規律に服し、Yの指示命令に従い、企業秩序を遵守するという姿勢を欠いており、自己の主張を貫徹するためひたすら執拗かつ過激な実力行使に終始し、警士の負傷、ベルトコンベアの停止等による職場の混乱を再三にわたり招いているのであって、その責任は重大であるといわなければならない。＜中略＞

Xとしては自己の立場を訴え、その主張を貫徹するにしても、その具体的な手段方法については企業組織の一員としておのずから守るべき限度があるにもかかわらず、本件懲戒解雇の対象となったXの行為は、その性質、態様に照らして明らかにこの限度を逸脱するものであり、その動機も身勝手なものであって同情の余地は少なく、そ

懲戒解雇に係る基本的な裁判例

解雇有効

の結果も決して軽視できないものである。しかも、Xは、長期欠勤の後にようやく出勤してきた昭和46年12月8日以来、一貫して反抗的な態度を示し、企業秩序をあえて公然と乱してきたのであるから、Yが、Xをなお企業内にとどめ置くことは企業秩序を維持し、適切な労務管理を徹底する見地からしてもはや許されないことであり、事ここに至ってはXを企業外に排除するほかはないと判断したとしても、やむをえないことというべきであり、これを苛酷な措置であるとして非難することはできない。

それゆえ、以上のようなXの行為の性質、態様、結果及び情状並びにこれに対するYの対応等に照らせば、YがXに対し本件懲戒解雇に及んだことは、客観的にみても合理的理由に基づくものというべきであり、本件懲戒解雇は社会通念上相当として是認することができ、懲戒権を濫用したものと判断することはできないといわなければならない。

経歴詐称　解雇無効

解雇当時認識していなかった年齢詐称を懲戒解雇の理由に追加することは認められず、懲戒解雇が無効とされた例

山口観光事件

（平成8年9月26日　最高裁第一小法廷判決）（労判708号31頁）
（平成7年12月23日　大阪高裁判決）
（平成7年6月28日　大阪地裁判決）

（事案の概要）

　Yは、ホテル・公衆浴場の経営などを目的とする株式会社であり、Xは、平成3年11月からYとの契約に基づき、Yの店舗において、マッサージの業務に従事した。

　平成5年8月31日、Xは、「連日のマッサージ勤務により疲労困憊したので、翌日（同年9月1日）から2日間休みたい」旨申し出て休暇を請求したところ、Yの代表者が「こっちは、ローテーションを組んでやっている。勝手に休まれたのでは仕事にならない。お前みたいな者はもう必要がないので辞めてくれ。明日から来なくてよい」と述べて、Xを解雇する旨の意思表示をした。

　Xが、地位保全の仮処分申請及び本案訴訟を提起したところ、Yは、平成6年4月1日、同仮処分申請事件における答弁書において、Xに対する解雇が無効である場合には、Xがその採用の際、当時57歳であったにもかかわらず、45歳と記載して提出していたことから、履歴書に虚偽の事実を記載したことを理由とする懲戒解雇の意思表示（予備的解雇）を行うとともに、本案訴訟においては、当初の解雇についても、いわゆる経歴詐称により懲戒解雇したものであることを主張した。

　第一審判決においては、主たる解雇については、「本件解雇は、Y代表者が、Xによる権利行使と解することが可能な行為や、解雇の客観的合理的な理由となり得ないことが明らかな行為に憤慨し、これが解雇事由に当たるものと考えて、行ったものであり、右解雇権の行使は、法の是認し得ない使用者の意図に基づき、法の是認し得ない事由を解雇の理由としてされたものといわざるを得ず」無効と判断したが、予備的解雇については、Xの年齢詐称につき、「Xが真実の年齢を申告したとすれば、YがXを採用しない可能性が多分にあり、Yの企業秩序を著しく害するものであって、その企業秩序を回復するには、不正な行為により生じた雇用関係を解消する以外の方法によっては困難であることが認められる」として有効と判断した。

Yは、この判決を不服として、当初解雇についても有効である旨を主張し、控訴したが、第二審判決において、棄却されたため、上告したものである。

(判決要旨)
＜Yは＞Xの年齢詐称の事実を本件解雇の理由として主張することはできないとした原審の判断は、懲戒権の行使に関する法律解釈を誤るものであると主張する。しかしながら、使用者が労働者に対して行う懲戒は、労働者の企業秩序違反行為を理由として、一種の秩序罰を課するものであるから、具体的な懲戒の適否は、その理由とされた非違行為との関係において判断されるべきものである。したがって、懲戒当時に使用者が認識していなかった非違行為は、特段の事情のない限り、当該懲戒の理由とされたものでないことが明らかであるから、その存在をもって当該懲戒の有効性を根拠付けることはできないものというべきである。これを本件についてみるに、原審の適法に確定したところによれば、本件懲戒解雇は、Xが休暇を請求したことやその際の応接態度等を理由としてされたものであって、本件懲戒解雇当時、Yにおいて、Xの年齢詐称の事実を認識していなかったというのであるから、右年齢詐称をもって本件懲戒解雇の有効性を根拠付けることはできない。これと同旨の原審の前記判断は、正当として是認することができ、その過程に所論の違法はなく、右判断は、所論引用の判例に抵触するものではない。論旨は採用することができない。

経歴詐称　解雇無効

> 社会福祉施設の指導員に対する経歴詐称及び火災の際の不適切な救助活動を理由とする懲戒解雇が無効とされた例

陽気会事件

（平成6年3月25日　神戸地裁判決）（労判654号50頁）

（事案の概要）

　Yは、精神薄弱児収容施設を営んでいる社会福祉法人であり、Xは、Yの有する施設のうち、精神薄弱者授産施設A寮において、昭和33年9月1日から児童指導員として雇用された。

　その後、Xは、Yを退職し郷里で新たに社会福祉法人B会を設立し、理事兼施設長となっていたが、昭和54年に、同会の職員が園生をトラックの荷台に乗せて運転中、同トラックから園生が転落して死亡するという事故が発生した際、県や警察等に対し、園生が歩いていて自ら転倒したとの虚偽報告をし、これが後に発覚したため、役職を退き、平指導員となり、さらに、取引業者の債権譲渡の承認について、理事長印を冒用したこと、理事長等を誹謗中傷する投書をしたとの理由から、停職処分を受けるなどにより、XはB会を退職し、昭和56年12月31日付で、Yに指導員として再就職し、昭和60年4月1日から、A寮の指導員に配置された。

　昭和61年7月31日夜、A寮2階の押入れ付近から出火して、寮はほぼ全焼し、Xが当直勤務者として安全指導等を担当していた寮生2名を含む8名が焼死するという事故が発生した。

　その後、平成元年11月22日、YはXに対し、B会に在籍中に停職処分を受けていたことを履歴書に記載していなかったこと、火災の際の救助活動が不適切であったこと等を理由とした制裁処分書と題する文書を交付して懲戒解雇の通告をしたが、Xが受領しなかったので、翌23日にXに到達した内容証明郵便でXに再度懲戒解雇の通告をした。

（判決要旨）

　＜再雇用前にXがB会において停職処分を受けていたことや、高校中退であることが履歴書に記載されていなかった事実を認定した上で＞その原因となった事実についての認識がXとB会とで多少異なる点があるにしても、何れにしても、Yは、Xを再雇用した当時、XがB会在職中に施設長を辞任したり、停職処分を受けた事実及びその原因となった事実の大要並びに高校中退の事実を知っていたといえるので、XがY

に再雇用される際に提出した履歴書に、これらの事実を記載しなかったとしても、これをもって就業規則47条4号所定の懲戒解雇事由である「重要な経歴をいつわり採用されたとき」に該当する事実が存在したということはできない。

また、Yが本件処分の理由としているB会発行の勤務証明書を改ざんしたとの点についても、前記のとおりYの代表者であるCが停職処分を受けた事実を知っており、その必要性があったとは考え難いのに、Xがコピーからでも改ざんの跡が容易に窺われるような杜撰な方法で改ざんしたとするのはいかにも不自然であり、Xが改ざんしたという事実自体を認めるに足りる十分な証拠があるとはいえない。

そして、仮に改ざんをしたのがXであるとしても、Xはその事実について起訴されてもいないのであるから、就業規則47条3号所定の懲戒解雇事由である「刑事事件に関し有罪の判決を受けたとき」に該当する事実があったということはできず、また、Y代表者のCが停職処分を知っていたのであるから、右改ざんの事実をもって、直ちに就業規則47条8号所定の「その他前各号に準ずる程度の不都合な行為を行ったとき」に該当する事由があると認めるのも相当でない。

＜同施設における火事に際し、Xが一定程度の救助活動をしていると認定した上で＞さらに、Yは、Xが救助活動を行っていないのにこれを行ったかの如く虚偽の事実を申告し、本件火災に対する責任の所在の解明への協力や反省すら行うことなかったとして、本訴においてはこれを問題視し、最終的には、これをもって本件処分の最大の理由と位置づけるようであるが、前記認定のとおり、Xは、本件火災の際に一定の救助活動を行ったものと認めるのが相当であるから、Yの右主張は失当である。

なお、Yは、Xにおいて、Cが保険金目当てに消防署への通報を故意に遅らせた等、Yの信用を著しく害するような虚偽の事実をその後流布したと主張し、本訴においては、この点をも本件処分の理由に加えたいとするようであるが、いずれにしても、本件火災のように発生直後からその原因の解明や責任の所在を巡り様々な紛争が生じ、かつ、X自身の責任もYらから追及されている状況下で、仮にXがY側の責任を追及するような発言等を行ったとしても、これを一方的に非難して、懲戒解雇をすることは相当でないというべきである。＜中略＞

また、その他のY主張の本件処分理由についても、いずれもその根拠を欠くことは前記判示のとおりであり、本件火災時のXの行動に多少非難されるべき点があったとしても、前示の本件全事情を総合勘案すれば、いずれにしても、本件処分は、懲戒解雇の根拠を欠き、懲戒権、解雇権の濫用として無効というべきである。

経歴詐称 解雇無効

> 学歴、経歴の詐称等のみをもっては解雇に値するとまではいえず、懲戒解雇が無効とされた例

マルヤタクシー事件

（昭和60年9月19日　仙台地裁判決）（労判459号40頁）

（事案の概要）

Xは、従業員約10名のタクシー会社Yにおいて、営業所副所長として主に運行収益の管理、乗客からの配車注文の応対等にあたっていたが、Xが、Yに採用される際に、自らの前科、前歴を秘匿し経歴等を詐称していたこと、試用期間中のAの採否決定にあたって専務に誤った報告をしたこと等を理由として、Yに解雇されたものである。

（判決要旨）

＜Y主張の解雇事由のうち①前科、前歴の秘匿、②学歴、経歴の詐称、③Aの雇用継続の判断に影響を与えたことについて、その事実を認定した上で、これらの事由が、Xを解雇するに足りるまで合理性、相当性を有していたか否かについて検討する。＞

① 前科、前歴の秘匿

使用者が雇用契約を締結するにあたって相手方たる労働者の労働力を的確に把握したいと願うことは、雇用契約が労働力の提供に対する賃金の支払という有償双務関係を継続的に形成するものであることからすれば、当然の要求ともいえ、遺漏のない雇用契約の締結を期する使用者から学歴、職歴、犯罪歴等その労働力の評価に客観的に見て影響を与える事項につき告知を求められた労働者は原則としてこれに正確に応答すべき信義則上の義務を負担していると考えられ、したがって、使用者から右のような労働力を評価する資料を獲得するための手段として履歴書の提出を求められた労働者は、当然これに真実を記載すべき信義則上の義務を負うものであって、その履歴書中に「賞罰」に関する記載欄がある限り、同欄に自己の前科を正確に記載しなければならないものというべきである。＜中略＞

しかしながら、犯罪者の更生にとって労働の機会の確保が何をおいてもの課題であるのは今更いうまでもないところであって、既に刑の消滅した前科について使用者があれこれ詮索し、これを理由に労働の場の提供を拒絶するような取扱いを一般に是認するとすれば、それは更生を目指す労働者にとって過酷な桎梏となり、結果において、刑の消滅制度の実効性を著しく減殺させ同制度の指向する政策目標に沿わない事態を招来させることも明らかである。したがっ

て、このような刑の消滅制度の存在を前提に、同制度の趣旨を斟酌したうえで前科の秘匿に関する労使双方の利益の調節を図るとすれば、職種あるいは雇用契約の内容等に照らすと、既に刑の消滅した前科といえどもその存在が労働力の評価に重大な影響を及ぼさざるを得ないといった特段の事情のない限りは、労働者は使用者に対し既に刑の消滅をきたしている前科まで告知すべき信義則上の義務を負担するものではないと解するのが相当であり、使用者もこのような場合において、消滅した前科の不告知自体を理由に労働者を解雇することはできないというべきである。＜中略＞

これを本件についてみると、Yは、Xが本件雇用契約を締結するにあたり既に刑の消滅した前科及び前歴を履歴書に記載しなかったこと自体をもって解雇事由とするものであるが、Yの営業内容は前記のとおり一般乗用旅客自動車運送事業（タクシー事業）で、2度にわたる履歴書提出時におけるXの労務内容もその一般運転乗務員というにすぎないものであるから、これらYの業務及びXの労務内容がXに前記前科までYに告知すべきとの特段の事情を生ぜしめるとは到底いえないし、他に本件雇用契約において右特段の事情にあたる事実を認めさせるに足りる証拠もない。そうすると、本件においてXは、Yから提出を求められた履歴書の賞罰欄に自己の前科、前歴まで記載すべき信義則上の義務はなかったというべきであり、これらを記載しなかったこと自体をもって解雇事由とするYの主張は結局採用しえないものである。

② 学歴、職歴の詐称

使用者が学歴、職歴の告知を労働者に求める理由が労働力の適正な評価にあることは前記のとおりであり、Xはその提出する履歴書の該当欄に自己の職歴及び学歴を正確に記載すべき信義則上の義務を負っていたと解すべきであるところ、本件雇用契約においてXから提供することが予定されていた労働力の内容からすると前記学歴の詐称が右労働力の適正な評価に何らかの影響を与えたと認めるに足りる証拠はなく、前記認定の職歴の詐称＜タクシー会社への勤務歴が実際は6か月のところ、9か月を記載していた＞も僅か3か月程度の稼働期間のものにすぎず、XのYにおける勤務状況が右稼働期間の誤りを反映して当初の労働力の評価と異なったものとなったというような事実を窺わせる証拠も存しないから、結局右の詐称をもってXに重大な信義則上の義務違反があったとまで考えるのは相当でない。

③ YにA解雇の判断を誤らせたこと

YがAとの雇用契約を解除したのは、同人のLPガスの使用に関し、Xが専務に対し誤った報告をしたことを契機とするのであるが＜XはAが2度にわたってLPガスをY名義で自己の自動車に無断で給油している旨、専務に報告したが、Aは、当該給油についてあらかじめ口頭でXの了解を得ていた＞これまでの認定事実に照らせば、Aの解雇に関する問題がこれ程までに紛糾した＜当該報告3日後の昭和54年5月30日、Yの代表取締役は、Aに対して格別の理由を示すことなく解雇通告をし、Aは当

経歴詐称　解雇無効

該通告後、解雇予告手当の支払を求めたが、これを拒絶されたため、労働基準監督署に申告をし、同年8月4日、YからAに解雇予告手当が支払われた。＞要因の一つには、Yが労務管理上の要諦となる従業員の解雇という手段を選択するにあたり、解雇当事者たるA本人から解雇事由に関する弁明を全く聴取せず、問答無用とも評すべき態度で一方的にこれを決定したことにあり、＜中略＞この問題について自己の落度を棚に上げXのみに苛酷な責任を追及することは当を失したものといわざるをえない。

以上のとおり、Y主張の解雇事由のうち、前科、前歴の秘匿についてはこれを解雇事由とすることはできず、学歴、職歴の詐称及びAの雇用継続の判断を誤らせたとの点についても、そのいずれもが独立しては勿論のこと、これらを総合評価したとしても到底Xを解雇するに足るだけの合理性、相当性があるものとして是認することはできないのであって、結局、Yの本件解雇の意思表示は解雇権の濫用として無効なものといわなければならない。

解雇有効　経歴詐称

高校中退を卒業と経歴詐称したことを理由とする懲戒解雇が有効とされた例

正興産業事件

(平成6年11月10日　浦和地裁川越支部決定)（労判666号28頁）

(事案の概要)

Yは、自動車教習所を営む株式会社であり、Xは、昭和63年3月2日にYに指導見習いとして採用され、同年12月頃から自動車の運転教習の指導員の職務に従事した。

YはXに対し、高校中退であるのに、高校を卒業した旨学歴に記載して採用されたこと、予告なしのストライキを実行させたこと（Xは、労働組合の委員長であった）などを理由として、平成6年3月18日、懲戒解雇する旨を文書で通知したものである。

(決定要旨)

Y経営の自動車教習所は、教習生に自動車運転の技術及び知識を習得させて、運転免許を取得させるように指導する公益的な役割を担った施設であり、その職務に直接従事する指導員としては高度の技術・知識・人格等を要求され、かつ、指導員は教習生及び経営者や幹部職員と善良な人間的な信頼関係を保持する必要があることを考慮すると、指導員の学歴もその職務についての適格性及び資質等を判断するうえで、重大な要素の一つであると認められ、Xが高校中途退学者であることが雇用時に判明していたならば、少なくともYはXを指導員見習として雇用せず、また、その後に指導員としての職務に配置しなかったと認められるから、Xが学歴を偽ってYに雇用されて、指導員としての職務に従事した行為は、重大な背信行為として就業規則62条1号所定の「履歴書の記載事項を詐って採用されたことが判明したとき」に該当して懲戒解雇の事由になり、また、Xは、組合員の退職勧告等の措置の撤回を要求して、団体交渉の議題としてこれを申し入れる前に、事前の通告も行わずに、Xを含む23名の組合員を約2時間も運転教習の勤務に従事させないように計画、指導し、その怠業によりYに多大な経済的損失を被らせたばかりでなく、多数の教習生に迷惑を及ぼして苦情を生じさせたことにより、Yの信用を傷つけた行為は、同条5号所定の「故意または重大な過失により会社に損害を与えまたは会社の信用を傷つけたとき」に該当して懲戒解雇の事由になり、右の2つの事由を

合わせて考えると、情状が軽微であるとは認めることができない。そうすると、その他の懲戒解雇事由の存否について判断をするまでもなく、YがXを懲戒解雇したのは、組合活動を嫌悪して、その執行委員長であるXを職場から追放して、組合活動の終息ないし弱体化を図る不当労働行為の意思をもってなした行為と認めるのは相当ではな く、かえって、公益的な業務を遂行する組織体としての職場秩序を保持するために、その規律違反行為に対する必要な制裁行為として行った行為であり、正当な根拠があると認められ、Xの行為の態様、その秩序違反及び発生させた結果の重大性その他の諸般の情状を考慮すると、Yに解雇権の濫用があったとも肯認することができない。

解雇事由の類型別裁判例　　解雇有効　経歴詐称

公務執行妨害、凶器準備集合などについて、公判中であったことを隠して採用された労働者の懲戒解雇が有効とされた例

炭研精工事件

（平成3年9月19日　最高裁第一小法廷判決）（労判615号16頁）
（平成3年2月20日　東京高裁判決）
（平成2年2月27日　東京地裁判決）

3　懲戒解雇

（事案の概要）

　Xは、昭和61年3月16日にデモ行進に参加して公務執行妨害で逮捕されたために10日間出勤できなくなった。

　Yは、これを契機として、Xの経歴を調査したところ、Xは、採用面接時の申立てとは異なり、大学を中退していたこと（履歴書には高卒と記載）、成田空港開港阻止闘争に参加して凶器準備集合罪、傷害罪等によって2件の事件につき公判中であったこと（履歴書には賞罰なしと記載。なお、入社後、それぞれ懲役1年6か月、懲役2年（いずれも執行猶予4年）の刑が確定）が発覚した。

　このため、Yは、昭和61年4月1日、Xに対し、①正当な理由なく7日以上継続して無断欠勤したとき（38条1号）、②職務上の指示に不当に反抗し職場の秩序をみだし又はみだそうとしたとき（同条3号）、③氏名又は経歴を偽りその他不正な手段によって雇い入れられたとき（同条4号）、④禁固以上の刑に処せられたとき（同条12号）

等の就業規則所定の懲戒解雇事由に該当するとして、懲戒解雇の意思表示をしたものである。

　本件においては、第一審判決において、「雇用契約は、継続的な契約関係であって、それは労働者と使用者との相互の信頼関係に基礎を置くものということができるから、使用者が、雇用契約の締結に先立ち、雇用しようとする労働者の経歴等、その労働力の評価と関係のある事項について必要かつ合理的な範囲内で申告を求めた場合には、労働者は、信義則上、真実を告知すべき義務を負っているというべきである。就業規則38条4号もこれを前提とするものと解される。

　そして、最終学歴は、Xの労働力の評価と関係する事項であることは明らかであり、Xは、これについて真実を申告すべき義務を有していたということができる」、「Xは、Yの採用面接を受けた当時、現に保釈中であり、2件の刑事裁判の公判継続中であったのであるから、そのような経歴にいくら

経歴詐称　解雇有効

かでも関連することについてYから問われた場合にはこれに真実を申告すべき義務があったということができる。そして、Yが、採用面接に当たって申告を求めた「賞罰」とは、公的なものに限らず、Xを雇用するか否かを決するために必要かつ合理的なもの、例えば、前科に限らず右のような経歴も含む趣旨であることは容易に推測できることであって、また、Xもこのことを知り得たと解される。したがって、Xが、大学中退の学歴及び公判係属中であることを秘匿して、Yに雇用されたことは、就業規則38条4号の「『…経歴をいつわり…雇入れられたとき』に当たるというべきである」などとして、懲戒解雇を有効と判示した。

また、第2審判決においても、原審の考え方を支持して、懲戒解雇を有効と判示した。

(判決要旨)

原審の適法に確定した事実関係の下において、本件解雇を有効とした原審の判断は、正当として是認することができ、原判決に所論の違法はない。原審は、Xが2回にわたり懲役刑を受けたこと及び雇い入れられる際に学歴を偽ったことがY就業規則所定の懲戒解雇事由に該当するとした上、Xのその他の言動を情状として考慮し、本件解雇が解雇権の濫用に当たらない旨を判示している。

解雇有効　経歴詐称

> 短大卒を高卒と偽るなど学歴、職歴の詐称を理由とする懲戒解雇が有効とされた例

スーパーバッグ事件

（昭和55年2月15日　東京地裁判決）（労判335号23頁）

（事案の概要）

　Xは、紙袋等の製造、販売を主たる業務とするYにオペレーター従業員として雇用されていたが、採用時に、学歴について実際には短大卒であるところを高卒と偽り、職歴についても、実際にはアルバイトで図書館に勤務していたところを公務員として図書館に勤務していたと偽ったことから、Yの就業規則の所定の懲戒解雇事由「経歴を詐りその他の詐術を用いて雇用された場合」に該当するとして解雇されたものである。

　なお、Yにおいては、オペレーター従業員には、高卒以下の学歴の者に限り採用する方針を厳守している。

（判決要旨）

　＜Xは、Yの採用面接で、履歴書に学歴として高校を卒業したことのみを記載し、また、職歴については、図書館勤務を経て起業（A造形社）し、現在に至っている旨記載しており、面接担当者が学歴、職歴を確認したところ、履歴書のとおりであると述べ、大学に行かなかった理由は経済的理由によるもの、図書館には公務員として勤務していた旨述べたことを認定した上で＞

　以上の事実によると、XがYと労働契約を締結した経緯は、就業規則43条16号に規定されている懲戒事由である「経歴を詐り…雇用されていた場合」に該当することは明白であるといわねばならない。

　＜中略＞

　以上認定した事実によると、Yは所沢工場におけるオペレーター従業員に関しては、その作業の特質、従業員の定着性等の考慮から、その採用条件を高卒以下の学歴の者に限り、この方針を厳守していたものであるが、Xは、公共職業安定所におけるYの公開用求人カードの記載、Y所沢工場のB係長への電話から、Yの右採用条件を知りながら、敢えて、オペレーターとしてYと雇用関係を締結するために、短期大学卒業という真実の学歴を秘匿したものであり、Yとしても、事前にXの真実の学歴を知っていたとすれば、Xと労働契約を締結しなかったであろうと推測される。これを客観的にみても、Yは、所沢工場の従業員（オペレーターに限らず）を高卒以下の学歴

経歴詐称　解雇有効

　の者のみで構成しており、右学歴の等質性を前提として、右工場の職制、人事管理体制を組織していたのであり、未だこの方針に例外を設けたことはない（本社派遣の特殊研究に携わる技術者は別として）のであるから、右企業秩序を維持するために、大学もしくは短期大学卒業者をオペレーターとして採用しないことには十分な合理性が認められる。Xの学歴詐称は前記のとおり、極めて意図的なものであって、背信性が強く、YはXのかような学歴詐称による所沢工場への入社により、前記のような従業員構成、人事管理体制を混乱せしめられたものであり、YとXとの信頼関係は、Xの経歴詐称の発覚により、ほぼ完全に破壊されたものと考えられる。

　Xの職歴詐称についてみるに、Xは昭和44年4月から昭和49年10月までの5年7か月間に及ぶ職歴の大部分を詐称したものである。すなわち、Xは右の間に3度も職を変え、その中には単なるアルバイトに過ぎないものもあり、また、無職の時期もあったのに、これらの事実を全て秘匿する反面、昭和49年4月から同年10月までの極めて短期間経営したにすぎないA造形社なる樹脂造形の事業を、昭和44年4月以来5年数か月間も継続して経営したかの如く、Yに申告したものである。しかも、臨時雇用契約書には、申告した事項、特に前職歴事項が事実と相違している場合は、労働契約を解除する旨の明文の契約条項があり、Xは、それにもかかわらず右詐称をしたものであるから、その詐称の内容、程度共に極めて重大で、背信性の強いものであり、YのXに対する人物評価を大きく誤らしめるに足るものであったといわざるを得ない。

　そして、かような経歴詐称が事前に発覚していたとすれば、YはXとの労働契約締結を躊躇したであろうことも、また、疑いのないところである。

　以上のとおりであるから、YがXの本件経歴詐称に対して、懲戒解雇をもって臨んだことには相当の理由があるといわざるを得ない。

> 大学職員が他大学大学院に在籍していたことが兼業には当たらないなどとされ、いずれの懲戒解雇事由も認められなかった例

大阪経済法律学園事件

（平成 19 年 12 月 20 日　大阪地裁判決）（労判 965 号 71 頁）

（事案の概要）

Xは、昭和51年9月又は10月、A大学を設置しているYに雇用され、同大学職員として図書館、学生課、研究所事務室での勤務を経て、平成4年から学生課で勤務した。XはY在職中の平成7年4月にB大学大学院修士課程に入学し、平成13年3月に同博士後期過程を修了し、同年4月よりB大学大学院に研究生として在籍していた。その間、Xは、平成7年度及び平成8年度において多数回にわたる欠勤、遅刻等があり、平成8年12月1日から3か月間病気を理由に休職するということもあった。また、Xは、平成10年頃、B大学大学院における研究資料にするため、A大学の了承を得ず、学生等に対し、身上関係等プライバシーにわたる事項を詳細に質問するアンケートを実施したこともあった。さらに、平成11年7月22日に欠勤し、翌日になって生理休暇の届出をし、平成17年6月23日・24日には、実際には韓国に滞在していたため欠勤したにもかかわらず、事後的に病気を理由とする年次有給休暇の休暇願を提出した。そのため、Yは、平成17年7月5日、同月22日に懲戒委員会を開いて、Xに対し事実を確認したところ、Xは、当初同年6月23日・24日の欠勤について事実と異なる理由を欠勤届に記載したことを認めず、また、B大学での修士論文の提出時期等についても事実と異なる回答をしていた。

そこで、Yは、Xに対し、無許可でB大学大学院に在籍していたこと、欠勤から年次有給休暇への振替において虚偽の休暇願を作成したこと、平成8年12月からの3か月間病気休職中にもかかわらず、修士論文の作成等をして休職制度を悪用していたこと、理由も聞かずに学生等に身上関係等のプライバシーを聞き出すような行為は大学職員としてのモラルを逸脱すること、懲戒委員会において事実関係の隠ぺいを図ったことなどを理由として、平成18年2月23日付の懲戒処分通知書を交付して、同月28日をもって懲戒解雇にすると通知した（以下、「本件解雇」という）。これに対し、Xは、本件解雇は無効とであるとして、労働契約上の地位確認等を求めた。

（判決要旨）

Yは、XがB大学院に在籍していたこと

職務懈怠 解雇無効

に対して、就業規則30条にいう「職を兼ねようとするとき」という兼業禁止規定に違反する旨主張するが、同規定は、Yの教職員が他の職業に従事しようとするときを指し、他の大学院に在籍しようとするときがこれに当たるとは認め難い。また、就業規則25条6号には、就業時間中みだりに業務に関係のない活動をしないことを遵守事項として定めているところ、大学院での就学状況等によっては、Yにおける職務遂行に支障を来し、雇用契約上の職務専念義務に違反する場合があると考えられるが、実際には、Xは年次有給休暇を取得して通学していたことや、授業への出席は必須とされておらず、出席日数が少なくても単位が認定されていたことなどからすれば、XがB大学大学院に修学し、研究生になっていたことが、Xの職務遂行に少なからず支障を来していたとまでは認められない。さらに、XがYに対してB大学大学院への在籍又は修学についてYに届け出なかったことをもって職務専念義務に反するとまではいえない。以上より、XがB大学大学院に在籍していたことが懲戒解雇事由に当たるとは認められない。

Xが、平成8年12月からの3か月間病気休職中、修士論文の作成等をしていた事実は認められるが、他方、平成8年6月ころから目まいや立ちくらみ等の症状があり、平成8年10月31日付診断書には子宮筋腫等により約3カ月間安静加療を要する旨記載されていたこと等の事情もあったことからすれば、Xが病気療養の趣旨に反するような態様で修士論文の作成に従事していた証拠もなく、懲戒解雇事由に該当するような事由があったとまでは認められない。

Xが、平成17年6月23日・24日、実際には韓国に滞在していたため欠勤したにもかかわらず、事後的に病気を理由とする休暇願を提出したことは、就業規則39条3号の「勤務に関する手続その他届け出を怠り、又は届け出を詐ったとき」に当たるが、Xは、平成17年10月11日に行われた懲戒委員会の事実調査に当たり、偽りの連絡をした旨詫びていることからすれば、懲戒解雇事由があったとまでは認められない。

Yは、生理休暇を利用してXがB大学大学院で就学していた旨主張するが、Xが生理休暇を取得した日にB大学大学院で就学したことを認めるに足りる証拠もなく、懲戒解雇に該当するような事由があったとは認められない。

Xが、Yの了承を得ずに、複数の学生に対し、身上関係等のプライバシーにわたる事項を詳細に質問するアンケートを実施したこと等は、いささか相当性を欠く行為であったものの、懲戒解雇事由に当たるとまではいえない。

懲戒委員会で、事実と異なることを述べていたことは、就業規則39条5号の服務規律違反に当たり得るものではあるが、懲戒解雇事由に該当するとまでは認め難く、仮に懲戒解雇事由に該当するとしても、懲戒解雇の理由としては相当性を欠く。

以上によれば、本件解雇事由は、懲戒解雇事由に該当しないか又は懲戒解雇の理由として相当性を欠くものというべきである。したがって、本件解雇は、客観的に合理的な理由を欠き、社会通念上相当性を欠くものとして、無効というべきである。

解雇無効　職務懈怠

脳梗塞で欠勤した社員が、会社の拒絶を理由に診断書を提出しなかったことを理由とする懲戒解雇が無効、普通解雇として有効とされた例

岡田運送事件
（平成14年4月24日　東京地裁判決）（労判828号22頁）

（事案の概要）

　Yは、貨物自動車運送業等を業とする株式会社であり、Xは、平成8年1月末日、Yに雇用された。Xは、平成11年7月初旬頃から藤沢営業所へ配転となった後、同月27日に気分不良のため早退したところ、脳梗塞との診断を受けた。

　Yは、同年11月9日、Xに対し、1週間勤務不可との診断書提出の後に、新たな診断書及び欠勤届を提出せず無断欠勤をしていたことを理由として、同年10月31日付で解雇する旨解雇通知書を送付した。

（判決要旨）

＜懲戒解雇の効力について＞

　Xは、8月20日付診断書をYに同年8月20日過ぎに提出してから、就業規則25条(1)に定める欠勤についての上長への願い出及び就業規則25条(2)に定める1週間以上病気欠勤する際に従業員がなすべき診断書の提出のいずれも行っていないことが認められるが、これは、Yから、病気（脳梗塞）を理由に退職勧奨を受け、診断書が必要か問い合わせた際、上司から、解雇するから診断書は不要であると拒絶されたことによるものであるから、Xが診断書を提出せず、欠勤の願い出をしなかったことに正当な理由があるというべきである。Xとして解雇を受け入れるつもりがないのであれば、なおも診断書提出や欠勤の願い出を行うのが望ましかったとはいえるが、Xの診断書不提出等が上司のこれを不要とする言動に基づくものである以上、Xの診断書不提出等が企業秩序に違反する行為とはいえないことは明らかであり、Xの診断書不提出の行為には、正当な理由がある。したがって、Xの無届欠勤は、就業規則28条(3)(イ)「正当な理由なしに無届欠勤7日以上に及ぶとき」には該当しないと解するのが相当である。

＜本件解雇通告及び本件解雇通知書に普通解雇の意思表示が内包されているかについて＞

　懲戒解雇は、使用者による労働者の特定の企業秩序違反の行為に対する懲戒罰であ

職務懈怠　解雇無効

り、普通解雇は、使用者が行う労働契約の解約権の行使であり、両者はそれぞれその社会的、法的意味を異にする意思表示であるから、懲戒解雇の意思表示がされたからといって、当然に普通解雇の意思表示がされたと認めることはできない。他方、使用者が、懲戒解雇の要件は充たさないとしても、当該労働者との雇用関係を解消したいとの意思を有しており、懲戒解雇に至る経過に照らして、使用者が懲戒解雇の意思表示に、予備的に普通解雇の意思表示をしたものと認定できる場合には、懲戒解雇の意思表示に予備的に普通解雇の意思表示が内包されていると認めることができるものと解される。

本件についてみるに、＜中略＞Y代表者は、脳梗塞をしたXをもはや運転手として雇用し続けることはできないとの考えに基づいて、A課長からXに対し、病気を理由とする退職勧奨を行わせ、このY代表者の考えに基づいてB部長も数回Xに退職勧奨をしたものと認められるから、本件解雇通告及び本件解雇通知書は、懲戒解雇の意思表示のほか、予備的に普通解雇の意思表示を含むものと認定できる。

＜*普通解雇の効力*＞

＜*Xは、脳梗塞により平成13年1月31日まで就労不能であった事実を認定した上で*＞そうすると、Xは、本件解雇通告の時点（平成11年11月30日）で、トラック運転手としての業務に就くことが不可能な状態であったことが認められるというべきで、就業規則11条(4)の「身体の障害により業務に堪え得ないと認めたとき」の普通解雇事由に該当する。＜*中略*＞

本件では、Xは、平成13年1月31日まで就労不能と診断されており、仮に休職までの期間6か月及び休職期間3か月を経過したとしても就労は不能であったのであるから、YがXを解雇するに際し、就業規則8条に定める休職までの欠勤期間を待たず、かつ、休職を命じなかったからといって、本件解雇が労使間の信義則に違反し、社会通念上、客観的に合理性を欠くものとして解雇権の濫用になるとはいえない。

本件解雇は、普通解雇としては、客観的、合理的な理由があり、社会通念上相当なものとして是認することができるから、解雇権を濫用したものとはいえない。

> 降格や減給処分を受けた社員が就労意欲を失って退職届を出したところ、行われた懲戒解雇が無効とされた例

神戸化学工業事件

（平成9年2月12日　大阪地裁判決）（労判714号48頁）

（事案の概要）

　Yは、染料の中間物の製造、販売を業とする株式会社であり、Xは、昭和59年1月9日、Yとの間で雇用契約を締結し、平成5年9月3日にはYの製造課長に就任して、工場の現場で原料から製品を製造する部門の責任者となった。

　その後、平成7年3月に製品の流出事故が発生した際に、Xは事故発生をYに報告せず、その除去作業の指示が不適切であって、工場の再開に1週間を要したこと、また、当該事故により不良品が発生したにもかかわらず、その事実を正確に報告しなかったなどにより、同年9月7日、Xは、平社員に降格された。

　この処分により、XはYで就労を続ける意欲を喪失し、同月13日、Yに対し、同月30日をもって退職する旨の届出を提出したところ、Yは、同日中に就業規則56条5項（業務上の怠慢又は監督不行届によって災害傷害その他の事故を発生させたとき）、6項（故意又は重大な過失により会社に損害を与えたとき）、7項（業務命令に不当に反抗し、職場の秩序を乱したとき）、及び10項（懲戒が2回以上に及び、なお改悛の見込みのないとき）により懲戒解雇する旨記載された通知書を交付して、懲戒解雇の意思表示をしたものである。

（判決要旨）

　Xに対する懲戒解雇の理由として認められる事実は、平成7年3月のDCAL流出事故に関するXの措置の不適切さ（事故発生をY代表者に対し報告しなかったこと、XがY本工場の作業員にのみ命じて除去作業をしたため、本工場の再開が遅れ、一週間を要したこと、右事故により、排水路に流出してDCALの不良品が発生したにもかかわらず、部下をかばう気持もあって、右事実を正確に報告せず、その代わりに、当時存した在庫商品を加えて計上し、生産報告をしたこと）のみである（なお、Xが度々にわたり生産報告書の提出を懈怠するなどした点も、管理職としての立場を重視するとき、Y主張の懲戒解雇事由に該当する余地がないとはいえないが、この点を考慮しても、以下の結論に変わりないというべきである）。しかるに、これによりYの被った

職務懈怠　解雇無効

損害の具体的内容は必ずしも明確なものではないばかりでなく、右のDCAL流出事故に関するXの措置の不適切さや、Xのその他の度々にわたる報告懈怠等の事実は、専らXの管理職たる製造課長としての適格性の不存在に起因する（一従業員としてのそれに起因するものではない）というべきところ、X本人尋問の結果、Y代表者尋問の結果及び弁論の全趣旨によれば、Xは、そもそも、右昇進の当初から製造課長としての適格性を有していたか疑問であることが窺え、この点は、Yによる、Xの課長職への昇進措置自体に問題があったというべき余地があるし、Yは、Xの右適格性に疑問を抱いて、平成7年9月7日、Xを、製造課長から平社員に降格したのであるから、これにより、Xは、実質的には、既に、Yにより相応の措置を受けたというべきである。したがって、Yが、右に加えて、さらに追い打ちをかける形で、懲戒解雇により、XのYの従業員（平社員）としての地位まで奪って退職金を受給することを不可能ならしめることは、管理職としては適格性を欠くとしても一従業員レベルで見た場合のXの10年余の功労を全く無に帰せしめるものであって、Xにとって苛酷にすぎるというべきであることや、右懲戒解雇は、Xが退職届を提出したその日に突如としてなされ、懲戒解雇の通知書には就業規則56条10号など、以上の懲戒事由とは無関係な懲戒条項が記載されているのに、具体的な懲戒事由が全く明らかにされていないなどの前記認定の各事情に徴すると、右懲戒解雇の意思表示が真実、Xに対する過去の事跡に対する懲戒として行われたものであるかは甚だ疑わしく、これらに鑑みるとき、YのXに対する懲戒解雇は、相当性を欠くというべきであって、結局、右懲戒解雇は、懲戒権の濫用に当たり無効であるというべきである。

添乗員に非礼な行為をした等によりなされたバス運転手の諭旨解雇が、既に懲戒処分を受けており、二重処分になること等の理由で無効とされた例

日本周遊観光バス事件
（平成5年12月24日　大阪地裁決定）（労判648号35頁）

（事案の概要）

　Yは、観光バスの運送事業を業とする株式会社であり、Xは、昭和60年6月1日、バス運転手として、Yに雇用され、以来、解雇されるまで観光バスの運転業務等に従事してきた。

　Yは、Xが添乗員に対して非礼な言動をしたこと、祝儀を強要したこと、女性車掌に対して嫌がらせをしたこと、Yから再三注意を受けたにもかかわらず、改悛の情が認められないことを理由として、平成4年11月15日に、Xを就業規則107条に基づいて諭旨解雇処分にする旨、Xに対して通知したものである。

（決定要旨）

　諭旨解雇処分は、労働者の雇用関係を消滅させてしまうものであって、使用者が労働者に対して行う懲戒処分の中でも、懲戒解雇処分に次いで重いものであるから、労働者が規律違反をしたと認められる場合であっても、右規律違反の種類・程度その他の事情に照らして、解雇を相当とするような場合でなければ諭旨解雇処分は許されないというべきであり、仮に、使用者が右相当性を逸脱して労働者を諭旨解雇処分にしたときは、当該解雇は、解雇権を濫用したものとして無効であるというべきである。

　(1)の事実＜交代運転手として業務命令を受けていたにもかかわらず、パチンコをしていて運転業務に従事しなかった事実＞は、形式的には、就業規則109条の4号（所属長の許可なく濫りに長時間職場を離れたとき）に該当するといえるが、Xは、右事実に基づいて、既に、出勤停止5日間の処分を受けており、これを解雇事由とすることは、二重処分となり、社会通念上、許されないというべきである。

　次に、(2)及び(4)の事実＜いずれも同僚と喧嘩した事実＞は、就業時間中の職場内における同僚同士の喧嘩であり、同条の14号（会社の風紀を害し又は秩序を乱したとき）に該当すると認められる。しかしながら、右(2)の事実については、直後において、XとAとも何らの処分もされず、後日、Y社長が両者の間に入り、両者を和解させ、

職務懈怠　解雇無効

解決済みの問題であること、また、(4)の事実については、暴行を振るったのは、XではなくBのほうであることからいって、右(2)及び(4)の事実を解雇事由とすることは、社会通念上、許されないというべきである。

(8)の事実＜時間外賃金を稼ぐために、遠回りした上、人身事故を起こした事実＞については、就業規則109条のうち該当性が問題となるのは、8号（職務怠慢により事故を発生させ業務に阻害をきたしたとき）であるが、前記認定によれば、Xには、前方不注視の過失があったことが推認され、Xに、「職務怠慢」があったことは認められるものの、本件全疎明資料によるも、右交通事故によりYが業務に阻害をきたしたとの疎明はないから、同号に該当するとは認められない。

(11)の事実＜添乗員に祝儀や食事代を強要するとともに、バスガイドに対して嫌がらせを行った事実＞については、添乗員に対してチップを強要して、台湾からの旅行客に対し、「ケチである」と大声で言ったことからして、1号（会社の名誉、信用を失墜せしめる行為をしたとき）に該当するものと認められる。そして、前記認定事実によれば、Xは、同僚ともトラブルを起こしやすく、弱い立場にあるガイドに対し叱りつけたり、あるいは、荷物のバスへの積み卸しにつきガイドや添乗員を全く手伝わないなどの事実も認められ、観光客に対する十分なサービス精神や接客マナーが要請される観光バス会社の運転手としては適格性を欠く面が見受けられ、前記のように、Xが添乗員に対してチップを強要して、台湾からの旅行客に対し、「ケチである」と大声で言ったことを捉え、Yが、Xを諭旨解雇処分にしたことも、あながち理由のないことではない。

しかしながら、他方、疎明資料によれば、Yの就業規則107条においては、懲戒処分（制裁措置）として、諭旨解雇及び懲戒解雇以外に、「譴責（始末書をとり将来をいましめる）」、「減給（始末書をとり、1回につき平均賃金の半日分、又は当該賃金支払期間の賃金総額の10分の1を超えない範囲において減給する）」、「出勤停止（始末書をとり10日以内の出勤停止とする。なお、期間中の賃金を支払わない）」、「停職（3か月以内の期間を定めて停職し、その期間中給与の全額又は一部を支給しない）」等の処置が定められていることが認められ、本件において、Xに認められる規律違反行為は、前記認定の程度のものであり、右規律違反行為の態様等を考慮すると、Xに対し、譴責、あるいは場合によって、減給、出勤停止又は停職の処分をするのは格別、Xを諭旨解雇処分とすることは、重きに失し、社会通念上、相当であるとは認められないというべきである。

以上によれば、本件解雇処分は、X主張のその余の点（予告手当不支給、解雇の手続き違反や不当労働行為の主張等）を判断するまでもなく、解雇権を濫用したものであり、無効であるというべきである。

> 修学旅行の引率団長としてホテルで待機すべき時間帯にゴルフをした教頭の懲戒解雇が無効とされた例

村上学園事件

(平成5年9月29日　大阪地裁決定)(労判642号21頁)

(事案の概要)

　Yは、高等学校等を経営する学校法人であり、Xは、昭和33年4月からA高校に教諭としてYに雇用され、以来、同校に勤務し、平成5年3月31日現在では、同校の教頭の職にあった。

　平成4年10月に行われた修学旅行において、Xは旅行引率団長として校務出張をしたところ、その際、同月6日朝に宿泊先を出発した最初の集団を見送った後、次の集団がホテルに到着するまでの間、万一の突発事故等に備えて、連絡要員として同ホテルに待機するという職務があったにもかかわらず、同ホテルを外出し、ゴルフをし、さらに、Yに対してそのプレー時間や費用負担等について虚偽報告したという理由により、懲戒解雇されたものである。

(決定要旨)

　Xは、昭和33年にYに教諭として雇用され、昭和58年にA高校の教頭となり、本件懲戒解雇処分に至るまで、大過なく勤務している(Xに、右ゴルフ・プレー以外に非違行為があったとは、Yによっても、なんら主張されておらず、その疎明もない)こと等の事実を勘案すると、右ゴルフ・プレーという職務違反行為により、戒告、減給、あるいは場合によって停職処分にするは格別、右ゴルフ・プレーの一事をもって、Xを懲戒解雇処分にするのは相当であるとはいえない。

　また、XのYに対する虚偽報告の点も、教職(とくに教頭)にある身としては、あるまじき行為ではあるが、もともとの職務違反行為は、右ゴルフ・プレーという懲戒解雇処分にするのは相当ではない行為であること、また、少しでも自己の身を庇おうとするのが人間の情であることに鑑みれば、右虚偽報告の点を殊更、重大視して、Xを懲戒解雇処分にするのも相当でないというべきである(Yは、ゴルフ・プレーの費用を業者負担とさせた点も問題とするが、<証拠略>によれば、ゴルフ・プレー費用は、22059円であり、また、Xによれば、ホテルに帰って、ゴルフ費用の精算をホテルに申し出たところ、「社長のメンバーコースでもあり、格安にしてもっているので、ご心配は無用です」とホテル側に言われ、厚意

職務懈怠　解雇無効

に甘えたと弁解しており、右弁解どおりとすると、Xの右行為が懲戒解雇にしなければならないほど悪質であるとまではいえない)。

以上のとおりであるから、本件懲戒解雇処分がX主張のように、Yの前理事長が私怨をはらすために行われたものであるかどうかにつき判断するまでもなく、本件事案の下では、YのXに対する懲戒処分は重きに失し相当であるとは認められないので、本件懲戒解雇は無効であるというべきである。

> 千葉支局長としての転勤命令を不服として、ほとんど業務を行わなかったことを理由とする懲戒解雇が有効とされた例

日本工業新聞社事件

(平成15年2月25日　東京高裁判決)(労判849号99頁)

(事案の概要)

　Xは、昭和46年4月1日、新聞記者として、Yに雇用され、東京本社編集局に所属して、化学業界、繊維、紙パルプ業界等の取材業務等に従事した後、平成元年7月に編集局産業第3部次長に就任して編集業務に従事し、平成3年5月に論説委員会付き編集委員に、平成4年2月に同論説委員に就任した。

　Yは平成5年3月期に大幅な赤字に転落したため、経営の合理化に取り組み始め、組織再編をする中で、千葉を関東総局から分立させ、支局に昇格させ、支局長に編集経験豊かな有力人材を配置することにより、千葉県の販売部数を5割増部することなどを内容とする計画を策定し、当該計画に基づき、平成6年2月1日、Xに対して、千葉支局長として勤務するよう人事発令を行った。

　しかし、Xが当該辞令の交付を拒否したため、同月7日、Yに対し、異動の発令の日から原則として1週間以内に着任することとされている就業規則に基づき、翌8日に本社に出頭するよう伝えたが、Xは、直接千葉支局に出勤、その後、Yの再度の求めに応じて本社に出頭し、その際に、懲戒解雇を避けるためやむを得ず赴任したが、今後とも労働組合を通じて配転の撤回を求めるなどと述べた。

　その後、Xは、支局長としての管理業務を一貫して行わず、新聞記者としても80行程度の記事を1度出稿したのみで、その後は、記事の出稿要請を拒否する等があったことから、同年9月19日、Yの賞罰委員会において、Xを懲戒解雇に処することを議決し、Xに対し、同月22日付で懲戒解雇処分することを通知したものである。

(判決要旨)

　Xは、千葉支局に支局長として赴任してから本件解雇に至るまでの半年以上の間、支局長として行うべき支局や支局員に対する管理業務を一貫して行わなかったばかりか、新聞記者としても、80行程度の記事を1回出稿したのみで、その後は、記事の出稿を拒否し、記者として最低限の取材活動を行った形跡すら窺えず、Yが経営の立直策の一環として主催した千葉県内における

職務懈怠　解雇有効

展示会への参加も拒否した上で、Yの社長名で支局長としての業務に従事するように求められたにもかかわらず、これにも耳を傾けようとしなかったのであるから、こうしたXの姿勢は、単に、会社の利益代表者と疑われるのを避けようとしたものにとどまらず、Yの従業員として行うべき最低限の業務をも放棄したものというほかなく、Xの一連の振舞いが就業規則78条5号の懲戒解雇事由に該当することは明らかであり、その内容や、新たに発足した千葉支局の業務を半年以上にわたって滞らせた結果も重大というべきであることに鑑みると、Xが千葉支局に赴任する以前の取材活動等においてYに対する貢献がそれなりにあったことを十分に考慮したとしても、YがXを懲戒解雇したことは、客観的にみても合理的な理由に基づくものというべきであり、本件解雇は、社会通念上相当と是認することができ、懲戒権を濫用したものということはできない。

> 懲戒歴などに照らすと、長期間の連続欠勤、度重なる職務復帰命令に違反したことを理由とする懲戒解雇が有効とされた例

日経ビーピー事件

(平成14年4月22日　東京地裁判決)（労判830号52頁)

(事案の概要)

Xは、昭和58年4月1日、Yと雇用契約を締結し、その後、一貫して雑誌編集の業務に従事していた。

この間、Xは、記者として就労した際には、取材時に一貫してメモを取らないという取材方針を貫いたため、
- 記事のもととなる情報が不正確になって取材先との間でトラブルが生じたこと、
- 上司がいちいち事実確認をとらなければならなかったこと

という不都合が生ずるとともに、文章の表現力が不十分でそのままでは記事として使えないこと、作成した記事の実績が他の記者と比較して不十分であることから、各職場における上司の記者としての評価は非常に悪かった。

また、パソコン通信システムを担当した際には、メッセージの書き込みにより会社の信用を傷つけたとしてけん責処分を受けるなど、勤務実績はすこぶる悪いとの評価を受けていた。

さらに、周囲との関係での態度や、体力不足から、または上司と口論した直後に突然年次有給休暇をとったり、記事の締切までに記事を書くことができず、周囲の記者が穴埋めをしなければならなかったこと等、各配属先の上司や同僚からの勤務態度に関する評価も悪かった。

Yの人事部においては、Xを他の編集部に異動することを検討したが、YでのXの悪評価が定着していたため、引き受けようとする編集長がなく、システム部や、調査部でもXの受け入れを拒んだ。

その後、Xは福利厚生部へ異動したが、そこでも業務上のミスを繰り返すとともに、勝手に早退しないようとの業務指示に対して、異動を承諾していないから、業務指示に従う必要はないとして早退を繰り返し、減給を受けた。

また、Xは、平成12年1月10日、上司にあてて、同年3月17日まで欠勤する旨の電子メールを送付し、その後も、上司の指示に従わず、所定の書式による欠勤届を提出しないなどの行為があったことから、同年3月2日、YはXに対して懲戒解雇通告書を内容証明郵便により送付したものである。

職務懈怠　解雇有効

（判決要旨）

　Xは、平成12年1月11日から同年3月2日までの長期間、上司による承認を受けることなく連続して欠勤し、Y代表者、Yの人事部長及び人事・総務担当役員による職務復帰命令に違反したという点は、XのYの従業員としての基本的な義務に反する重大な命令違反であるといわなければならない。それだけでなく、本件出勤停止処分の後の福利厚生部会の出席拒否、伝票をB次長に提出するとの指示命令違反行為、早退に許可を受けるべしとの指示命令違反行為は、Xの重大な非違行為であると評価できる。そして、Xは、それまでに、本件第1けん責処分、本件第2けん責処分、本件減給処分及び本件出勤停止処分という懲戒処分を受けていることを合わせ考えれば、本件懲戒解雇は、相当な処分であるし、平等原則の見地からも適切であるといわなければならない。

> 懲戒歴のある社員の長期間の連続欠勤、職務復帰命令違反を理由とする懲戒解雇が有効とされた例

かどや製油事件

（平成11年11月30日　東京地裁判決）（労判777号36頁）

（事案の概要）

Yは、昭和56年2月、経理部担当としてXを雇用した後、平成3年8月、YはXを経理課から販売部販売統括室に配転した。

Xは、平成8年5月22日から同年7月25日までの間、出勤しても一日の大半において上司に届け出ることもなく職場の自席を離れて連絡がとれない状態で会社の業務を遂行せず、また、約4年半にわたり虚偽の住所をYに届け出て通勤手当の支給を受け、約231万円を不正利得していたことが就業規則の懲戒解雇事由に該当するとして、平成8年8月6日、Xに対し口頭で懲戒解雇する旨の意思表示をしたものである。

（判決要旨）

1　Xは、平成8年5月22日から同年7月25日までの間、出勤しても一日の大半は上司に届け出ることなく職場の自席を離れて連絡が取れない状態になってしまい、その間Yの業務を遂行しなかったことが認められ《中略》、右認定によれば、XはYの業務遂行をほとんど放棄していたに等しく、その不誠実な勤務態度はYの就業規則72条2号に該当する。《中略》

2　Xは、平成4年3月から平成8年8月6日に本件懲戒解雇をされるまでの間、終始東京都品川区（略）に居住しながら、Yに対しては、平成4年3月20日に宇都宮市（略）に転入した旨の住民票を提出して転居の届出をし、この住民票上の住所とYの所在地（東京都品川区（略））との間の通勤手当の請求をし、前記のとおり、平成4年3月から平成8年9月分まで合計金271万1364円を受領したことを推認することができる。《中略》

1及び2の事実によれば、その余の抗弁について判断するまでもなく、Yは本件懲戒解雇を行うに足りる十分な根拠があるものというべきである。

職務懈怠　解雇有効

> 勤務成績が著しく不良としてなされた懲戒解雇が、有効とされた例

日本消費者協会事件
（平成5年12月7日　東京地裁判決）（労判648号44頁）

（事案の概要）

　Yは、商品についての調査研究、公正な情報の提供及び啓蒙教育を通じて消費者の利益を保護するとともに、我が国における消費生活の向上に資することを目的に設立された公益法人であり、Xは、昭和52年5月1日、Yに雇用され、教育事業、人事等の業務に従事してきた。

　Xは、昭和60年に教育相談室から商品テスト室に配置換えされたところ、この配置換えに不満を抱き、上司に対し反抗的な態度を示すようになった。そして、昭和62年5月には「消費者問題に関する業務担当に専従することを条件に雇用契約したはずなのに、この1年半当該業務から外されている。よって、雇用契約どおりの業務に従事させるように要望する」との内容証明郵便を、同年10月には「消費者教育などの業務を専門的かつ主務的に従事することで雇用契約したが、昭和55年からの協会不祥事に伴う5か年計画期間に直面し、大幅人員削減の影響で過重な業務分担を余儀なくされ、そのあげく昭和61年から担当業務範囲のないポストに配置されている。よって、昭和57年からの残業手当分、上司が負うべき業務を肩代わりさせられた過重労働分、その後の業務分担のない状態における損害を補填されたい」との内容証明郵便をYに出した。

　Xは、その後も上司の指示に従わず、仕事を拒否するようになり、同僚ともうまくいかなくなったため、Yは、Xを、昭和61年1月には総務室、昭和62年4月には企画室、昭和63年1月には国際シンポジウム開催準備室に配置したが、Xの勤務態度に改善が認められないため、昭和63年4月に専務理事付とし、同理事が直接指導することとなった。

　同理事はXに対し、専務理事付となって以降再三にわたり、「月刊誌の記事掲載禁止の法的問題の研究」、「消費税に関する資料収集と調査分析」を早急にまとめて報告するように命じたが、Xはこれに従わず、その後も連日の如く、「自己の業務範囲を明確にせよ。過去の超過勤務手当を支給せよ」等の発言を繰り返し続けた。同理事ら上司がXを注意指導しようとしたが、Xはこれにまったく耳を傾けず、声を張り上げてY

を非難したり、反抗するばかりで、ついに専務理事の命令に従わなかった。

これに加え、Xは、遅刻が多く、また、無断欠勤もあり、上司が始末書の提出を命じても、これを拒否した。

Yは、再三にわたりXの前記言動について指導をしたが、Xはこれに従わないので、何度も厳重注意処分にしたり、譴責処分にして、Xの反省を促したが、Xの態度は改まらず、本件懲戒解雇処分となったものである。

(判決要旨)

右認定した事実によると、本件懲戒解雇処分には前述した処分事由があり、本件懲戒解雇処分が懲戒権を濫用してなされた事情も認められない。

よって、本件懲戒解雇処分は有効であり、この点に関するXの主張は理由がない。

業務命令違反　　解雇無効

> 労働者の行った退職の意思表示について、自主退職しなければ懲戒解雇がなされると誤信して行われたものであるとして、錯誤により無効とされた例

富士ゼロックス事件

（平成23年3月30日　東京地裁判決）（労判1028号5頁）

（事案の概要）

　Yの社員であったXは、出退勤時刻の虚偽入力及び交通費等の二重請求についてYから事情聴取を受ける中で、Yから懲戒規程を確認するように指示を受けた上、自主退職をするか懲戒手続を進めるかどちらを選択するかを問われ、当初Xは退職したくない旨述べていたものの最終的に自主退職を選択する旨の意思を示した。その約2か月後、YはXに対して出勤停止30日の懲戒処分を課すことを決定し、Xに通知した。同日、XはYに対して退職願を提出したが、その後退職の意思表示が錯誤により無効である等と主張し、地位確認の請求を行った。

　Xは、YがXに対し有効に懲戒解雇をなし得ないにもかかわらず、自主退職しなければ懲戒解雇になると誤信した上で退職の意思表示を行ったものであり、動機の錯誤による意思表示であること、及び動機の錯誤は相手に表示されていた場合には無効となるところ、その動機（懲戒解雇を回避するために自主退職を選択すること）はYに対して表示されていたと主張した。

　これに対し、Yは、退職の意思表示について、Xの退職願の提出に際し強い勧告や誘導があった場合に限り錯誤の問題が生じるところ、そのような勧告や誘導は行っておらず、また、Xは最初に自主退職の意思を示してから退職願を提出するまで約2か月にわたり退職するとの姿勢を維持していたものであり、Xの退職の意思表示は真意に基づくものであると主張した。

（判決要旨）

　Xは、事情聴取において、Yから、①「職を辞して懲戒解雇を避けたいのか、手続を進めるのか。そこをやるだけだ。」、「辞め方の違い、去り方の違い。」、「会社に残りたい、これは寝言。」、「自主退職を申し出るのか、会社から放逐されるのか、決めて欲しい。」、「懲戒解雇は退職金は支払わない。会社は必ず処置をする。一番重たい結論になる可能性が高い。」などと言われ、XがYに自主退職するか考える時間が欲しいと求めたところ、「結果が出ているのにこの期に及んで」、「我々は救いの手を伸ばしている。」などと

解雇無効　業務命令違反

言われたこと、②出勤停止処分の言渡し後、XはYに対し、継続して勤務することができるかを尋ねたところ、Yから「懲戒解雇に当たるところを、…退職をもって責任を取りたいという、その表明されたということで勘案して出勤停止30日になった。」「本来はもっと重い懲戒に相当するものであるということは十分自覚されていますか」などと言われたことから、Xは、自主退職しなければ懲戒解雇されるものと信じ、懲戒解雇による退職金の不支給等の不利益を避けるために退職の意思表示をしたものと認められる。なお、Yは、事情聴取において、Xに対し、懲戒解雇になるかについて、「100パーセントとは言えない。」、「決定しているわけではない。」などと発言し、懲戒処分の言渡しの際には、Xが自主退職を申し出なければ、「結果としてそういう処分（懲戒解雇処分）になり得た可能性もある。」などと発言しているが、Yが、Xに対し、自主退職せずとも出勤停止以下の処分になる可能性について具体的に言及したことを認めるに足りる証拠はなく、一連のXとのやり取りにかんがみると、これらの発言をもって、懲戒解雇の可能性を示唆したにすぎないと評価することはできない。

　動機の表示の有無については、Xは、「100パーセント辞めたくない。」、「会社だけは辞めさせないで下さいと言いたい。」などと、在職したい意向が強いことを述べた上で、自主退職をするか決断するのに「今週末まで時間を欲しい。自主退職、解雇で退職金が違うということや、冷静に考えたい。」と要望したこと、Xは、懲戒解雇と自主退職といずれが得かをYに尋ね、Yは、「天と地の差がある。重みも、傷も違う。世間の認め方も違う。」などと言ったこと、Xは、退職の意思表示の直前に、Yに対し「私の場合は懲戒解雇があって、2種の選択の中で自主退職をということで、言い出した」と発言したことからすると、Xは、Yに対し、退職の意思表示の動機は懲戒解雇を避けるためであることを黙示的に表示したものと認められる。また、Xは、20年間にわたりYにおいて勤務していたことや再就職が容易でないことも考慮すると、Yが懲戒解雇を有効になし得ないのであれば、Xは退職の意思表示をしなかったものと認められることから、Xの退職の意思表示には要素の錯誤が存在したものといえる。

　Yが懲戒解雇を有効になし得たかについては、Xは、実際の出退社時刻と異なる時刻であることを認識しつつ出退勤時刻として入力したものと認められ、また、自己に有利な時刻の入力が長期間にわたっていること、正しい出退勤時刻について説明を受けた後も不正確な時刻を入力していることは、Xの勤怠に対する認識の低さを露呈するものであり、悪質である。しかし、Xの上司らは、Xが夜休憩を取得せず、勤務を続けていることを黙認するなどしていたことが認められることからすると、Yには労働時間を管理する義務の懈怠があり、その全責任をXに帰するのは相当でない。また、Xが出退勤時に他の社員等と同時に入退室した場合には、その時刻がXの入退室記録としては残らないことから、Xの行った出退勤時刻の入力と記録のずれについては、Xの虚偽入力ではなくXの実際の出退社時刻が記録されていないことを原因とするも

業務命令違反　　解雇無効

の等も相当数含まれていると推認されること、Xが自己に有利な時刻を入力した場合についても、Xは、出退勤時刻をまとめて入力することが多いことなど、不確かな記憶の中で有利な時刻を入力していたものと認められ、他方、XにはYから金員を詐取する動機となるべき事情はないこと等から、積極的にYを欺罔して、金員を得る目的、意図をもってしたものではなく、懲戒解雇が相当であるといえるほどに悪質ではない。また、交通費等の二重請求については、故意により行ったとは認められず、就業規則の懲戒解雇事由に該当しない。よって、YはXに対し懲戒解雇を有効になし得たとは言えない。また、錯誤についてXには重過失も認められない。

　以上のとおり、Xの退職の意思表示は錯誤により無効である。

女性の容姿をして出勤した性同一性障害者の懲戒解雇が無効とされた例

S社（性同一性障害者解雇）事件
（平成14年6月20日　東京地裁決定）（労判830号13頁）

〈事案の概要〉

Yは株式会社であり、XはYに雇用され、本社に勤務していた。

平成13年1月21日、YはXに対し、製作部製作課への配置転換を内示したところ、翌22日に、Xは、①女性の服装で勤務したい、②女性トイレを使用したい、③女性更衣室を使いたい旨を申し出た。

23日、YはXに対し、Yがこの申出を承諾しなければ、①配置転換を拒否する、②配置転換には応じるが、その後の勤務においてこの申出をYが受け入れてほしい、のいずれかを回答するよう求めたところ、Xは①を選択した。

Xは、2月13日から3月1日まで出社せず、一方、Yは、2月14日、2月16日付の製作部製作課への異動辞令及びXの申出を承認しない旨の通知書をXに送付した。

3月4日、Xは女装をして出社し、配転先である製作部製作課に在席したが、しばらくしてYから自宅待機を命じられた。翌日以降8日までの各日、女装してきたXに対し、Yは、いずれの日も、以下の通知書を発し、自宅待機を命じた。

「①　女性風の服装、アクセサリーを身につけたり、女性風の化粧をしたりしないこと、

「②　明日は、服装を正し、始業時間前に出社すること。なお、今後も貴殿が上記命令に従わない場合には、当社就業規則に基づき厳重なる処分をすることとなりますので、その旨付記します」

以後、Xは4月17日まで女装して出社したが、その都度、Yから服務命令違反を理由に自宅待機を命じられ、その後、就労しなかった。

同日、YはXに対し、聴聞手続をした後、懲戒解雇をする旨告知したものである。

なお、Xは平成○年○月○日以降、○に通院し、性同一障害（性転換症）と診断され、精神療法等の治療を受けており、○医師が作成した診断書には、Xは、女性としての性自認が確立しており、今後も変化することない旨記載されている。

〈決定要旨〉

〈解雇事由①として、Xが配転拒否したことが、懲戒解雇事由である就業規則88条

解雇事由の類型別裁判例
業務命令違反　　解雇無効

11号の「正当な理由なく配転（中略）を拒否したとき」に該当する旨のYの主張について＞

Xは、本件申出＜事案の概要記載のXの申出＞が受け入れられなかったことを主な理由として、本件配転命令を拒否したものというべきである。

そして、Yにおいて、就業規則により社員に配置転換に従う義務を課しており、また、2月1日から3月1日までの間に、組織変更等に伴い、10数名の配置転換が行われたこと、他方、Xにおいて、本件は移転命令に一旦応じた上で、Yに対し本件申出を受け入れるように働きかけることも可能であったといえることを併せ考えると、Xによる本件配転命令の拒否は、正当な理由が認められないものというべきである。

したがって、Xは、懲戒解雇事由である就業規則88条11号の「正当な理由なく配転＜中略＞を拒否したときに当たる。

＜ただし＞YがXに対し、本件申出を受けた1月22日からこれを承認しないと回答した2月14日までの間に、本件申出について何らかの対応をしたこと、上記回答をした際にその具体的な理由を説明したことについては、いずれも認めるに足りる疎明がなく、Xの性同一性障害に関する事情に照らすと、Xが、Yのこのような対応について強い不満を持ち、本件配転命令を拒否するに至ったのもそれなりの理由があるといえる。

以上を総合すると、Xによる本件配転命令の拒否が、懲戒解雇に相当するほど重大かつ悪質な企業秩序違反であるということはできない。

したがって、解雇事由①は懲戒解雇の相当性を認めさせるものではない。

＜解雇事由②、③として、Xが配転命令の辞令等を破棄し、Yに送り返した行動や引継業務をしていないことをYが主張していることについて＞

これらの行為は、いずれも本件配転命令の拒否に伴うものといえるところ、懲戒解雇事由である就業規則88条2号の「前条に該当しながら情状重いとき、または改悛の情のないとき」に当たるとはいえず、同条13号の「前各号に準ずる行為があったとき」に当たるともいえず、仮に同号の「その他就業規則に定めたことに故意に違反し」に当たるとしても、懲戒解雇にするまでの相当性は認められない。

したがって、解雇事由②、③は、懲戒解雇事由に当たらないか、又は懲戒解雇の相当性を認めさせるものでもない。

＜解雇事由④として、Xが業務中に会社のパソコンを用いて、私的に開設したホームページに業務と関係のない私的事項を記載したことをYが主張していることについて＞

Xが、13回にわたり、就業時間中にYから業務用として貸与されたパソコンを用い、私的に開設したホームページに業務と関係のない私的事項を記載したものであり、就業規則56条の職務を誠実に遂行すべき義務、58条9号の会社物品を私用で使わない義務、社内ネットワーク管理規程10条のイントラネットを私用で使わない義務にそれぞれ違反し、就業規則87条4号の「勤

務怠慢、素行不良または規則に違反し、会社の規律、風紀秩序を乱したとき」に当たり得るものではある。

　しかし、この行為は、懲戒解雇事由である就業規則88条2号の「前条に該当しながら情状重いとき、または改悛の情のないとき」に当たるとはいえず、同条13号の「前各号に準ずる行為があったとき」に当たるともいえず、仮に同号の「その他就業規則に定めたことに故意に違反し」に当たるとしても、懲戒解雇するまでの相当性は認められない。

＜解雇事由⑤として、Xが服務命令に全く従わず、女装等をして出社し続けたことをYが主張していることについて＞

　一般に、労働者が使用者に対し、従前と異なる性の容姿をすることを認めてほしいと申し出ることが極めて稀であること、本件申出が、専らX側の事情に基づくものである上、Y及びその社員に配慮を求めるものであることを考えると、Yが、Xの行動による社内外への影響を憂慮し、当面の混乱を避けるために、Xに対して女性の容姿をして就労しないよう求めること自体は、一応理由があるといえる。＜中略＞

　性同一性障害（性転換症）は、生物学的には自分の身体がどちらの性に属しているかを認識しながら、人格的には別の性に属していると確信し、日常生活においても別の性の役割を果たし、別の性になろうという状態をいい、医学的にも承認されつつある概念であることが認められ、また、Xが、幼少の頃から男性として生活し、成長することに強い違和感を覚え、次第に女性とし

ての自己を自覚するようになったこと、Xは、性同一性障害として精神科で医師の診療を受け、ホルモン療法を受けたことから、精神的、肉体的に女性化が進み、平成13年12月頃には、男性の容姿をしてYで就労することが精神、肉体の両面において次第に困難になっていたことが認められる。

　これらによれば、Xは、本件申出をした当時には、性同一性障害（性転換症）として、精神的、肉体的に女性として行動することを強く求めており、他者から男性としての行動を要求され又は女性としての行動を抑制されると、多大な精神的苦痛を被る状態にあったということができる。

　そして、このことに照らすと、XがYに対し、女性の容姿をして就労することを認め、これに伴う配慮をしてほしいと求めることは、相応の理由があるものといえる。

　このようなXの事情を踏まえて、Yの前記主張について検討すると、Y社員がXに抱いた違和感及び嫌悪感は、Xにおける上記事情を認識し、理解するよう図ることにより、時間の経過も相まって緩和する余地が十分あるものといえる。また、Yの取引先や顧客がXに抱き又は抱くおそれのある違和感及び嫌悪感については、Xの業務遂行上著しい支障を来すおそれがあるとまで認めるに足りる的確な疎明はない。

　のみならず、Yは、Xに対し、本件申出を受けた1月22日からこれを承認しないと回答した2月14日までの間に、本件申出について何らかの対応をし、また、この回答をした際にその具体的理由を説明しようとしたとは認められない上、その後の経緯に照らすと、Xの性同一性障害に関する

業務命令違反　解雇無効

事情を理解し、本件申出に関するXの意向を反映しようとする姿勢を有していたとも認められない。

そして、Yにおいて、Xの業務内容、就労環境について、本件申出に基づき、Y、X双方の事情を踏まえた適切な配慮をした場合においても、なお、女性の容姿をしたXを就労させることが、Yにおける企業秩序又は業務遂行において、著しい支障を来すと認めるに足りる疎明はない。

以上によれば、Xによる本件服務命令違反行為は、懲戒解雇事由である就業規則88条9号の「会社の指示、命令に背き改悛せず」に当たり、また、57条の服務義務に違反するものとして、懲戒解雇事由である88条13号の「その他就業規則に定めたことに故意に違反し」には当たり得るが、前記の各事情を考えると、前記の事情をもって、懲戒解雇に相当するまで重大かつ悪質な企業秩序違反であると認めることはできない。

よって、解雇事由⑤は、懲戒解雇の相当性を認めさせるものではない。

以上のとおり、Y主張の各解雇事由は、いずれも懲戒解雇事由該当性又は懲戒解雇としての相当性が認められないものである上、これらの事由を総合しても、本件解雇の相当性を認めることはできないというべきである。

よって、本件解雇は権利の濫用に当たり無効である。

解雇無効　業務命令違反

> 配転命令に従わないことを理由とする懲戒解雇が、必要な手順を尽くしておらず、無効とされた例

メレスグリオ事件

（平成12年11月29日　東京高裁判決）（労判799号17頁）
（平成9年1月27日　東京地裁判決）

〈事案の概要〉

Yの従業員であるXが、Yからの退職勧奨を拒否した後、東京都渋谷区の営業本部から埼玉県比企郡の本社・玉川工場への配転を命じられたため、通勤時間が従来の2倍になり、独身女性であることから居住している公団に老後も住み続けたいとして、右配転命令を拒否したところ、懲戒解雇されたものである。

なお、第一審（平成9年1月27日　東京地裁判決）は請求を棄却している。

〈判決要旨〉

Xは、本件配転命令に従わず、平成5年4月1日以降、本社・玉川工場に出社しなかったもので、Yの就業規則19条所定の業務上の指揮監督に従うべき義務に違反しており、その期間も同日以降14日までに及び、懲戒解雇事由を定めた就業規則54条7号所定の「その事案が重篤なとき」に該当する。

しかしながら、本件懲戒解雇の効力は、左記のとおり、認めることができない。

Yは、本件配転によりXの居住地から本社・玉川工場まで、通勤に約2時間と従前の約2倍を要することとなるにもかかわらず、通勤所要時間、方法等について内示前に確認しておらず、本件配転の内示を受け、Xが、通勤の困難を主張して配転を拒む姿勢を示していたのに対しても、本件配転を命じた事情、通勤所要時間、方法等について説明した形跡も見あたらず、高坂駅と本社・玉川工場間に従業員のために運行させている通勤バスについて説明したのも、本件配転の発令後の同年4月2日の代理人弁護士間の交渉の際が初めてである。右事情の下では、本件配転は、Yが、内示後本件懲戒解雇に至るまでの間、本件配転を受け容れるかどうかをXが判断するのに必要な情報を提供せず、前記バスの発車時刻の調整等による通勤時間の若干の短縮等の容易に採用しうる通勤緩和措置も検討しないまま、発令されたと評しうる。〈中略〉

本件配転は、Y側から見れば、いわば余剰となる人員についての配転であり、十分な説明をして必要性を理解させた上で配転

業務命令違反　　解雇無効

に応じさせようとする意欲が乏しく、Xが応じないで退職を選択するのであればそれも構わないとの態度で臨んだのではないかと窺われないではなく、人員削減を図ろうとする使用者の立場からは、無理からぬ事情がある。しかしながら、配転命令自体は権利濫用と評されるものでない場合であっても、懲戒解雇に至るまでの経緯によっては、配転命令に従わないことを理由とする懲戒解雇は、なお、権利濫用としてその効力を否定されうると解すべきである。本件においてこれをみると、前記のとおり、本件配転命令はXの職務内容に変更を生じるものでなく、通勤所要時間が約2倍となる等の不利益をもたらすものの、権利濫用と評すべきものでないが、Yは、Xに対し、職務内容に変更を生じないことを説明したにとどまり、本件配転後の通勤所要時間、経路等、Xにおいて本件配転に伴う利害得失を考慮して合理的な決断をするのに必要な情報を提供しておらず、必要な手順を尽くしていないと評することができる。このように、生じる利害得失についてXが判断するのに必要な情報を提供することなくしてされた本件配転命令に従わなかったことを理由とする懲戒解雇は、性急に過ぎ、生活の糧を職場に依存しながらも、職場を離れればそれぞれ尊重されるべき私的な生活を営む労働者が配転により受ける影響等に対する配慮を著しく欠くもので、権利の濫用として無効と評価すべきである。

解雇無効　業務命令違反

> 職務復帰命令に応ぜず、無断欠勤及び指示命令違反を理由としてなされた懲戒解雇が無効とされた例

アリアス事件

（平成12年8月25日　東京地裁判決）（労判794号51頁）

（事案の概要）

　Yは、ホテルの経営及び不動産関連事業を行っている会社であり、訴外会社Sを中心とするグループ企業に属している。Xは、平成2年3月にSに入社して不動産部に配属され、6年12月にはホテル事業部部長になっていたが、9年8月にはYに転籍となり、YにおいてもホテルS事業部部長としてSグループの関連会社が経営するホテルの運営管理を担当していた。

　Yは、10年5月25日に同年6月25日付けで解雇する旨の意思表示をした（以下、「第1次解雇」という）。これに対してXは、地位保全等の仮処分を申し立て、Yに賃金の仮払を命ずる仮処分命令を得た。その後、Yは同年12月に第1次解雇を撤回してXを復職させることとした（この通知直後、Xは第1次解雇から同年11月分までの賃金支払を求める訴訟を提起し、11年1月に右請求を認容する判決を受けていた）ものの、Xの部長職を解任した上で、賃金を減額することとした。第1次解雇撤回後、Xの代理人弁護士とYとの間で勤務に関する書面のやりとりがあったが、Yは職務に復帰するよう求める通知をしたにとどまり、Xの労働条件等については回答せず、XはYで就労することはなかった。こうしたことから、Yは就業規則の「正当な理由なく、無断欠勤が3日以上に及ぶ者」、「職務上の指示、命令に反抗し、その業務の遂行を妨げた時」に基づき無断欠勤及び職務上の指示命令違反でXを11年3月30日付けで懲戒解雇に付した。

　なお、Yは、職場復帰を求めていた間、Xは二重就業をしていたとして本件口頭弁論期日において懲戒解雇の意思表示（以下、「第2の懲戒解雇」という）をしている。

（判決要旨）

　第1次解雇撤回後、YがXに通知したのは、部長職を解任し、賃金を引き下げるとする内容にとどまり、復職後の勤務内容等は全く明らかにされていなかったことなどから、Xが、第1次解雇が撤回されたとしても、復職後の勤務条件に不安を持ち、その代理人を通じてYに対し勤務内容を明らかにするよう申し入れ、また、Yが第1次解雇を撤回した以上、解雇期間中の過去分

業務命令違反　解雇無効

の賃金を速やかに支払うよう求めることは当然であるといえ、これに対し、YはXの代理人弁護士に対しXの今後の担当業務等を具体的に説明したり、明らかにするなどの対応は全くしないまま、直接X本人に来社するよう強く求めるのみであったのであり、これら一連の事実を総合考慮すればXが職務復帰命令に応ぜず就労しなかったとして、無断欠勤及び職務上の指示命令違反を理由としてされた本件懲戒解雇は、社会的に相当性を欠くもので、解雇権の濫用に該当し、無効であるというべきである。

また、就業規則上、二重就業は服務規律違反には該当するが、二重就業自体が懲戒事由として規定されているものではないこと、Xは第1次解雇撤回にもかかわらずYが解雇期間中の過去分の賃金を支払わないため生活費が不足し、日給制の臨時雇いとしてK建設でアルバイト勤務したにとどまることなどの事実関係に第1次解雇撤回後の経緯を併せ考慮すれば、YがXに二重就業があるとしてした第2の懲戒解雇も解雇権の濫用に当たるものといわざるを得ない。

> 配転命令拒否には正当な理由がなく、懲戒解雇事由に該当するが、懲戒解雇に至る手続が適正を欠き、解雇が無効とされた例

三和事件

（平成12年2月18日　東京地裁判決）（労判783号102頁）

（事案の概要）

　Xは、集中在庫管理と梱包発送作業、ダイレクトメールの企画制作等を主たる業務とするYに、人材銀行を通じて雇用され、3か月の試用期間を経て正社員となり、営業部の課長待遇として勤務していたところ、外注費削減を目的として、Yは、Xに対し、平成9年10月6日、業務部への配置転換を命じた。

　これに対して、Xは、Yには営業職、管理的職業に限定して雇用されたものであると主張して配置転換を拒否したことから、Yは、就業規則51条9号の懲戒解雇事由「正当な理由なく配置転換・転勤・出向を拒んだ場合」に該当するとして、10月31日付けで懲戒解雇したものである。

　なお、配転後の就労開始日は11月1日とされていた。

（判決要旨）

　＜XとYとの雇用契約につき、①Yが人材銀行に求人登録をしたのは、営業力を強化する目的で即戦力となる者を採用したかったからであり、営業部の課長のポストに欠員が生じたり課長ポストを増設するためではなかったこと、②Yにおいては、X以前にも人材銀行を通じて採用し、営業部に配置した従業員を業務部へ配置転換を行ったことがあること、③Xの採用面接においても、特定のポストに充てるという会話が交わされた形跡がなく、また、X自らも営業職、管理的職業という限定を付した雇用契約を締結する意思があったとは認められないことから、XとYの雇用契約は、入社当初Xを営業部に配属し、課長と同等の賃金を支払うことを内容とするものであり、営業職、管理的職業に限定を付したものではないとし、Yの配転命令権を認めた上で、本件配転命令も、Yには、外注費を削減する目的で、営業部を含む他の部署から業務部へ複数の従業員を配置転換する業務上の必要性があったことを認め、本件配転命令が配転命令権の濫用には当たらないとした。

　また、Xは、遅くとも平成9年10月7日以降、本件配転命令には従わないとの意向を示して、本件懲戒解雇に至るまでの間、その意向を変えなかったものであり、本件

業務命令違反　解雇無効

配転命令を拒否したことは明らかであり、Yに配転命令権があり、また本件配転命令が配転命令権の濫用に当たらないものであるから、本件配転命令拒否には、正当な理由がなく、就業規則51条9号に該当する懲戒解雇事由があると認めた。なお、Xらは労働組合を結成し、本件配転命令を団体交渉の協議事項とすることを求めたが、配転命令拒否は個人の問題であると主張してYはこれを拒否した。＞

　Xらは、本件配転命令を拒否していたとはいえ、話し合い等により納得すれば配置転換に応ずる旨述べていたこと、＜中略＞仮にY労組が本件配転命令後に結成されたものであるとしても、本件配転命令はXらの労働条件に関わるものであるから、Yにはこの問題に関し団体交渉に応ずる義務があったにもかかわらず、これを拒否したものであって、労働組合法第7条2号に該当する不当労働行為であるといわざるを得ないことからすれば、Yは、少なくとも、団体交渉の継続を約束した上で、就労開始日以降の業務部で就労を求めるべきであって、右のような手続を経ることなく、就労開始日を待たずになされた本件懲戒解雇は、その余の手続の適正について論じるまでもなく、手続の適正を欠き、解雇権を濫用するものとして無効であるというべきである。

解雇無効　業務命令違反

運転手が事故の報告を怠ったことを理由とする諭旨解雇が、無効とされた例

フットワークエクスプレス（山口店）事件
（平成10年7月15日　山口地裁判決）（労判749号61頁）

（事案の概要）

Yは、貨物自動車運転事業等を業としている株式会社であり、Xは、昭和45年10月16日、労働契約を締結し、以後、Yの長距離トラック運転手として稼働していた者であり、平成7年11月2日当時、Y山口店に勤務していた。

Xは、同年9月19日、Y尾道店から山口店まで11トントラックを運転中、尾道市内で民家の敷地に駐車中の乗用車の後部に本件車両を接触させ、同乗用車に損害を与えた。

Xは、店長Aから本件事故について問い合わせを受けたところ、事故の責任を認めない曖昧な言い方に終始したこと等から、Yは、本件事故を当て逃げ事案と判断して、同年10月23日から3回にわたり賞罰委員会を開催した結果、諭旨解雇が相当として、同年11月2日付でXに対して諭旨解雇する旨の意思表示をしたものである。

（判決要旨）

Xの店長らに対する行動は、Yの業務としてトラックを運転中、自らの過失により本件事故を引き起こしたY従業員のYへの対応としては、誠実さに欠ける面があり、被害者から使用者責任を問われるYの早期の対応を遅らせ、企業としての社会的信用を害するおそれがある行為であるとともに、使用者たるYとの労働契約上の信頼関係を損なう行為というべきであるから、Xは、本件事故発生及び爾後の対応について、本件就業規則に基づき、Yから何らかの懲戒処分を受けてもやむを得ないというべきである。

しかしながら、Xは、本件事故につき、被害車両を損傷したことを認識しながら、あえてこれを放置したとまでは認められないこと、Xの行動が、Yに損害を加える意図またはそのおそれがあることを認識しながらなされたものとまでは認められないこと、被害者側との間では、被害車両の損壊につき、修理代金を被害者側に交付することで被害弁償が円満に終了していること、具体的にYの社会的信用を失墜させる結果の発生が認められないことに加えて、解雇処分が労働者に与える影響の重大性を考え併せると、本件事故の態様及び爾後のXの

業務命令違反　解雇無効

対応が、懲戒（諭旨）解雇処分該当事由としての本件就業規則第142条4号＜*故意又は重大なる過失により会社に損害を与えたとき*＞又は13号＜*著しく会社の名誉信用を失墜する行為を行ったとき*＞に該当するとまではいえず、また、同条19号＜*その他前各号に準ずる行為があったとき*＞により、解雇処分とするのは、懲戒処分としては重きにすぎ、本件が同号に該当するということもできない。

よって、Xに対してなされたYの本件処分は、就業規則の適用を誤り、懲戒（諭旨）解雇事由がないにもかかわらず行われたものであるから、本件処分をする旨の意思表示は無効である。

> ワンマンバス乗務員Ｘ１、Ｘ２の行った手取り行為に対する懲戒解雇につき、横領の意図の有無により、それぞれ無効又は有効とされた例

西日本鉄道（後藤寺自動車営業所）事件
（平成9年4月9日　福岡高裁判決）（労判716号55頁）

（事案の概要）

Ｙは、バス等の旅客運送業等を営む株式会社であり、Ｘ１は、昭和34年6月に、Ｘ２は、昭和38年4月に、それぞれ自動車運転士として採用され、以来、Ｙの自動車運転士として乗合バス運転の業務に従事していた。

Ｘ１は、平成3年6月22日、乗客から運賃を手取りし、その後、巡回指導員に運賃収受手順違反を指摘されるまで保管したことを理由として、同年10月25日、労働組合の了承を得た上で懲戒解雇されたものである。

Ｘ２は、平成2年10月6日、乗客から運賃を手取りし、紙幣ボックスに3センチメートルほど残して差し、巡回指導員に運賃収受手順違反を指摘されるまで保管したことを理由として、労働組合の了承を得た上で懲戒解雇されたものである。

（判決要旨）

＜Ｘ１の手取り行為の評価＞

Ｘ１は、Ａ《乗客》が両替すべく投入した百円硬貨が両替機故障のため両替できず、また、右硬貨自体も戻らなかったため、釣り銭を得るべくＡ及び乗客某から720円の運賃を手取りしたが、それでも40円の釣り銭が用意できなかったので、一旦Ａから受け取った100円硬貨3枚のうち1枚を同人に返却するとともに、後の乗客に対する釣り銭として確保すべく、920円を回数券袋に入れて自ら保管したものと認定すべく、また、右故障は、車の振動ないし何らかの事情で自然に直ったものと認定するのが相当である。

＜手取り行為の調査を行ったＣ係長の指摘である、①たとえ、両替機が故障したとしても飯塚バスセンターでは助役等に話して両替金を借りることが可能であり、Ｘ１もその経験があるのに、そのような措置を講じなかったことは不自然であること、②中州の停留所を通過した辺りで両替機の故障が直ったことが分かっていながら、終点で運賃収受手順違反を指摘されるまで920円を運賃箱に投入しなかったのは不自然であること、③手取りした運賃中に50円硬

業務命令違反　解雇無効

貨があったのであるから、Aに対しては50円を返却して、後日差額の10円を支払うように指示すべきであって、100円を返却したのは不自然であること等を踏まえて＞

①、②の指摘は重要であり、また、Aが運賃の差額を後に支払うことが保障されていない状況の下では、Yの損害を少なくするため、Aに対し100円硬貨を返却せずに50円硬貨を手渡した方が適切な措置であったことはいうまでもない。

しかし、乗客を必要以上に待たせず、また、運行ダイヤに著しく反しないように腐心し、かつ、運航中は事故防止等に注意を集中している乗務員に対し、その場その場で最も適切な措置を採ることを求めるのは、些か難きを強いるものといわざるを得ないし、まして、右の不自然さの故をもってX1に運賃横領の意図があったものと推認することは到底できない。

そのほか、X1に運賃横領の意図があったことを認めるべき証拠はない。

そうだとすれば、X1の本件手取り行為が、就業規則第59条第3号＜正当な理由なく上長の職務上の指示、会社の諸規定、通達などに従わなかったときに、譴責、減給または出勤停止に処する＞に該当することは明らかであるが、同60条第11号＜会社の現金、乗車券その他の有価証券もしくは遺失物処理規則に定める遺失物を許可無く私用に供し又は供そうとしたときに、論旨解雇または懲戒解雇に処する＞に該当するとはいえないし、また、同条の各号列記事項の悪質さに鑑みると、同条第3号＜上長の職務上の指示に反抗しもしくは会社の諸規定、通達などに故意に違反し又は越権専断の行為をしたとき＞に該当すると解するのも困難である。

仮に同号に該当するとしても、横領の意図を伴わない単なる手順違反に過ぎない運賃の手取り行為に対し懲戒解雇をもって臨むのは、それが企業外への排除であり、しかも退職金の支払いもなされないことを考えれば、苛酷に過ぎるものというべく、客観的に合理的な理由を欠き社会通念上相当として是認することができないから、X1に対する本件懲戒解雇は権利の濫用として無効と解するのが相当である。

＜X2の手取り行為の評価＞

X2が平成2年10月9日及び同月10日に行われたYの調査（取調べ）の際、2000円＜乗客が運賃箱に入れようとした金銭＞は持ち帰るつもりであったと供述した上、何か言いたいことはないかと問われて「後藤寺自営業所をはじめ皆さんに大変ご迷惑をおかけしました。今後の手続を1日も早くお願いします」旨述べ、特に同月10日には、X2の乗用自動車から発見された現金14万円につき、「間違いなく私金ですので、よろしかったら返していただきたいと思います」と述べ、そのころ、上司である後藤寺自営業所長のDに対し、「いろいろご迷惑をかけました。調査についてもう腹を決めました」という趣旨のことを述べた上、雇用保険の受給について相談した事実、X2が指導員から運賃収受手順違反を指摘された際、あわてて右2000円を運賃箱に投入しようとした事実及びYにおいては運賃の手取りが厳禁されている事実を併せ考えれば、X2は横領の意図をもって前

解雇無効　業務命令違反

記2000円を手取りし、自己の管理下に置いたものと認定するのが相当である。

そうだとすれば、X2の行為は、就業規則第60条第3号、第11号に該当するものというべく、YのX2に対する懲戒解雇処分は理由があり、X2に横領の意図があった以上、右処分が客観的に合理的な理由を欠き社会通念上相当として是認することができないものとは到底いえないから、権利の濫用に当たるとはいえない。

3　懲戒解雇

業務命令違反　解雇無効

> 制帽不着用のバス運転士に対する懲戒解雇が、無効とされた例

神奈川中央交通事件

（平成8年7月16日　横浜地裁判決）（労判711号92頁）

〔事案の概要〕

　Yは、自動車運送業等を目的とする会社であり、Xは、昭和36年9月以降バス運転士としてYに雇用された従業員である。

　Yは、昭和26年に「服制」と題する規程を制定し、その中では、従業員運転士については、制帽を着用するよう規定されているところ、Xは、平成4年7月5日に制帽を着用していないことを指導されたのに対し、安全運転するためにかぶりませんなどといって制帽の着用を拒否し、その後も再三にわたる制帽着用の指示にも一切従わなかったことから、Yは、Xに対し、平成4年8月19日付で懲戒解雇する旨の意思表示をしたものである。

〔判決要旨〕

　使用者の懲戒権の行使は、当該具体的事情の下において、それが客観的に合理的理由を欠き、社会通念上相当として是認することができないときは、権利の濫用として、無効となると解するのが相当である。

　これを本件についてみるに、Xは、所属営業所長、助役の注意や指示を全く無視して同年7月5日から同月12日までの間、殊更に脱帽を繰り返し、研修センターにおける再教育においても、その後の所属営業所長の教育においても、なお自己の主張に拘泥して、制帽は着用しない、信念であるなどと言って改めなかった。このように、Xによる制帽不着用は、たまたま着用を忘れたというものではなく、就業規則及び服務規程に違反するものであることを十分認識しながら、意図的に乗務中の脱帽を累行し、所属上長から再三にわたって注意され、指示を受けても全く改めなかったというものである。平成2年9月の訴外労組の平塚分会委員会においても、Xは、中央執行委員長から「まず決められたことを守ることが前提」とくぎを差されたのに、就業規則及び服務規程に違反することを承知の上で、いわば直接行動に出たという事案であり、Xの本件行為は、Yの職場規律と秩序を乱す行為に該当するものであり、相応の懲戒を受けてもやむを得ないものというべきである。〈中略〉

　旅客の立場に立ってみると、旅客が乗合バスに乗車するということは、運転手に自分の生命を預けるに等しい行為であるから、全面的な信頼を措くことができる運転手か

どうかは当該旅客の重要な関心事である。旅客にとって、運転手にみられる服装の乱れから規律の乱れを連想させることもあり、規律の乱れは運行の安全に対する不安感を生じさせるものである。制帽を例にとると、同一事業場の乗合バスでありながら、きちんと着帽している運転手がいる一方で、脱帽している運転手がいるというのは不自然であり、旅客としては着帽している運転手に安心感を抱くであろう。また、着帽の仕方も問題であって、かぶり方如何では、旅客に不快感や不安感を与えることもあろう。そのような意味において、本件行為のうち、制帽の不着用という規律違反は、乗合バスの運転士という職責を考慮すると、決して軽いものではない。また、本件行為のうち、上司の指示、命令違反は、その内容及び態様から考えて、あからさまな犯行といえるものであって、その責任は重いといわざるを得ない。

しかしながら、制帽不着用により具体的な業務疎外の事実が生じたということは認められないし、指示、命令違反もそれ自体が社内の秩序を乱す行為であるが、本件においてはそれを超えて、Xを企業から排除しなければ、社内の秩序の維持が困難となり、その業務が阻害されるに至る程度のものと認めるには足りない。また、Xは本件行為が行われた1年前の平成3年7月18日平塚駅と四ノ宮間で、脱帽して乗務しているところを添乗監察員に現認されているが、何ら懲戒を受けていないし、脱帽しても懲戒を受けていない運転士もおり、懲戒を受けた3名は減給に過ぎなかったのであって、本件行為（脱帽）が問題とされた過程において、Xが懲戒解雇されることを警告されたり、そのことを予測させる事情は生じていない。そのような経緯をめぐってなされた上司による指示、命令や指導において「頑なに態度を改めなかった」として、懲戒解雇されるに至ったことは、Xにとっては事態の意外な展開であったと推認するに難くない。

以上のように検討すると、本件行為がそれ相応の懲戒に相当するものであるとはいえ、また、より重い懲戒の種類を選択できる懲戒規程10＜業務上の指示命令に従わず、業務の秩序を乱したとき＞条3号＜次の各号の一に該当するときは、懲戒解雇、降職、昇給停止もしくは出勤停止に処する。＞、8号＜前条の各号に該当し、懲戒を受け、なお改悛の見込みがないとき、および2年以内に再び及び前条に該当する行為のあったとき＞9号＜前条第4号及び第9号に該当し、その程度の重い者＞に該当するものとしても、Xは昭和36年以来Yの従業員として勤続31年の安定した地位にあったのであり、本件において認められる本件行為の動機、態様、業務阻害の有無、前記3名に対する懲戒例との均衡、その他の情状を併せて考慮すると、右認定のXに認められる過去の懲戒歴（特に、本件の2年以内以前の減給の懲戒）及び規律違反歴並びに（証拠略）により認められるXの勤務態度や勤務状況等の事実を考慮に容れても、Xに精神的、社会的及び経済的に重大な不利益を与える懲戒解雇をもってこれに臨むことは、懲戒権の濫用に当たるものというべく、本件懲戒解雇は無効といわざるを得ない。

業務命令違反　　解雇有効

> 適法な年次有給休暇時季変更権が行使されて、就労義務が生じているのに従わなかった社員の懲戒解雇が有効とされた例

時事通信社事件

（平成12年2月18日　最高裁第二小法廷決定）（労判776号6頁）
（平成11年7月18日　東京高裁判決）（労判765号19頁）
（平成10年4月30日　東京地裁判決）（労判740号32頁）

（事案の概要）

Yは、ニュースの提供を主たる業務の目的とする通信社であり、Xは、社会部に所属する記者であるが、平成4年7月、Xが7月末から8月末にかけ、約1か月間の年次有給休暇の時季指定をしたところ、Yは、休暇の後半に属する勤務日について時季変更権を行使して、後半部分については、9月に取得するよう指示した。

しかし、Xは、これに従わずにそのまま欠勤し就業しなかったため、Yは、同年9月9日、Xに対し、業務命令違反として懲戒解雇する旨の意思表示をしたものである。

なお、本件は、第一審において、時季変更権が適法に行使された期間に欠務したXに対する懲戒解雇は、有効であると判断されている。

（判決要旨）

本件時季変更権の行使は適法であるから、Xは、時季変更権を行使された8月10日から同月24日までの間の勤務を要する12日間について就業すべき義務を負っていたのであり、Yから就業するよう業務命令を発せられていたにもかかわらず、右12日間について勤務をしなかったのであるから、Xの右行為は、懲戒規程4条6号所定の「職務上、上長の指示命令に違反したとき」に該当するといわなければならない。＜中略＞

XがA総務局長の業務命令に違反して8月10日以降勤務しなかったことは、職務上、上長の指示命令に違反した行為（懲戒規程4条6号）の中でも特に悪質と認められたときに当たり、かつYに与えた損害としても大なるものがあるといわなければならず、Xの右行為は懲戒規程5条14号＜前条に該当する行為でも特に悪質と認められたとき、もしくは会社に与えた損害が大なるとき＞に該当すると認めるのが相当である。

＜Xの、懲戒解雇は適正手続を欠いているとの主張に対し＞

本件懲戒解雇に際し、YがXに弁明の機

解雇有効　業務命令違反

会を設けたことは窺えないが、XがA総務局長の業務命令に違反して8月10日以降勤務しなかったのは簡明な事実であり、Xは、前記最高裁判所判決＜Xの1か月の休暇申請に対して、Yの時季変更権の行使が正当なものとして是認された事案　平成元年6月23日　最高裁第三小法廷判決＞直後の記者会見で「会社を辞めるまで、意地でも毎年1か月の夏休みを取ろうと思っている」と述べ、同局長が8月4日に本件時季変更権を行使するとともに、8月10日以降就業すべき旨の業務命令を発し、同月8日にも、10日以降出社しないと面倒なことになる旨述べてXに出社するよう促したにもかかわらず、これに従わず、同月10日、同局長に電話で出社しない旨伝え、その後も同局長が出社して話し合いに応じるよう説得したが応じなかったものであり、また団体交渉はYの指定した日時について労働者委員会から異議があったため開催されなかったという事情の下では、YがXに弁明の機会を設けなかったことをもって、本件懲戒解雇の効力を否定しなければならないほどの重大な手続上の瑕疵があったということはできない。

＜Xの記者としての実績が考慮されておらず、相当性の原則に違反する旨のXの主張に対し＞

Xの本件業務命令違反はYの労務管理及び人事政策の根幹を揺るがす重大なものであるから、XがYの業務命令に従う旨を表明するなどしてYの労務管理及び人事政策に対する障害が除去是正されるならいざ知らず、単にXが25年余りの勤務によりYに貢献したというだけでは、本件懲戒解雇が重きに過ぎるということはできない。＜中略＞

以上によれば、本件懲戒解雇は、合理的な理由があり、社会通念上相当なものとして是認することができるというべきである。

＜なお、同事件については、最高裁第二小法廷において、上告が棄却されている（平成12年2月18日）＞

3　懲戒解雇

業務命令違反　解雇有効

> 成績不良で固定車をはずされ、固定車以外への乗務を拒否した
> タクシー運転手への懲戒解雇が有効とされた例

ロイヤルタクシー事件

（平成8年5月28日　大阪地裁堺支部決定）（労判701号49頁）

(事案の概要)

　Yは、旅客運送業（タクシー営業）を営む会社であり、Xは、昭和52年12月に入社し、以来、タクシー運転手として勤務してきた。

　タクシー業界では、多くが乗務員に特定の車を配車し乗務させる制度を採っており、Yでも、原則として同様の配車制度を採り、Xを含めて多くの乗務員が常に特定の車を配車されて乗務していた。

　しかし、低水揚げ者の奮起を促すこと等の理由から、運転手の中でも水揚げが最下位であったXについて、平成7年8月11日、いわゆる固定車はずし（特定の車以外の車を配車すること）の対象として、固定車以外の車を配車し乗務を指示したところ、Xはこれを拒否したため、2日間の乗務停止処分に処し、その後、Xは、Yが配車する固定車以外の車への乗務を拒否し続けたことから、同年9月29日、就業規則92条1号（「前条の懲戒（乗務停止、出勤停止を含む）を受けたにもかかわらず、なお改悛の見込みがないとき、若しくは情状が重いとき」、2号（「勤務成績及び出勤状態が不良で数回にわたり注意を受けても改めないとき」）及び29号（業務上の指示命令に不当に反抗して事業場の秩序を乱したとき））に該当するとして、Xを懲戒解雇に処したものである。

(決定要旨)

　Yは、本件固定車はずしの措置を採るに際し、要求する水揚げの水準を明示したわけではないけれども、固定車はずしの対象を選定するに当たって、基本的に毎日の1乗務当たりの水揚げのワースト5に名を連ねる頻度を問題としており、毎日の稼働乗務員数が約90名であること、ワースト5の1乗務当たりの水揚げがその平均に比して極めて低い水準にあること、特にXの成績が極めて悪いことが認められ、さらにYが本件固定車はずしの直前（7月、8月）の水揚げの状況も考慮に入れていることも考え併せると、Yの要求する水揚げの水準は決して高いものではない。そして、固定車はずしによって乗務員は諸々の不利益を受けるけれども、乗務できなくなるわけではなく、その不利益、下車勤務を命じられ

ることによる不利益（一般に収入にも直ちに影響する）と比較すると、質、量共に小さい程度にとどまるというべきである。そうすると、要求される水揚げの水準の点においても、それによる不利益の質量の点においても、本件固定車はずしが運転の安全性に深刻な影響を与える可能性は、問題視するに当たらない程度であると見るべきである。したがって、これを「乗務の強制」に当たると解することはできないというほかない。＜中略＞Yの固定車はずしの対象の選定基準は、1乗務当たりの水揚げを主な基準とする点で一貫しており、当初具体的な数値の算定等が不十分であったからといって、基準の変遷があったと見ることはできない。そして、特にXを選定の対象とした際の基準に変遷は認められない。＜中略＞

以上のとおり、本件固定車はずしは、適法、正当な措置であり、これを契機として行われた本件乗務停止、出勤停止の各処分に違法な点があると認めるに足りる証拠もないから、Xが就業規則92条1号、29号の懲戒解雇事由に該当することは明らかである。また、Xの勤務成績などに照らすと、Xは、就業規則92条2号の懲戒解雇事由にも該当すると認められる。よって、本件懲戒解雇は、正当である。

業務妨害　解雇無効

> 支店長らの経営批判行為と組合結成を理由とする懲戒解雇が無効とされた例

日本臓器製薬事件

（平成12年1月7日　大阪地裁決定）（労判789号39頁）

（事案の概要）

医薬品の輸入、製造及び販売を行うYにおいて、福岡支店長であったX1、名古屋支店長であったX2、仙台支店長であったX3、大阪支店長であったX4は、当該会社の輸入販売した非加熱高濃縮血液製剤によるHIV感染・エイズ罹患という甚大な被害に対する多額の賠償金の支払い、売上高の低下による賃金の減額等、会社の将来に不安を持つようになり、会社社長の長男である顧問が作成した会社新生ビジョンの実現に協力して、各支店において署名活動を行い、また管理職組合を結成し、団体交渉の申し入れ、ストライキの実施、本社前での座り込み等を行った。

これに対して、Yは、当該管理職組合を認めない旨通告し、X1らに対して、支店長として会社秩序を保持すべき責任がありながら社外の人間が行った新生ビジョンなる紊乱行為に加担し、正常な業務遂行を阻害したことを理由として、懲戒解雇処分を行った。

（決定要旨）

〈当該管理職組合結成は、不正な動機に基づき結成された団体であるため、認めることはできず、X2の本社前での座り込みは支店長にあるまじき行為であるとのYの主張について〉

本件管理職組合は、Yにおける管理職によって組織されるものであり、支店長に組合員資格を与えることによって、労働組合として自主性を失わせるものではないので、本件管理職組合を労働組合と認めることは差し支えない。してみれば、X2の座り込みは、管理職組合のストライキとして行われたものであるから、これを理由に懲戒処分をすることはできないというべきである。

〈X1らは、各支店の最高責任者である支店長として重責をになう立場にあったにもかかわらず、Yの組織、秩序を紊乱する行動に出たことは就業規則に定められた解雇事由（通常解雇）に該当するとのYの主張について〉

X1らの署名活動は、Y代表取締役ら経

営陣の退陣を求めて始まったものではなく、Yの建設的な改善を求めた程度のものにすぎなかったのに、Yにおいて、署名活動の実態を把握する以前にクーデターと断定したことによって、無用の混乱を来したといえる部分が大きく、X1らばかりを責めることができないのに、しかも、X1ら各自の関与の程度も正確に把握する前に、支店長という立場にあるというだけで解雇を決定していることからすれば、即時に解雇するだけの要件はないというべきであり、右通常解雇は解雇権の濫用として無効である。

業務妨害 解雇無効

> ①事務所を午前中閉鎖し、裁判所に出頭したことが職場放棄だとして行われた懲戒解雇が無効とされた例
> ②①の解雇通知を受けながら、入室を要求して大声を出すなどした行為を理由とする懲戒解雇も無効とされた例

同和観光事件

(平成11年10月15日　大阪地裁判決)(労判775号33頁)

(事案の概要)

飲食店、ゲーム場、ボーリング場、パチンコ店、ゴルフ場等を経営するYに勤務するX1、X2、X3が、一介の従業員であるにもかかわらず、自らが当事者ではない仮処分事件(当時、X1らの実母でYの取締役Bが、Y代表者らの職務執行停止等の仮処分命令を申し立てていた)の審尋に赴くために、本社事務所を閉鎖したり、職場放棄を行い、Yの経営権を一時的にも簒奪したことを理由として解雇された。

またX1らが、主位的解雇の通知を受けながら、本社事務所玄関で入室を要求して大声を出したり、警備員の阻止を押し切って事務所に立入り、泊まり込むなどした行為が、就業規則上の懲戒解雇事由に当たるとして懲戒解雇されたものである。

(判決要旨)
＜主位的解雇について＞

Yは、平成10年6月10日午前中、X1が本社事務所を閉鎖したことやX1らが仮処分審尋のため裁判所に出頭したことを会社支配権の簒奪であり職場放棄であるとして解雇事由としているところ、確かに、X1が同日午前中本社事務所を閉鎖した事実は認められるし、同人が従前から事務所の管理を行ってきたことを考慮しても、同人はただの従業員に過ぎないのであるから、自らが当事者でもない仮処分事件の審尋に赴くためという理由で事務所を閉めたことは権限逸脱のそしりを免れないし、その間業務を離れていたことも非難を免れないところである(なお、証拠上は明らかでないが、弁論の全趣旨からして、X2やX3も右の審尋期日には裁判所に出向いていたと認められ、そうだとすると、同様の非難に値する)。

しかしながら、まず、解雇通知書(《証拠略》)には、何ら解雇事由は記載されておらず、同日付で発送されていることなどからして、もともと、Yがこれを主位的解雇の解雇事由とする意図であったかは疑わしい。また、事務所閉鎖といっても、午後からは

通常どおりの執務が行われており、午前中のみの休業というべきであって、これを会社支配権の簒奪と評するのは誇張であるし、右の休業によってＹの業務に重大な支障が生じたとの主張立証はない。さらに、Ｙが株主や役員等を親族等で構成するいわゆる同族会社であり、Ｘ１らにとっては、それまで、実父Ａの後を継いでＹの実務に携わってきた実母であり、Ｙ取締役であるＢが、Ｙから排除されようとしており、その背景にはＸ１らも関わっていると主張されているＹの売上金着服等の疑いがかけられているというのであるから、裁判の経緯についてＸ１らとしても無関心ではいられないところであり、裁判の経緯を見守るために職場を一時的に離脱したこともある程度はやむを得ないところである。

そうすると、Ｘ１が、自己の判断のみで事務所を午前中休業したことやＸ１らが、当事者でもない裁判に出向くためとの理由で職場を離れたことは、何らかの懲戒等の原因とされることは免れないとしても、懲戒解雇はもとより、即時解雇の事由としなければならないほど重大な非違行為とは認められない。

よって、Ｘ１らに対する主位的解雇に正当事由があるとは認められず、主位的解雇の意思表示は無効である。

＜予備的解雇について、Ｘ１らが、主位的解雇の通知を受けながら、その後、①本社事務所玄関で入室を要求して「あけんか」、「なにしてんねん」などと大声を出したり、②警備員らの阻止を押し切って本社事務室に立ち入ったり、③手形帳、小切手帳、営業所の鍵等を持ち出したり、④事務所に数人ずつ交替で布団を持ち込んで泊まり込んだりといった行動をとり続けていたことを認める一方、①主位的解雇が、ＢがＹ代表者らの職務執行停止等の仮処分命令を申し立てた直後であること、②事前の予告等もなく突然即時解雇に及んでいること等を鑑みると、Ｂに対する報復ないしは同人の影響力をそぐことを意図したものと推認できるとして＞

Ｘ１が、事務所への入室を拒否されたことに対抗し、ＢやＸ２、Ｘ３らの協力を得て出社を強行するなどの措置に出たことには、Ｙ自ら誘発した面が少なくないと考えられ、これをとらえて新たな懲戒解雇の事由とすることは、いかにも信義に反するというべきである。＜中略＞

以上のような観点からみると、Ｙは、Ｘ１らの行為が懲戒解雇事由を定めた就業規則26条の8号＜故意又は重大な過失により会社の施設・動力・資材・機械・工具・製品・文書・掲示物・その他の品物を破壊・破棄・濫用・隠匿・紛失したとき＞及び10号＜他人に暴行脅迫を加えたとき、または暴力をもって会社の業務を妨げたとき＞に該当するというが、Ｘ１らが本社事務所で大声を上げたり、警備員ともみ合ったり、あるいは玄関扉を叩いたりなどし、さらには事務所に泊まり込んだりしたのは、Ｙが解雇したとしてＸ１の事務所入室を拒否したりしたためであり、Ｘ１は手形帳等を持出してはいるが、これを弁護士に預け、必要に応じて手形等の発行事務も行っていたというのであるし、Ｙの業務に著しい支障が生じたとも認められないから、これらが実質的にみて右就業規則の懲戒解雇事由に

該当するということはできない。

　そうすると、予備的解雇の意思表示は、懲戒解雇事由に該当する非違行為を認めることができないから、懲戒解雇としてはもとより即時解雇としても無効というべきである。

解雇事由の類型別裁判例

解雇有効　業務妨害

> 訴訟行為を始めとする会社の利益を侵害する可能性のある私生活上の行動を行った従業員に対する懲戒解雇は無効とされたが、普通解雇は有効とされた例

モルガン・スタンレー・ジャパン・リミテッド（本訴）事件

（平成17年4月15日　東京地裁判決）（労判895号42頁）

（事案の概要）

Xは、有価証券の売買等を目的とするYにおいて、金融商品の販売業務に従事していたところ、日本公認会計士協会（以下「協会」という。）が、Xの取り扱っている金融商品に関する監査上の留意点を発表したため、Xはこれに対し、①反論文を雑誌に寄稿する、②協会に内容証明郵便を送って留意点の撤回を求める、③監査法人に対して、協会の留意点の不当性を訴える内容証明郵便を送付する、④自身の営業活動を阻害されたとして協会に対し損害賠償請求訴訟を提起する、⑤Yのメールアカウントを使用して、訴訟提起を顧客や友人、マスメディア等に通知する、等の一連の行動を行った。

その間、Yは、Xに対し、協会の留意点の発表に関して行動する場合には、必ず事前に直属上司ないし法務部の許可を得なければならない旨の注意を行っていたが、注意後も、Xは、行動を起こす前に、そのことを直属上司や法務部に報告することさえしなかった。

そこで、Yは、Xに対し、訴訟提起前に直属上司又は法務部に相談しなかった点につき、譴責処分を行うとともに、訴訟の取下げを命じた。

しかし、Xは、Yの訴訟取下げの指示に従わなかったため、Yは、ⅰ）その指示違反および、ⅱ）協会に対する訴訟提起についてYのメールアカウントを利用して顧客等に喧伝したことが、Yの世評等を毀損したとして、懲戒解雇を行った。

さらにYは、その後、懲戒解雇が無効である場合に備えて、予備的に普通解雇も行った。そこで、Xは、懲戒処分及び普通解雇がいずれも無効であるとして、Yの従業員としての地位の確認等の請求を行った。

（判決要旨）

Xは、協会の留意点の発表に対する上記①～⑤等の一連の行動について、私生活上の行為であり、Yの事業活動とは無関係であると主張するが、従業員の私生活上の行為であっても、使用者の利益に影響を及ぼす場合があるときは、従業員は、労働契約上の誠実義務として、業務の内外を問わ

業務妨害　解雇有効

ず、使用者の利益に配慮し、誠実に行動することが要請される。そして、使用者は、従業員の私生活上の行為が使用者の利益を害すると判断した場合、従業員個人に対して、当該行為を任意に修正することを要請し、また、その前提として、従業員に対して、事前に予定された行為の内容の報告を求めることは公序良俗に反しないと解される。さらに、従業員の私生活上の行為によって、使用者の利益が害された場合、使用者は、従業員に対して、事後的に労働契約上の誠実義務違反を問うことができると解される。

また、従業員の私生活上の行為であっても、実質的にYの事業活動としての側面を有している場合には、使用者の利益が害されることが明白であれば、使用者は、従業員に対して、かかる結果を招来する行動を回避することを事前に業務として命令できると解するのが相当である。

以上を前提とした場合、Yへの事前への報告がない状況下でのXの①乃至⑤等の行為について、非違行為が認められ、規律違反の程度は重大である。

しかし、①YがXの一連の非違行為によって、損害を被ったり、その具体的な危険が生じたとまでいうことはできないこと、②懲戒解雇の主たる理由である別件訴訟の取下げ命令に従わなかったことについては、非違行為にはあたらないこと、③過去に、金融庁から業務停止命令及び業務改善命令を受ける原因となった法令違反行為に関与した従業員に対して、懲戒解雇ではなく普通解雇に留めていること、④これまでXは、Yから専門知識や商品知識が非常に多いと積極的な評価を受け、毎年数億円の売上げに貢献していたにもかかわらず、懲戒解雇となれば退職金支給が受けられないこと、を考慮すると、懲戒処分として、退職金が支給されない懲戒解雇を選択することは、処分として重きに失するというべきであり、懲戒解雇は、懲戒権を濫用したものとして無効とするのが相当である。

一方で、Xは協会の留意点の発表に関する一連の非違行為を反復継続して故意又は重大な過失に基づいて行っており、規律違反の程度は重大であり、自己の意に沿わない上司の指揮命令には服さないというXの姿勢は顕著かつ強固である。そうだとすると、従前のXの勤務態度に問題がなかったとしても、Xの一連の非違行為によって、XとYとの間の信頼関係は、既に破壊され、それが修復される可能性はないといわざるを得ないから、Xについて、雇用の継続を困難とする重大な事由があり、客観的に合理的な理由を欠き社会通念上相当であると認められない場合には当たらないというべきであり、普通解雇は有効である。

> 同僚と喧嘩したあげく、同僚のタクシーのエンジンキーを抜き取って持ち去った行為等によりなされた懲戒解雇が有効とされた例

京王自動車事件
（平成11年10月19日　東京高裁判決）（労判774号23頁）

（事案の概要）

　Xは、昭和60年11月にハイヤー及びタクシー運送を業とするYに入社し、タクシー乗務員として勤務していた。Yは労働組合との間において、無線コールは5分以内（2キロメートル）に到着できる者だけが応答できるという無線ルールが作成されていた。

　平成9年6月21日に、Xは勤務中、公道上で同僚のタクシー乗務員Aとの間で無線ルール違反を巡って争いになり、Xは運転席窓から手を差し入れAの額を小突き、Aの制止を振り切ってAの営業車両のエンジンキーを抜き取って持ち去った。このため、Aはスペアキーを営業所から持ってきてもらうまで20分にわたり、公道上に違法駐車の状態で放置する結果となったばかりか、その後行われた事情聴取等のためAをはじめとする複数の職員が業務の中断を余儀なくされた。

　これに対して、当初、営業所長がXに対して説諭の上始末書の提出を3回にわたり命じ、さらに本社において常務立会の下に本社総務部長、営業所長等がXから事情聴取を行ったが、Xは自己の過失を認めず、始末書の提出を拒否し、反省の態度を示さなかったため、Yは出勤停止命令書を作成しXに通告するとともに、再度始末書の提出を促した。その後、ようやくXは始末書を提出したが、営業所長不在の間にその机上に無断で放置するという対応であり、また、その内容もAの無線ルール違反とその言動を非難する記述を強調した内容であった。こうしたことから、Yは、Xに対して出勤停止を命じた後、平成9年7月7日付けで懲戒解雇を行った。

　これに対して、Xは、軽微な規律違反に対して懲戒解雇をもって臨むことは懲戒権の濫用に当たり無効などと主張し、Yに対し、労働契約上の地位の確認及び懲戒解雇以降の未払給与の支払いを求め、提訴した。

（判決要旨）

　無線ルールの運用については組合役員又は班長への上申又は照会という正規の手続を経ることなく、会社の判断も仰がずに独断で私的かつ暴力的な制裁を加えたXの所

業務妨害 解雇有効

為は、乗務員に許容される権限の範囲を著しく逸脱し、その態様自体が著しく会社秩序を乱すものというべきである。

また、Ｘの本件行為は、単にＡ個人との関係にとどまらず、会社秩序を著しく乱すのみならず、会社財産を不当に侵害し、その業務を妨害するとともに、会社の信用を毀損する行為であり、当該行為の規律違反の程度は、重大であるというべきである。

さらに、事件後の説諭と指示に反して始末書の提出を再三拒んだことに始まり、出勤停止命令後に作成された始末書の提出に至るまでの経緯とその内容等に照らしても、Ｘの事後の対応は、事柄の重大性に対する認識を欠き、真摯な反省が示されておらず、不適切なものである。

一方、上述の点も含めて、Ｘの処分を軽減すべき有利な情状は見当たらず、調査の結果不利な情状の方が数多く明らかになったり、Ｙにおける他の非違行為等の事例との均衡を失するものとも認められない。

本件事案については、現に本件懲戒解雇についてはＸの所属する組合も事前に了承していること等の諸般の事情を総合して考慮すると、Ｘの本件行為が就業規則に違反することは明らかであり、Ｘを懲戒解雇したことは相当な措置であったといわざるを得ないのであって、本件懲戒解雇が解雇権の濫用に当たるとは到底認められない。

ピケの指導、他の運転手への暴言等を理由とする懲戒解雇が有効とされた例

大和交通事件

（平成11年6月29日　大阪高裁判決）（労判773号50頁）

（事案の概要）
Yの乗務員である労働組合委員長のXが、
① 3回にわたり、Yの車庫でスト（ピケ）をし、Yの業務命令により別の労組員、非組合員らが乗務した延べ45台のタクシーの出庫を実力で阻止したこと
② Xの労働組合に所属する労組員に指示をして、ストの最中に駅前で客待ちをしていた別の労組所属の運転手3名に暴言を吐いて脅迫し、タクシー乗務を断念させたこと
③ 「社会的公約を守り賃金改善せよ」などのスローガンを記載した大きな横断幕をタクシーの後部窓に張り付け、Yのタクシー10台で市内を約40分間にわたり走行するタクシーパレードを企画、指導、実行したこと、
④ 業務命令を受けてタクシーを出庫させようとした別の労働組合員に対し暴言を吐いた上、ネクタイを掴み引っ張るなどの暴行、脅迫行為を行ったこと、
について、就業規則中の懲戒解雇事由に当たるとして、懲戒解雇された。

（判決要旨）
＜①の行為については、事実の存在を認定した上で＞
これは正当な組合活動とはいえず、違法な争議行為であるといえる。

＜②の行為については、Xの指導によるものと推認した上で＞
Yの営業を妨害した。

＜③の行為については、事実の存在を認定した上で＞
本件タクシーパレードは、Yの施設管理権を違法に侵害し、従業員の職務専念義務に違反し、Yの名誉、信用を毀損する違法な組合活動である。

＜④の行為については、事実の存在を認定した上で＞
右暴行、脅迫行為は、これもYの企業秩序維持の観点からして、軽微なものとして放置しておくことはできないものといえる。

業務妨害　解雇有効

<①〜④の行為について>

これらの行為は、Yの就業規則所定の懲戒解雇事由に該当する。

<本件懲戒解雇処分の効力について>

Xの各行為が就業規則74条<従業員が次の各号の1に該当するときは、懲戒解雇に処する。ただし、情状によっては出勤停止に止めることがある。>所定の懲戒解雇事由に該当する以上、懲戒権者であるYは、Xを懲戒解雇に処することができる。ただし、同条但書により「情状によっては出勤停止に止めることがある」にすぎない。

懲戒権者であるYは、諸般の事情を総合して懲戒解雇処分を選択し、出勤停止を選択しなかったからといって、各行為その他諸般の事情に照らし、これが社会観念上著しく妥当を欠き、裁量を濫用したものとは認められない。<中略>

就業規則、旧労働協約には、Yが懲戒処分をするにあたり、被懲戒者に弁明の機会を与えることを義務づけた規定はない。また、Yには、被懲戒者に弁明ないし弁解の機会を与えるという慣行も存在しない。

このような場合には、弁明ないし弁解の機会を与えることにより事実認定、処分内容に影響を与えない限り、懲戒処分が違法になるものではない。そして、これがない本件においては、Yが本件懲戒解雇処分をするにあたり、Xに弁明ないし弁解の機会を与えなかったからといって、本件懲戒解雇処分が違法、無効となるものではない。

本件懲戒解雇処分は有効である。

> 職場で上司に対する暴行事件を起こした従業員に対し、暴行事件から7年以上経過した後にされた諭旨退職処分が権利の濫用として無効とされた例

ネスレ日本（懲戒解雇）事件

（平成18年10月6日　最高裁第二小法廷判決）（労判925号11頁）

（事案の概要）

　X1及びX2は、Yの従業員であり、Yの一部の従業員らで組織する労働組合に所属していたが、X2の年次有給休暇の取扱いをめぐって、同労働組合がX2の上司であるA課長代理らに対する抗議行動を継続する中で、平成5年10月25日及び同月26日、K工場内においてA課長代理に対する暴行事件を起こし（以下「10月26日事件」という。）、さらに、X2は、平成6年2月10日、K工場内においてA課長代理に対する暴行事件（以下「2月10日事件」という。）を起こした。

　Yは、本件各事件について目撃者に報告書を提出させるなどして調査を行い、平成7年7月31日ころ、X1及びX2に対し、猛省を促すとともに懲戒処分等を含む責任追及の権利を留保する旨を記載した通告書を送付したが、A課長代理が警察や検察庁に被害届や告訴状を提出していたことから、捜査の結果を待ってX1及びX2の処分を検討することとしたところ、平成11年12月にX1及びX2につき不起訴処分が下され、平成12年1月から同年3月にかけて関係者にその旨通知された。

　Yは、本件各事件のほかX1及びX2が繰り返し上司に対する暴言を行ったことなどが就業規則所定の懲戒解雇事由に該当するとして、本件各事件から7年以上経過した後の平成13年4月17日、X1及びX2に対し諭旨退職処分（以下「本件諭旨退職処分」という。）を行ったため、X1及びX2が、本件諭旨退職処分による懲戒解雇は無効であるとして、Yに対し、労働契約上の従業員たる地位にあることの確認等を求めた。

（判決要旨）

　本件諭旨退職処分は本件各事件から7年以上が経過した後にされたものであるところ、Yにおいては、A課長代理が10月26日事件及び2月10日事件について警察及び検察庁に被害届や告訴状を提出していたことからこれらの捜査の結果を待って処分を検討することとしたというのである。

　しかし、本件各事件は職場で就業時間中

職場規律違反　　解雇無効

に管理職に対して行われた暴行事件であり、被害者である管理職以外にも目撃者が存在したのであるから、上記の捜査の結果を待たずともYにおいてXらに対する処分を決めることは十分に可能であったものと考えられ、本件において上記のように長期間にわたって懲戒権の行使を留保する合理的な理由は見いだし難い。また、使用者が従業員の非違行為について捜査の結果を待ってその処分を検討することとした場合においてその捜査の結果が不起訴処分となったときには、使用者においても懲戒解雇処分のような重い懲戒処分は行わないこととするのが通常の対応と考えられるが、上記の捜査の結果が不起訴処分となったにもかかわらず、YがXらに対し実質的には懲戒解雇処分に等しい本件諭旨退職処分のような重い懲戒処分を行うことは、その対応に一貫性を欠くものといわざるを得ない。

また、本件諭旨退職処分は本件各事件以外の事実も処分理由とされているが、本件各事件以外の事実は、平成11年10月12日のA課長代理に対する暴言、業務妨害等の行為を除き、いずれも同7年7月24日以前の行為であり、仮にこれらの事実が存在するとしても、その事実があったとされる日から本件諭旨退職処分がされるまでに長期間が経過していることは本件各事件の場合と同様である。同11年10月12日のA課長代理に対する暴言、業務妨害等の行為については、Yの主張によれば、同日、A課長代理がNP社からの来訪者2名を案内し、K工場の工場設備を説明していたところ、X2が「こら、A、おい、A、でたらめA、あほんだらA。」などと大声で暴言を浴びせてA課長代理の業務を妨害し、X1においてもA課長代理に対し同様の暴言を浴びせるなどしてその業務を妨害したというものであって、仮にそのような事実が存在するとしても、その一事をもって諭旨退職処分に値する行為とは直ちにいい難いものであるだけではなく、その暴言、業務妨害等の行為があったとされる日から本件諭旨退職処分がされるまでには18か月以上が経過しているのである。これらのことからすると、本件各事件以降期間の経過とともに職場における秩序は徐々に回復したことがうかがえ、少なくとも本件諭旨退職処分がされた時点では、企業秩序維持の観点からXらに対し懲戒解雇処分ないし諭旨退職処分のような重い懲戒処分を行うことを必要とするような状況にはなかったものということができる。

以上の諸点にかんがみると、本件各事件から7年以上経過した後にされた本件諭旨退職処分は、本件各事件以外の懲戒解雇事由についてYが主張するとおりの事実が存在すると仮定しても、処分時点において企業秩序維持の観点からそのような重い懲戒処分を必要とする客観的に合理的な理由を欠き、社会通念上相当なものとして是認することはできず、本件諭旨退職処分は権利の濫用として無効というべきであり、本件諭旨退職処分による懲戒解雇はその効力を生じないというべきである。

宴会席上や日常においてセクハラ言動を行っていた管理職に対する懲戒解雇が、権利の濫用とされた例

Y社（セクハラ・懲戒解雇）事件

（平成21年4月24日　東京地裁判決）（労判987号48頁）

（事案の概要）

　Xは、各種電動機器・装置及び部品の販売等を業とするYの東京支店支店長であり、取締役も兼任していたが、部下の女性従業員らに対し、同社東京支社の慰安旅行の宴会（以下、「本件宴会」という。）席上や日常において、セクハラ言動を行っていた。Xは、まず、本件宴会において、Bの手を握ったり肩を抱いたりしたこと、酌をしに来た新人のCに対してXの膝に座るよう申し向けたこと、Dに対して「胸が大きいな」と述べたりそのサイズを質問するなどしたこと、Kに対して好みの男性を聞き「誰がタイプか。これだけ男がいるのに、答えないのであれば犯すぞ」という趣旨の発言をしたことなどのセクハラ言動を行った。また、Xは、日常においても、E係長に対して手を握ったり肩に手を回したりするなど身体に触れた他「胸が小さい」などと言ったこと、Bに対して「まだ結婚しないのか」「胸がない」「胸が小さい」などと言ったことなどのセクハラ言動を行った。上記慰安旅行の直後、Yの親会社のヘルプラインに通報があり、Yは関係者からの聴取りやXとの面談、倫理委員会等を経てXの懲戒解雇が相当であるとの結論に至った。

　Yの就業規則には、懲戒解雇事由として「6号　職務、職位を悪用したセクシャルハラスメントにあたる行為をした者」、「18号　その他前各号と同等の行為を行った者」との定めがあり、Yは、Xの行為は当該事由に該当するとして、懲戒解雇した。これに対し、Xは懲戒解雇が重きに失する上、その手続等も不十分なものであって無効であるなどとして、Yの従業員としての地位確認の請求及びバックペイの請求を行った。

（判決要旨）

　Xの部下の女性らに対する本件宴会席上や日頃の言動は、違法なセクハラ行為である上、いずれも、東京支店支店長という上司の立場にあった故にできたことであって、就業規則所定の懲戒解雇事由である「（支店長の）職務、職位を悪用したセクシャルハラスメントにあたる行為」に該当する。

　ただし、使用者の懲戒権の行使は、就業規則所定の懲戒事由に該当する事実が存在する場合であっても、当該具体的事情（当

職場規律違反　　解雇無効

該懲戒に係る労働者の行為の性質及び態様その他の事情）の下において、それが客観的に合理的な理由を欠き、社会通念上相当なものとして是認することができないときには、権利の濫用として無効となる（労働契約法第15条）。

　Xのセクハラ行為のうち、本件宴会において、複数の女性従業員に対して、Xの隣に座らせて品位を欠いた言動を行い、とりわけ新人のCに対して膝の上に座るよう申し向けて酌をさせた行為や、Kに対して「犯すぞ」と発言したことは悪質と言われてもやむを得ない。

　また、Xは日常においても、酒席において女性従業員の手を握ったり、肩を抱いたり、それ以外の場面でも、特に、女性の胸の大きさを話題にするなどセクハラ言動を繰り返していた。加えて、被害者側にも落ち度はない上、Xは東京支店支店長としてセクハラを防止すべき立場であるにもかかわらずこれを行い、また、Yはコンプライアンスを重視して倫理要綱を定め、Xもこの趣旨、重要性等を認識していた。そのため、Xの情状は芳しくない。

　しかしながら、

　①日頃のXの言動は、宴席等で女性従業員の手を握ったり、肩を抱くという程度のものに止まり、本件宴会での一連の行為も強制わいせつ的なものとは一線を画すものであること、②本件宴会におけるセクハラは、気のゆるみがちな宴会において、一定量の飲酒の上、歓談の流れの中で調子に乗ってなされた言動ととらえることもできること、③Xのセクハラは、人目につかないところで秘密裏に行うというより、多数のY従業員の目もあるところで開けっぴろげに行われる傾向があるもので、自ずから限界があるといい得ること、④Xのセクハラ行為の中で最も強烈で悪質性が高いと解される「犯すぞ」発言も、Kが好みの男性のタイプを言わないことに対する苛立ちからされたもので、周囲には多くの従業員もおり、真実、女性を乱暴する意思がある前提で発言されたものではないこと、⑤XはYに対して相応の貢献をしてきており、反省の情も示していること、⑥これまでXに対してセクハラ行為などの指導や注意がされたことはなく、いきなり懲戒解雇に至ったこと等の事情の下において、Xに対し懲戒解雇をもって臨むことは、重きに失し、その余の手続面等について検討するまでもなく、客観的に合理的な理由を欠き、社会通念上、相当なものとして是認することができず、権利濫用として無効と認めるのが相当である。

解雇無効　職場規律違反

通勤経路の変更後も約4年8か月にわたって従前の定期代を不正受給していたことを理由とする懲戒解雇が、「制裁として重きに過ぎる」として無効とされた例

光輪モータース（懲戒解雇）事件

（平成18年2月7日　東京地裁判決）（労判911号85頁）

（事案の概要）

Yの従業員であったXは、平成10年5月、従来の住所地であった東京都A区内から千葉県S市内に転居し、Yに対し、「H線⇔地下鉄線」という通勤経路（以下「従前の通勤経路」という。）を申告し、平成10年10月ころまでの間、この経路で通勤した。その当時、Yにおいては、組合との間において「通勤交通費は実費を支給する。」旨の合意がなされており、従前の通勤経路による1か月の定期代は4万910円であったが、その後の運賃改定により4万3270円となった。Xは、平成10年11月ころ、通勤経路を「H線⇔K線」に変更し、以後、この通勤経路（以下「変更後の通勤経路」という。）で通勤した。変更後の通勤経路による1か月の定期代は3万6460円であったが、Xは、通勤経路の変更をYに申告することなく、平成15年6月までの間、従前の通勤経路に基づく通勤手当を受給していた（以下、「本件不正受給」という）。Yは、Xが虚偽の申請を行い不正に定期代を受給していたことを理由に、Xを懲戒解雇したため、XがYに対し、懲戒解雇の無効を主張して労働契約上の地位確認等を求めた。

（判決要旨）

Xが、平成10年11月ころから平成15年6月分まで約4年8か月の長期間にわたって、本件不正受給を続けたことは、「故意又は重大なる過失により会社に損害を与えた」（就業規則39条11号）ということができ、軽視し得ない。

また、Yが、平成10年10月31日、分会の役員ら同席の上、Xに対し、Xが変更後の通勤経路にかかる定期券を購入している事実が記載されたK電鉄株式会社の回答書のコピーを提示するなどして通勤経路等について問い質し、その後も、説明を求めていたにもかかわらず、Xが、団体交渉事項であるとして、本件懲戒解雇に至るまで約8か月もの間、明確な説明をせず、直ちに本件不正受給にかかる通勤手当の差額分を返還しなかったことは、本件不正受給の対応として不誠実であったといえる。

しかしながら、Xの住居地から勤務先ま

職場規律違反　解雇無効

で通勤経路としては、従前の通勤経路が通勤時間及び距離的にみて最も合理的であり、変更後の通勤経路は、従前の通勤経路と比較すると、5分から10分程度余計に時間がかかり、徒歩による移動距離も長くなること、Yは、従前、基本的には、申請者の申請した通勤経路に基づく通勤手当を支給しており、経済的効果から交通費が最も安価な通勤経路が合理的であると考えていたが、仮に、Xが申告どおり従前の通勤経路を利用していたとしても、交通費の安価な変更後の通勤経路に変えるよう申し入れることまでは具体的に考えていなかったこと、Xは、交通費の実費が通勤手当として支給されることは認識していたが、賃金カットがなされていたため、通勤時間や徒歩の距離が長くなるという自ら負担において交通費を節約しようとしたこと、Yにおいては、オートバイを利用して通勤することも許されており、その場合、住居地の最寄りの公共交通機関の駅等からの運賃額が通勤手当として支給される取扱いがされていたこと、Xは、このオートバイ通勤者に対する取扱いとの対比から、申請して支給された通勤手当の範囲内であれば、節約した交通費分を受領してもかまわないと考えて、安易に本件不正受給を続けていたことなどからすれば、当初から不正に通勤手当を過大請求するためにあえて遠回りとなる不合理な通勤経路を申告したような、まさに詐欺的な場合と比べて、本件不正受給に及んだ動機自体はそれほど悪質であるとまでは評価し難い。

また、本件不正受給によってXが取得した通勤手当の差額は、Xによれば、合計34万7780円にすぎないから、Yの現実的な経済的損害は大きいとはいえないし、Xは、組合を通じて、Yに対し、直ちに上記金員を返還する準備をしている。

さらに、本件不正受給の問題を含む通勤手当の問題がYと組合との間の団体交渉における協議事項として取り扱われており、Yと組合との間には通勤手当の問題の他にY店舗の競売、分会員の配置転換の問題等優先して協議すべき課題もあり、平成16年3月12日以降、団体交渉で取り扱われる予定であった本件不正受給の問題が団体交渉の場で協議されないまま、Yが本件懲戒解雇に及ぶに至ったことからすれば、Xの不誠実な対応を一方的に問題視することは相当であるといい難い。

以上に加え、Xが、本件懲戒解雇に至るまで懲戒処分を受けたことがないことを考慮すれば、Yが、Xに対し、本件不正受給について最も重い懲戒処分である懲戒解雇をもって臨むことは、企業秩序維持のための制裁として重きに過ぎるといわざるを得ず、本件懲戒解雇は、その余について判断するまでもなく、客観的な合理的な理由を欠き、社会通念上相当性を欠くものとして、無効というべきである。

解雇無効　職場規律違反

> 上司の許可得ず顧客名簿を持ち出したが、第三者へ開示意図はなく目的や保管方法から懲戒解雇を無効とされた例

日産センチュリー証券事件
（平成19年3月9日　東京地裁判決）（労判938号14頁）

（事案の概要）

Yの団体交渉拒否は不当労働行為に該当するとして、Xおよび労働組合は、東京都労働委員会へ救済命令の申立てを行った。この審問期日に、Xは、Yの顧客情報が記載された営業日誌を書証として提出しようとし、その写しを都労委およびY代理人に交付した。これについてYは、上司の許可なく、営業日誌の写しをとり、自宅に持ち帰り、配転後も引き続き保管を続けたことが就業規則に定められている懲戒事由に該当するとして、Xに対し、諭旨退職処分の懲戒処分を行った。その後、Xは退職願を提出しなかったことから、YはXを懲戒解雇したものである。

（判決要旨）

＜営業日誌の写しが「機密」及び「秘密」等に該当するか＞

少なくともこれを社外に持ち出すことは全く予定されていない情報ということができるから、Yが就業規則で「洩らし」又は「洩らそうと」することを禁止している「取引先の機密」、従業員服務規程で「洩らし」又は「漏洩」することを禁止している「職務上知り得た秘密」に当たると認めるのが相当である。

＜写しを取って自宅に持ち帰った行為が「機密」を「洩らし」又は「洩らそうとし」たといえるか＞

「洩らし」又は「洩らそうとし」たといえるためには、第三者に対して開示する意思で、第三者に対して開示したのと同等の危険にさらすか又はさらそうとしなければならないと解されるところ、帰宅後、自宅で訪問計画を立てるために利用する目的で、営業日誌の写しを取ったことが認められ、Xには、第三者に対して開示する意思があったものとは認め難いばかりか、外部に流出する危険が増したとはいえ、第三者に開示したと同等の危険にさらしたとまでは認められないから、未だ「洩らし」たとまでは認めることはできないといわざるを得ない。

＜本件解雇の効力について＞

これらの行為は、担当する顧客数が大幅に増えたため、帰宅後、自宅で訪問計画を

立てるために利用する目的で行われたもので、正当性が認められる上、本来社内で保管すべき情報を持ち出したことは否定できないにせよ、情報流出の可能性の低い比較的安全な方法で保管したこと、営業日誌は必ずしも施錠して保管されていたわけではないことを考慮すると、漏えい行為の態様としてはごく軽微なものであるから、解雇事由には該当しないか、仮に該当するとしても、Xの行為により顧客に実害が発生しているわけではないこと等の事情を考慮すると、本件解雇は解雇権を濫用してなされたものであって無効であると認めざるを得ない。

2度の酒気帯び運転を加重処分し「免職」としたが、教諭の評価等から厳しすぎることを理由に無効とされた例

熊本県教委事件

（平成18年11月9日　福岡高裁判決）（労判956号69頁）
（平成18年3月27日　熊本地裁判決）

（事案の概要）

本件は、Y（熊本県教育委員会）が、中学校の教諭であったXに対し、(ア) 2回にわたり酒気帯び運転をしたこと、(イ) 生徒の成績や名簿などを保存した光磁気ディスク（MO）の紛失を理由に、地方公務員法29条1項1号・3号により、懲戒免職処分したことにつき、Xが、(1) 本件処分を行うに当たってYが依拠した懲戒処分指針は無効であり、(2) そうでないとしても、①Yは、Xに対し、本件指針について事前に十分な告知・説明をしていない、②本件処分への適用が適正でない、③本件処分は平等取扱いの原則に反する、④本件処分は相当性の原則を逸脱している、⑤本件処分に当たり、Xに弁明の機会を与えなかったなどの重大な手続的違法があるとして、本件処分の取消しを求めた事案である。

（判決要旨）

1　地方公務員たる教員について、教員が児童・生徒を教育指導する立場から、とりわけ高いモラルと法及び社会規範順守の姿勢が求められるから、酒気帯び運転などの非違行為について、他の職種の公務員よりも重い懲戒処分の指針を定めることもその職責の重さに照らせば、合理的な理由がないとはいえない。

2　教員が複数の非違行為を犯した場合には、各非違行為ごとの標準処分例よりも更に重い処分（加重処分）をすることは、それができる旨指針に定められている（加重処分条項）ことからしても、許されるが、各非違行為ごとの標準処分例が最も重いものでも「停職」に過ぎない場合に、加重処分として「免職」を選択するについては、当該教員をめぐるあらゆる事情を総合考慮した上で、なお同人をその地位にとどめ置くわけにはいかないという場合に、はじめてその相当性が肯定される。

3　本件のXの場合には、人身事故を伴わない酒気帯び運転が相次いで2回、生徒の氏名等が保存されていた光磁気ディスク（MO）の紛失の各非違行為が認められ、特に酒気帯び運転は重い処分を課す

との当局側の周知の後の行為であり強く責められて然るべきであるが、一方酒気帯び運転については、運転代行を依頼しようとした経緯があること、2回といっても実質的には一度の機会に繰り返されたものであること、常習性が認められないこと、人身、物損の事故を伴わなかったこと、MO紛失については、MOは回収されて実害を生じなかったこと、もともと生徒の成績等の重要な情報は含まれていなかったこと、といった事情があるほか、Xは、教師としての資質・能力・勤務態度に欠けるところはないばかりか、むしろ高い評価を受けてきた人物であることといった酌むべき事情もある。

これらの事情を総合すると、加重処分として「免職」を選択することは、上記2の判断基準に照らして、いかにも厳しすぎる。よって、Xに対する懲戒免職処分は違法であって取消しを免れない。

不法に手にした顧客の信用情報を外部に漏らした行為を理由とする懲戒解雇が、無効とされた例

宮崎信用金庫事件

(平成14年7月2日　福岡高裁宮崎支部判決)(労判833号55頁)

(事案の概要)

Yの支店貸付係担当係長として勤務していたX1および本店営業部得意先係として勤務していたX2が、Yの管理している顧客の信用情報等が記載された文書を不法に入手し、これらの文書やYの人事等を批判する文書を外部の者に交付して機密を漏洩し、かつ、Yの信用を失墜させたとして懲戒解雇されたものである。なお、X1及びX2の両人は、いずれも組合の副執行委員長の地位にあり、Yにおける不正疑惑を積極的に追及しており、収集した資料を衆議院議員秘書及び宮崎県警に提出しているという経緯があった。

(判決要旨)

＜X1及びX2が、Yの管理している顧客の信用情報にアクセスし、これらの情報を印刷して作成した文書を取得したこと及び管理文書の原本を複写し、その写しを取得したことを認定した上で＞

各印刷した文書及び写しは、いずれもYの所有物であるから、これを業務外の目的に使用するために、Yの許可なく業務外で取得する行為は、形式的には、窃盗に当たるといえなくはない。

しかし、証拠(＜証拠略＞)によれば、就業規則75条1項は出勤停止、減給又は譴責の事由として「許可を得ないで金庫の施設・什器備品、車両等を業務以外の目的で使用したとき(8号)」、「正当な理由なく金庫の金品を持ち出し、または私用に供したとき(9号)」を定めており、形式的に窃盗に当たる行為であっても出勤停止又はこれより軽い処分をもって臨む場合のあることが予定されていることが認められる。他方、＜懲戒解雇事由である＞同条2項4号の表現は「職場内外において…刑事犯または、これに類する行為」となっており、同号が懲戒解雇事由として予定しているのは、刑罰に処される程度に悪質な行為であると解される。そうすると、Xらが取得した文書等は、その財産的価値はさしたるものではなく、その記載内容を外部に漏らさない限りはYに実害を与えるものではないから、これら文書を取得する行為そのものは直ちに窃盗罪として処罰される程度に悪質なものとは解されず、Xらの上記各行為は、就業規則75条2項4号には該当しないというべきである。付言すると、上記各文書等

職場規律違反　　解雇無効

に記載された情報がYにとって重要なものであり、これを業務と関係なく取得することが許されないことは後記のとおりであるから、Xらの行為は同条1項に所定の「服務規律または金庫の定める他の諸規則に違反したとき（14号）」に当たりうるものではあり、また上述の同項8号、9号の懲戒事由に当たりうるものでもあるが、いずれにしても、出勤停止よりも重い処分を科すことはできないものである。

　<Xらが取得した信用情報等が、新聞社を経営する右翼活動家Eに流失したことについて、その事実を認定した上で>
　Eの取得した本件資料が元々はXらの作成、収集した資料に由来するものであることは確かであるものの、同資料と同内容の複写を所持しうる者が他にもあった以上、本件資料がXらの意思に基づいてEに渡ったものとまでは推認することはできないというべきである。
　そうすると、本件資料をEが所持していたことに関しては、Xらに*<懲戒解雇事由である>*就業規則75条2項8号*<業務上の重要な機密を他に漏らしたとき、または漏らそうとしたとき>*、11号*<その他職務の内外を問わず、金庫の名誉と信用を著しく失墜し、もしくは取引関係に悪影響を与える行為があったとき>*又は13号に該当する事実は、これを認めることができないというべきである。なお付言すると、Eに本件資料が流出したことについて、Xらに本件資料の保管・管理義務違反の過失があったと評価することは不可能ではないが、就業規則では、過失によりYに損害を与え

る行為は出勤停止又はこれより軽い懲戒処分に処することとされており（就業規則75条1項12号、13号）、就業規則75条2項8号、11号及び13号はもっぱら故意による行為を懲戒解雇事由としているものと解されるから、過失により本件資料を流出させたとしても、同各号所定の懲戒解雇事由には当たらないというべきである。

　<Xらが、取得した信用情報等を衆議院議員秘書に交付したことについて、その事実を認定し、この事実が少なくとも形の上では、懲戒解雇事由である就業規則75条2項8号に該当することは否定できないとした上で>
　本件資料が国会議員の秘書に交付されることで、直ちにYの名誉、信用の失墜や取引関係への悪影響に繋がるものとは解されず、実際、国会議員秘書に交付されたことがそのような事態に繋がったことを推認できる証拠もないから、*<懲戒解雇事由である>*同項11号に該当する行為があったとはいえない。

　<本件懲戒解雇の相当性について>
　上述のとおり、Yが本件懲戒解雇の事由として主張する事実のうち、就業規則所定の懲戒解雇事由に当たると認めうるのは、X1が国会議員秘書に本件資料を交付したとの点のみである。したがって、X2については本件懲戒解雇は必然に無効であるといわざるをえず、X1についても、懲戒解雇事由に該当する事実が実質的にそれほど重大なものとは解されず、懲戒解雇は相当性を欠くものとしてやはり無効であるといわざるをえない。

解雇無効　職場規律違反

バス運賃横領を理由とする懲戒解雇が無効とされた例

琉球バス事件
（平成10年12月2日　那覇地裁判決）（労判758号56頁）

(事案の概要)

バス等の一般乗合旅客運送業を営むYから嘱託運転手として採用され、路線バスに乗務していたXが、運賃箱が正常に作動しなかったため、運賃を運賃箱に入れずに乗客から直接手で受け取り、私物の小物入れの中に入れ、また、乗客から受け取った1000円札を四つ折りにして運転席に座ったまま右太腿の下に挟んでいた行為が運賃横領に当たるとして、Yから懲戒解雇処分を受けた。

(判決要旨)

バスの運行中に運転手が横領の意思で運賃を領得したと認めるためには、運転手の行為が、受け取った運賃に対するYの支配を排除し、自己の支配下に納めたものと認められるような程度に至っており、終点の営業所においてYに引き渡す意思のないことが客観的に認められるような状況が必要であるといえる。

本件では、Xは、大腿部の下に1000円札を挟んでいるが、自分のポケットにしまい込むような場合と異なり、Xが立ち上がれば1000円が運転席に残されるものであることからすると、いまだYの支配を排除してXの支配下に納めたと認められる程度には至っておらず、終点の営業所においてYに引き渡す意思がないことが客観的に認められるとまではいえない。

そして、1000円札は釣銭として不要であったとしても、釣銭として硬貨を保管しており、右硬貨は終点の営業所においてYに引き渡すことになるから、右硬貨とともに引き渡す趣旨で1000円札を保管しておくことも不自然とはいえない。

したがって、Xが1000円札を四つ折りにして大腿部の下に挟んだことから、直ちに横領の意思を推認することはできない。

＜中略＞

運賃の収受はバス会社の経営の基盤となるものであり、運転手が運賃を横領することはバス会社の経営の基盤を脅かすものとなる。しかも、それだけでなく、運転手による運賃の横領は、公共的交通機関としての社会的信用性も失わせる結果につながるから、運転手としては、運賃の収受にあっては、細心の注意を払い、誤解のないよう

職場規律違反　　解雇無効

にしなければならないというべきである。その意味で、これまで認定した本件運行におけるＸの行為は、いささか軽率であったことは否めない。

しかし、一方で、懲戒解雇処分は、従業員やその家族の生活に重大な影響を及ぼすものであり、懲戒解雇処分を行うには、特に慎重な手続と解雇事由の認定を要するというべきであるところ、本件では、Ｙにおいて、運賃を乗客から直接受け取ることの禁止が必ずしも徹底されていなかったこと、したがって、ＦＡ運賃箱が正常に作動していない場合の運賃の収受方法については、手取りを含めてある程度運転手に委ねられていたこと、本件運賃箱が正常に作動していなかったこと、本件運行記録の記載内容が不正確であること、Ｘが本件調査の当初から一貫して横領の事実を否定しており、Ｘの本件運行に関する供述の内容が本件調査の当初からほぼ一致していることを合わせて考慮すると、本件調査の結果のみから、Ｘが運賃を横領したと認めることはできず、他に、右横領を認めるに足る証拠はない。
＜中略＞

以上の次第で、Ｘの本訴請求は、主文第１項、＜*Ｙが、平成８年７月19日、Ｘにしてした懲戒解雇処分が無効であることを確認する。*＞＜中略＞に記載の限度で理由があるからこれを認容する。

解雇無効　職場規律違反

> 上司を呼び捨てにしたり、乱暴なことばづかいをしたこと等を理由とする懲戒解雇が無効とされた例

丸彦製菓事件

（平成7年10月31日　山形地裁判決）（労判690号71頁）

（事案の概要）

Yで製造工として勤務していたXらが上司を呼び捨てにしたり、乱暴な言葉遣いをしたこと、休憩時間を15分超過して取得したこと、休日出勤した同僚を詰問したこと、作業時間に私語を交わしたこと、勤務中に喫煙したこと、製品生地を破壊したことなどの勤務成績不良を理由として、懲戒解雇された。

（判決要旨）

＜Xらの所為は、Yの就業規則所定の懲戒解雇事由である「その他不都合な行為があったとき」に該当するとしつつ＞

いずれも比較的軽微な非行であって、しかもこれが日常的に頻発していたとまでいうことはできない。

一方、Yは平成4年4月ころ以降新庄工場における勤務体制につき夜勤専門を廃止して、昼夜2交替勤務制に移行することを企図し、新庄工場の従業員のうちXらを除くその余の従業員はこれを容認する意向を示していたのに対し、Xらのみが農作業に支障を生ずる等としてこれに反対する姿勢を維持していたことは認定のとおりである。

さらに、Yは、Xらが従前から非違行為を繰り返していたとしながら、就業規則に定める他の懲戒（Y就業規則50条によれば、懲戒の種類として、懲戒解雇のほか、訓戒、昇給停止、減給、出勤停止、役割剥奪、諭旨退職が定められている）を行うことなく（この事実は当事者間に争いがない）、平成4年5月22日の段階に至ってXらに対し最も重い懲戒である懲戒解雇の処分を行ったことは、新庄工場における新勤務体制の導入に反対する姿勢を維持しているXらを懲戒解雇の名目で職場から排除しようとする意図に基づくものと推認せざるを得ない。

したがって、YのXらに対する本件解雇は、解雇権の濫用として、その効力を生ずるに由ないものというべきである。

職場規律違反 解雇無効

会社の経営につき非難中傷をしたこと等を理由とする懲戒解雇が無効とされた例

セキレイ事件

（平成4年1月21日　東京地裁判決）（労判605号91頁）

（事案の概要）

Xは、平成2年7月21日までYの従業員であったが、同日、会社の経営につき非難中傷をしたこと等を理由として、Yに懲戒解雇（以下「本件解雇」とする）された。その後、Xは、Yの専務や部長等数人から殴る蹴るの暴行を受け、全治10日の傷害を負わされた上、本件解雇を異議なく承諾する趣旨の書面を書かなければ帰さないといわれたため、やむを得ず同趣旨の書面を作成した。

Xは、平成2年7月1日から7月21日までの賃金の支払いを受けていないため、当該未払賃金を請求し、また、懲戒解雇については、懲戒事由が存在せず、懲戒解雇の意思表示は無効であるとして、解雇予告手当及び付加金の支払を請求した。

（判決要旨）

＜Xの上司が「おまえは首だ」といったこと、Xが右解雇を異議なく承諾する旨の書面を作成したことを認定した上で、Yの意思表示について＞

＜Xの上司による「おまえは首だ」との意思表示＞は、Y主張の事実を＜XはYの経営について非難中傷をしたこと等＞理由とする懲戒解雇の意思表示であったことが認められる。

＜懲戒解雇としての効力について＞

＜Xは、本件解雇を異議なく承諾する旨の＞書面を作成する直前に、Yの専務や部長等数人から殴る蹴るの暴行を受け、頸部挫傷、左前腕・左上腕・右下腿打撲、右第五指打撲による全治10日の傷害を負わせられ（後に、左眼も打撲を受けていることが判明し、さらに平成2年8月29日からは頸椎捻挫、腰部挫傷、右小指挫傷で通院治療を受けている）たうえ、右趣旨の内容の書面を書かなければ帰さないと言われたためにやむを得ず意に反して作成したものであることが認められ、右事実からすると、右書面の内容には信用性がなく、他にY主張の懲戒事由の存在＜会社の経営について非難中傷したこと等＞を立証する証拠はない。したがって、Yに懲戒解雇権が発生しているとは認められず、したがって、Yの懲戒解雇の意思表示は無効である。

<通常解雇としての効力について>
　これを通常解雇の意思表示と見るにしても、解雇予告手当の支払がない以上解雇の効力は生じないことになるが、Yにおいて雇用関係を即時に終了させる旨の意思を有していたことは明らかであるとともに、Xにおいても雇用関係の即時終了の効力が生じること自体は容認し、解雇予告手当の支払を求めているものであるから、右意思表示によってXとYとの間の雇用関係は即時に終了し、YはXに対し解雇予告手当を支払うべき義務が生じるものと解するのが相当である。
　そして、前述のように、Xの賃金は月額金40万円であったというのであるから、労働基準法20条1項により、YはXに対し金40万円の解雇予告手当を支払うべき義務があるというべきである。
　また、Xは、予告手当と同額の付加金の支払を求めているところ、当裁判所もこれを相当と認め、労働基準法114条により、Yに対し右解雇予告手当と同額の金40万円の付加金の支払を命ずる。

職場規律違反　解雇有効

> 在職中に競業避止義務及び秘密保持義務に違反して競業会社を設立し取締役に就任し開業準備行為を行った基幹社員の退職金請求が否定された例

ピアス事件

（平成21年3月30日　大阪地裁判決）（労判987号60頁）

（事案の概要）

　Yは、化粧品販売及び美容サービス等の提供等を行う会社であり、米国所在のA社との間で、日本国内での眉に関する美容トリートメント事業（以下、「本件事業」という。）についての契約を締結し、本件事業を新規に展開しようとした。

　Yの従業員であったX1及びX2は、A社で研修トレーニングを受けて以降、それぞれ本件事業の導入の企画開発及び推進、技術に関する指導等を担当するなど、本件事業の展開にあたり中心的な立場にあり、平成17年2月15日付けで両名とも本件事業開発部事業ディレクターに就任した。しかし、X1は退職日を平成18年4月24日とする退職届を平成17年12月19日に提出し、X2は退職日を平成18年5月31日とする退職届を同年1月25日に提出し、それぞれYを退職した。

　一方、平成18年2月2日に、ビューティーサロン等の経営等を目的とし、Yと競業関係にあるR社が設立されたが、XらはR社の設立当初から同社の取締役に就任し、同社に出資もしており、Y在職中からR社の開業準備に従事していた。

　このような状況下で、Yの賞罰委員会は、Xらに対し、懲戒解雇処分相当ないし懲戒解雇処分とし、退職金を支給しない旨を通知したところ、XらはYに対し、退職金規程に定める退職金及び遅延損害金の支払い請求を行った。

　Yの就業規則には、競業避止義務に関し「45条（相対的禁止事項）　社員は、会社の許可または命令によらない限り次の各号に該当する行為をしてはならない。」「1号　会社在籍のまま、他の会社又は外部団体に勤務すること。」「7号　その他前各号に準ずる程度の行為をすること。」との定めがある。また、賞罰規程6条には懲戒解雇事由として「7号　会社の信用、又は名誉を損ない、機密を漏らし、もしくは不利益を図ったとき。」「11号　会社の承認を受けずに在籍のまま他に雇い入れられたとき。」「15号　その他前各号に準ずる行為をしたとき。」との定めがあり、退職金規程には「懲戒解雇による場合は、退職金を支給しない。」と

の定めがある。

（判決要旨）

Xらは、Yに在職中に、眉のトリートメント美容に関して、Yの本件事業と競合する事業を営むことを目的としてR社を設立し、その設立に関する準備行為をし、同社取締役に就任し、店舗の開業準備行為を主宰したものと認められ、このようなXらの行為は、Y就業規則45条の禁止事項である競業避止義務違反に該当し、同社賞罰規程6条の懲戒解雇事由に該当するものであり、雇用契約に関する職務専念義務及び誠実義務に反する。

また、Xらは、Yに提出した機密保持誓約書によって、Y及びそのグループ企業における機密情報について、在職中及び退職後にわたり、無断で開示、漏洩又は使用しない義務を負う。さらに、Xらは、A社において研修を受け、本件事業にかかるブランド名・ロゴ・商標・技術を自らの仕事に使用しない旨の誓約書をYの従業員から取得する立場にあり、当該誓約書の内容を理解し、これに記載されたとおり、Yを退職した後、自らの仕事に関連して技術サービスを使用しない義務を負っている。

XらがR社で提供している眉の美容トリートメントに関する技術の相当部分は、XらがA社での研修によって修得した技術を基にして、XらがYにおいて更に修得した技術を加味したもので構成されていると認めるのが相当であるため、Xらが保有する眉のトリートメント美容に関する技術をR社で提供していることは、①機密情報について、在職中及び退職後にわたり、無断で開示、漏洩又は使用しない義務、及び、②Yを退職した後、自らの仕事に関連して技術サービスを使用しない義務に違反し、また、Y就業規則45条の禁止事項である競業避止義務違反に該当し、同社賞罰規程6条11号又は同条15号の懲戒解雇事由に該当する。そして、X2に対する懲戒解雇は、客観的に合理的な理由を欠く又は社会通念上相当性を欠くとは認められないから、解雇権の濫用に当たらず有効である。

XらはYにおける本件事業の準備及び遂行の中心人物でありながら、同社の本件事業の遂行上重要な情報を、競業する事業で使用して収益を得ようとしており、Xらの各行為は、同人のYにおける勤続の功を抹消する程度にまで著しく信義に反する行為であり、X1の退職金請求はその全額において権利の濫用に当たり認められず、また、X2には退職金の不支給事由が認められ、Yに対して退職金の支払を求める権利を有するとは認められない。

よって、Xらの退職金請求はいずれも理由がないから棄却する。

職場規律違反　解雇有効

> 業務用のパソコンを使用して出会い系サイト等に投稿し、多数回の私用メールの送受信を行った専門学校の教員に対する懲戒解雇処分が有効とされた例

K工業技術専門学校（私用メール）事件
（平成17年9月14日　福岡高裁判決）（労判903号68頁）

（事案の概要）

　Yの経営する専門学校に教師として雇用されていたXは、平成12年12月18日頃から、学外の交際相手の女性Aとの間で私用メールのやりとりを勤務中に職場のパソコンを利用して繰り返し、さらに、平成13年以降には出会い系サイトに登録し、そこで知り合った複数の女性（又は女性を名乗る者）と大量の私用メールのやりとりを繰り返していた。そのメールの中には、露骨に性的関係を求めるメールの送信記録も含まれていた。これに対し、Yは、Xの当該行為が職務専念義務に違反し、また私立学校の教職員としての適格性に欠けるあるまじき行為とし、さらに出会い系サイトの投稿の掲示内容の連絡先が業務用アドレスであったことから、第三者に容易にYの関係者であることを知らしめることとなり、Yの名誉、信用を著しく傷つけたとして、Xを懲戒解雇した。なお、Yの服務規程には、職務専念義務（服務規程6条2項）やYの設備の不当な使用の禁止（同条8項）、信用失墜行為の禁止（8条）等が存在していたが、一方で、パソコンの使用規定は存在しなかった。

　これに対し、Xは、当該懲戒解雇が解雇権の濫用であり無効であるとして、Yに対し、雇用契約上の地位の確認等を求めた事案である。

　なお、本事案の一審判決（福岡地裁久留米支部平成16年12月17日判決）では、Xの行為は懲戒解雇事由には該当するものの、本件事案の事情を総合考慮すると、懲戒解雇は苛酷に過ぎるとして、当該懲戒解雇は解雇権の濫用として無効であると判断されている。

（判決要旨）

　XはYから貸与されたパソコン及び業務用メールアドレスを用いて平成12年12月18日頃から学外の交際相手の女性Aとの間で私用メールのやりとりを繰り返し、その後も、多数の出会い系サイトに登録し、同サイトで知り合った女性（又は女性を名乗る者）との間でメールのやり取りを繰り返した。その回数は、ハードディスクに保存されていたものだけで、平成10年9月21日から平成15年9月3日までの間の受信記録は1650件余、平成11年5月18日から平成15年9月4日までの送信記録は

解雇有効　職場規律違反

3　懲戒解雇

1330件余にのぼり、そのうちのA及び出会い系サイトでの受送信分も各800件以上という膨大な件数に達し、その約半数程度が勤務時間内に受送信されていた。

また、XがYからパソコンを引き上げた平成15年9月から夏休みを挟んだ同年6月中に限っても、同パソコンによる送受信メールは各約100件ずつあり、しかも、そのほとんどがBとの私的なメールのやりとりであって、業務に関連するものはほとんどなく、連日のように複数回メールを送信し、その多くが勤務時間内に行われていたものである。

このように、Xの行っていた私用メールは、Yの服務規則に定める職責の遂行に専念すべき義務等に著しく反し、その程度も相当に重いものというほかない。また、Xは、たわいのないメールの送受信にとどまらず、その発信元がYのパソコンであることを推知し得る本件メールアドレスを用い、しかも、複数のメール相手からYのパソコンを使用していることについての危惧を示されていたにもかかわらず、露骨に性的関係を求める内容のメールを送信し、しかも第三者も閲覧可能な状態にあったのであり、かかるXの行為は著しく軽率かつ不謹慎であるとともに、これによりYの品位、体面及び名誉信用を傷つけるものである。

また、Xは、Bとはメールのやりとりにとどまらず、私用メールで出張の際に会うための打ち合せをし、実際に食事を共にする等しており、かかるXの行為も、同様にYにおける職責を怠り、その名誉を傷つけるものとして軽視することはできない。

Xは、Yとの雇用契約に基づき、勤務時間中、Yの職務に専念すべき義務を負っていたものと認められるにもかかわらず、長期間にわたり、膨大な量の私用メールを勤務時間中に送受信していたものであり、その分の時間と労力を本来の職務に充てれば、より一層の成果が得られたはずであって、かかる職務専念義務を軽視し得ないほどに怠っておきながら、事務を疎かにしなかったなどということはできない。

また、勤務時間中、職務に用いるために貸与されたパソコンを用いた私用メールのやりとりを長期間にわたり、かつ膨大な回数にわたって続けることが許容されるはずがないことは誰にでも分かる自明のことであって、Yがパソコンの使用規定を設けていたか否かによって、その背信性の程度を異にするものということはできない。

Xの非違行為の程度及びXが教育者たる立場にあったこと、さらには、本件がYに発覚した後も謝罪や反省の弁がなく、本件処分以前にも処分事由は異なるものの一度減給処分を受けており、非違行為を繰り返せば更に重い処分を科される可能性があることを十分に理解していたこと等からすれば、本件懲戒解雇は誠にやむを得ないものであって、これが不当に苛酷なものということもできない。

Xが行った行為がYの服務規則に定める懲戒解雇事由に該当することは明らかであり、また、本件懲戒解雇は相当であり、権利の濫用として許されないものということはできない。

よって、本件控訴に基づき、原判決中のY敗訴の部分を取り消して、Xの請求を棄却する。

職場規律違反　　解雇有効

> テレビ局に内部告発を行った従業員に対する懲戒解雇が、解雇権の濫用に当たらないとされた例

アワーズ（アドベンチャーワールド）事件
（平成17年4月27日　大阪地裁判決）（労判897号26頁）

（事案の概要）

Xは、Yが経営する動物園に勤務していたところ、園内のゾウが死亡したのは、Yの調教方法等に問題があると考え、テレビ局にゾウの調教方法等が撮影されている映像を提供するとともに、インタビューを受けるなどして、内部告発を行った。テレビ局は、報道番組の中で、Xから提供を受けた当該映像やXのインタビュー内容を放送したところ、視聴者から、Yに対し、ゾウが虐待されているという前提で、非難する内容の電話が多数かかるとともに、同様の内容の郵便物も送付されるなど多数の抗議が寄せられた。

そこで、YはXに対し、Xのテレビ局への内部告発が、就業規則54条1項（「故意又は重大なる過失により会社の重要な機密を洩らし、又、洩らそうとしたもの」）、同条2項（「故意又は重大なる過失により会社の信用を甚だしく失墜したもの」）に違反する行為であるとして、懲戒解雇をした。これに対し、Xは、①テレビ局への内部告発は懲戒事由に該当しないこと、②内部告発は正当であり、それを理由とするYの懲戒解雇は解雇権の濫用に当たることを主張して、労働契約上の地位の確認等の請求を行った。

（判決要旨）

＜テレビ局への内部告発の懲戒事由該当性＞

Xが、テレビ局へ内部告発した情報は、外部への公開が予定されておらず、従業員においても業務上知りえたことはみだりに漏らすべきではないというにとどまるものであって、会社の重要な機密に該当するとはいい難く、仮にXがこれらの情報をテレビ局に内部告発の際に提供したとしても、これは会社の重要な機密の漏えい（就業規則54条1項の解雇事由）には該当しない。

一方で、テレビ放送後、視聴者からYに対し、多数の抗議が寄せられるなど、反響があったことを考慮すると、Xがテレビ局にビデオテープを提供するとともに、その取材に応じた際にその発言を撮影・録音させたことによって、それらが放送された番組を見た一般視聴者に対し、Yの本件施設における動物の飼育方法を含めた経営方針

に不審を抱かせ、Yの信用が著しく毀損されたものといえるから、Xの内部告発行為は、会社の信用を甚だしく失墜させる行為（就業規則54条2項の懲戒事由）に該当する。

＜内部告発の正当性（解雇権の濫用の有無）＞

Xは、本件内部告発は正当であるから、それを理由とする本件懲戒解雇は解雇権の濫用であると主張するが、企業に関して虚偽の事実を第三者に告知することは、企業の名誉・信用を毀損するのみならず、ひいてはその業務を妨害することにもなり、刑法上の犯罪をも構成するのであるから、内部告発が正当なものであるというためには、少なくとも、告発した内容が重要部分において真実であるか、仮に真実でなかったとしても、真実と信ずる相当な理由のあることを要するというべきである。

Xは、テレビ局の取材に応じて撮影・録音させた発言の中で、ゾウの調教等に関して、後ろ足に障害を持っているにもかかわらず厳しい調教を行い、また、コスト削減のために餌を大幅に減らしたこと等によって死亡した旨の事実の摘示を行うとともに、その事実に関する論評を行っているが、実際には、厳しい調教がなされていた期間は9日間のみであり、厳しい調教から死亡までに約8ヶ月という期間が経過していたこと等から調教が死亡の一因であったことは推認できず、また、コスト削減のために大幅に餌を減らした事実も認定できない等、当該摘示事実又は論評の前提となる重要な部分が真実であるとの証明があるとはいえない。

また、Xは、ゾウを飼育する立場になく、正確な情報を受け取れる状況にはなかったのであるから、当該摘示事実の重要な部分を真実と信じるに足りる相当な根拠があったということはできない。

このように摘示事実又は論評の前提となる重要な部分が真実であることの証明があったとはいえないから、Xがテレビ局の取材に応じて撮影・録音させたXの発言中、テレビ番組で放送された部分は、真実であるとは認められず、また、それをXが真実と信ずるにつき相当な理由があるとも認められない。

したがって、Xの行った内部告発は、正当性を有するとはいえず、ほかに本件懲戒解雇が解雇権の濫用に該当するとすべき事情は認められないから、本件懲戒解雇が解雇権濫用に当たるとはいえない。

職場規律違反　解雇有効

> 機密の漏洩、株主総会での議場混乱、上司に対する反抗等の積み重ねによる懲戒解雇が有効とされた例

コニカ（東京事業場日野）事件

（平成14年5月9日　東京高裁判決）（労判834号72頁）

(事案の概要)

Yに雇用され、A事業場に勤務していたXについて、

① 上司の指示に反し、明らかに意図的と思われる異常品質のプリントを大量に発生させ、業務に支障をきたしたこと

② 職場で公然と「社内情報を自分の意志で必要に応じて、必要な情報を規則違反をしてでも社外に出す」と発言し、上司からの注意に対して明確に反抗したこと

③ 事業所前の公道上で、Yがまだ公表をしていないにも関わらず、事業販売権の譲渡により減少する売上額を不特定多数の者に配布したこと

④ Yの株主総会に株主として出席し、約40分にわたり質問を独占し、他の株主から苦情がでるなど、議場を混乱させたこと

⑤ 職場の研修室で上司と面談していたとき、「おい、こら、このやろう」「がたがたぬかすな」などと罵倒し、強く何度も机をたたくなどして暴行・脅迫し、また、職場の会議室で上司と面談していたときも、上司に対して罵倒し、暴行・脅迫を行ったこと

が、それぞれ就業規則上の懲戒解雇事由に当たるとして、Yに懲戒解雇された。

(判決要旨)

＜①の異常プリントの発生について、事実を認定した上で＞

Xは、＜上司に指定された＞「7N3」プリンターを使用した回数は多くはなかったが、自らの経験や能力に照らすと、これを操作することに特に支障がなかったにもかかわらず、異常品質のプリントを大量に発生させ、このような異常事態があることを知りながら、上司の指示に従わず職場内の誰にも改善策を相談しないまま2日間にわたり作業を続け、これをそのまま上司に提出した。これらの事実によれば、Xは、故意に異常品質のプリントを大量に作成したと推認せざるを得ない。新製品の発売時期は延期されず、Yが営業上の損害を被ったとはいえないが、Xの担当業務が新製品の発売の一環としての重要な業務であったこ

と、Xの行為によって新製品発売までの作業日程が大きく混乱し、複数の部門の多数の従業員が迷惑を受けたことを考慮すると、Xの行為は、就業規則96条1号＜故意に事業場の機械・工作物その他の物品をき損または紛失したとき＞、2号＜業務について故意に事実上の損害を与えたとき＞の懲戒解雇事由に当たる。

＜②の機密漏洩発言について、事実を認定した上で＞

Xは、YのA事業場内の営業上の重要な機密情報を社外に持ち出そうとする態度をとり、上司から2回にわたり、このような態度を改めるよう注意されたにもかかわらず、これに従わなかったから、Xの行為は、就業規則97条5号＜職務上の命令・指示に反抗して職場の秩序を乱し、または乱そうとしたとき＞、6号＜事業上の重大な機密を社外にもらし、またはもらそうとしたとき＞の懲戒解雇事由に当たる。

＜③の機密漏洩について、事実を認定した上で＞

ビラが配布された当時、事業の販売権の譲渡により予想される売上減少額などの経営情報は、Yの重要な営業秘密であったから、Yの従業員であるXは、正当な理由なくこの情報を社外にもらしたり、公表してはならない。本件のビラ配布は、Xの組合活動の一環として行われたものであり、それ自体は正当なものである。その目的は、Xの労働条件や残業代の支払などのX自身の労働問題について問題提起することにあるが、ビラの記載内容を見る限り、事業の販売権の譲渡による売上減少額という未公開の経営情報は、Xの労働問題を議論するうえで必要性や関連性があるとはいえないし、これを公表することが手段として相当ともいえないから、Xの行為に正当な理由があるとは認められない。したがって、XがYの未公開の営業情報を外部に公表した行為は、就業規則97条6号の懲戒解雇事由に当たる。

＜④の株主総会への出席について、事実を認定した上で＞

Xは、株主総会で質問時間のほとんどすべてを独占し、必要があるとはいえないのに執拗に同じ質問を繰り返したり、他の株主との間で口論したり、不規則発言を繰り返すなど、株主としての正当な権利行使とはいえない異常な言動を継続的に行い、議事を妨害した。＜中略＞Xの行為は、Yの最高意思決定機関である株主総会の議事運営を妨害し、秩序を乱すものであるから、就業規則95条7号（事業場の風紀・秩序を乱したとき）の懲戒解雇事由に当たる。

＜⑤の上司に対する反抗等について、事実を認定した上で＞

上司のXに対する指摘は、Xの正当な権利行使を妨害しようとしたものとはいえない。Xは、上司に対し、一方的に極めて粗暴な言動を行っており、このような行為は、自らの行為の正当性を上司に強く主張するために行われたものであることを考慮しても、正当な行為と評価することはできず、上司の指示に従わず、職場秩序を乱すものといえるから、就業規則97条5号の懲戒

職場規律違反　解雇有効

解雇事由に当たる。

<懲戒解雇の相当性について>

Yの就業規則には、懲戒処分として、けん責、減給、出勤停止が規定されているが、Xの行為態様や事後の対応を見ると、Xに今後の改善を期待することは困難といわざるを得ない。Xは過去にYから懲戒処分を受けた前歴がないことを考慮しても、懲戒解雇を選択したことは、裁量を逸脱したものとはいえず、本件懲戒解雇が解雇権の濫用に当たるとは認められない。

解雇有効　職場規律違反

台風災害復旧工事で適切な処理を行わず、仲介業者に不当な利益を取得させたこと等を理由とする懲戒解雇が有効とされた例

崇徳学園事件

（平成14年1月22日　最高裁第三小法廷判決）（労判823号12頁）

（事案の概要）

Xは、平成2年7月、Yの長期計画推進室長として雇用され、同3年4月からYの法人事務局次長を兼務していた。Yは同4年10月30日、Xが①台風災害復旧工事に関し、法人事務組織規定、決済規定、経理規定等に違反し、適切な事務処理、会計処理を行わず、またHワークに工事代金の不当水増し請求をさせるなどしてその任に背き、Yに損害を与えた、②リース契約に関し、必要もないのにHワークを介在させ、虚偽の契約をさせるなどして不当な利益を得させた等を理由として、就業規則に照らし、懲戒免職したものである。

一審においては、①の背任行為のみでも懲戒免職に相当するなどとしてXの請求を棄却し、Xは控訴した。

二審においては①については、1次的には経理課長に責任があること、Hワークに不当な利益を得させる目的、意図がなかったこと②については、XがHワークに不当な利益を得させるためにリース契約を締結したものではなく、また適正な会計処理が行われなかったことは課長らにも応分の責任があることから、Xの懲戒免職処分を無効とし、一審判決を取消した。

（判決要旨）

Yにおいて簡略な支払方法を主導しこれを実行させたのはXであり、＜中略＞適正な会計処理に直結すべき正規の決済手続を行わなかった責任は、Xにあるといわざるを得ない。Xが、経理課長の上司である事務局次長という要職にあり、本件復旧工事の処理の担当とされていたことを考えれば、適正な会計帳簿を作成しなかったことについて経理課長に責任があるなどの事情があったとしても、Xの責任が軽減されるものではない。

また、事実関係によれば、Xは、YがM海上から本件復旧工事代金を賄うに足りる保険金の支払を受けることができるような措置を執り、これが奏功すると、M海上に保険金の中からHワークに対して工事代金を直接振り込ませることにより、M海上から支払を受けた保険金と本件復旧工事代金との差額をHワークに取得させたものである。しかしながら、本件損害保険契約に

職場規律違反　　解雇有効

基づき支払われた保険金は、正当な金額である限り、保険契約者であるYに帰属すべきものであるし、過大な部分があれば、Yがこれを返還すべき義務を負うべきものであるから、Yが、Xの各行為により、損害を受けなかったものとはいえない。

そして、Xの各行為は、生徒の父母、学校関係者、監督行政庁、さらには社会一般から、Yが不正行為を行っているという疑惑を招くことを避けられないものであって、著しく不相当な行為である。＜中略＞Xは、Yが著しく不相当な行為を行ったとして社会一般から非難され、信用を失墜したことについて、責任を免れない。

さらに、Xは、＜*本来リース契約の対象とすることができない*＞消耗品を本件リース契約の対象に含ませるなど、適正な会計処理を行わなかったのであり、その結果、本件リース契約の一部の合意解除により、Yを会計上混乱させるなどした責任がある。＜*中略*＞適正な経理処理が行われなかったことについて、経理課長にも応分の責任があるからといって、Xの責任が軽減される余地はない。Xは、法人事務局次長であり、職員としては法人事務局の最高責任者であったのに、会計処理上違法な行為を行い、Yの信用を失墜させ、Yに損害を与えたのであって、その責任を軽視することはできない。＜*中略*＞また、Xは、特定の業者に契約に基づかない利益を与えて、これと深い結び付きを持ったと見られてもやむを得ない。そうすると、YがXに対し本件懲戒免職に及んだことは、客観的にみて合理的理由に基づくものというべきであり、本件懲戒免職は、社会通念上相当として是認することができ、懲戒権を濫用したものということはできない。

現金着服行為を理由とする懲戒解雇が有効とされた例

東日本旅客鉄道事件
（平成13年10月26日　東京地裁判決）（労経速1791号3頁）

（事案の概要）

　Xは、旅客鉄道事業等を営むYにおいて駅輸送係として勤務していたが、平成11年4月に警察署から受領した遺失還付金6万5千円を着服し、さらに3か月後の7月にほぼ同額の遺失還付金を1か月にわたり所定の手続を行わず放置したため、就業規則の解雇事由139条＜会社は、社員が次の各号の1に該当する行為を行った場合、懲戒する。＞(6)＜「金銭物品の取扱い又は土地家屋等の売買に関して、不正な行為を行った場合」＞に該当するとして懲戒解雇処分にされたものである。

（判決要旨）

　＜2回の遺失還付金が正規に処理されていないことが発覚しその取扱いについて担当者らに対する事情聴取が行われた際、Xは何ら強制や誘導を受けずに当初から一貫して2回の遺失還付金を受領したのは自分である旨認めていたこと、受領日等についての供述内容が、他の社員らに対する事情聴取の結果等と合致することなどを認め、4月及び7月受領分の遺失還付金がXに交付されたことを認定した上で＞

　そして、Xは、受領後の経過について再三説明を求められたにもかかわらず第2報告書作成時まで合理的な説明ができなかったこと、そのような状況下にあったにもかかわらず遺失扱いを行う同僚らに自分が遺失還付金を受け取ったかもしれないことを話したり、その後の遺失還付金の行方について尋ねたりすることなく過ごしていたこと、2回目の事情聴取時には4月受領分について弁償するとまで述べていたことが認められる。＜中略＞本件処分の理由の事実はこれを認めることができるところ、これは就業規則139条＜会社は、社員が次の各号の1に該当する行為を行った場合、懲戒する。＞6号＜金銭物品の取扱い又は土地家屋等の売買に関して、不正な行為を行った場合＞に該当する行為であり、かつ業務上現金の取扱いが多いYにおいて現金の着服はその額の多寡にかかわらず解雇が原則であることから、本件処分は懲戒手段として相当な範囲を超えないというべきであり、140条＜懲戒の種類は、次のとおりとする。＞(1)＜懲戒解雇　予告期間を設けず、即時解雇とする。＞の規定による懲戒解雇として有効である。

職場規律違反　解雇有効

> 告知された事由が職場離脱のみであっても、それまでの多数回にわたる非違行為が懲戒事由に当たり、解雇が有効とされた例

富士見交通事件

（平成13年9月12日　東京高裁判決）（労判816号11頁）

（事案の概要）

　タクシー会社Yに乗務員として勤務しかつ、組合平塚支部副支部長でもあったXは、平成8年2月26日、所定の非就労届をYに届け出て、翌27日茅ヶ崎支部役員と合同の執行委員会に出席した（正午から午後5時ころまで）。Xは委員会終了後、平塚支部長であり同委員会を欠席し就労することもなかった訴外Aと会ったので、同委員会の報告をすることになり、28日午前2時の終業時まで正常勤務に就くことなく過ごした。Yは両名に対して、同年3月2日、同日をもって、2月27日の正常勤務を怠ったことを職場放棄とみなして懲戒解雇する旨を通知した（訴外Aはその後、任意退職扱いの後、再雇用）。

（判決要旨）

＜本件懲戒解雇の理由とされた非違行為は何かについて＞

　懲戒当時に使用者が認識していた非違行為については、それが、たとえ懲戒解雇の際に告知されなかったとしても、告知された非違行為と実質的に同一性を有し、あるいは同種若しくは同じ類型に属すると認められるもの又は密接な関連性を有するものである場合には、それをもって当該懲戒の有効性を根拠付けることができると解するのが相当である。これを本件についてみるに、＜中略＞Yは、本件懲戒解雇の際、Y主張に係るXの非違行為のうち本件懲戒解雇前に行われたものすべてについて認識し、かつ、これを懲戒解雇事由とする意思であったが、これが多岐にわたるため、本件懲戒解雇を最終的に決定する契機となった事由、すなわち平成8年2月27日の職場離脱のみを本件通告書に記載したにすぎず、懲戒解雇事由をこれに限定する趣旨ではなかったものと認めることができる。

＜本件懲戒解雇の懲戒解雇事由の存否について＞

　＜①Xが当該職場離脱だけでなく、相当回数の違法な職場離脱があったこと、②相当回数のメーターの不正操作があったこと、③就業時間中に営業車両を飲酒運転したこと、④粗暴な言動等による職場秩序の侵害、業務阻害があったこと、⑤数回にわたり営

業車両の違法駐車を繰り返していたこと、を認定した上で>本件懲戒解雇については、上記①ないし⑤で認定したとおりの事由が存在し、これらは、Yの就業規則第42条第2号（他人に対し暴行、脅迫を加え又は教唆煽動し業務を阻害したとき）、第3号（職務上の指示命令に従わず粗暴な言動をし職場の秩序を乱したとき）、第5号（会社の名誉、信用を傷つけたとき）、第11号（料金メーターの不正行為が重なり悔悛の見込みがないとき）及び第12号（その他前各号に準ずる程度の不都合な行為をしたとき）に該当するものということができる。

<本件懲戒解雇は解雇権の濫用に当たるかについて>

　Yは、Xの度重なる非違行為にもかかわらず、Xの更生を期待し、組合本部とも連絡をとりながら、懲戒解雇権の発動を見送ってきたのであり、本件懲戒解雇に至るまでにXに更生・弁明の機会を十分与えたものということができ、前記認定に係るXの非違行為の内容、態様、程度等を併せ考えると、本件懲戒解雇は正当であり、解雇権の濫用には当たらないというほかはない。

職場規律違反　解雇有効

> 取引先から個人的に金銭を借り入れたり、顧客を紹介して謝礼を受領したことを理由とする懲戒解雇が有効とされた例

わかしお銀行事件

（平成12年10月16日　東京地裁判決）（労判798号9頁）

(事案の概要)

　銀行Ｙの本店営業部主任調査役であったＸは、支店の副支店長時代に、取引先の不動産会社から個人的に350万円を借り入れ、更に、渉外業務で知り合った顧客をその取引先に紹介して不動産取引を成功させた謝礼として、当該不動産会社から約620万円の謝礼を受け取った。Ｘは、当初は、当該金銭借入については認めたものの、その他の金銭の授受については一切否定した。しかし、後日、人事部長及び人事部副部長と面談した際には、当該謝金受領の事実を認め、寛大な処分を求めた。Ｙは、賞罰委員会での検討を経て、当該謝礼受領が、就業規則所定の懲戒解雇事由（規則規程に反して不正行為があったとき、職務に関連して不正に謝礼等を受けたとき）に該当するとして、Ｘを懲戒解雇したものである。なお、Ｘに対して退職金は支給されなかった。

(判決要旨)

＜上記の事実を認定した上で＞
＜本件金銭借入の懲戒規定への該当性について＞

　Ｙが業として普通銀行を営んでおり、広く社会一般から預金等の形態で調達した資金を運用することを企業活動の根本とする以上、Ｙの銀行業務の公正さに対して社会一般から寄せられる信頼を維持していくことが企業秩序の維持・存続の大前提であること、本件就業規則12条＜職員は次の事項を遵守しなければならない＞(7)＜職員は銀行の取引先および関係者に対し、金融の斡旋を行い、または金銭・手形・物品の貸借およびその保証を行ってはならない＞は、銀行の取引先及び関係者に対する金銭・手形・物品の借入れを禁止しているのみならず、銀行の取引先及び関係者に対する金銭・手形・物品の貸付け及びその保証並びに銀行の取引先及び関係者に対する金融のあっせんも禁止していること、以上の点に照らせば、本件就業規則12条(7)は、Ｙの職員個人と特定の取引先との癒着を想起させる金銭消費貸借等を禁止することで、Ｙの公正さに対する顧客一般の信頼を確保する目的で設けられた規定であると解される。
＜中略＞
　そうすると、本件金銭借入は、本件就業

解雇有効　職場規律違反

規則12条(7)に違反しているというべきであり、したがって、本件就業規則73条＜出勤停止、降格、諭旨退職、懲戒解雇は次のいずれかに該当した時に行う＞(2)＜規則・規程に反して不正行為のあったとき＞に該当するというべきである（なお、本件就業規則73条(2)で懲戒処分の対象となるのは単に規則・規程に違反する「行為」ではなく、規則・規程に違反する「不正行為」であるが、本件就業規則12条(7)が設けられた趣旨からすれば、本件就業規則12条(7)に違反する行為は「公正さ」を害する行為という意味において「不正行為」であると解することができるから、本件就業規則12条(7)に違反する行為は本件就業規則73条(2)に該当するものというべきである）。

＜本件謝礼受領の懲戒規定への該当性について＞

　Yの銀行業務の公正さに対して社会一般から寄せられる信頼を維持していくことが企業秩序の維持・存続の大前提であるといえること、本件就業規則12条(6)＜職員は、職務に関連して謝礼、慰労その他いかなる名目によっても贈与および饗応を受けてはならない。＞は、Yの職員が職務に関連して贈与及び饗応を受けることを一切禁止していること、以上の点に照らせば、本件就業規則12条(6)は、Yの職員個人と特定の取引先との癒着を想起させる謝礼の受領等を禁止することで、Yの公正さに対する顧客一般の信頼を確保する目的で設けられた規定であると解される。＜中略＞本件謝礼受領は、本件就業規則12条(6)に違反しているというべきであり、したがって、本件就業規則73条(8)＜職務に関連して不正に謝礼、慰労、饗応を受け、またはこれを要求したとき＞に該当するというべきである。

＜懲戒解雇の相当性について＞

　本件解雇の懲戒処分としての相当性について認定した事実によれば、Yにおいては、その営む銀行業務の公正さに対して社会一般から寄せられる信頼を維持していくことが企業秩序の維持・存続の大前提であり、Yの公正さに対する顧客一般の信頼を確保する目的で本件就業規則12条(7)及び12条(6)を設けているが、Xが行った本件金銭借入及び本件謝礼受領は、これらの規定に違反する行為であり、Yとしては到底看過することができない重大な非違行為であるといえること、本件金銭借入及び本件謝礼受領の各非違行為を犯した当時のXは、板橋支店の副支店長の地位にあり、部下の職員にYの諸規定・規則類を遵守するよう指導監督すべき職責を担っていた者であるにもかかわらず、そのような職責を担うXが自ら率先して本件就業規則をないがしろにする所為に出たことは、YとXとの間の信頼関係を破壊するものといえること、Xが本件金銭借入及び本件謝礼受領によって得た金員は620万円余りと多額にのぼっており、その金額はXの請求に係る退職一時金の金額よりも多いこと、以上の事実が認められ、これらの事実を総合すれば、Xは、Yから本件金銭借入及び本件謝礼受領について事情を聴取された早い段階で本件金銭借入及び本件謝礼受領を認めていたこと、Xは、A銀行から通算すると、Yに19年余り勤務していたことになるが、（＜証

第一部

3　懲戒解雇

職場規律違反　　解雇有効

〈略〉）によれば、その間のXの勤務態度や勤務成績が格別不良であったことは認められないこと、本件金銭借入及び本件謝礼受領によってYに実損害が発生したことやYの対外的な信用が毀損されたことはうかがわれないこと、本件金銭借入や本件謝礼受領によってYの職員に対し何らかの悪影響を与えたこともうかがわれないことなど、Xに有利な事実を勘案しても、Yが本件金銭借入及び本件謝礼受領を理由にXに対する懲戒処分として懲戒解雇を選択したことは合理的かつやむを得ないものであると認めることができる。

〈懲戒手続について〉

Xに賞罰委員会の席上での弁明の機会を与えていなかったこと、しかし、賞罰委員会の委員でもある人事部長及び人事部副部長がXと面談しており、その面談の際に本件金銭借入及び本件謝礼受領を認めた上で、これらの行為が本件就業規則上禁止されていることは理解していた旨を表明していたこと、Xは、検査部における事情聴取の際に、本件金銭借入及び本件謝礼受領を自認しており、その旨の自筆の調書が作成されていたことが認められ、これらの事実によれば、Xに賞罰委員会の席上での弁明の機会を与えていなかったからといって、そのことから直ちに本件解雇の手続に瑕疵があり、本件解雇が無効であるということはできない。

〈懲戒権の濫用について〉

以上によれば、本件解雇は、客観的に合理的な理由を有し、社会通念上相当として是認することができるから、解雇権の濫用として無効であるということはできない。

解雇有効　職場規律違反

> 女性添乗員やトラベルコンパニオンに対するセクハラ行為等を行い、反省の態度もみられないことを理由をする懲戒解雇が有効とされた例

大阪観光バス事件

（平成12年4月28日　大阪地裁判決）（労判789号15頁）

（事案の概要）

　観光バス会社Yの社員でバス運転手X（労働組合書記長）が、(1) Yの取引先である旅行会社の多数の添乗員に不愉快な思いをさせる振る舞いをしたとして苦情が多数寄せられたことがあり、更に(2) Yのバス添乗業務に従事する入社間もないトラベルコンパニオンAに対して、勤務時間中に身体を触り、勤務終了後にも執拗に食事に誘い、断りきれなかったAに抱きついたり、ホテルに誘うなどの猥褻行為を行ったことがあり、また(3) 出勤時刻に遅刻しそうになりYへの連絡なしに他の従業員に代りにバスの運行移動を依頼をしたことがあり、(4) Aへの非違行為について運行部長から事情聴取を受けた際には、「ビラをまいたろか」等の反論をして事情聴取に応じなかったことから、右各行為が就業規則の懲戒解雇事由（風紀濫用等により職場の規律を乱したとき、許可なく、会社の車輌を他人に運転させ、又は貸与したとき）に該当するとして懲戒解雇された。

（判決要旨）

＜(1)の事実を認定した上で＞

　具体的内容は不明であるものの、Xが性的なことがらに関し取引先の多数の添乗員に不愉快な思いをさせる振る舞いをして苦情を寄せられるという事態を招いたことは、＜懲戒解雇事由である＞就業規則88条8項＜風紀濫用等により職場の規律を乱したとき＞に該当するというべきであるし、Yの信用を落とす行為でもある。

＜(2)の事実を認定した上で＞

　Aに対するわいせつ行為も、まことに悪質な行為であって社会人として許されるものでない。そして、その一部は勤務中のことであったし、また、勤務終了後の行為についても、古参の運転手という立場で入社間もないAにしつこく迫って誘い出すなどしているのであるから、これらが同規則88条8項に該当することは明白である。

＜(3)の事実を認定した上で＞

　遅刻しそうになって他の従業員にバスの

職場規律違反　　解雇有効

移動を依頼し、その結果他の従業員がXの乗務予定のバスを移動させようとした行為は、同規則88条8項及び20項（許可なく、会社の車輌を他人に運転させ、又は貸与したとき）に該当する。

＜(4)の事実を認定した上で＞
　そして、Aに対する非違行為について事情聴取を受けた際、反論して事情聴取に応じなかった点について、Xは、その外形的事実を概ね認めながらも種々弁解している。しかしながら、仮にXが真実、運行部長のセクハラ発言を他の従業員から聞き及んでいたとしても、その場は、Xの非違行為について上司である運行部長から事実確認のための事情聴取を受けているのであるから、運行部長のセクハラ発言を持ち出したりすることは、責任追及の回避であり、問題のすり替えというべきであって許されることではない。「ビラまいたろか」との発言も、Xは事実無根の非難に対する売り言葉、買い言葉であったなどと主張するが、前記のとおりAに対する非違行為が事実無根の中傷とは認められず、結局、右発言は、自己に対する追及をかわすため、組合役員の立場を利用し、組合の威力を背景にしてなされた脅迫以外のなにものでもないというべきである。よって、これらの言動も就業規則88条8項に該当する。

＜*本件懲戒解雇の効力について*＞
　Yでは男女関係が杜撰との非難を回避すべく社内での男女関係には厳しい対応をしてきており、Xは以前にも女性関係の問題でYから注意を受けていたにもかかわらず、右のとおり、取引先会社からの女性関係の苦情を招いたり、Aへの悪質なわいせつ行為に及んだりしていること、乗務に遅刻しそうになるという自らの非を勝手な運転手の手配によって取り繕おうとしたばかりか、これらに関し、注意や事情聴取を受けても反抗的な言動をし、あまつさえ、責任回避のための脅迫にまで及んでいること等専恣な行為を累積させてきているのであって、反省の態度はみられず、その情状は重いというべきである。
　これらの事情を総合考慮すると、本件解雇はやむを得ない選択というほかなく、相当としてこれを是認することができる。

解雇有効　職場規律違反

経費の不正請求及び不正精算を理由とした懲戒解雇が有効とされた例

メディカルサポート事件

（平成12年2月28日　東京地裁判決）（労判796号89頁）

（事案の概要）

　Xは、平成5年4月に、調剤薬局の経営などを目的とする株式会社であるYに入社し、医療機関との交渉、渉外、Yの営業全般を担当していた。Yは、平成10年11月5日、Xに対し、経費（交際費、会議費、交通費等）について、請求及び精算に不正があることを理由として、懲戒解雇したものである。

（判決要旨）

　＜Y就業規則43条の＞1号から6号まではいずれも社員が行った非違行為を理由に当該社員を懲戒解雇する場合について定めた規定であり＜中略＞、右の各号は、要するに、社員の行った非違行為の内容、程度に照らせば、そのような非違行為を行った社員から労務の提供を受けることを目的として当該社員を雇用し続けることは企業秩序維持の観点から到底容認することができないことから当該社員を解雇することとした規定であると考えられ、そうであるとすると、7号が1号から6号までの定め＜1号　正当な理由がなく無断欠勤が14日以上に及んだ者及び無断連続欠勤が10日以上に及んだ者、2号　正当な理由がなく異動を拒みまたは職務上の指示命令に不当に反抗し、越権専断の行為を行い職場の秩序を乱した者、3号　重要な職歴を偽り、採用されたことが判明した者、4号　故意または重大な過失により業務上知り得た秘密を漏らしまたは漏らそうとした者、5号　刑罰その他国法に触れる行為を行い、有罪の判決を受け、解雇が適当と認められた者、6号　前各号の行為を再度にわたり違反した者または情状が特に重いと認められた者＞を受けて「その他各号に準ずる行為があった者」について懲戒解雇することを定めていることからすれば、7号は1号から6号までに定めた非違行為以外の非違行為で、かつ、そのような非違行為を行った社員から労務の提供を受けることを目的として当該社員を雇用し続けることが企業秩序維持の観点から到底容認することができない程度及び内容の非違行為を懲戒解雇事由とする定めであると解される。

　もっとも、7号を右のように解することは、1号ないし6号に該当しない事由につ

職場規律違反　解雇有効

いてはすべて7号に該当するものとして、懲戒解雇事由を広範に認めるべきであるということを意味するものではない。なぜなら、一般に使用者が労働者に対し懲戒解雇を含め懲戒権を行使することができるかという点については、使用者と労働者との間の合意若しくは就業規則において何らの定めがない場合であってもこれをなし得ると解するのは相当ではなく、右のような合意若しくは就業規則において、懲戒の事由、種類、手続などが定められている場合に限り、使用者はこれをなし得ると解すべきであり、そうであるとすると、就業規則に明示された懲戒解雇事由というのは、これに該当する行為が行われた場合にはじめて懲戒権が行使されるということを示すものであって、限定列挙と解すべきであり、したがって、7号のように「その他各号に準ずる行為があった者」などというような抽象的表現の概括条項が設けられている場合に、このような条項に該当するというためには、懲戒の対象となる当該行為が、それ以外に列挙された事由と近似した内容のものであることのほか、企業秩序維持の観点からそれらと同程度の反価値性を有することも必要であると解すべきだからである。

　Yが現実に損害を被っている上、その請求に係る金額及び回数並びに請求の態様などを勘案すれば、Yとしては企業秩序維持の観点から不正請求をし、かつ、不正精算を受けた社員との雇用契約を打ち切りたいと考えることは無理からぬことであるというべき場合はあり得るものと考えられるところ、Yにおいては、Yの社員が経費を不正に請求し、かつ、不正に経費の精算を受けた場合について、当該社員が精算を受けた金額、請求の回数及び態様などの点にかかわらず、およそYの社員が経費を不正に請求し、かつ、不正に経費の精算を受けた場合についてはすべて本件就業規則42条＜社員が次の1に該当するときは、減給、出勤停止処分とします。ただし、情状により譴責にとどめることがあります。＞1号＜故意または重大な過失により会社に有形無形の損害を与えた者。＞に該当するものとして処理する方針であったことは必ずしもうかがわれないこと、Yの社員が経費を不正に請求し、かつ、不正に経費の精算を受けた場合については、請求した金額、精算を受けた金額、請求の回数及び態様などのいかんによっては、企業秩序維持の観点から到底容認できないものとして、本件就業規則43条1号から6号までに定める事由と同程度の反価値性を有するということができると考えられること、社員が不正に経費の請求をしたが、経費の精算を受けるまでには至らなかった場合には、本件就業規則42条1号には該当しないことになるから、その場合には本件就業規則42条1号に該当するとして懲戒権を行使することはできないが、Yが現実に損害を被ってはいないとしても、その請求に係る金額及び回数並びに請求の態様などのいかんによっては、Yとしては企業秩序維持の観点から不正請求をした社員との雇用契約を打ち切りたいと考えることは無理からぬことであるというべき場合はあり得るものと考えられるところ、そのような場合を懲戒解雇事由であるとして定めた規定は本件就業規則43条1号から6号までには見当たらないこ

と、しかし、Yの社員が経費を不正に請求したが、経費の精算を受けるまでには至らなかったことについては、請求した金額、精算を受けた金額、請求の回数及び態様などのいかんにかかわらず、すべて懲戒権の行使の対象とはしないものとして処理する方針であったことも必ずしもうかがわれないこと、Yの社員が経費を不正に請求したが、経費の精算を受けるまでには至らなかったことについては、請求した金額、精算を受けた金額、請求の回数及び態様などのいかんによっては、企業秩序維持の観点から到底容認できないものとして、本件就業規則43条1号から6号までに定める事由と同程度の反価値性を有するということができると考えられること、以上の点に照らせば、Yの社員が経費を不正に請求し、かつ、不正に経費の精算を受けたこと、Yの社員が経費を不正に請求したが、経費の精算を受けるまでには至らなかったことは、本件就業規則43条7号に該当する場合があり得るものと解される。

＜交際費使用明細書等に係る費用、会議費使用明細書等に係る費用等、合計役60万円余りが、いずれも経費の不正請求又は不正精算であることを理由にされたものであり、その内の約27万円のみがXに支払われているが、その額は少ないとは決して言えず、不正請求及び不正精算の回数も10以上であり、少ないとは決して言えない等を認定した上で＞

そして、前記＜中略＞で認定、説示したことに照らせば、Xによる経費の不正請求及び不正精算は本件就業規則43条7号に該当するものというべきである。

以上によれば、本件解雇の理由を成すXによる経費の不正請求及び不正精算は本件就業規則43条7号にいう「その他各号に準ずる行為があった者」に該当するものというべきである。＜中略＞

以上によれば、本件解雇が権利の濫用であるとして無効であるということはできない。

職場規律違反　解雇有効

> 男性派遣労働者による派遣先女性社員に対するセクシュアルハラスメントを理由とする懲戒解雇が有効とされた例

コンピューター・メンテナンス・サービス事件

（平成10年12月7日　東京地裁判決）（労判751号18頁）

(事案の概要)

コンピューターの管理および保守等を主たる業務とする株式会社Yに入社したXは、T商店に派遣され、YがT商店から請け負ったコンピュータ管理業務に従事していたが、T商店内の女性従業員Aに対し、職場内で強制わいせつ的行為を繰り返したため、派遣を拒否されるに至ったとして、Xの右行為が職場の風紀、秩序を著しく乱すとともに、Xを派遣したYの信用を著しく傷つけたことから、Y就業規則の規定に従って、Xを懲戒解雇した。

(判決要旨)

＜XがAの腕をつかんで執拗に誘いかけた事実、Xが事務室の電気が消されて暗くなったことに乗じてAに抱きついた事実等を認定した上で＞

XのAに対する一連の行為は、Aが不快感を示していたにもかかわらずなされたもので、その態様も執拗かつ悪質であり、Aに相当程度の苦痛と恐怖を与えたものである。その結果、ついにAは上司に訴えるところまで追いつめられたのであり、Yの顧客であるT商店が、社長自らYに赴いて苦情を言わなければならない程度にまで至っていたのであるから、Xの行為がT商店においてその職場内の風紀秩序を著しく乱し、ひいてはYの名誉・信用を著しく傷つけたことは否定できないというべきである。なお、Xの行為は、Yからの派遣先の職場内におけるものであるが、Xは、Yの従業員であり、T商店はYから指定された就労場所であるから、派遣先においてもYの指揮命令に服さなければならないことはもとより、Xには懲戒処分も含めてYの就業規則が適用されることは当然である。

したがって、Xの一連の行為は、＜減給・出勤停止・降格事由である＞就業規則59条10号＜会社の財産に損害を与え、または名誉・信用を傷つける等の行為のあった者＞、＜懲戒解雇事由である＞60条4号＜素行不良により、会社施設内で風紀秩序を著しく乱した者＞、17号＜懲戒が数回に及んでも改悛の見込みがなく、または前条に該当してその情の重い者＞、18号＜その他前各号に準ずる行為のあった者＞に該当するというべきである。

解雇有効　職場規律違反

<本件懲戒解雇の手続等について、
- Yが派遣先から苦情を受ける以前にXを解雇しようとしていたことを認めるに足りる証拠はないこと、
- YはXに対し、十分な弁明を与えたこと、
- Xは反省の態度を示す機会もあったこと、

を認定した上で>

T社長自らYに赴いてXの行為についていわゆるセクハラ行為であるとして苦情を述べたこと、平成8年4月24日にXが＜T商店の＞I部長と口論とも言えるような激しいやりとりをして反省の態度も窺えなかったことなどからすれば、T商店がXの派遣拒否を通告しなかったとしても、主として技術者に顧客を派遣するという業務形態を採っているYが会社の信用にかかわると考えて、その事実を重く受け止めたのも止むを得ないことというべきであり、T商店が派遣拒否の通告をしていなかったからといって、本件懲戒解雇が不当だということはできない。

したがって、本件懲戒解雇が恣意的なものであるということはできないし、その手続が違法であるということはできないし、その手続が違法であるということはできない。

右に述べてきたとおり、本件懲戒解雇が恣意的なものであるということはできないし、その手続きが違法であるということこはできない。

職場規律違反　解雇有効

> 会社の金銭を着服したことを理由とする懲戒解雇が有効とされた例

ダイエー（朝日セキュリティーシステムズ）事件
（平成10年1月28日　大阪地裁判決）（労判733号72頁）

（事案の概要）

Xは大型スーパーを経営するYから関連の警備会社に出向し、業務部次長の職務に従事していた。阪神・淡路大震災の際に設置された対策本部事務局の責任者の一人として対策業務に従事していた際に、東日本本部からの応援の社員の夕食代の領収書を改ざんし、10万円を水増し請求して着服した。Yは、本件着服が就業規則所定の懲戒事由に該当するとして、懲戒解雇した。

（判決要旨）

Xによる本件着服は、周到に計画された犯行であるとまではいえないものの、意図的なもので、その性質上、会社に対する重大な背信行為であるというべきであり、右発覚後、Yが、Xに対し、退職金が支給できるよう依願退職の申出を繰り返し勧めたにもかかわらず、これが拒否されたため、賞罰委員会の議を経た上で、本件懲戒解雇に至ったことが認められ、その一方、Xが、本件着服当時、阪神・淡路大震災の復旧作業等に精力的に従事していたものの、右作業に伴うストレスに起因する「行為障害を伴う適応障害」等により事理弁識能力が喪失し又は著しく減退していたと認めることはできず、解離症状を前提とする心身耗弱も認めることができない。

したがって、右事実によれば、Xの本件着服前の勤務態度、本件着服当時の心身にわたる疲労の蓄積、本件着服に係る金員の返還の事実、Xが、本件着服のほかは不正行為を行ったことがないこと、本件懲戒解雇がXの家計等に与える影響等、Xのために有利に斟酌すべき事情を考慮しても、本件着服に懲戒解雇をもって臨むことが著しく苛酷であるということはできない。

解雇有効　職場規律違反

約1500万円の機器の不正購入、及び納入業者から受け取った10万円の不正使用を理由とする懲戒解雇が有効とされた例

バイエル薬品事件

（平成9年7月11日　大阪地裁決定）（労判723号68頁）

（事案の概要）

Xは、医薬品等の輸入・販売等を行うYにおいて研究員として勤務していた。Yは、医薬品の市販後調査研究をA医大に業務委託しており、Xは委託先で血液製剤に関する抗体検査実施のサポート業務を担当していたが、委託先職場においてXが、①正規の規定を経ることなく無断で総額約1500万円もの機器を購入したこと、②納入業者Bから過払いとして返金を受けた10万円を勝手に使用したことが明らかになったとして、YがXを懲戒解雇した。

（決定要旨）

＜①Xが購入した機器が19品目で総額約1500万円に上ること、②Yに無断かつ規定の手続を経ずに購入したこと、③140品目以上に小分けした単価20万円未満の不正納品書及び請求書を提出させる等の偽装工作を行ったこと、④本件機器購入に相当程度の必要性があったとは認めがたいこと、を認定した上で＞

以上の本件機器の不正購入は、＜懲戒事由である＞Y就業規則18条3項のうち、「会社の諸規則に違反し、又は会社の指示命令に従わず故意に会社の秩序を乱した者」（同項2号）、「許可なく会社の金品を持出し、融通使用した者」（同項4号）及び、「故意又は過失により業務に支障を生じさせ、又は会社に損害を与えた者」（同項5号）に該当することは明らかである。

しかも、その購入代金は総額で1443万3184円にのぼるのであり、企業秩序維持の観点からすると、看過し得ない秩序違反というべきである。

証拠及び審尋の全趣旨によれば、Xが申立外B会社に対して、本件機器の購入代金として、伝票上は、Xが指示した試薬類を記載させ、金額が伝票記載のものと機器の購入代金とを合致させるように指示していたが、必ずしも、これが一致せず、約10万円の過払いが生じ、これについて、Xが平成8年4月26日にA医大において10万円を申立外B会社の代表取締役から受け取っていることが認められる。

Xは、右金員は申立外B会社がA医大のアルバイト女性に対して雇っていたことについてのアルバイト料であると主張する。

職場規律違反　解雇有効

これを認めるに足りる適確な証拠はないものの、仮にX以外の者に供する目的であったとしても、Yが本来支払義務を負うものでないことは明らかというべきであり、右認定のように10万円がYに対する過払い金の精算としてXに支払われたものである以上、Y就業規則の懲戒事由に該当すると認められる。

以上からYが主張するXについての懲戒解雇事由を認めることができ、他に本件解雇について解雇権の濫用を基礎付けるべき具体的事実についての主張もないから、その余の点について判断するまでもなく、本件解雇は有効である。

> 上司・同僚に対する度重なる恐喝、脅迫、強要、嫌がらせを理由とする諭旨解雇が有効とされた例

日本電信電話（大阪淡路支店）事件
（平成8年7月31日　大阪地裁判決）（労判708号81頁）

（事案の概要）

Xは、Yの大阪淡路支店において営業を担当していたが、大阪淡路ネットワークセンターでの応対の善し悪しに端を発して同センターの課長らと口論になり、その挙げく同課長宅に嫌がらせ電話を架けたり、金員を要求するなどをした。

またXは、それ以後にも、職場内外での些細な意見の食い違いや仕事上のミスなどをきっかけに、上司、同僚に対し、恐喝、嫌がらせ電話、脅迫、暴行、強要、名誉毀損などの行為を行い、暴行罪により罰金刑に処されたこともあった。

そこでYは、Xのこれらの行為は、「会社の秩序風紀を乱し、職場規律の維持及び正常な業務運営を妨げる」ものとして、就業規則所定の懲戒条項を適用し、諭旨解雇処分に処した。

（判決要旨）

<解雇事由について>

成立に争いのない<証拠略>によれば、Yは、平成6年10月13日、Xに対し、本件解雇をするに当たり、その交付に係る辞令書には、その解雇理由として、「平成2年2月下旬、大阪淡路支店お客様サービス部在職中、大阪淡路ネットワークセンター労務厚生課長に対するいやがらせ行為をはじめ、平成4年11月9日東淀川営業所において、同僚社員に対し暴行を振るったことにより、平成6年1月24日暴行罪により罰金刑に処せられ、さらに、平成5年4月19日から22日にかけて、同僚の誓約書、所長・課長を誹謗中傷するビラを社内外に掲出するなど、過去3年間にわたり、勤務時間の内外を問わず、会社の秩序風紀を乱し、職場規律の維持及び正常な業務運営を妨げる行為を反復継続し、惹起せしめた」ことが記載されていることが認められ、右事実によれば、Yは、本件解雇に当たり、具体的に摘示したXの各行為のほか、過去数年間にわたるXの数々の行為を包括して摘示して、これを解雇事由として告知したことが認められるところ、これは、Yが本訴においてXに対する解雇事由として主張する抗弁1＜上司に対して暴言を吐き、金員を要求して恐喝行為に及んだことが、Y就業規則69条4項（職務上の規律を乱し、

職場規律違反　解雇有効

又は乱そうとする行為）、11項（社員として品位を傷付け、又は信用を失うような非行）、13項キ号（会社施設内において、風紀秩序を乱すような言動）に該当する。＞ないし14＜Xが暴行事件、同僚、上司に対する嫌がらせ、恐喝、強要行為、暴言及び不当なビラ掲出行為を繰り返し、再三注意を受けたにも係わらず、なお、Yの内外において非違行為を繰り返し行ってきたことが、Y就業規則69条14項（再三注意をされてなお改悛の情がない）に該当する。＞の各事由を包摂するものであるということができるので、Xの反論1＜Yは、本件解雇において、Xに対して交付した辞令書記載の事由以外の事由をもって解雇事由とするものであるので、右解雇は、違法無効である。＞は理由がない。

＜解雇手続（弁明の機会）について＞

＜証拠略＞によれば、Yの就業規則上、Yが社員に対し懲戒処分をなすに当たり、社員の弁明を聴取すべき旨の定めはないことが認められるので、仮に、YがXに対し右弁明の機会を与えなかったとしても、そのことは、何ら本件解雇の効力に影響を及ぼすものではない。また、前記認定によれば、Xの各行為は、その内容及び態様並びにその回数等に照らし、Xの余りの無軌道振りや、XのYの秩序風紀を乱し、職場規律の維持及び正常な業務運営を妨げたなどの点において、極めて著しいものがあるので、YがXに右弁明の機会を与えなかったとしても、それのみによって、直ちにYによるXの解雇が違法無効となるとはいえない。したがって、Xの反論2＜本件解雇は、Xに何らの弁明の機会も与えないままなされたものであって、違法無効である。＞も理由がない。

＜解雇権の濫用について＞

Xには、Y就業規則所定の各懲戒事由に該当する事実があり、かつ、その行為の内容及び態様並びにその回数も、尋常ならざるものがあるので、Yにおいて、Xに対し、懲戒処分として、極刑ともいうべき懲戒解雇を選択する余地も十分にあったというべきところ、Yは、Xに対し、諭旨解雇をなすに止め、Xに対し、退職金の8割を支給すること（この点は、Yの認めるところである）としたのであって、本件解雇をもって、過酷と言うべき事情はなく、処分の公平・適正のいずれの観点からみても、これを違法無効と言うことはできない。また、以上によれば、本件解雇が解雇権の濫用であると言うこともできない。したがって、Xの反論3＜本件解雇は、処分の公平・適正という見地からして明らかに均衡を失しており、違法無効であり、また、本件解雇は、解雇権の濫用であるので、無効である等＞もまた、理由がない。

勤務時間中に、会社の車両を使用してアルバイト行為を行っていたことを理由とする懲戒解雇が無効とされた例

十和田運輸事件

（平成13年6月5日　東京地裁判決）（労経速1779号3項）

（事案の概要）

運送会社Aから営業譲渡を受けて設立した貨物運送等を業とするYの従業員で家電製品の各小売店への配送業務に従事していたXら2名（労働組合分会の組合員）が、運送先の小売店舗より家電製品の払下げを受けて有限会社Bのリサイクル部に搬入し代価を受けていたこと、右行為が勤務時間中にかつYの車両を使用して行っていたことが、職務専念義務違反・就業規則各規定に違反するとして、懲戒解雇されたものである。なお、Yは、YがA運送会社から営業譲渡を受けた際に、A社の就業規則も承継した旨主張していた。

（判決要旨）
＜懲戒権の根拠について＞
本件就業規則が運送会社Aの就業規則であったこと、YはAから営業譲渡を受けて設立されたものであることは当事者間に争いがないところ、Yは、YがAから営業譲渡を受けた際に、労働契約の内容である本件就業規則の承継も受けたなどとして、本件各解雇（懲戒解雇）は、本件就業規則の49条8号＜「職務上の地位を利用して私利を図ったもの」＞及び10号＜「許可なくして他の職業に従事したとき」＞に基づいて行われたものである旨主張する。

しかし、証拠＜略＞によれば、本件各解雇に係る通知書には、本件各解雇の就業規則上の根拠条文として、24条、27条及び29条が挙げられているが、本件就業規則24条は休暇に関するもの、27条は採用希望者の提出書類に関するもの、29条は試用期間に関するものであることが認められる。Yが上記通知書において就業規則上の条文の摘示を誤ったなど、本件就業規則の条文と同通知書記載に係る適用条文との齟齬を合理的に説明すべき特段の事情が認められる場合であれば格別、そのような主張も立証もない本件においては、上記認定に係る事実は、Yが本件各解雇の時点で、本件就業規則の存在を認識していなかったことを示すものというべきである。

以上に加え、Yは、その設立時以降本件各解雇に至るまで、従業員に対し、本件就業規則がYの就業規則であることを周知したことを認めることは困難であるといわざ

従業員たる地位・身分による規律違反　　解雇無効

るを得ない。

　そうすると、Yにおいて、本件各解雇当時本件就業規則以外の就業規則が存在することについての主張、立証のない本件においては、本件各解雇当時、Yには就業規則は存在しなかったというほかはなく、懲戒解雇は、原則として就業規則等の規定を前提として初めてこれを行うことができると解されることに照らせば、Yは、本件各解雇当時、従業員を懲戒解雇することはできなかったというべきである。

　よって、本件各解雇は、懲戒解雇として無効である。

＜懲戒解雇の普通解雇への転換について＞

　懲戒解雇以外の類型による解雇（以下一般の用例に従い、これを「普通解雇」という）が懲戒解雇よりも労働者にとって有利であると考えられる場合もある（一般にはそのような場合が多いものと考えられる）から、懲戒解雇の意思表示を普通解雇の意思表示に転換したものとみることが必ずしも不相当であるとまではいえないものと解される。もとより、この場合であっても、使用者が懲戒解雇に固執しないとの限定が付される必要があるが、本件において、Yが懲戒解雇に固執しないことは明らかであるから、本件各解雇の意思表示は普通解雇の意思表示とみることができる余地もあるというべきである。

＜普通解雇の有効性について、Xらが有限会社Bと配送や荷物の積込みに関し何らかの親密な関係にあったこと、本件アルバイト行為の頻度についてはY設立後いずれも年間1、2回程度しかこれを行っていなかったことを認定した上で＞

　Xらが頻繁に本件アルバイト行為を行っていたこと＜中略＞を認めることはできず、他にこれを認めるに足りる証拠はない。

　そして、Yは、＜中略＞Xらが本件アルバイト行為を頻繁に行っていたと認識した後に、Xらに対してその事実関係を確認することなく本件各解雇に至っていることをも併せ考えれば、本件各解雇は、十分な根拠に基づいて行われた解雇ではないといわざるを得ない。

　さらに、Xらが行った本件アルバイト行為の回数が＜年間1、2回＞の程度の限りで認められるにすぎないことに、証拠及び弁論の全趣旨を併せ考えれば、Xらのこのような行為によってYの業務に具体的に支障を来したことはなかったこと、Xらは自らのこのような行為についてYの代表取締役が許可、あるいは少なくとも黙認しているとの認識を有していたこと＜中略＞が認められるから、Xらが職務専念義務に違反し、あるいは、Yとの間の信頼関係を破壊したとまでいうことはできない。

　以上の次第であって、本件各解雇を普通解雇としてみた場合であっても、本件各解雇は解雇権の濫用に当たり、無効である。

会社への受注を同業他社へ移転させて終了させ、その事情を知りながら報告を怠ったことを理由とする懲戒解雇が無効とされた例

日本航器製作所事件

（平成10年6月2日　横浜地裁川崎支部判決）（労判748号129頁）

（事案の概要）

航空機部品の製作、修理等を目的とする株式会社Yの従業員であるXは、従業員の同業他社への転籍を知りながら、会社に報告をせず、訴外Iからの受注を当該同業他社へ移転させて終了させ、または右受注の当該同業他社への移転に関する事情を知りながら報告を怠ったことが、服務義務違反行為に当たるとして懲戒解雇されたものである。

（判決要旨）

＜Xが、①Y従業員で、Iに対する技術担当のA及びBが、同業者の訴外W社へ転職することをあらかじめ知りながら、これを容認し、Yにこれを報告しなかったこと、②Iからの受注を、あらかじめYに報告しないまま、Iの担当者に対し、受注が困難である旨申し入れをしたこと、③その後、A及びBがW社へ転職したことについて、W社代表取締役に説明を求めず、また、Iは、平成3年3月ころ、それまでYに発注していた研磨作業をW社へ変更したが、Xはその理由についてIに説明を求めず、再度の発注も要請しなかったこと、また以上の事実の他に、①Yの訴外N社との取引は、以前から売上げの多数を占めているものの、Iからの受注は、従業員25人が一斉退職した平成2年7月から急激に落ち込み、A及びBの退職直前の平成3年1月の売上げも低かったこと、②Iは、既に平成3年1月下旬頃から、YからW社への研磨作業の発注を決めていたこと、③Yは、平成3年3月頃、Iからの受注のないことが判明し、同年5月頃、受注が終了したことが明確になったが、同年12月までIに対し、発注終了の理由の説明や再度の発注を求めず、また、Xに対し、Iからの受注のないことの説明を求めなかったこと等の事実を認定した上で＞

A及びBの転職はIからの研磨作業の受注がYからW社へ移転したこととは無関係にそれぞれ自主的な意思で行われたものと推認できる上、Yは訴外N社との取引を優先する必要があったため、A及びBの退職によりIからの受注を処理するのが困難と

従業員たる地位・身分による規律違反　解雇無効

なり、＜Y側も＞XがIに対して受注の困難な旨を申し入れることをやむを得ないこととして、あらかじめ黙示的に承諾していたことを十分推認する余地があると認められ、これらの事情からすれば、XとW社代表取締役が、A及びBに対し、W社への転職を働きかけた事実、Xと訴外W社代表取締役が共謀した事実、Xが権限がないのに独断でIからの受注を断った事実を肯認することはできないといわざるを得ない。＜中略＞

右のとおり、XがA及びBのW社への転職をあらかじめ知りながら、これを容認し、Yに報告しなかった事実が認められるとしても、単に従業員の転職を知りながら、会社にこれを報告しなかったのみでは、服務義務違反行為に該当すると直ちに評価することはできない。＜中略＞

以上によれば、Xの服務義務違反行為に基づく懲戒解雇の抗弁は理由がないことに帰する。

解雇無効　従業員たる地位・身分による規律違反

在籍中に新会社設立を企て、従業員に何らかの勧誘をしたことを理由とする懲戒解雇が無効とされた例

東京コンピュータサービス事件
（平成7年11月21日　東京地裁判決）（労判687号36頁）

（事案の概要）

コンピュータソフトウェアの開発業務を行うことを目的とするYの営業部次長であったXは、Yの経営方針に疑問を有し、訴外F社のN氏に相談のうえ、Yとの雇用契約を合意解約し、C社を設立した。その後、Y及びY関連会社からC社及びF社に転職する者が続出し、また、XがY在職中に部下の出張旅費の会社からの仮払い金（12万円）を代理受領しながらその精算を怠ったままYを退職していたことが発覚したため、YはXのYからの従業員の引き抜き行為及び右着服行為が懲戒解雇に値するとして退職金を支払わなかったものである（Yの退職金規則では、従業員が懲戒解雇された場合、退職金の支給をしない旨定めている）。

（判決要旨）

Yは、XがY在職中に計画的にYやその関連会社の従業員技術者に対し、C社及びF社に移籍するよう執拗に働きかけて、多数の従業員技術者を引き抜いたと主張している。

なるほど、証拠（＜証拠略＞）によると、Xが、昭和62年11月末ころから、Yを退職した昭和63年1月20日までの間に、Y従業員や関連会社の従業員らに対し、退社の意思を伝えたり、自ら新会社を設立するつもりであることや、従業員を大切にするなどの新会社の経営方針を話したりしたこと、同年12月29日に開催されたY京都営業所の納会においても、同営業所の従業員に対して同様の話をしたことが認められる。このような事実からすると、Xが右在職中にY従業員及び関連会社従業員に対して設立予定の新会社（C社）へ移籍するよう何らかの勧誘をしたことが推測されないではない。しかし、懲戒解雇に値する「会社の不利益になるような言動（就業規則46条3号）」とは、その性質上、相当重大なものであることを要すると解されるところ、XがY在職中に単なる勧誘の域を超えてY及び関連会社から多数の従業員技術者を意図的、計画的に引き抜くなどの行為をしたことや、就業規則46条3号の他の遵守事項又は同条8号＜他の従業員の業務を妨げたり、退職を強要しないこと＞、11号＜会社の許可なく、他の会社の役員、従業員を兼

416　解雇事由の類型別裁判例
従業員たる地位・身分による規律違反　　解雇無効

務し、あるいはアルバイトなどの営利行為を行わないこと＞の遵守事項に違反する行為をしたことを認めるに足りる証拠は存しない（なお、Yは、XのY退職後の引き抜き等の行為を理由に、Xを懲戒解雇することはできないのであるから、XのY退職後の引き抜き等の行為を理由として、退職金請求が権利の濫用に該当するということができないことは当然である）。

＜中略＞もっとも、以上のこととは別に、Xは、在職中に2回にわたり職務上代理受領した部下の出張旅費の仮払金合計12万円を同人に支払わないまま退職したのであり、このことは賞罰規則9条10号（5号＜金品を無断で持ち出す等、会社又は派遣先企業の所有財産に損害を与えた場合＞に準ずる行為）に該当すると解することができる。

しかし、本件証拠上、Xが右金員を着服したとまで認めることは困難であるし（なお、Xは、右金員をYの会議費・接待費に振り替えた旨供述している）、右不払い自体が懲戒解雇を相当とするほどの背信性の強い行為であるということもできない。

したがって、当時XがYにおいて事実上Y代表者に次ぐ地位にあったことを考慮しても、在職中の前記諸行為がXのYにおける9年間にわたる勤務の功労＜YがXの営業実績を認めてXを在職中重用したなど＞を失わせるほどの重大な背信行為であるとはいえない。

以上によると、XがYに対して退職金を請求することが権利の濫用に当たるとすることは無理というほかない。

刑事特別法違反の罪で逮捕、起訴されたことを理由とする懲戒解雇が無効とされた例

日本鋼管事件

(昭和49年3月15日　最高裁第二小法廷判決)（労判198号23頁）
(昭和45年7月18日　東京高裁判決)
(昭和42年10月13日　東京地裁判決)

(事案の概要)

Xは、昭和24年6月にYに工員として雇用されたものであるが、Xは、反対勢力の一員として、アメリカ合衆国空軍の使用する立川飛行場の拡張工事に反対し、昭和32年7月8日、測量を援護する警官隊と衝突し（いわゆる砂川事件）、逮捕、起訴されたところ、Yは、Xの行為が、就業規則所定の懲戒解雇事由である「不名誉な行為をして会社の体面を著しく汚したとき」に該当するとして、昭和33年2月26日付をもって解雇したものである。

本件においては、第一審判決（昭和42年10月13日　東京地裁判決）において、Xらの行動は、「これによりXらに暴力行為等処罰に関する法律違反等として刑事罰が加えられ、もちろん社会的非難を免れ得ないものとはいえ、その目的、動機並びに侵害法益に徴すると、直ちに会社の企業秩序ないし規律の維持と相容れない性質のものとは解し難い。また、Xらの行為自体もしくは、これが会社の従業員の行動として報道されたことにより、会社がその企業体としての社会的信用または名誉を現実に著しく害されたことを認むべき疎明はない」として、解雇が無効と判示された。

また、第二審判決（昭和45年7月18日　東京高裁判決）においても、「従業員約3万名を有するYのようないわゆる巨大産業会社における一事業所の従業員にすぎないXらの前記のような行為について、それが、Yの企業としての社会的信用等に若干の影響を及ぼしたことは認められるものの、それ以上に、Yの主張するようにその主観的危惧、認識の程にまでYの社会的評価を著しく損うところがあったことを認めるに足る証拠はない。したがってXらの前記認定の行為は、本件懲戒規定の懲戒解雇又は諭旨解雇事由に該当しないものと判断する」として、解雇が無効と判示されている。

(判決要旨)

営利を目的とする会社がその名誉、信用その他相当の社会的評価を維持することは、

従業員たる地位・身分による規律違反　　解雇無効

　会社の存立ないし事業の運営にとって不可欠であるから、会社の社会的評価に重大な悪影響を与えるような従業員の行為については、それが職務遂行と直接関係のない私生活上で行われたものであっても、これに対して会社の規制を及ぼしうることは当然認められなければならない。本件懲戒規定も、このような趣旨において、社会一般から不名誉な行為として非難されるような従業員の行為により会社の名誉、信用その他の社会的評価を著しく毀損したと客観的に認められる場合に、制裁として、当該従業員を企業から排除しうることを定めたものであると解される。

　　　＜中略＞

　従業員の不名誉な行為が会社の体面を著しく汚したというためには、必ずしも具体的な業務阻害の結果や取引上の不利益の発生を必要とするものではないが、当該行為の性質、情状のほか、会社の事業の種類・態様・規模、会社の経済界に占める地位、経営方針及びその従業員の会社における地位・職種等諸般の事情から綜合的に判断して、右行為により会社の社会的評価に及ぼす悪影響が相当重大であると客観的に評価される場合でなければならない。

　そこで、本件についてみるに、Xらは、在日アメリカ空軍の使用する立川基地の拡張のための測量を阻止するため、他の労働者ら約250名とともに、一般の立入りを禁止されていた同飛行場内に不法に立ち入り、警備の警官隊と対峙した際にも、集団の最前列付近で率先して行動したというものであって、反米的色彩をもつ集団的暴力事犯としての砂川事件が国の内外に広く報道されたことにより、当時Yが巨額の借款を申し込んでいた世界銀行からは同会社の労使関係につき砂川事件のことを問題とされ、また、国内の他の鉄鋼関係会社からも同事件について批判を受けたことがあるなど、Yの企業としての社会的評価に影響のあったことは、原判決の確定するところである。しかし、原判決は、他方において、Xらの前記行為が破廉恥な動機、目的に出たものではなく、これに対する有罪判決の刑も最終的には罰金2000円という比較的軽微なものにとどまり、その不名誉性はさほど強度ではないこと、Yは鉄鋼、船舶の製造販売を目的とする会社で、従業員約3万名を擁する大企業であること、XらのYにおける地位は工員（ただし、Xは組合専従者）にすぎなかったことを認定するとともに、所論が砂川事件による影響を強調する前記世界銀行からの借款との関係については、Yの右借款が実現したのは同時に申込みをした他の会社より3か月ほど遅延したが、Xらが砂川事件に加担したことが右遅延の原因になったものとは認められないとしているのである。

　以上の事実関係を綜合勘案すれば、Xらの行為がYの社会的評価を若干低下せしめたことは否定しがたいけれども、会社の体面を著しく汚したものとして、懲戒解雇又は諭旨解雇の事由とするのには、なお不十分であるといわざるをえない。

> 解雇無効　従業員たる地位・身分による規律違反

夜半他人の居宅に入り込み、住居侵入の罪で罰金に処されたことを理由とする懲戒解雇が無効とされた例

横浜ゴム事件

（昭和45年7月28日　最高裁第三小法廷判決）（労判114号37頁）
（昭和43年11月29日　東京高裁判決）
（昭和42年7月17日　東京地裁判決）

（事案の概要）

　Yは、ゴム製品の製造販売等を営むものであり、Xは、昭和25年にYに採用された後、タイヤ工場製造課において、作業員として勤務していた。

　Xは、昭和40年8月1日午後11時20分頃、他人の住居に理由なく侵入したため、住居侵入罪により罰金2500円に処せられた。

　Yは、この行為が就業規則所定の懲戒解雇事由である「不正不義の行為を犯し、会社の体面を著しく汚した者」に該当するとして、同年9月17日、Xに対し懲戒解雇する旨の意思表示をしたものである。

　本件においては、第一審判決（昭和42年7月17日　東京地裁判決）において、「Xを、その私生活においてなした犯行の故に、企業外に排除しなければ、Yの就業に関する規律が維持されないものではなく、したがつて、社会通念上、Xとの雇傭の継続をYに期持し難い事態が生じたものとはいうを得ないから、Xに対してなされた懲戒解雇の意思表示は就業規則の適用を誤り、結局、懲戒権を発動すべからざる場合に発動したものであつて、その余の争点につき判断するまでもなく、無効といわなければならない」として、解雇が無効と判示された。

　また、第二審判決（昭和43年11月29日　東京高裁判決）においても、解雇の効力に係る判断については、原判決が支持されている。

（判決要旨）

　Yは、XがYの従業員賞罰規則16条8号にいう「不正不義の行為を犯し、会社の体面を著しく汚した者」に該当することを理由として、同人を懲戒解雇にしたというのである。

　＜中略＞

　しかし、飜って、右賞罰規則の規定の趣旨とするところに照らして考えるに、問題となるXの右行為は、会社の組織、業務等に関係のないいわば私生活の範囲内で行なわれたものであること、Xの受けた刑罰が

従業員たる地位・身分による規律違反　解雇無効

罰金2500円の程度に止まったこと、YにおけるXの職務上の地位も蒸熱作業担当の工員ということで指導的なものでないことなど原判示の諸事情を勘案すれば、Xの右行為が、Yの体面を著しく汚したとまで評価するのは、当たらないというのほかはない。それゆえ、原判決に所論の違法〈中略〉はない。

競合会社と業務提携する会社へ転職等をした従業員の一部に対する懲戒解雇及び退職金不支給が有効とされた例

キャンシステム事件

（平成21年10月28日　東京地裁判決）（労判997号55頁）

（事案の概要）

　Yの取締役兼東日本本部長であったAが、平成15年6月4日にYを退職し、同年7月1日、Yと競業関係にあるB社と業務提携するC社を設立した。

　そして、Yの従業員数は約1630名であったが、C社設立の直後である同月11日以降、Xら311名を含むY従業員500名以上が一斉に退職届を提出し、欠勤・職場放棄し、その大半がC社に入社した。

　このような状況下で、Yは、Xら311名のうち、一部の者を除き懲戒解雇（以下「本件懲戒解雇」という。）とし、退職金を支給しない旨を通知した（なお、YからXらのうち2名に対しては、退職金の半額がそれぞれ支払われた）。これに対し、Xらが退職金規程に定める退職金及び遅延損害金の支払い請求を行った。

　Yの就業規則には、服務に関し「第8条（服務の原則）　社員は、この規則及び職務上の指示・命令に従い専心業務に従事し、作業能率の向上に努力すると共に、協力して職場の秩序を維持しなければならない。」との定めがあり、懲戒事由として「第59条（懲戒事由）　社員が次の各号の1つに該当するときは懲戒する。1．労働義務の不完全履行の場合　ア．服務規律に違反したとき。イ．所属長の指揮命令に従わず、秩序・風紀を乱し、もしくは不正行為をなした者。ウ．越権専断の行為その他により会社業務の運営を阻害したとき。エ．正当な理由なく無断欠勤・遅刻又は早退したとき。2．職場秩序を乱す場合　イ．就業規則又は他の諸規則に違反したとき。」との定めがある。また、退職金規定には、「第8条（退職金の支給除外）　退職金は、次の各号の一に該当する場合には支給しない。」「2．懲戒解雇された者」「3．懲戒解雇に相当する行為があった場合」、「第9条（支給制限）　退職に際して、次の事項及び就業規則の遵守義務を怠った場合は、退職金の減額もしくは支給しないことがある。」「2．退職後同業他社へ転職した場合には、退職金を通常の半額とする。」「3．退職手続をなさずして退職した場合」「4．業務の完全なる引継ぎをなさずして退職した場合」「5．就業規則の遵法義務に違反した場合」「6．その他前各号に準ずる行為のあった場合」との

従業員たる地位・身分による規律違反　　解雇有効

定めがある。

(判決要旨)

本件において、AがXらの一部（Yの管理職等）に対して各人の部下をC社に入社するよう勧誘したこと、これらの管理職等が部下又は同僚に対してYを退職してC社に転職するよう勧誘し、この勧誘を受けた管理職等がさらに部下又は同僚を勧誘しこれらの者が互いに相談し合うなどしたこと、平成15年7月11日以降約1630名いたYの従業員の約3分の1が何らの予告もなく一斉にYに出社せず退職届を提出し業務を放棄したこと、その大半がC社に入社したこと、それによりYの通常業務が完全に麻痺・停止するに至ったこと、C社によりYの顧客奪取行為が行われYの契約者数が約17パーセント減少し、Yと競業関係にあるB社のシェアが約68パーセントから約72パーセントに増加し、Yのシェアが約26パーセントから約20パーセントに減少したことが認められる。

Xらのうち7月10日付から同月16日付の退職届を提出した者は、従業員の一斉退職・職場放棄によりYに大混乱が生じることを意図、認識又は予見しながら、あえて退職届を提出して一斉に欠勤したという一斉退職・職場放棄の共謀を認めることができる。そのため、これらの者（退職後いったんYに戻り業務を遂行した1名を除く。この者は後述の7月17日以後に退職届を提出した者に含める。）の行為は、Y就業規則8条（服務原則）に著しく違反し、59条1号ア乃至エ、同条2号に定める懲戒事由が存在し、職場秩序を乱しYに多大な損害を与えるなどした情状から懲戒解雇事由に該当し、また、Yがこれらの者を懲戒解雇したことには相当な理由が存在し、懲戒解雇権を濫用したということはできず、懲戒解雇は有効である。そして、同人らの一斉退職・就労放棄は、それまでの勤続の功を抹消するほどの著しく信義に反する背信的行為と認められ、その余の退職金不支給規定又は減額規定に該当するかについて検討するまでもなく、これらの者の退職金請求は理由がない。

これに対して、Xらのうち7月17日以後に退職届を提出した者については、一斉退職・職場放棄の共謀を推認することができず、また、引継ぎこそ懈怠しているが、7月16日付までの退職届を提出した者の行為と比較すれば、職場秩序の維持の観点からも、Yに与えた混乱の観点からも極めて軽微であり、そのことのみをもって懲戒解雇事由を構成すると解することはできず、これらの者に対する懲戒解雇は無効である。そして、これらの者の退職金請求につき、本件退職金規定8条の全額不支給条項の適用は認められず、また、同業他社が限られる本件においては同業他社への転職を理由に退職金を半額に減ずることは酷であり、C社への転職は勤続の功を抹消ないし減殺する程度の背信性ある同業他社への転職であるとまでは評価できず、同9条各号の支給制限条項の適用についても否定されるので、Yは退職金全額及び遅延損害金を支給する義務がある。

解雇有効　従業員たる地位・身分による規律違反

超勤命令拒否など7年間にわたり非違行為を繰り返した結果の分限免職が有効とされた例

大曲郵便局事件

（平成16年3月25日　最高裁第一小法廷判決）（労判870号5頁）

（事案の概要）

Xは、超過勤務命令拒否、研修拒否、始業時刻後の出勤簿の押印拒否、始業時刻後の更衣、標準作業方法違反、バイク乗車拒否、胸章不着用、制服不着用、管理者に対する暴言、構内無許可駐車、組合掲示物の無断掲示、指サック不使用、私物の放置、書留鞄の放置および局長室への召還拒否の非違行為を行い、平成2年6月7日から同9年6月19日までの間に937回の指導および職務命令、13回の注意、118回の訓告および5回の懲戒処分を受けた。

郵便局長Yは、Xに対し、平成9年6月23日付けで、多数回にわたり懲戒処分等に付され、また、上司から再三にわたり指導訓戒されているにもかかわらず、長期間にわたり上司の職務上の命令に従わず、前記の非違行為その他類似の行為を反復継続し、著しく職場秩序をびん乱したとして、国家公務員法78条3号、人事院規則11－4に基づき本件処分をし、Xが争った事案の上告審である。

（判決要旨）

国家公務員法78条3号の「その官職に必要な適格性を欠く場合」とは、当該職員の簡単に矯正することのできない持続性を有する素質、能力、性格等に基因してその職務の円滑な遂行に支障があり、又は支障を生ずる高度の蓋然性が認められる場合をいうものと解される。この意味における適格性の有無は、当該職員の外部に表れた行動、態度に徴してこれを判断すべきであり、その場合、個々の行為、態度につき、その性質、態様、背景、状況等の諸般の事情に照らして評価すべきであることはもちろん、それら一連の行動、態度については相互に有機的に関連付けて評価すべきであり、さらに、当該職員の経歴や性格、社会環境等の一般的要素をも考慮する必要があり、これら諸般の要素を総合的に検討した上、当該職に要求される一般的な適格性の要件との関連において同号該当性を判断しなければならない（最二小判　昭和48年9月14日）。

従業員たる地位・身分による規律違反　解雇有効

　これを本件についてみると、上記事実関係等によれば、＜中略＞上司の指導、職務命令に従わず、服務規律を遵守しないXの行為、態度等は、容易に矯正することのできないXの素質、性格等によるものであり、職務の円滑な遂行に支障を生ずる高度の蓋然性が認められるものというべきである。そうすると、本件処分が裁量権の範囲を超え、これを濫用してされた違法なものであるということはできず、これと異なる原審の判断には、判決に影響を及ぼすことが明らかな法令の違反がある。

> 余剰在庫テレホンカード１万枚を隠匿したことを理由とする懲戒解雇が、有効とされた例

日本電信電話事件

（平成9年4月25日　大阪地裁判決）（労判732号81頁）

（事案の概要）

　Xは、昭和39年4月、Yの前身である日本電信電話公社に入社し、平成3年4月からは、神戸支店公衆電話部部長として、テレホンカードの販売・管理に従事していた。

　平成6年、NTTグループの組織変更により、Yの公衆電話部が解散し、テレホンカードの販売・管理部門が新会社に移行したことに伴い、Xも、新会社の神戸支店長に出向した。

　その際、Xは、余剰在庫テレホンカード1万枚を余剰原因を究明することなく、本来の保管場所である金庫から、同支店の社員宅に移し、保管依頼を受けた社員家族からの申告がなされるまでの間、隠匿していたことから、Yは、この行為が就業規則所定の「法令又は会社の業務上の規定に違反したとき」、「職責を尽くさず、又は、職務を怠り、よって、業務に支障をきたしたとき」、「業務取扱いに関し不正があったとき」、「社員としての品位を傷つけ、又は、信用を失うような非行があったとき」に該当するとして、平成6年12月28日に懲戒解雇したものである。

（判決要旨）

　Xは、本件懲戒解雇が重きに失し、懲戒権の濫用である旨主張する。

　しかし、Xは、本件カードを持ち出した当時は、Y神戸支店公衆電話部部長、その発覚時は、新会社神戸支店長というテレホンカード管理責任者の立場にありながら、換価性の高いホワイトカード＜50度数のテレホンカード＞1万枚（500万円相当）を隠匿したものであること、当時Y公衆電話部は、新会社への移行期であり、テレホンカードの在庫など会社財産の引継のために、よりいっそう在庫管理を厳格にすべき状況にあったにもかかわらず、むしろこの機に乗じて隠匿がなされたことが窺われること、結果的には、実害がなかったとはいえ、社員家族の申告がなければ、帳簿上の不符合がなく、新会社が発足したことにより、Yにも、新会社にも隠匿行為が発覚せずに隠匿が成功する危険性の極めて高い行為であったこと、右隠匿行為は、企業秩序のみならず明らかに社会秩序に反する行為であって、Yの社会的信用を著しく損なうものであることに照らせば、本件懲戒解雇は正当であって、懲戒権の濫用ということができない。

従業員たる地位・身分による規律違反　解雇有効

> 経理部長が会社の取引に、自分が取締役である会社を介在させ、会社の釈明要求にも応じなかったことを理由とする懲戒解雇が有効とされた例

東京メデカルサービス・大幸商事事件

（平成3年4月8日　東京地裁判決）（労判590号45頁）

（事案の概要）

　Xは、医療用機器・医薬品の販売を主たる業務とする株式会社Yに、総務・経理担当部長として雇用されていたが、同時に株式会社Zにおいては代表取締役として、Yの取引先と取引を行っていた。

　これを知ったYが、Xに対して釈明を求めたところ、Xはこれに応じず、Yに出勤しなくなった。業務に支障が出るため、Yは、Zの事務所を訪れ、Xに面会を求めるとともに、必要書類在中の事務所袖机の鍵の引渡しを要求したが、Xはこれにも応じなかった。

　このため、Yは「①正当な理由なく無断欠勤7日以上におよび、再三にわたる出社の督促にかかわらず、これに応じない。②重要書類在中の机の引出の鍵等の提出を命ぜられたにもかかわらず、これに応じない」との理由でXを懲戒解雇したものである。

（判決要旨）

　Yの就業規則によれば、懲戒解雇ができる場合として66条1号に「正当な理由なく無断欠勤が7日以上におよび出勤の督促に応じなかった者」、2号に「職務上、上長の指揮命令に従わず、職場の秩序を乱した者」が定められているところ、Xの行為は就業規則66条1、2号に定める懲戒解雇事由に該当するというべきである。

　そこで、本件懲戒解雇に懲戒権の濫用となるべき事由があるかについて判断するに、本件懲戒解雇に至った事情としてXがYの経理部長でありながら、Zの代表取締役となり営業行為をしたことがあり、これをどう評価するかの問題がある。思うに、XはYの経理部長であるから、Yに対してその職務を誠実に履行する職務専念義務ないし忠実義務を負うものであり、許可を得ることなく、他の会社の代表取締役となり、Yに関連する取引をして利益をあげるということは、重大な義務違反行為であるといわなければならない。本件懲戒解雇の背後にあるこの重大な事情をも考慮して、本件懲戒解雇の効力を判断するに、本件懲戒解雇は相当であって、懲戒権の濫用をうかがわせる事情は認められず、本件懲戒解雇は有効であるというべきである。

解雇有効　従業員たる地位・身分による規律違反

従業員を勧誘するなどして、同種の会社を設立しようとしたこと等を理由とする懲戒解雇が有効とされた例

日本教育事業団事件

（昭和63年3月4日　名古屋地裁判決）（労判527号45頁）

〈事案の概要〉

　X1らは、学習教材の販売等を主たる業務とするYに雇用されており、X1は中部地区（名古屋、豊橋、三重、京都の各支社）を統括する中部総局の最高責任者であった。Yは、Zとの間で、同社が供給する教材を販売する代理店契約を締結し、同教材の販売及び学習塾の経営をしてきたが、同教材の売り上げは伸び悩み、より利益率の高いZ以外の商品も販売する方針へと転換しようと企図していた。

　そのような状況にあって、X1らは、Y中部総局及びその傘下の名古屋支社、豊橋支社、三重支社、京都支社の従業員を勧誘してYから独立し、独自にZと代理店契約を締結して同社の商品を販売する旨の独立構想を打ち出し、同構想については、Zも了解済みであると説明して従業員に協力を要請した。

　一方、Yは、それまでの営業実績及びこの先の方針を検討し、営業戦略会議において、Z以外の商品の採用と新事業部構想による組織改変を発表したが、X1や、豊橋支社長のX2、京都支社長のX3は、これに反対する旨表明して、同会議を途中で退席し、名古屋支社に戻って、中部総局傘下の営業関係のほぼ全ての従業員を集め、営業戦略会議の顛末及びZから離脱することの危険性を説き、上記独立構想を発表して自己と共に近く設立する新会社に移籍して稼働するよう勧誘した。

　Yは、ZがYの離脱を察知して何らかの対抗措置を講ずることを危惧し、中部総局の責任者であるX1らのこのような行動により、中部総局傘下のYの組織が動揺することを防止し、また、Yの組織の建て直しを図るべく、X1らを本社総務部付に配置換えを命じたが、X1らはこれを拒否した。

　このため、これまでの一連の行動を理由にX1らを懲戒解雇することとしたものである。

〈判決要旨〉

〈X1に対する懲戒解雇について〉

　X1は、Yの最高級の幹部職員であり、Yに対する高度の忠実義務を負うものと解されるところ、在職中に、Yの営業と完全に競合して、同一のZ商品を同一の方法で

従業員たる地位・身分による規律違反　　解雇有効

販売することを企て、その意図の下にYの基本的な経営方針に反対の意向を表明して重要な会議中に自己の職務を放棄して無断で中途退席し、更に、自己のYにおける地位を利用して部下の従業員らに対する大量引き抜きを図ったものであり、これが実現されればYに重大な損害を与えることは明らかであり、これに対処するためにYのとったX1に対する本社総務部への配置換えはその必要性が十分首肯できる正当なものであるから、これらX1の一連の行動はYに対する重大な忠実義務違反であると評価することができ、Y就業規則42条（懲戒解雇の基準）の3（故意に会社の服務規定その他諸規則・通達に違反したとき）、5（上司の命令に従わず職場秩序を乱したとき）の各号に該当するものであってX1に対する懲戒解雇は有効なものというべきである。

＜X2、X3らに対する*懲戒解雇について*＞
　X2らは、X1の前記独立計画に賛同してX1に同調して行動を共にし、支社長会議において公然と反旗をひるがえし、あるいは幹部職員である自己のYにおける地位を利用して＜*中略*＞部下のY従業員を勧誘し、＜*中略*＞X2、X3は転勤命令に従わなかったものであるから、右X2らの幹部職員としての地位に鑑みるとその忠実義務違反を軽視することはできず、Y就業規則42条（懲戒解雇の基準）の3（故意に会社の服務規定その他諸規則・通達に違反したとき）、5（上司の命令に従わず職場秩序を乱したとき）の各号に該当するものといわざるを得ない。従って、前記X2らに対する懲戒解雇は有効なものというべきである。

解雇有効　従業員たる地位・身分による規律違反

勤務時間外のキャバレーでの就労を理由とした懲戒解雇が、有効とされた例

小川建設事件

（昭和57年11月19日　東京地裁決定）（労判397号30頁）

（事案の概要）

Yは、総合建設業等を目的とした株式会社で、Xは、昭和55年2月、Yに雇用され、以来、事務員として勤務してきた。

Xは、Yに勤務するかたわら、昭和55年4月以降キャバレーAで会計係として勤務していたが、これが会社に知られるところとなり、YはXに対し、就業規則所定の解雇事由第31条4項（会社の承認を得ないで在籍のまま他に雇われたとき）に該当することを理由として、昭和57年1月23日付内容証明郵便により、通常解雇の意思表示をしたものである。

（決定要旨）

法律で兼業が禁止されている公務員と異り、私企業の労働者は一般的には兼業は禁止されておらず、その制限禁止は就業規則等の具体的定めによることになるが、労働者は労働契約を通じて一日のうち一定の限られた時間のみ、労務に服するのを原則とし、就業時間外は本来労働者の自由な時間であることからして、就業規則で兼業を全面的に禁止することは、特別な場合を除き、合理性を欠く。しかしながら、労働者がその自由なる時間を精神的肉体的疲労回復のため適度な休養に用いることは次の労働日における誠実な労務提供のための基礎的条件をなすものであるから、使用者としても労働者の自由な時間の利用について関心を持たざるをえず、また、兼業の内容によっては企業の経営秩序を害し、または企業の対外的信用、体面が傷つけられる場合もありうるので、従業員の兼業の許否について、労務提供上の支障や企業秩序への影響等を考慮したうえでの会社の承諾にかからしめる旨の規定を就業規則に定めることは不当とはいいがたく、したがって、同趣旨のY就業規則第31条4項の規定は合理性を有するものである。

Y就業規則第31条4項の規定は、前述のとおり従業員が二重就職をするについて当該兼業の職務内容が会社に対する本来の労務提供に支障を与えるものではないか等の判断を会社に委ねる趣旨をも含むものであるから、本件Xの兼業の職務内容のいかんにかかわらず、XがYに対して兼業の具体的職務内容を告知してその承諾を求める

従業員たる地位・身分による規律違反　解雇有効

ことなく、無断で二重就職したことは、それ自体が企業秩序を阻害する行為であり、Yに対する雇用契約上の信用関係を破壊する行為と評価されうるものである。

そして、本件Xの兼業の職務内容は、Yの就業時間とは重複してはいないものの、軽労働とはいえ毎日の勤務時間は6時間に亘りかつ深夜に及ぶものであって、単なる余暇利用のアルバイトの域を越えるものであり、したがって当該兼業がYへの労務の誠実な提供に何らかの支障をきたす蓋然性が高いものとみるのが社会一般の通念であり、事前にYへの申告があった場合には当然にYの承諾が得られるとは限らないものであったことからして、本件Xの無断二重就職行為は不問に付して然るべきものとは認められない。＜中略＞

これらの事情を総合すれば、Yが前記Xの無断二重就職の就業規則違背行為をとらえて懲戒解雇とすべきところを通常解雇にした処置は企業秩序維持のためにやむをえないものであって妥当性を欠くものとはいいがたく、本件解雇当時Xは既に前記キャバレーAへの勤務を事実上やめていたとの事情を考慮しても、右解雇が権利濫用により無効であるとは認めることができない。

公務執行妨害罪で起訴され、有罪判決が確定したことを理由とする懲戒解雇が有効とされた例

国鉄中国支社事件

（昭和49年2月28日　最高裁第一小法廷判決）（労判224号9頁）
（昭和45年9月29日　広島高裁判決）
（昭和43年1月24日　広島地裁判決）

（事案の概要）

Xは、昭和21年にYに採用された後、電気保安手を経て、信号検査掛として勤務してきた。

Xは、昭和34年9月22日から3日間にわたり開催された文部省、山口県教育委員会主催の中国、四国教育課程研究協議会（中学校の教育課程の全面的な改訂の趣旨の徹底を図るためのもの）について、文部省は教育課程の改訂により、国家権力による教育統制を行わんとしているものであるとの見地から、県教組、国労組合員等700名（Xを含む）が開催場所に集合し、反対運動を繰り広げている中で、反対運動をめぐる犯罪予防のための警備、犯罪捜査のための情報収集等を行っていた警察官に対して、Xは、他の2、3名と共同して職務を妨害したことから、昭和34年10月31日、公務執行妨害罪で起訴され、昭和38年11月28日、懲役6月、執行猶予2年の判決言渡しがなされた。

その後、昭和42年1月31日、控訴審において、判決言渡しがなされ、同年2月14日に判決が確定した。

この判決の確定を受けて、同月28日、Yは、Xに対して、懲戒事由を定めた就業規則66条17号の「著しく不都合な行いのあったとき」に該当するものとして、懲戒免職処分をなしたものである。

本件は、第一審（昭和43年1月24日広島地裁判決）において、「Xの公務執行妨害の所為はその目的、動機、信念のいかんにかかわらず、現行法秩序のもとにおいて正当行為とはいいがたく、Xの反規範的態度を徴表するもので、Yの職員としての適格性に疑いを持たしめるものであり、かかる職員をそのまま企業に存置すると、Yの信用を毀損し、他の職員に悪影響を及ぼし職場規律を乱すおそれがあると認めるのが相当であり、Xの右所為はYの企業外におけるできごとではあるが、前記説明の企業の秩序維持、発展と相容れない性質のものとして前記懲戒事由にあたるものと解すべき」として、懲戒免職は有効である旨判示

従業員たる地位・身分による規律違反　解雇有効

した。

一方、第二審（昭和45年9月29日　広島高裁判決）においては、「Xを本件事由にもとづき懲戒免職処分にしなければならない程の事情とは認めがたい」として、懲戒免職は無効である旨判示した。

（判決要旨）
＜本件所為は懲戒事由に該当するか＞

使用者がその雇用する従業員に対して課する懲戒は、広く企業秩序を維持確保し、もって企業の円滑な運営を可能ならしめるための一種の制裁罰である。従業員は、雇用されることによって、企業秩序の維持確保を図るべき義務を負担することになるのは当然のことといわなくてはならない。ところで、企業秩序の維持確保は、通常は、従業員の職場内又は職務遂行に関係のある所為のみを対象とするだけで充分であるとすることはできない。すなわち、従業員の職場外でされた職務遂行に関係のない所為であっても、企業秩序に直接の関連を有するものもあり、それが規制の対象となりうることは明らかであるし、また、企業は社会において活動するものであるから、その社会的評価の低下毀損は、企業の円滑な運営に支障をきたすおそれなしとしないのであって、その評価の低下毀損につながるおそれがあると客観的に認められるがごとき所為については、職場外でされた職務遂行に関係のないものであっても、なお広く企業秩序の維持確保のために、これを規制の対象とすることが許される場合もありうるといわなければならない。そして、Yのように極めて高度の公共性を有する公法上の法人であって、公共の利益と密接な関係を有する事業の運営を目的とする企業体においては、その事業の運営内容のみならず、更に広くその事業のあり方自体が社会的な批判の対象とされるのであって、その事業の円滑な運営の確保と並んでその廉潔性の保持が社会から要請ないし期待されているのであるから、このような社会からの評価に即応して、その企業体の一員であるYの職員の職場外における職務遂行に関係のない所為に対しても、一般私企業の従業員と比較して、より広い、かつ、より厳しい規制がなされうる合理的な理由があるものと考えられるのである。＜中略＞

原審確定の本件所為は、職場外でされた職務遂行に関係のないものではあるが、公務執行中の警察官に暴行を加えたというものであって、著しく不都合なものと評価しうることは明らかであり、それがYの職員の所為として相応しくないもので、Yの前述の社会的評価を低下毀損するおそれがあると客観的に認めることができるものであるから、国鉄法31条1項1号及びそれに基づく国鉄就業規則66条17号所定の事由に該当するものというべく、これと同旨の原審の判断は、正当として是認することができるのである。

＜本件免職処分の相当性＞

本件所為は、公務執行妨害罪にあたる重大な犯罪行為であって、その具体的な態様も相当に積極性が認められるのみならず、警察官の犯罪捜査のための情報収集という公務執行に対する具体的な侵害を伴っていることが窺われるのであって、原判決のい

うように、右所為を単に偶発的なものであり、その法益侵害の程度はさほど重大ではなく、犯情も特に悪質ではないなどと評価し去ることができるものではない。そして、右所為について、公務執行妨害罪として懲役6か月執行猶予2年の有罪判決が確定していることも、右所為の評価に当たり軽視しえず、更に、Xには、本件所為以前に休職処分1回、それ以後に懲戒処分5回の処分歴があり、＜中略＞、諸事情を綜合して考えると、原審の判示する他の事情及び本件免職処分の時期が本件所為の時点から隔たりのあること、Yの職員で公職選挙法違反の罪により、確定の有罪判決を受けた者があるが、その者が免職処分となった例はないことなどXの主張事実を鴎酌し、更に、免職処分の選択にあたって特別に慎重な配慮を要することを勘案しても、なお、Yの総裁がXに対し本件所為につき免職処分を選択した判断が合理性を欠くものと談ずるに足りないものというほかはなく、本件免職処分は裁量の範囲をこえた違法のものとすることはできない。＜中略＞本件免職処分は、その効力を是認すべきであるから、本件免職処分が無効であることを前提とするXの本訴請求をした第一審判決は結局において正当であり、したがって、本件控訴は、これを棄却すべきものである。

従業員たる地位・身分による規律違反　解雇有効

> 使用者の許諾なしに競争会社の取締役に就任したことを理由とする懲戒解雇が有効とされた例

橋元運輸事件

(昭和47年4月28日　名古屋地裁判決)(労判160号70頁)

(事案の概要)

Xらは、運送を業とする株式会社Yにおいて、昭和22年から従業員として稼働し、本件解雇当時は、所長、課長等の役付社員であったところ、昭和43年10月12日、Xらが昭和43年7月ころから、同一業種の別会社である訴外A設立にあたり、取締役に就任し、Yの親会社に対して発注作業の下命申請をなし、Yの業績を低下させるような計画に参画していたとして、就業規則48条4項「会社の承認を得ないで在籍のまま他に雇い入れられ他に就職した者」及び同条7項「その他各号に準ずる程度の不都合行為のあったもの」に該当するとして懲戒解雇されたものである。

(判決要旨)

元来就業規則において二重就業が禁止されている趣旨は、従業員が二重就業することによって、会社の企業秩序をみだし、又はみだすおそれが大であり、あるいは従業員の会社に対する労務提供が不能若しくは困難になることを防止するにあると解され、従って右規則にいう二重就業とは、右に述べたような実質を有するものを言い、会社の企業秩序に影響せず、会社に対する労務の提供に格別の支障を生ぜしめない程度のものは含まれないと解するのが相当である。

これを本件についてみると、Xらは訴外会社の取締役に就任後、取締役として訴外会社の経営に直接関与することなく、Yの従業員として稼働していたというのであるから、XらのYに対する労務の提供に何ら支障を来さなかったことは明らかである。

従ってXの取締役就任が、Yに対する労務提供を妨げる事由とは認められない。またXらは前記のとおり訴外会社の経営に直接関与していなかったのであるから、一見すれば、Yの企業秩序に対し影響するところはないものとも考えられる。

しかし、訴外Bは、Yの取締役副社長に在任中に同一業種の別会社を設立することを企て、これを実行したのであり、Xらは訴外Bの右企てを同人から告げられ、その依頼を受けて訴外会社の取締役に就任することにより右企てに参加したものであること、訴外Bが別会社設立を理由に解任された後も、これを知りながら、いぜんとして

解雇有効　従業員たる地位・身分による規律違反

取締役の地位にとどまり辞任手続等は一切しなかったこと、訴外BはYから解任された後は訴外会社の経営に専念していたものであり、訴外BとXらとの前記のような間柄からすれば、Xは、訴外Bから訴外会社の経営につき意見を求められるなどして、訴外会社の経営に直接関与する事態が発生する可能性が大であると考えられること、XらはYの単なる平従業員ではなく、いわゆる管理職ないしこれに準ずる地位にあったものであるから、Yの経営上の秘密がXらにより訴外Bにもれる可能性もあることなどの諸点を考え併せると、XらがYの許諾なしに、訴外会社の取締役に就任することは、たとえ本件解雇当時Xらが訴外会社の経営に直接関与していなかったとしても、なお、Yの企業秩序をみだし、又はみだすおそれがあるというべきである。

してみると、Xらの訴外会社取締役就任の所為はY就業規則第48条4号又は7号に該当するというべきであるから、これは理由としてなされた本件解雇は有効である。

3 懲戒解雇

第 2 部
その他の労働契約終了事由

1 有期労働契約の雇止め
2 企業組織変更に伴う労働契約の終了
3 合意解約
4 再雇用拒否

雇止めが認められなかった事案　解雇無効

> 基幹臨時工の雇止めについて、解雇に関する法理を類推適用し、無効とされた例

東芝柳町工場事件

（昭和49年7月22日　最高裁第一小法廷判決）（労判206号27頁）

(事案の概要)

　Xらは、Yに契約期間を2か月と記載してある臨時従業員としての労働契約書を取り交わした上で基幹臨時工として雇い入れられた者であるが、当該契約が5回ないし23回にわたって更新された後、YはXに雇止めの意思表示をした。

　Yにおける基幹臨時工は、採用基準、給与体系、労働時間、適用される就業規則等において本工と異なる取扱いをされ、本工労働組合に加入し得ず、労働協約の適用もないが、その従事する仕事の種類、内容の点において本工と差異はない。基幹臨時工が2か月の期間満了によって雇止めされた事例はなく、自ら希望して退職するもののほか、そのほとんどが長期間にわたって継続雇用されている。Yの年次有給休暇の規定は1年以上の雇用を予定しており、1年以上継続勤務して雇用された臨時工は、試験を経て本工に登用することとなっているが、右試験で不合格となった者でも、相当数の者が引き続き雇用されている。

　Xらの採用に際しては、Y側に長期継続雇用、本工への登用を期待させるような言動があり、Xらも期間の定めにかかわらず継続雇用されるものと信じて契約書を取り交わしたのであり、本工に登用されることを強く希望していたという事情があった。また、Xらとの契約更新に当たっては、必ずしも契約期間満了の都度直ちに新契約締結の手続がとられていたわけでもない。

(判決要旨)

　本件各労働契約は、当事者双方ともいずれかから格別の意思表示がなければ当然更新されるべき労働契約を締結する意思であったものと解するのが相当であり、したがって、期間の満了毎に当然更新を重ねてあたかも期間の定めのない契約と実質的に異ならない状態で存在していたものといわなければならず、本件各雇止めの意思表示は右のような契約を終了させる趣旨の下にされたのであるから、実質において解雇の意思表示に当たる。そうである以上、本件各雇止めの効力の判断に当たっては、その実質にかんがみ、解雇に関する法理を類推すべきである（以上、原判決（東京高裁昭和45年9月30日）を肯認）。

解雇無効　雇止めが認められなかった事案

　就業規則に解雇事由が明示されている場合には、解雇は就業規則の適用として行われるものであり、したがってその効力も右解雇事由の存否のいかんによって決せられるべきであるが、右事由に形式的に該当する場合でも、それを理由とする解雇が著しく苛酷にわたる等相当でないときは解雇権を行使することができないものと解すべきである。

　本件臨時従業員就業規則8条はYにおける基幹臨時工の解雇事由を列記しており、そのうち同条3号は契約期間の満了を解雇事由として掲げているが、本件各労働契約が期間の終了毎に当然更新を重ねて実質上期間の定めのない契約と異ならない状態にあったこと、Yにおける基幹臨時工の採用、雇止めの実態、その作業内容、Xらの採用時及びその後におけるXらに対するY側の言動等にかんがみるときは、本件労働契約においては、単に期間が満了したという理由だけではYにおいて雇止めを行わず、Xらもまたこれを期待、信頼し、このような相互関係のもとに労働契約関係が存続、維持されてきたものというべきである。そして、このような場合には、経済事情の変動により剰員を生じる等Yにおいて従来の取扱いを変更して右条項を発動してもやむを得ないと認められる特段の事情の存しないかぎり、期間満了を理由として雇止めをすることは、信義則上からも許されないものといわなければならない。しかるに、この点につきYはなんら主張立証するところがないのである。

第二部　1　有期労働契約の雇止め

雇止めが認められなかった事案　解雇無効

定年前に懲戒処分を受けたこと等を理由とする定年後の再雇用拒否について、解雇権濫用法理の類推適用により無効であると判断された例

東京大学出版会事件

（平成22年8月26日　東京地裁判決）（労判1013号15頁）

（事案の概要）

　Xは、出版事業等を行う財団法人Yに勤務していたところ、Yに対し定年後の再雇用を希望した。しかしYは、定年になる3年程前に、XがYの方針（Xが編集者を務めていた刊行物について、編者兼著者であった大学教授に対して印税を支払わないというもの）に反発し、編集作業を中断して自らが預かった原稿をYに引き渡すことを拒否し、出勤停止7日及び減給3か月の懲戒処分を受けたこと（理由1）、Xが、Yにおいて全社的に行われた席移動の指示に応じなかったこと（理由2）を理由に、Xの再雇用を拒否した（以下、「本件再雇用拒否」という）。

　なお、本件再雇用拒否の当時は、高年齢者雇用安定法9条2項（以下、「法」という。）により、労使協定を締結すれば継続雇用制度の対象となる高年齢者にかかる基準を設けることが認められていたが、Yにおいてはこのような労使協定は締結されていなかった。また、Yの再雇用社員に適用される再雇用就業規則3条には、「再雇用者として通常勤務ができる意欲と能力がある者」を再雇用する旨定められていた。

　Xは、この就業規則の定めについて、定年退職者は本人が希望する限り原則として再雇用され、例外的に「再雇用者として通常勤務ができる意欲と能力がある者」に該当しないことが明らかになった場合に限り再雇用しない旨を規定したものであり、本件再雇用拒否は解雇権濫用法理が類推適用され、無効であると主張した。これに対し、Yは、元々再雇用を無条件に保障していたわけではなく、就業規則の定めは再雇用の基準を定めたものであるから、本件再雇用拒否は解雇とは性質の異なるものであり、解雇権濫用法理の類推適用はない旨主張した。

（判決要旨）

　再雇用就業規則3条の解釈として、Yが同条に定める要件を満たす定年退職者の再雇用を拒否することが許されるか否か（再雇用拒否の意思表示についての解雇権濫用法理の類推適用の可否）が問題となる。こ

れについては、①法には継続雇用制度の導入による高年齢者の安定した雇用の確保の促進等を目的とし、事業主が高年齢者の意欲及び能力に応じた雇用の機会の確保等に努めることが規定されており、法附則には、事業主が具体的に定年の引上げや継続雇用制度の導入等の必要な措置を講ずることに努める旨規定されていることによれば、法は、事業主に対して、65歳までの雇用確保措置の導入等を義務づけており、法9条2項に定める労使協定がない場合には、原則として希望者全員を対象とする制度の導入が求められているものと解されること、②Yは、労働組合と協議し、再雇用就業規則3条の運用について、再雇用を希望する定年退職者を排除的に運用しないと説明し、法9条2項に基づく労使協定による継続雇用の基準は定めなかったこと、③再雇用を拒否された定年退職者はX以外に存在しなかったこと等からすれば、再雇用就業規則3条の要件を満たす定年退職者は、同規則所定の取扱い及び条件に応じた再雇用契約を締結する雇用契約上の権利を有するものと解するのが相当であり、同規則3条所定の要件を満たす定年退職者が再雇用を希望したにもかかわらずYが再雇用拒否の意思表示をするのは、解雇権濫用法理の類推適用によって無効であるというべきである。

再雇用就業規則は、法を踏まえて制定されたものであり、再雇用就業規則の制定経過、目的、再雇用の条件を定めた同規則3条の各要件の配置及び文言からすると、定年退職者が再雇用されるための同規則3条に定められている「能力」の有無の判断において、協調性や規律性等の情意（勤務態度）についてもその要素として考慮しなければならない場合もあるものと解される。この点、Xは再雇用後も同様に編集者としての職務を担当する可能性が高いところ、出版社の従業員としての編集者の職務については、当該出版社の出版方針等を理解し、上司の指示命令に従った編集作業を遂行することが求められるのは公知の事実であるから、「能力」の解釈の中で、協調性や規律性等の情意（勤務態度）についても、一定程度考慮せざるを得ないものと解される。

理由1については、Xが、Yと大学教授との関係悪化を懸念するとともに、Yの出版社としての在り方を自分なりに考えた末の行動という側面があり、およそ理解できないわけではないこと、Yも1年余りの間Xによる原稿の抱え込みを放置したため、Xとしても当時一連の問題の重要性を十分に認識していたのか疑問があること、Xは、最終的に原稿をYに引き渡した上、反省文を作成してYに提出し、懲戒処分を受けたこと、Xは、入社以来、本件懲戒処分を受けるまでYから懲戒処分を受けたことはないこと等の諸事情に鑑みれば、理由1をもって「能力」がないということはできない。

理由2については、Yの本件席移動の理由には、一定の合理性が認められるにもかかわらず、Xは、Yによる再三にわたる本件席移動に基づく席の移動の依頼に応じず、自らの執務の都合ばかりを主張してこれに従わなかったことが認められ、これをXの協調性又は規律性の欠如の現れの一端と評価することも可能である。反面、Yも、本件席移動に関して、業務命令を発したり、Xの懲戒処分を検討したりした形跡もなく、

長期間にわたって問題を放置したことが認められる。これらのことからすると、当時本件席移動に関する問題について、Xはその重要性をおよそ認識していなかったものと解されるし、Yもさほど重視していなかったものと評価せざるを得ず、理由2をもっ て「能力」がないと認めることはできない。

以上より、Xは再雇用就業規則の所定の要件を満たしているにもかかわらず、客観的・合理的理由もなく再雇用を拒否されたものであり、本件再雇用拒否は無効である。

1年間の契約期間を定めて雇用された臨時雇運転手の雇止めが許されないとされた例

龍神タクシー事件

（平成3年1月16日　大阪高裁判決）（労判581号36頁）

（事案の概要）

Xは、臨時雇運転手として、契約期間を平成元年1月22日から平成2年1月20日までとする労働契約によりYに雇い入れられた者であるが、Yは契約期間が満了する平成2年1月20日、Xに対し、解雇予告手当を支払うことにより、同日をもって解雇する旨の意思表示をした。

なお、Yにおける臨時雇運転手の雇用の実態は次のとおりである。

- 臨時雇運転手の雇用契約期間は契約書上1年とされているものの、自己都合退職者を除いては、例外なく雇用契約が更新されてきており、Yにおいて契約の更新を拒絶した事例はない。
- 雇用契約の更新の際には、改めて契約書が取り交わされているが、Yにおいて必ずしも契約期間の満了の都度直ちに新契約締結の手続をとっていたわけでもなく、契約上の更新の日付が数か月も後日にずれ込んだ事例もある。
- Yは、本雇運転手に欠員が生じたときは、臨時雇運転者で希望する者の中から適宜の者を本雇運転手に登用して補充している。

（判決要旨）

本件雇用契約は、平成元年1月22日から平成2年1月20日までの期間の定めのあるものであって、これを期間の定めのない雇用契約であると認めることはできないが、Yにおける臨時雇運転手にかかる雇用契約の実態に関する諸般の事情に照らせば、その雇用期間についての実質は期間の定めのない雇用契約に類似するものであって、Xにおいて、右契約期間満了後もYがXの雇用を継続するものと期待することに合理性を肯認できるものというべきであり、このような本件雇用契約の実質に鑑みれば、従前の取扱いを更新して契約の更新を拒絶することが相当と認められるような特段の事情が存しない限り、期間満了を理由として本件雇用契約の更新を拒絶することは、信義則に照らし許されないものと解するのが相当である。

本件において、臨時雇運転手制度の趣旨、目的に照らして、Yにおいて従前の取扱いを変更して本件雇用契約の更新を拒絶することが相当と認められるような特段の事情を認めることはできず、本件更新拒絶は信義則に照らし許されないものである。

雇止めが認められなかった事案　解雇無効

> 特段の事情がない限り更新することを前提とした有期労働契約について、合理化を理由とした雇止めが許されないとされた例

福岡大和倉庫事件

（平成2年12月12日　福岡地裁判決）（労判578号59頁）

(事案の概要)

Xらは、乳製品の入出庫作業等の場内作業を請け負っていた雪印乳業の下請企業に臨時従業員として雇い入れていた者であるが、Yは当該会社に代わって、本件作業を請け負うことになった際、Xら従業員をそのまま引き継いだものである。その後改めてXらの労働契約を1年間の有期契約とすること、契約期間満了後の雇用については、双方の支障がない限り契約更新を前提に組合と協議すること等を内容とする協定が成立したが、2回目の契約締結の際Y側の責任者が有期契約は形式的なものであると断言するなどしたため、Xらは期間満了後も当然に更新され継続して雇用されるものと考えて契約を更新していた。

その後の合理化に伴い、余剰人員が生じたとして、YはXらを雇止めした。

(判決要旨)

＜本件有期雇用契約締結に至る特殊な経緯を認定した上で＞本件雇用契約が期間の定めのないものから期間の定めのあるものに改められている以上、これを期間の定めのない雇用契約であると解することはできないものの、その期間の定めは一応のものであって、単に期間が満了したという理由だけで雇止めになるものではなく、双方に特段の支障がない限り雇用契約が更新されることを前提として締結されたもので、しかも具体的な労働条件等の内容も長期間雇用が継続されることを前提として組合と協議され、確定されてきたものであるから、事実上やむを得ない理由により新たに余剰人員が発生してこれを削減する必要があるのに、その余剰人員を配置転換などによって企業内で吸収する余地がないなど、Yにおいて従来の取扱いを変更して雇用契約を終了させてもやむを得ないと認められる特段の事情が存しない限り、期間満了を理由として直ちに雇止めをすることは、信義則上許されないといわなければならない。

本件における一連の特殊な経緯、雇用の実態と人員削減の必要性、人員削減の時期及び方法、労使間の交渉過程等諸般の事情を総合的に検討すると、Yにおいて雇用契約を終了させてもやむを得ないといえるような特段の事情は存在しないと言うべきで

あるから、Yが本件雇用契約で形式的に定められてる雇用期間が満了したことを理由としてXらに対し直ちに雇止めをしたことは、信義則上からも許されないものと言わなければならない。

雇止めが認められなかった事案　解雇無効

> 業績悪化に伴うパートタイマーの雇止めについて、解雇に関する法理を類推適用し、無効とされた例

三洋電機事件（池田ほか事件）

（平成2年2月20日　大阪地裁決定）（労判558号45頁）

（事案の概要）

Xらは、いずれもYのもとで臨時社員として業務に従事した後、昭和55年から昭和60年にかけて定勤社員となり、定勤社員としての契約更新を重ねていたが、Yは、業績悪化に伴う人員削減のため、昭和62年頃、Xらを含む1200人の定勤社員全員に対し、同年3月20日の契約期間満了をもって雇止めする旨告知した。

Yにおけるパートタイマーには契約期間2か月の臨時社員と、契約期間1年で臨時社員よりも1日の労働時間が1時間長いが労働条件で有利な取扱いを受ける定勤社員の二種類がある。定勤社員は臨時社員として2年以上継続勤務し、前年度の出勤率が92％以上である者のうち希望者について、面接や健康診断等を経た上で登用されるものである。

定勤社員は臨時社員よりも勤務時間が1時間長いのみで仕事の質的な差異はなく（単純反復作業）、また、両者とも正社員（複雑判断作業、終身雇用）とはその作業内容・処遇が明確に区分され、正社員への登用の道は一切ない。

定勤社員の契約更新は当然に更新されるのではなく、更新するか否かは、部門長会で検討され、事業部長が決裁する方法で決定されるが、本件雇止めに至るまでYが契約更新を拒絶した例はない。更新の際には定勤社員の意思確認を行い、更新手続そのものは必ず行われていた。

（決定要旨）

定勤社員は処遇の面でも正社員とは明確な差異がある上、毎年契約書を作成して契約を更新するという手続きが履践されていたのであるから、定勤社員契約は1年という期間の定めのある労働契約にほかならないというべきである。

しかしながら、定勤社員は、臨時社員として2か月の期間の定めのある労働契約を連続して少なくとも11回更新し、2年以上継続勤務してその資格を得られるものであること、しかも定勤社員になれば契約期間が一挙にそれまでの6倍になること、定勤社員になる際には簡易とはいえ適性検査を受けなければならないのに、その後の契約更新の際は単に書面を作成すれば足りる

こと、Xらが勤務する事業部において従来定勤社員が雇止めされた事例はないこと、Xらはいずれも臨時社員として2年以上継続勤務した上、期間の契約を1回以上更新した経験を有すること、Xらの従事していた作業が単純反復作業であるとしても、商品製造という事業部本来の目的のためには直接必要不可欠なものであったことを考えると、定勤社員契約は、その実質において期間の定めのない労働契約と異ならない状態で存在していたものと認めることができ、本件雇止めの効力を判断するに当たっては、解雇に関する法理を類推すべきである。

本件においては、たとえ定勤社員の雇止めをするとしても、ただ定勤社員であるというだけの理由で直ちに全員を雇止めの対象とすることまで正当化されるとは解し難く、まず削減すべき余剰人員を確定し、定勤社員の中で希望退職者を募集するなどの手段を尽くすべきであったというべきである。しかるところ、Yは休日振替、時間休業等の手段は採用したものの、定勤社員の雇止めに当たっては希望退職者を募集することなど全く検討せず、余剰人員確定の努力をした形跡も何ら認められないのであり、かかる措置は、定勤社員契約の実質に照らしても、いわゆるパートタイマーに寛容な近時の社会通念に照らしても、合理性を欠くといわなければならない。本件雇止めは十分な回避努力を欠く点において合理的理由はなく、無効である。

雇止めが認められた事案　解雇有効

業績悪化を理由とした臨時工の雇止めが認められた例

日立メディコ事件

（昭和61年12月4日　最高裁第一小法廷判決）（労判486号6頁）

(事案の概要)

　Xは、昭和45年12月1日から同月20日までの期間を定めてYの柏工場に臨時員として雇用され、同月21日以降、期間2か月の労働契約が5回更新されてきたが、Yは不況に伴う業務上の都合を理由に、昭和46年10月21日以降の契約の更新を拒絶した。

　Y柏工場の臨時員制度は、景気変動に伴う受注の変動に応じて雇用量の調整を図る目的で設けられたものであり、臨時員の採用に当たっては学科試験や技能試験等は行わず簡易な方法で採用を決定していた。

　Yが昭和45年8月から12月までの間に採用した柏工場の臨時員90名のうち、昭和46年10月20日まで雇用関係が継続した者は、本工採用者を除けば、Xを含む14名である。柏工場においては、臨時員に対し、一般的には前作業的要素の作業、単純な作業、精度がさほど重要視されていない作業に従事させる方針をとっており、Xも比較的簡易な作業に従事していた。

　Yは、臨時員の契約更新に当たっては、更新期間の約1週間前に本人の意思を確認し、当初作成の労働契約書の「4　雇用期間」の欄に順次雇用期間を記入し、臨時員の印を押捺せしめていたものであり、XとYとの間の5回にわたる労働契約の更新は、いずれも期間満了の都度新たな契約を更新する旨を合意することによってされてきたものである。

　なお、Yは雇止めをXら臨時員等に告知した際、柏工場の業績悪化等を説明した上で、希望者には就職先の斡旋をすることを告げたが、Xはそれを希望しなかった。

(判決要旨)
<原判決(東京高裁　昭和55年12月16日)を肯認>
　本件労働契約の期間の定めを民法90条の違反するものということはできず、また、5回にわたる契約の更新によって、本件労働契約が期間の定めのない契約に転化したり、あるいはXとYとの間に期間の定めのない労働契約が存在する場合と実質的に異ならない関係が生じたということもできないというべきである。

　柏工場の臨時員は、季節的労務や特定物

の製作のような臨時的作業のために雇用されるものではなく、その雇用関係はある程度の継続が期待されていたものであり、Xとの間においても5回にわたり契約が更新されているのであるから、このような労働者を契約期間満了によって雇止めするに当たっては、解雇に関する法理が類推され、解雇であれば解雇権の濫用、信義則違反又は不当労働行為などに該当して解雇無効とされるような事実関係の下に使用者が新契約を締結しなかったとするならば、期間満了後における使用者と労働者間の法律関係は従前の労働契約が更新されたのと同様の法律関係になるものと解せられる。

しかし、臨時員の雇用関係は比較的簡易な採用手続で締結された短期有期契約を前提とするものである以上、雇止めの効力を判断すべき基準は、いわゆる終身雇用の期待の下に期間の定めのない労働契約を締結しているいわゆる本工を解雇する場合とはおのずから合理的な差異があるべきである。

したがって、独立採算性が採られているYの柏工場において、事業上やむを得ない理由により人員削減をする必要があり、その余剰人員を他の事業部門へ配置転換する余地もなく、臨時員全員の雇止めが必要であると判断される場合には、これに先立ち、期間の定めなく雇用されている従業員につき希望退職者募集の方法による人員削減を図らなかったとしても、それをもって不当、不合理であるということはできず、希望退職者の募集に先立ち臨時員の雇止めが行われてもやむを得ないというべきである。

Yにおいては柏工場を一つの事業部門として独立採算性をとっていたことが認められるから、同工場を経営上の単位として人員削減の要否を判断することが不合理とはいえず、本件雇止めが行われた昭和46年10月の時点において、柏工場における臨時員の雇止めを事業上やむを得ないとしたYの判断に合理性が欠ける点は見当たらず、右判断に基づきXに対してされた本件雇止めについては、当時のYのXに対する対応等を考慮に入れても、これを権利の濫用、信義則違反と断ずることができないし、また、当時の柏工場の状況は同工場の臨時員就業規則74条2項にいう「業務上の都合がある場合」に該当する。

雇止めが認められた事案　解雇有効

> 11年余にわたって有期雇用契約の締結、契約更新、契約期間満了・退職、一定期間経過後の再入社・新規有期雇用契約の締結を繰り返していた従業員に対し、最後の雇用契約の不更新条項に基づいてなされた雇止めが有効とされた例

本田技研工業（雇止め）事件

（平成25年4月9日　最高裁第三小法廷決定）（労経速2182号34頁）

（事案の概要）

　Xは、Yとの間の有期雇用契約に基づき、平成9年12月1日から平成20年12月末日までの11年余にわたって、有期雇用契約の締結、契約更新、契約期間満了・退職、一定期間経過後の再入社・新規有期雇用契約の締結を繰り返して、Yの栃木製作所真岡工場（以下「栃木製作所」という）においてエンジン部品の製造ラインに所属してYの業務に従事していた。

　Yは、平成20年9月29日、Xに対し、契約更新の上限期間を1年間から3年間に延長する契約書式を交付し、X及びYは、同契約書式に基づいて、契約期間を同年10月1日から同年11月30日までとする有期雇用契約（以下「本件直前雇用契約」という）を締結した。

　しかし、同年9月15日に発生したリーマンショックの影響によりYの業績が急激に悪化したため、Yは、本件直前雇用契約の終了前である平成20年11月26日に説明会を実施し、正社員及びXを含む期間契約社員に対し、リーマンショックによる自動車販売実績の急速な低迷、完成車減産による栃木製作所の部品生産の激減等について説明を実施した。

　さらに、同月27日には、同日確定した平成21年1月の生産計画によれば栃木製作所における期間契約社員の全てについて雇止めを実施せざるを得ない状況であることが判明した。そこで、Yは、平成20年11月28日に説明会を実施し、Xを含む期間契約社員に対し、栃木製作所においては、部品減産に対応した経営努力だけでは余剰労働力を吸収しきれず、そのため、期間契約社員を全員雇止めにせざるを得ないこと等について説明を実施した。

　Yはこの説明会において、説明会に出席した、Xを含む期間契約社員に対し、「本契約は、前項（注：「平成20年12月1日より平成20年12月31日までとする」）に定める期間の満了をもって終了とし、契約更新はしないものとする」（以下「本件不更新条項」という）旨が規定された雇用契

約書を配布したところ、Xはこれに署名し、拇印を押してYに提出した（以下「本件雇用契約の締結」という）。Xは、同月18日、退職届を作成してYに提出し、同月31日に本件雇用契約は終了した（以下「本件雇止め」という）。その後、XはYが定めた手続をとり、年次有給休暇の買取りによる清算金として4万6000円、慰労金として26万円を受領した。

なお、Yは、同年11月28日から同年12月31日までの間、雇止めに関する相談窓口を設け、また、Xとの個別面談の機会を設けたが、Xは本件雇止めについて何らかの不満や異議を述べたり、本件雇止めを回避して雇用契約を継続するよう求めたりする等していなかった。

その後、Xは、Yによる本件雇止めが違法無効であるとして、雇用契約上の地位にあることの確認請求等を行った。

（決定要旨）

本件不更新条項が本件雇用契約に盛り込まれた経緯、本件雇用契約が締結された後の事情、本件不更新条項の必要性と合理性に係る事実経過に照らせば、不更新条項が公序良俗違反であるとはいい難い。

期間の定めのある雇用契約は所定の契約期間が満了した時点で当然に終了するのが原則であるが、期間の定めのある雇用契約が、期間の定めのない雇用契約と実質的に同視できる場合はもとより、同視できない場合であっても、労働者が雇用継続に対する期待を有し、その期待利益に合理性があるときには、解雇権濫用法理を類推適用し、雇止めについての合理的で相当な理由を必要と解するのが相当である。

Xが本件直前雇用契約の期間中、Yに対して抱いた有期雇用契約の継続に対する期待は合理的であると解するのが相当である。しかし、Xは平成20年11月28日の説明会において上記説明を受け、同年12月末日をもって、これまでのような再入社が期待できない「雇止め」となることについて、これを粛々として受け入れ、継続雇用に対する期待利益と相反する内容の不更新条項を盛り込んだ本件雇用契約を締結し、さらには、同月18日には本件退職届をも提出したのであり、Xは、本件雇用契約の締結時点から、本件雇用契約の契約期間が満了する同月末日に至るまで、本件雇止めに対して何らの不満も異議も述べたり、雇用契約の継続を求める等を全くしていない。そうすると、Xは、Yの説明会が開催された同年11月28日時点において、本件雇用契約の期間満了後における雇用契約の更なる継続に対する期待利益を確定的に放棄したと認められ、その後も、Xは、本件雇用契約の期間満了・本件雇止めに至るまで、本件雇用契約の期間満了後における雇用継続に対する期待利益を有していたと認めることは困難である。したがって、本件雇止めについては、解雇権濫用法理の類推適用の前提を欠くものといわざるを得ない。

＜*なお、控訴審（平成24年9月20日東京高裁判決）において控訴は棄却され、上告審（平成25年4月9日最高裁第三小法廷決定）において、上告は棄却され、上告受理申立ては認められなかった*＞

雇止めが認められた事案　解雇有効

> 更新を含め最長2年11か月まで雇用を継続することが可能であった有期雇用契約社員に対して、経済不況に伴って行った雇止めが適法とされた事例

いすゞ自動車（雇止め）事件
（平成24年4月16日　東京地裁判決）（労判1054号5頁）

（事案の概要）

　Xらは、自動車製造事業等を営むYの期間労働者であった。Yは、平成20年10月の世界同時不況から、同年11月6日に全社で緊急会議を開催し、完成車、エンジン等の生産数量を大幅に減少することとし、ラインを昼夜2交替制から昼のみの体制に変更する等とした。

　そして、平成20年11月17日、Yは、栃木工場及び藤沢工場のXらを含む臨時従業員全員に対し、解雇日を平成20年12月26日とする解雇予告を通知した。同解雇予告通知は、その根拠を「臨時従業員規則第8条第1項第5項（ママ）（会社業務の都合により雇用の必要がなくなったとき）」とし、その理由を「急激な需要の冷え込みによる大幅な生産計画の見直しのため」としている。その後、XらはA労働組合に加入した。

　そして、平成20年12月24日、Yは、上記解雇予告通知を撤回し、Xらを含めた臨時従業員に合意解約を申し入れる（ただし、特別退職金を支払う）とともに、これに応じない場合、同月27日から契約期間満了日までの労働日につき休業とし、休業手当（平均賃金の6割）を翌月23日に支払う旨を通知したが、Xらは拒否をした。

　その後、平成21年2月27日、Yは、合意解約に応じていない臨時従業員に対し、次回の契約期間満了時に対して労働契約の更新を拒絶することを（雇止め）を通告した。その結果、平成21年4月2日付け、及び同月7日付けでXらは期間満了により退職となった。

　そこで、Xらは、本件雇止めは解雇権の濫用であるとして、Yの労働者であることの地位確認および賃金支払等の請求を行った。

（判決要旨）

　XらとYとの間では、Yが更新上限期間3年とする意向であることが示された上で期間の定めのある労働契約が締結されていたこと、契約更新手続で、契約ごとに契約書が作成され、Yでは契約期間が管理されていたこと、これまでYでは、2年11か月運用に基づいて通算契約期間が2年11

か月となる臨時従業員の合意退職の手続を
とり、生産量の減少があった場合には通算
契約期間が2年11か月に満たない臨時従
業員についても契約更新をしない旨通知し
た上で合意退職の手続をとっていること、
Yでは、期間の定めのある従業員である臨
時従業員と期間の定めのない正社員とでは、
採用形態、担当することが予定されている
業務の範囲、育成のための措置及び処遇の
各点で、明瞭な差異があり、この差異は、
期間の定めの有無がその主な要因の一つと
なっていると認められる上、臨時従業員か
ら正社員に登用されるための社員登用制度
が設けられ、臨時従業員は、同制度による
登用によって初めて正社員たる地位を取得
している。以上の諸点に鑑みれば、Xらと
Yとの間の労働契約が、実質的に期間の定
めのない契約と同一の状態にあったものと
認めることはできない。

他方、Xらの契約が、本件雇止めまでの
間、期間にして約2年半もの間更新を重ね
てきたこと、Xらの業務内容が、いずれも、
生産ラインを担当するものであって、Yの
生産直接部門の正社員の中に同一の業務に
従事している者もいることから、臨時的・
補助的な業務に限定されているとはいえな
いこと、契約更新に係る各契約書の作成手
続で、その一部の署名・押印について他の
者が代署したり、Y担当者が預かっていた
印鑑を使用して押印したりする等、更新手
続が相当程度簡易なものとなっていたこと
という諸点に鑑みれば、Xらについては、
職務能力や勤務態度に問題がなく、不況等
の事情の変化による生産計画の変更に伴う
要員計画に変更がない限り、契約更新によ
り少なくとも契約通算期間2年11か月ま
では雇用が継続される合理的期待を有して
いたというべきであり、本件雇止めには解
雇に関する法理が類推適用される。

本件雇止めの理由は、平成20年秋以降
の世界同時不況下にあって、国内外の景気
の悪化による商用車受注の急激かつ大幅な
減少及びそれによるYの経営状況の悪化に
起因して、生産計画、生産実績の大幅な減
少とそれに伴う要員計画がされたことによ
り、生産直接部門で、平成21年1月以降
臨時従業員全員について剰員が生じたこと
によるものであり、当該要員計画はその算
出方法に合理性を認めることができる。そ
して、Yとしては、同年4月の本件雇止め
時に至るまで、当該状況がいつまで続くの
か、更なる悪化に導かれないのかを的確に
予測することは困難であったというべきで
あることも併せ鑑みると、本件雇止めの理
由は、客観的合理性がある。

また、本件雇止めに至るまでの間、Yは、
A組合に対し、遅くとも平成21年1月8
日付け「回答書」で、合意解約が得られな
い場合には、当初期間満了をもって雇止め
とせざるを得ないと考えている旨を述べ、
本件雇止めについて予告した上で、その後、
本件雇止めまでの間に複数回開催された団
体交渉で、本件雇止め及び本件休業の必要
性に関し、平成21年3月期決算資料のほか、
同月までのY生産直接部門における必要人
員やその算出方法、同年4月までの生産台
数（見込み）等の資料を示しながら説明し
たのであって、その過程を観察すれば、本
件雇止めを無効にする程の問題点があると
は認められない。

> 作業上のミスを重ね、指導を受けても改善を図らず、ミスを隠蔽した障害者の雇止めに合理性が認められた例

藍澤證券事件

(平成22年5月27日　東京高裁判決)(労判1011号20頁)

(事案の概要)

証券業を営むYは、うつ病に罹患し、障害等級3級と認定されていたXを、雇用期間を5か月強とする契約社員として雇用した(第1契約)。Xは、Yに入社後、郵便物の仕分け、郵便料金の支払、名刺作成、事務用品の発注及び挨拶状作成といった業務に従事し、指導担当者であるAから指導を受けていた。ところが、Xは郵便袋の仕分けや配達を誤ることが多く、また、Aのマニュアルや指導に反し、名刺作成での製作ミスや印刷のミスも多々あった。とはいえ、Yは、障害者雇用率の改善もできなくなること等を考慮し、Xとの間の雇用契約を更新することとし、新たに期間を5か月とする雇用契約書(第2契約)を取り交わした。

しかし、その後もXの業務遂行状況に変化がなく、Aの指導にもかかわらず改善が図られず、さらにXが印刷に失敗した名刺を無断でシュレッダーにかけたり自己の机の中に隠すなど失敗を隠蔽するようになったため、YはXに対し、第2契約の終了の約1か月半前に契約を更新しない旨告知し、重ねて、第2契約の終了の約2週間前にも指導にも拘らずミスを繰り返し改善が見込めないため更新しない旨通知し、その後、Xが期間満了により退職したものと扱った(本件雇止め)。

Xは、Yに対して、同社の従業員としての地位確認、未払い賃金の支払、Aによるハラスメントを理由とする慰謝料の支払いを求める請求を行った。

なお、障害者の雇用の促進等に関する法律第4条には「障害者である労働者は、職業に従事する者としての自覚を持ち、自ら進んで、その能力の開発及び向上を図り、有為な職業人として自立するように努めなければならない。」との規定があり、第5条(事業主の責務)には「すべて事業主は、障害者の雇用に関し、社会連帯の理念に基づき、障害者である労働者が有為な職業人として自立しようとする努力に対して協力する責務を有するものであつて、その有する能力を正当に評価し、適当な雇用の場を与えるとともに適正な雇用管理を行うことによりその雇用の安定を図るように努めなければならない。」との規定がある。

(判決要旨)

　障害者の雇用の促進等に関する法律第5条により、障害者を雇用する事業者は、障害を有する労働者が自立して業務遂行ができるようになるよう支援し、その指導に当たっても、労働者の障害の実情に即した適切な指導を行うよう努力することが要請されている。

　他方で、同法は、障害者である労働者に対しても、「職業に従事する者としての自覚を持ち、自ら進んで、その能力の開発及び向上を図り、有為な職業人として自立するよう努めなければならない。」(第4条)として、その努力義務について定めているのであって、事業者の上記の協力と障害を有する労働者の就労上の努力があいまって、障害者の雇用に関し、社会連帯の理念が実現されることを期待しているのであるから、事業者が労働者の自立した業務遂行ができるよう相応の支援及び指導を行った場合は、当該労働者も業務遂行能力の向上に努力する義務を負っている。

　本件において、Yは、Xの病状に配慮して、郵便物の仕分け、郵便料金の支払、名刺作成、事務用品の発注及び挨拶状作成といった、比較的簡易な事務に従事させ、また、その業務遂行に当たっては、Aを担当者として指導等に当たらせ、また、Xの希望に沿って定時に帰宅させるといった配慮もしていた。このように、YはXをその能力に見合った業務に従事させた上、適正な雇用管理を行っていたということができる。

　ところが、Xは作業上のミスを重ね、指導担当者から具体的な指導を受けてもその改善を図らず、一度は契約の更新をしてもらったものの、就労の実情を改善することができなかった上、名刺作成の際に失敗した用紙を無断でシュレッダーに掛けたり、これが発覚すると自分の机の中に隠すなどして、失敗を隠蔽するに及んでいる。

　このような事態を受けて、Yは、やむなく本件雇止めを行ったのであるから、本件雇止めには合理的な理由がある。したがって、本件雇止めを有効と判断した原審(東京地裁　平成21年9月28日判決)の判断は正当と認められる。

雇止めが認められた事案　解雇有効

> 住民とのトラブルが絶えないマンションの住込み管理員らにつき、マンション退去後の事情等から、会社都合により退職する旨の合意があったとされた例

新日本管財事件

（平成18年2月3日　東京地裁判決）（労判916号64頁）

（事案の概要）

　Aマンション管理員としてYに雇用され、夫婦で住込みで稼働していたX1およびその妻X2（以下「X1ら」ともいう。）は、Aマンション（以下「本件マンション」という。）の居住者から、宅配便を預からない、人を区別する、本件マンションの居住者で構成される管理組合の組合員とのトラブルが多いといったクレームが入ったり、居住者に対して匿名・無記名の投書を行うなどして、居住者との間でのトラブルが絶えなかった。また、平成15年6月23日夕刻、管理組合理事会（以下「本件管理組合理事会」という。）のB理事長の居室ドアポストに、「Aマンション一居住者」名で「B理事長様」で始まるC理事の態度を非難する文書が投函され、さらに、平成15年6月24日16時、C理事の居室にC理事のことを非常識で恥さらしだなどと非難する匿名のファックス通信があったが（以下「本件怪文書事件」という。）、X1らが本件怪文書事件に関与していることが疑われたため、本件管理組合理事会はYに対し管理員交替を要請した。

　Yは、上記経緯よりX1らを管理員から更迭することを決め、X1らに退職を勧奨し、その後、X1らとYとの間で退職に向けた話合いがもたれた結果、雇用保険の関係もあり、X1らの生活のためにも解雇の辞令を出し、会社都合の退職という前提で退職金を支払うということになり、Yは、X1らに対して、15年9月10日をもって解雇する旨の意思表示を行ったところ、X1らは、退職の合意の不存在及び解雇の無効を主張して、雇用契約上の地位の確認と賃金の支払い等を求めた事案である。

（判決要旨）

　前記認定の事情（X1らのY退職に関する話し合いの経緯）によれば、①X1らは、本件マンションに管理員として勤めるうち、2年足らずの間に居住者とのトラブルが続いたため居住者の信頼を失い、ついには本件管理組合理事会の管理員交替決議にまで発展したこと、②Yも本件管理組合との信頼関係を失わないためにも管理員更迭を避けられないと判断したこと、③YとX1ら

との話し合いの過程で、他のマンションの通勤管理員への配転にはＸ１らが難色を示したこと、④話し合いの末、Ｘ１らが平成15年8月10日をもって本件マンションから退居する旨の申し出がＸ１ら側からなされたこと、⑤退職日を9月10日付けとするのは、解雇予告の点に加えて、残っていた有給休暇の残日数が関係していると見られること、⑥申し出のとおり、8月10日にはＸ１らが自発的に退居していること、⑦8月7日にはＸ１らに対する本件解雇通知書が、同月9日にはＹからＸ１らが退職したことを前提とする文書を手交されていたにもかかわらず、Ｘ１らにおいてあまりこれに反発した形跡がないこと、⑧Ｘ１において退職金の送金口座を指定していること等の事実が認められ、これらはいずれもＸ１らが退職に同意したことを推認させる事情である。

また、いわゆる本件怪文書事件の発生に際しては、本件管理組合理事会においても、Ｙにおいても、Ｘ１らが本件怪文書の作成・発送者ではないかと疑ったものであり、本件怪文書は、①本件怪文書がＸ１とＣ理事のいさかいの状況を知っている者でないと書けないと思われること、②いさかいを知った上でなお、Ｘ１の側に一方的に加担する者（そういう者が居るとして）が書いたものと思われることなどから、現在においても、その疑わしい状況には変化はないといった事情の下において、Ｘ１らは、自らがまいた種とはいえ、平成15年8月6日当時には相当追いつめられた状況になっており、Ｙにおいて、その就業規則90条による懲戒解雇を行う可能性も予想されたところである。Ｘ１は、Ｙから、もし懲戒解雇になれば退職金は支給されないとの説明を受け、会社都合による退職というＹの提案に同意したものと認められる。

思うにＸ１らは、退去後に振り込まれた退職金額が、期待した給与の3か月分より少なかったのを見て不満に思い、ついには本件訴訟の提起に至ったものと推認されるところである。

よって、Ｙ所論のとおり、Ｘ１ら・Ｙは、平成15年8月6日ころ、Ｘ１らが会社都合により円満退職する旨の本件退職合意をしたものと認められる。

雇止めが認められた事案　解雇有効

> 登録型の労働者派遣において、労働契約の更新を3回繰り返した派遣元との半年間の有期労働契約の雇止めが有効とされた例

マイスタッフ（一橋出版）事件
（平成18年6月29日　東京高裁判決）（労判921号5頁）

(事案の概要)

人材派遣業者であるY1（派遣元）は、教科書の出版及び販売等を目的とする株式会社であるY2（派遣先）との間で、平成13年5月、派遣期間を6か月と定めて労働者派遣契約を締結し、Y1らは3回にわたり、上記と同様の条件で労働者派遣契約を更新した。他方、Y1は、Xとの間で、平成13年5月、雇用期間6か月とする労働契約を締結（以下「本件派遣労働契約」という）した上でXをY2に派遣し、その後Xとは上記条件で3回本件派遣労働契約を更新したが、平成15年3月に、Y2から労働者派遣契約の終了を通告されたのを受け、Y1が同年4月に、Xに対して今後本件派遣労働契約を締結しない旨を通告したところ、XがY1との労働契約終了の有効性等を争い提訴した。

(判決要旨)

1. 雇止めに関する考え方

一般に、有期の労働契約が単に反復継続して更新されたとしても、特段の事情のない限り、当該契約が期間の定めのない契約に転化するとは認められないが、有期の労働契約が当然更新を重ねるなどしてあたかも期間の定めのない契約と実質的に異ならない状態で存在している場合、あるいは期間満了後も使用者が雇用を継続すべきものと期待することに合理性が認められる場合、当該労働契約の更新拒絶（いわゆる雇い止め）をするに当たっては、解雇の法理を類推すべきであり、当該労働契約が終了となってもやむを得ない合理的理由がない限り、更新拒絶は許されないというべきである。

2. 期間の定めのない契約と実質的に異ならない状態か

本件派遣労働契約に係る派遣社員就業通知書には、契約の更新に関する記載はないこと、Y1は、Xに対し、本件派遣労働契約に係る派遣社員就業通知書記載の雇用期間が終了する都度、新たに雇用期間を6ケ月とする派遣社員就業通知書を作成し、これを交付していたが、これに対し、Xは、契約の相手方、雇用期間等に異議を述べたり、疑問を呈したことはなかったこと、そして、Y1においては、業務が継続する場合、

雇用期間の満了した派遣社員を同じ派遣先に派遣することが通例であり、契約期間満了の都度、Ｙ２から派遣依頼があり、Ｘを替えてほしい旨の要請もなかったので、引き続き本件派遣労働契約が締結されたことが認められることなどからすれば、４回の６ケ月間という期間の定めのある本件派遣労働契約が締結され、ＸがＹ２で継続して通算２年間就労したこと、及び本件派遣労働契約に係る各派遣社員就業通知書の交付が各雇用期間の始期を過ぎてなされたことがあったとしても、これにより直ちに本件派遣労働契約があたかも期間の定めのない契約と実質的に異ならない状態で存在していたものと断定することは相当でないというべきである。

３．期間満了後も雇用を継続すべきものと期待することに合理性が認められるか

労働者派遣法は、派遣労働者の雇用安定のみならず、派遣先の常用労働者の雇用安定も立法目的とし、派遣期間の制限規定を設ける（労働者派遣法40条の２）などして上記目的の調和を図っており、同一の労働者を同一の派遣先へ長期間継続して派遣することは常用代替防止の観点から本来同法の予定するところではないから、労働者派遣契約の存在を前提とする派遣労働契約について、派遣ではない通常の労働契約の場合と同様に雇用継続の期待に対する合理性を認めることは、一般的に困難であるというべきである。

そして、①本件派遣労働契約は、Ｙ１とＹ２の間の労働者派遣契約を前提として存在すること、②Ｙ１は、同労働者派遣契約の契約期間及び本件最後の派遣労働契約の雇用期間満了前である平成15年３月下旬ころ、Ｙ２から本件編集業務等への派遣打ち切りの申し入れを受け、同労働者派遣契約を同年５月20日の契約期間満了をもって終了することになったため、以後、派遣社員であるＸの雇用を継続できないことから、本件最後の派遣労働契約の雇用期間満了前である同年４月16日、Ｘに対し、今後派遣労働契約を締結しない旨通告したことが認められるから、本件最後の派遣労働契約については、Ｘが雇用期間満了後も雇用が継続されると期待することに合理性が認められる場合には当たらないというべきである。

４．結論

以上のとおり、本件派遣労働契約が期間の定めのない契約と実質的に異ならない状態で存在している場合、あるいは本件最後の派遣労働契約の期間満了後も使用者が雇用を継続すべきものと期待することに合理性が認められる場合には当たらないというべきであるから、Ｙ１による当該労働契約の不当な更新拒絶（いわゆる雇い止め）はなく、解雇の法理を類推すべき前提も欠いているので、平成15年５月20日、同雇用期間満了により本件最後の派遣労働契約も他の本件派遣労働契約と同様に有効に終了したというべきである。

雇止めが認められた事案　解雇有効

> 不更新条項の定めを理由とした雇止めが認められた例

近畿コカコーラ・ボトリング事件
（平成17年1月13日　大阪地裁判決）（労判893号150頁）

（事案の概要）

Xらは、平成5年3月30日以降、それぞれYに採用され、Yとの間で雇用契約を締結していた（以下「本件各雇用契約」という。）が、XらとYとの間で、平成7年4月、それぞれ期間の定めのあるパートナー社員労働契約書を作成した（それ以前のXらとYとの間の雇用契約に期間の定めがあったか否かは明らかでない）。その後、Xらは、Yとの間で、平成13年末ころ、それぞれ平成14年1月1日から同年12月末までを期間とするパートナー社員労働契約書（以下「本件各契約書」という。）を作成し、いずれも契約書に署名押印するとともに、確認印も押印した。なお、本件各契約書には従前のパートナー社員契約書と異なり「本契約期間については、更新しないものとする。」との条項（以下「不更新条項」という。）が付加されていたが、本件各契約書の作成に際してXらが異議を述べることはなかった。

Xらは、平成14年11月、Yより、平成14年12月末をもってパートナー社員全員を雇止め（以下「本件雇止め」という。）する旨の通知を受けた。Xらは、全労連・全国一般労組大阪府本部に加入し、Yと4回に亘って団体交渉を行ったが、合意には至らず、団体交渉は平成15年3月7日をもって打ち切られた。

これに対して、Xらは、本件雇止めについて、本件雇止めには解雇に関する法理が類推適用されるところ、合理的な理由がないから無効であると主張するとともに、XらとYとの間において本件各雇用契約を終了させる旨の合意はなく、また、かかる合意は公序良俗に反し無効であるなどと主張して、それぞれYの社員としての地位確認請求及び本件雇止め後である平成15年1月分以降の賃金の支払請求を行った。

（判決要旨）

YとXらが平成7年4月にパートナー社員労働契約書を作成するようになるまでの間、本件各雇用契約に期間の定めがあったのか否かは、本件全証拠によっても明らかではない。もっとも、YとXらは、平成7年4月以降は雇用期間の定めのある契約を締結し、平成8年1月以降は、平成14年12月末までの間、雇用期間1年の雇用契約

の更新を続けていたと認められる。したがって、本件各雇用契約は、少なくとも平成7年4月以降に関しては、期間の定めのある契約であって、その更新が繰り返されたことをもって、雇用契約自体が期間の定めのない契約となるものということはできない。そして、本件の事実に照らせば、本件各雇用契約について、期間の定めのない契約と実質的に何ら異ならない状態にあるとまではいえないとしても、その雇用関係は、ある程度の継続が期待されていたというべきであり、Yが雇止めによって雇用関係を終了するためには、解雇に関する法理が類推適用されるというべきである。

しかしながら、本件では、①Yは、平成13年11月、Xらに対し、説明会を実施して、Xらを含むパートナー社員との間の雇用契約は、平成14年12月末をもって満了となり、以後の継続雇用はしないので、残りの有給休暇を全部使ってほしい、そして、平成14年度のパートナー社員労働契約書には、不更新条項を入れると説明した上で、平成14年度の契約更新の希望を確認したこと、②Yは、平成13年12月、Xらに対し、平成14年度の雇用契約に関する本件各契約書を交付したが、同契約書には、不更新条項の記載があるほか、従前作成されていたパートナー社員労働契約書と内容が一部異なるものであったところ、Xらは、これに署名押印した上、確認印も押印していること、③同契約書については、Xらは1通を自ら保管していたが、Yに対して、異議を述べることはなかったこと、④Xらは、平成13年度の有給休暇の消化率は60％前後であったが、平成14年度は100％であ

ること、⑤1週間の所定労働時間が短いために雇用保険の被保険者とならないという取扱いを受けるおそれがあったパートナー社員の大半は、雇用保険の被保険者となるよう労働時間を増やすことを選択したことが認められる。

以上のとおりであるから、YとXらとの間においては、平成14年12月末日をもって本件各雇用契約を終了させる旨の合意が成立していたというべきであり、これを覆すに足りる証拠はない。なお、Xらは、1年後に退職する旨の明確かつ客観的な意思表示がないなどと主張するが、Yは、事前に説明会を開いて説明した上で、不更新条項の記載のある本件各契約書をXらに交付し、Xらはこれに署名押印した上、確認印も押印しているのであるから、その意思表示は明確かつ客観的なものというべきである。

また、Xらは、不更新条項について、公序良俗に反して無効である旨主張するが、これを無効とする根拠はなく、Xらの主張を採用することはできない。

よって、本件各雇用契約は、これを終了させる旨のYとXらの間の合意に基づき、平成14年12月末日をもって終了したというべきである。

また、Xらがかかる合意をしたことにかんがみれば、本件各契約書の作成後については、本件各雇用契約について、その継続が期待されていたということはできないから、解雇に関する法理を類推適用する余地はなく、この点からも、本件各雇用契約は、期間満了により、平成14年12月末日をもって終了したというべきである。

21年間に渡り更新された非常勤講師の雇止めが認められた例

亜細亜大学事件

(昭和63年11月25日　東京地裁判決)(労判532号63頁)

(事案の概要)

Xは、昭和38年4月1日、Yに亜細亜大学の非常勤講師を嘱託され(昭和43年度までは辞令上は兼任講師)、昭和58年度までの21年間、当初は英語を教えてきたが、Yは、昭和59年4月1日以降Xとの雇用契約が終了したとしてXの就労を拒否し、賃金を支払っていない。

Yは、毎年4月1日付けの辞令を交付して1年ごとに更新してきたが、辞令には月額賃金を記載することもあって、辞令交付の時期は毎年4月下旬であった。

亜細亜大学の教員には専任教員と非常勤講師とがあり、専任教員の採用に際しては相当厳しい資格条件が課されているが、非常勤講師の場合はそれに準じる教育・研究能力があると認められる者も採用することができる。非常勤講師は専任教員と異なり大学の役職又は校務を担当することもなく、また、あらかじめ期間を定めて嘱任し引き続き嘱任する場合を除きその期間の満了によって雇用契約は終了するとされており、他に本務を持ってはならないとの制約はない(現にXは、他の2つの大学でも講義を行い、相当額の収入を得ていた)。その他、賃金及び退職金等についても専任教員とは取扱いに差異があった。

(判決要旨)

XY間の雇用契約は1年と定められ、これが更新されてきたものであることが認められる。期間の定めのある契約が期間の定めのない契約に転化したと認められなくとも、期間の定めのない契約と異ならない状態で存在していたと認められるか、又は、期間満了後も雇用を継続するものと期待することに合理性があると認められる場合には、解雇の法理を類推すべきであると解するのが相当である。

＜講義が恒常的に設置されていても雇用期間の定めのある講師を雇用することは当然あり得ることや専任教員と非常勤講師との処遇の相違等から、非常勤講師の嘱託に当たっては大学が裁量に基づき適任者を専任することを予定したものであり、Yはいつでも適任者を専任することができること、Xの拘束の度合い等からしてYとの結び付きの程度は専任教員と比べると極めて

薄いものであって、*X は Y との雇用契約がそのような性質のものであることを十分に知り又は知り得たことを認めた上で＞*ＸＹ間の雇用契約は20回更新されて21年間にわたったものの、それが期間の定めのないものに転化したとは認められないし、また、期間の定めのない契約と異ならない状態で存在したとは認められず、期間満了後も雇用関係は継続するものと期待することに合理性があるとも認められない。したがって、Ｙの更新拒絶につき解雇に関する法理を類推して制約を加える必要があるとはいえない。

> 子会社の組合を壊滅させることを目的にして行われた子会社解散による解雇の意思表示が無効とされ、親会社の雇用契約上の責任が認められた例

第一交通産業ほか（佐野第一交通）事件

（平成19年10月26日　大阪高裁判決）（労判975号50頁）

（事案の概要）

　Y1は、タクシー業を営む会社であり、平成13年3月、大阪府泉佐野市（泉州交通圏）を中心にタクシー業を営むA社を買収し、Y1の役員等を役員として派遣した。A社は、それまで労働協約に基づきタクシー乗務員の賃金を支払っていたが、収支を改善するため、Y1による株式取得後の平成13年5月以降、Z組合の反対を押し切って賃金減額を内容とする新賃金体系を導入するとともに、共済会制度や中退金制度を廃止した。また、A社は、会社再建に協力する従業員の集まりとして交友会を発足し、交友会に入会した従業員には再建協力金名目で15万円を支給することとしたところ、平成13年8月までに組合員171名中78名がZ組合を脱退して交友会に入会した。そのほか、チェックオフの廃止・組合員の配転・解雇等を行った。Y1は、平成14年5月頃、Z組合に対し、新賃金体系導入の合意が得られなければ、Y1のA社への支援を打ち切る旨伝えたが、Z組合との協議は決裂した。そこで、Y1は、それまで神戸市を中心に営業していた子会社のY2を泉州交通圏に進出させ、交友会の従業員の多数をY2に移籍させた。平成15年4月3日、Y1取締役会でA社の解散決議がなされ、A社は、同社に残っていたXら全従業員（全員組合員）に対し、同月15日付で解雇する旨意思表示をした（以下、「本件解雇」という）。これに対し、Xらは、本件解雇はY1がZ組合を壊滅させるために行った不当労働行為であるなどと主張して、Y1・Y2に対し、労働契約上の地位確認等を求める訴訟を提起した。

（判決要旨）

　法人格が完全に形骸化している場合、又は法人格が法律の適用を回避するため濫用される場合には、特定の法律関係につきその法人格を否認して衡平な解決を図るべきであり（最高裁昭和44年2月27日判決）、この法理は、本件のように親子会社における雇用契約の関係についても適用し得る。そして、法人とは名ばかりで子会社が親会社の営業の一部門にすぎないような場合（株

式の所有関係、役員派遣、営業財産の所有関係、専属的取引関係などを通じて親会社が子会社を支配し、両者間で業務や財産が継続的に混同され、その事業が実質上同一であると評価できる場合）には、子会社の法人格は完全に形骸化しているといえ、子会社の従業員は、解散を理由として解雇の意思表示を受けても、直接親会社に対し、継続的、包括的な雇用契約上の権利を主張することができる。また、子会社の法人格が完全に形骸化しているとまではいえない場合でも、親会社が、子会社の法人格を意のままに道具として実質的・現実的に支配し（支配の要件）、その支配力を利用することにより、子会社に存する労働組合を壊滅させる等違法、不当な目的を達するため（目的の要件）、その手段として子会社を解散したなど、法人格が違法に濫用されその濫用の程度が顕著かつ明白であると認められる場合は、子会社の従業員は、直接親会社に対し、雇用契約上の権利を主張することができる。もっとも、憲法22条1項で企業廃止の自由が保障され、企業の存続を強制することはできないので、従前行われてきた子会社の事業が真に廃止される場合（真実解散）は、違法・不当な目的があっても解散決議は有効である。他方、違法・不当な目的で解散決議がなされ、かつ、子会社の解散が偽装解散である場合は、子会社の従業員は、親会社に対し、子会社解散後も継続的、包括的な雇用契約上の責任を追及することができる。

Y1は、A社の業務全般を支配し得る立場にあったこと、A社のタクシー従業員の労働条件について、Y1で決定し、これをY1が派遣した役員等によって実現してきたことなどの事情に照らせば、Y1は、A社を実質的・現実的に支配していたといえる。しかし、A社は、Y1とは全く別個独立の法人であったこと、買収後も、A社の財産と収支は、Y1のそれとは区別して管理され、混同されることはなかったことなどの事情に照らすと、A社の法人格は完全には形骸化していない。

次に、上述の通り、Y1は、A社を実質的・現実的に支配していたものと認められ、また、Y1は、平成14年5月頃、A社での新賃金体系導入は困難と判断し、Z組合の反対を受けず新賃金体系を導入して泉州交通圏でタクシー事業を継続することなどを目的に、Y2を泉州交通圏に進出させ、A社のタクシー事業を引き継がせることとしたものであるが、平成15年3月頃には、A社に早急に新賃金体系を導入することがほとんど不可能な情勢となったため、これを確定的に断念するに至ったもので、この段階でのA社の解散は、新賃金体系の導入に反対していたZ組合を排斥するという不当な目的を決定的な動機として行われたものであるというべきであるから、A社の解散は、Y1がA社の法人格を違法に濫用して行ったものであるといえる。そして、A社とおおむね同一の事業をY2が継続していることに加え、Y1は、A社からZ組合だけを排斥するという目的をもってA社を解散し、その事業をY2に承継させたことからすると、A社の解散は偽装解散であるといわざるをえず、Xらは、Y1による法人格の濫用の程度が顕著かつ明白であるとして、Y1に対し、A社解散後も継続的、

包括的な雇用契約上の責任を追及することができる。なお、Y2は、A社に対する実質的・現実的支配を及ぼしていたとは認められないことや、元々Y1とは別個独立の法人としてタクシー業を営んでいたことから、Xらが法人格濫用の法理や法人格の形骸化を理由に雇用契約上の責任を追及することはできない。

企業廃止に基づく従業員の全員解雇が無効とされた例

日進工機事件
（平成11年1月11日　奈良地裁決定）（労判753号15頁）

（事案の概要）

Xら7名は、平成4年11月から平成9年2月にかけて、申立外A工業株式会社に入社した従業員であり、Yは、A工業株式会社が製造した部品を取付加工して販売する会社で、A株式会社の工場と同一の敷地内にその工場等が存在しているとともに、Yの代表取締役Bは、A工業株式会社の実質的な経営者である。

また、Bは、この2社のほかに、株式会社C（独自の従業員は持たない）を経営しており、A株式会社で製造された部品は、形式上株式会社Cを通じ、あるいは、Yにおいて取付加工して出荷される形となっており、3者の関係は極めて深い状況にあった。

Bは、かねてから会社（A株式会社、C株式会社、Y）の業績がよくない旨発言していたが、A株式会社は平成10年5月30日付でXら7名に対し、6月5日をもって工場の全業務を廃止し企業を廃止することになったので退職届を提出すべきこと、もし提出しないときは同日付で解雇する旨の通知をした。

その後、労働組合との間で団体交渉がもたれていたものの、交渉が決裂したため、7月10日、Xら7名を解雇する旨通知したものである。

（決定要旨）

企業に雇用される労働者の労働契約は、企業の解散決議によって当然に終了するものではないから（もっとも清算手続が終了して企業の法人格が消滅するに至れば、労働契約も消滅するものであることは当然である）、企業の解散に先立って労働者に対する解雇が行われるときは、解散の効果とは別に当該解雇の効力を吟味することが必要となる。〈中略〉

YはA株式会社の解散に続いて、Y自身も近く解散する予定である旨の主張をするものであるが、かかる主張事実は客観的に認めがたいと言うにとどまらず、かえってY並びにその代表者BらがA株式会社の不動産、機械工具類の一式を譲り受けることによって、A株式会社が行っていた営業を、規模を縮小しながらも継続する意思を有しているものと一応認められるところである。

A株式会社の機械工具類は、平成10年10月5日付で第三者であるC株式会社に売却されているものではあるが、前認定のとおりこれは平成10年7月5日付売買でBらが買い受ける契約をした目的物と同一のものであると解され、真実Bらが営業廃止の意思のもとにこれを処分したものとまで認めることが出来ない。

そうするとA株式会社がした本件解雇はYの主張によれば企業廃止に基づく従業員の全員解雇であるというのであるが、実質的にはこれと一体となってBが采配する建設機械類の製造販売業を営むYにその営業は継承されるものと認められるのであって、その企業廃止という前提は廃止を仮装したものであると一応認められる。そうすると本件解雇は無効であるというほかない。

なおA株式会社が一般的な経営危機の中にあり、人員乃至会社組織を整理することなくしては企業の存続が危うい状況下に仮にあるものとしても、本件解雇は全員解雇であって被解雇者の選定の合理性を全く欠くものであるから、これを整理解雇として有効とみることもできない。

以上のとおり本件解雇は無効であると言うべきところ、A株式会社の営業は、これと実質的一体性を有するYに継承されるものであること前認定のとおりであるから、XらとA株式会社との間の労働関係も、XらとYとの間の労働関係として継承されるものと言うべきである。

解雇無効

> 会社再起のために一部門を独立させ、設立した別会社への転籍命令拒否を理由とする懲戒解雇が無効とされた例

三和機材事件

(平成7年12月25日　東京地裁判決)(労判689号31頁)

(事案の概要)

Yは、土木用機械等のメーカーであり、Xは、昭和52年2月にYに入社し、営業部東京営業所サービス課に勤務していた。

Yは、昭和61年初め頃には経営不振に陥り、同年3月31日付で東京地裁に和議手続開始の申立をし、昭和62年2月25日、和議を認可する決定がなされたところ、平成3年5月9日の朝礼において、営業部門を分離独立させ、新会社Aを設立したことを明らかにするとともに、営業部門に勤務する従業員については、Aに転籍出向させる旨発表し、Xに対してもAに転籍するよう説得したものの、Xはこれに応じなかったことから、同年7月5日、転籍出向に応じないことを理由として、懲戒解雇する旨の通知をしたものである。

(判決要旨)

Yの側において、会社再建のために新会社を設立し、そこへ営業部員を転籍出向させる必要が認められ、また、平成3年5月9日の従業員に対する発表以来、Yが個別に転籍出向対象者の説得に当たり、X以外全員の同意を得、最終的にはX一人が会社の方針に反対している段階に至っているからといって、Xの本件転籍出向命令拒否が信義則違反・権利濫用に当たるとする事情があるとはいえず、本件解雇が整理解雇の法理に照してやむを得ないものであると認めることもできないといわざるをえない。

なお、Yは、YとA会社とは、法人格こそ違うが、実質上同一の会社とみることができると主張するが、A会社がYの営業部門を分離独立させたものに過ぎず、A会社の役員構成がYのそれと重複し、A会社の株主構成もY及びその関係者によって占められ、Xの業務内容、就労場所、賃金、勤務時間等の労働条件が当初は従来Yに勤務していたころのものと変わるところがないとしても、両社の資産内容に相当の開きがあり、事業の内容も異なることなどからすると、それぞれの将来が必ずしも浮沈を同一にするとは限らず、新会社での労働条件も変更が予定されているのであるから、各従業員の処遇内容について両社が実質的に同一であると認めることはできない。

したがって、本件解雇は、解雇権を濫用

してなされたものとして無効であるから、Xは、本件解雇がなされた平成3年7月5日以降もYの従業員として労働契約上の権利を有する地位にあるというべきである。

Yの事業廃止に伴う全従業員の解雇につき、①Yが工場を閉鎖して事業を廃止することを決断したことは、合理的でやむを得ないものであり、②本件解雇手続も妥当であったとして、解雇権の濫用に当たらず、有効と判断された例

三陸ハーネス事件

（平成17年12月15日　仙台地裁決定）（労判915号152頁）

（事案の概要）

　A社の100％子会社であったYは、ほぼ唯一の取引先であるA社から委託を受けて、自動車部品を加工製造する業務をただ一つの工場で行っていた。しかし、A社は、バブル崩壊後、経営状態が悪化し、改善の見込みが立たなくなったため、国内生産を縮小し、低コストの海外での生産に切り替えることを決断した。そのため、A社及びYは、遅くとも平成16年11月頃までに、A社とYとの委託加工契約を解除の上、Yの工場を閉鎖してYを解散するとともにYの全従業員を解雇することを決めた。そして、平成17年1月8日付けで、A社はYとの業務委託契約を同年9月に解除する通知を行い、同月10日に、Yは、従業員に対し、工場閉鎖の説明を行った。これに対し、従業員の一部は組合に加入し、Yとの間で同月25日から同年8月3日までの間に6回団体交渉を行ったものの、合意には至らなかった。一方で、Yは、解雇する全従業員に対し、複数回面談を行って、退職金の特別加算、再就職活動の支援策を講じた。その後、同年9月30日付けで全従業員を解雇したところ、解雇された従業員のうちXら18名が、Yに対して、雇用契約上の権利を有する地位にあることを仮に定める仮処分を求めた。

（決定要旨）

　使用者がその事業を廃止するか否かは、営業活動の自由（憲法22条1項）として、使用者がこれを自由に決定できる権利を有するものというべきである。しかしながら、事業の廃止と労働者の解雇の有効性は別問題であり、事業の廃止が自由であるからといって労働者の解雇もまた自由であるということはできず、「客観的に合理的な理由を欠き、社会通念上相当であると認められない場合」には、権利を濫用したものとして無効であると判断すべきである（労働基準法18条の2）。

　この点に関し、一般的に、従業員の整理解雇が解雇権の濫用に該当するか否かの判

断基準については、整理解雇が何ら落ち度のない労働者を解雇し生活の糧を奪う重大な効果をもたらすことからすれば、基本的には①人員削減の必要性、②人員削減の手段として整理解雇を選択することの必要性、③被解雇者選定の妥当性、④手続の妥当性、の４事項をもとに解雇権濫用の有無を考えることが相当である。

しかし、本件のように使用者が全ての事業を廃止して企業としての活動を終了するのに伴って全従業員の解雇がなされた場合には、上記の４事項をもとに解雇の有効性を判断することは適当ではない。具体的には、上記４事項のうち、①「人員削減の必要性」については、本件で問題となるのは全ての事業を廃止する必要性であるから、直截に「事業を廃止することの必要性」を問題とすべきである。そしてこれが肯定される限りは、②「整理解雇を選択することの必要性」及び、③「被解雇者選定の妥当性」については議論の余地無く肯定されるので、①と独立して論じることは無意味である。

また、④「手続の妥当性」については、事業の廃止は専ら使用者の判断によって決められることであって労働者がこれに関与する余地はほとんどないのが一般であり、突然の解雇により職を失う労働者の生活への影響は甚大であるから、これを少しでも緩和し、その納得と理解を得るべくできる限りの努力をすべき信義則上の義務を使用者が負っているものと考えられ、事業廃止による全従業員の解雇の場合にも基本的に妥当する。

その結果、事業廃止により全従業員を解雇する場合には、上記の４事項を基礎として解雇の有効性を判断するのではなく、①使用者がその事業を廃止することが合理的でやむを得ない措置とはいえず、又は、②労働組合又は労働者に対して解雇の必要性・合理性について納得を得るための説明等を行う努力を果たしたか、解雇に当たって労働者に再就職等の準備を行うだけの時間的余裕を与えたか、予想される労働者の収入減に対し経済的な手当を行うなどその生活維持に対して配慮する措置をとったか、他社への就職を希望する労働者に対しその就職活動を援助する措置をとったか、等の諸点に照らして解雇の手続が妥当であったといえない場合には、当該解雇は解雇権の濫用として無効であると解するべきである。そして全ての事業を廃止することにより全従業員を解雇する場合の解雇の有効性の判断に当たっては、上記①、②の双方を総合的に考慮すべきである。

本件において、①については、工場閉鎖はＹの唯一の株主であり、ほぼ唯一の取引先で会ったＡ社が海外に生産拠点を移す必要があるためＹを解散し、委託加工契約を解除する旨判断した結果、今後、ＹがＡ社から受注を受ける見込みがなくなったためであり、ほかに取引先を見つけることは非常に困難であったことから、Ｙが今後事業を継続できる可能性はほとんど無かったといえ、Ｙが工場を閉鎖して事業を廃止することを決断したことは、合理的でやむを得ないというべきである。

また、②については、Ｙは組合と６回にわたり団体交渉を行い、工場閉鎖の経緯及び必要性を決算書等を用いて説明したこと、当該団体交渉のうち２回にはＡ社取締役に

も出席してもらい説明していたこと、従業員のために、再就職先の確保に努力するとともに、個人面談の実施、再就職活動のための特別休暇の付与などの措置を講じたこと、事業閉鎖の方針を全従業員に伝えてから解雇までは約9か月間あり、再就職活動の準備を行うのに十分な期間が与えられていたこと、退職金の特別加算を行い、最大で月収の4ヶ月分相当額を退職金に上乗せしたことから、本件解雇の手続は妥当であったと認めるのが相当である。

したがって、①Yが工場を閉鎖して事業を廃止することを決断したことは、合理的でやむを得ないものであり、②本件解雇手続も妥当であったといえるから、本件解雇は、就業規則44条4号にいう「業務の都合上、やむを得ないとき」に該当するものであり、かつ解雇権濫用とは認められない。

解雇有効

売上げが半減するなど経営悪化による会社解散による解雇が有効とされた例

レックス事件

(平成6年5月25日　東京地裁決定)(労経速1540号28頁)

(事案の概要)

Yは電器・通信・音響機器部品・自動車部品等の製造、販売等を業とする、関連会社Aと合わせて従業員12名の会社であるが、平成4年3月ころから、取引の6割を占める申立外B社からの受注が半分以下に減少し、月の半分は仕事がない状態となり、売上高が半減した。このため、Aを合併し、正社員1名、パート2名の人員整理を行うなどの施策を講じようとしたが、試作品の設計から完成まで一貫して製作する業態であったため、大幅に人員を削減することは困難であり、やむなく事業全体を廃止することとし、Xら従業員全員を解雇することとしたものである。

(決定要旨)

＜Yがひと月分の給与を保障して解雇予告を行ったこと、従業員全員に対し、会社解散に至った経緯、給与・退職金の支払について説明を行ったこと、中小企業退職金共済法に基づく退職金の他、賃金の2か月分に相当する金員を退職金として支払ったこと、従業員の転職先の斡旋をしたり、独立自営しようとする者に対して、会社の機械を譲渡するなどしたことを認定した上で＞

右疎明された事実によれば、Yは、売上高の激減に基づく経営状況の悪化のため、解散を余儀なくされるに至り、右解散に伴う事業廃止により、従業員全員を解雇しなければならなくなったものであり、右解散が偽装であるとの事実もこれを窺うことはできないから、右解雇は、やむを得ないものといわざるを得ない。

そして、本件全疎明資料によるも、本件解雇が合理性・相当性を欠き、解雇権の濫用であることを疎明するに足りないというべきであるから、本件解雇は有効なものである。

解雇有効

懲戒処分が検討されている旨告知されて提出した退職届が、退職の意思表示として有効であるとされた例

ネスレジャパンホールディング事件
（平成13年9月12日　東京高裁判決）（労判817号46頁）

（事案の概要）

　Xは、Yに雇用されていたが、平成5年10月26日に発生した工場における暴行事件に実行犯として関わったとして、平成8年3月に会社の管理職から告訴されたが、Xはこれを否定していた。本事件について、Xは不起訴となったが、本事件の不起訴決定後の平成12年5月17日、会社がA工場長に対し、本事件の関与者についての処分は検討中である旨の連絡をしたので、A工場長は、Xに対して面談をし、会社本社においてXの処分を検討中であり近々決定がなされる見込みであると告げた上で、家族のことも考えて正式な処分が決まる前に自分自身で行動してはどうかなどと述べて、Xに対し、暗に自己都合退職を促した。

　Xは、反発したが、逡巡したのち退職願を作成、提出し、同日、A工場長は、退職願を受理・承認する旨の退職通知書を作成、Xに交付した。

　これについて、翌日、Xの弁護士に相談したところ退職願を撤回するよう指示があったため、Xはその旨の書面を会社に提出したが、拒否されたものである。

　原審（平成13年3月16日　水戸地裁竜ヶ崎支部判決）においては、「Yの各工場長には、当該工場勤務の労働者からの退職願を受理・承認して労働契約合意解約の申込みに対する承諾の意思表示をする権限があると認められる。よって、特段の事情のない限り、XとYとの労働契約は、Xが平成12年5月17日にYに対し本件退職願を提出して合意解約申込みの意思表示をし、同日、播摩工場長が本件通知書をXに交付してこれを承諾する意思表示をした時点で、合意解約により終了したことになる」とし、また、暴行事件について懲戒処分を検討したことの当・不当についても、「事件発生から既に長期間が経過している時点での懲戒処分の検討は、労働契約関係上の信義則に照らして問題がないとはいえないが、それには刑事事件の捜査が異常に長期化した等の事情があり、かつ、YがXの懲戒処分を検討したことを不当であるとは非難できないところ、A工場長らは、Xに対し、Y本社において懲戒処分が検討されている旨を告げたにとどまり、懲戒解雇が決定した旨述べたわけではないから、それが自己都合退

3　合意解約

第二部

職を促す意図であったとしても、A工場長らの発言をXに対する違法な害悪の告知であるとまで評価するのは困難である」とし、Xの主張を退けている。

（判決要旨）

Xは、終始冷静に判断して行動しており、自宅において一晩を過ごした後にも、なお自己都合による退職をする意思に何ら変わりがなかったものと推認されるのであって、Xが、A工場長らの発言により、畏怖し、絶望的な心理的状態に陥って正常な判断能力を失い、本件退職願を提出するに至ったものとは、到底認められない。＜中略＞

＜①Yは、暴力事件に関し、Xの処分をいたずらに長期間放置していたとはいえないこと、②XがB製造課長代理に対して行った暴行の態様は、必ずしも具体的には明らかではないものの、X自身、B製造課長代理のベルトや襟首を20ないし30秒間つかんだ事実は認めており、B製造課長代理が負傷した事実を併せ考慮すると、XがB製造課長代理に対して暴行を加えた疑いは否定できないこと、③X自身が認めている行為自体、就業時間中に自己の所属部署を離れ、管理職に対して有形力を行使するというものであり、企業内秩序を乱す行為として懲戒処分の対象になりうる行為であると解されることを考慮し＞Yが平成12年5月の時点でXに対する懲戒処分を検討したことが不当であるとは言えない。

したがって、A工場長らが、Xに対し、YにおいてXの懲戒処分が検討されている旨の発言をしたことが労働契約上の信義則違反・権利濫用に当たるとは認められない。

経常利益の減少などを理由とする合意退職が有効とされた例

ダイフク（合意退職）事件
（平成12年9月8日　大阪地裁判決）（労判798号44頁）

（事案の概要）

　自動車メーカーの工場内生産ラインの搬送システム等の製造・販売を目的とするYで部長、部長代理、課長といった地位にあり、年俸制がとられていた勤続30年以上の社員Xら5名が、経常利益の減少などを理由に人員削減実施を決定したYから、合意退職の申込みを受け、いずれも承諾して退職した。

　しかし、Xらは、Yの退職勧奨は実質的には解雇の意思表示に近く、人員削減を目的としている場合には、整理解雇の要件を充足する必要があり、また本件退職の承諾は、強迫によってなされたものである等主張して、合意退職の無効ないし取消しを理由に労働契約上の地位確認及び賃金支払を請求したものである。

（判決要旨）

　YのXらに対する合意退職の申込みに整理解雇の4要件の充足が必要であるかどうかを検討するに、契約の申込みは、それが合意退職についてであっても、当事者の自由というべきであり、人員整理の目的で行われる場合であっても、整理解雇の4要件の充足を必要とするとはいえない。申込みの相手方は、これに応じたくなければ、承諾しなければいいわけで、合意退職の申込みについていえば、これに承諾しなければ、退職の効力が生じることはあり得ないのであるから、申込み自体を制限しなければならない理由はない。

　Xらが、合意退職の申込みについて検討の時間がなかった等と主張する点は、承諾するか否かについて、実質的に自由がなかったといいたいものと思われるが、そうであれば、これは承諾の問題であって、申込みの問題ではない。承諾に瑕疵があれば、合意は効力を生じず、または取り消されることになるのであるから、承諾の有無、効力だけを問題とすれば足りる。〈中略〉

　合意退職の申込みが突然にされたからといって違法となるものではない。退職勧奨の対象者に選定理由を告げるかどうかについては、（証拠略）によれば、対象となった者の心情に配慮して告げないこととしたというのであり、退職勧奨の方法としては、対象者に選定の理由を告知して説得すると

解雇有効

いう方法もないわけではないが、それは対象者の欠点を告知することになる上、処分と違って、勧奨である以上、弁解を受けても意味はなく、対象者が不満なら承諾しなければいいだけであるから、Yが行った方法を不当ということはできない。前述のように、X1は、合意退職の申込みを受けて、検討した結果、後日、承諾したもので、自由意思がなかったとはいえないし、Yの手続に違法な点はない。＜中略＞

X2は、平成10年11月5日、A専務から専務室に呼ばれ、何ら理由や根拠を説明されることなく、「今回、君には退職してもらう」と言われ、突然退職を求められ、退職金の算定方法等の話をひととおり受けて退出したが、その後は、出社しづらい状態となって後任への引継ぎをせざるを得なくなり、退職に応じないときは出向、配置転換、大幅減俸等の報復措置をされるかもしれないので、同年12月20日にはYの求めるまま退職手続をしたというのである。

これによれば、X2本人の供述によっても、A専務やY関係者による報復措置などの強迫行為がなかったことは明らかである。X2は、Yが、報復があるかもしれないと考えさせて、退職に応じさせたもので、A専務の行為は強迫に当たると主張するのであるが、X2が、現実に、出向、配置転換、減俸などの報復措置をすると告げられたわけではなく、退職に承諾しなかった場合に、配転などが予想されるとしても、それだけで強迫に当たるということができない。＜中略＞

合意退職の申込みが突然にされたからといって違法となるものではないことは前述のとおりである。退職勧奨の対象者に選定理由を告げるかどうかについても、X1について述べたとおりであり、これを告げなかったことをもって違法ということはできない。前述のように、X2は、合意退職の申込みを受けて、検討した結果、後日、承諾したもので、自由意思がなかったとはいえないし、Yの手続に違法な点は認められない。＜中略＞

X4は、退職届の提出を明確に拒絶してきたことを認めることができるのであるが、退職自体を拒んでいたわけではなく、Yの早期退職者優遇措置に基づいて、退職金の額などの説明を受け、また再就職セミナーも受講し、退職に伴う書類を提出して、社宅を退去し、同年12月末日をもって退職と扱われ、退職金、早期退職者優遇措置による割増金を受領したのであって、これによれば、X4は早期退職者優遇措置による退職に応じたものということができる。そうであれば、X4は、同年12月末日ころには黙示的に退職に承諾する意思表示をしたものというべきである。＜中略＞

よって主文＜*Xらの請求を棄却する*＞のとおり判決する。

> ①配転提案を拒否するならば、退職するしかない旨の会社の勧告・提案に対して外国人従業員が「グッドアイデアだ」と答えたことにつき、退職の合意があったとは認められないとされた例
> ②無断欠勤するなど労働者が就労意思を喪失した場合は、地位確認を求める法律上の利益をも喪失するとされた例

株式会社朋栄事件

(平成9年2月4日　東京地裁判決)（労判713号62頁）

(事案の概要)

　Yは、電子機械器具等の製造販売を業をする者であり、カナダ人であるXは、平成元年2月28日、Yに雇用され、海外営業部アシスタントとして勤務していた。

　Yにおける平成6年の夏期休暇は、同年8月16日から同月22日までであったところ、Xは、同期間内に夏期休暇を取ったが、事前の届出をせず、これに加えて、Xは、同期間の経過後である同月23日から28日まで出勤せず、29日に出勤し、Xの上司であるA部長に対し、事後的に休暇届出をした。

　A部長は、Xがこの期間無断欠勤をしたものであると判断し、Xに対し、感情的になって強く「ファイア！」（「解雇」の意味）といったので、両者の間はそれ以後まともな話合いをすることができない状態となった。

　B部長は、両者の間が険悪となっている旨の連絡を受け、翌30日、Xと面談したところ、XはA部長の下で勤務を続けることを嫌悪していることから、海外事業部からTD（テクニカルドキュメント）部へ異動することを提案したが、Xはこれを拒否した。

　そこで、B部長は、TD部への配転がいやなのであれば、退職するしかない旨及び同年9月末日付でXが退職することとし、それまでの間は有給休暇を取ってもよい旨を勧告したところ、Xはこれに対して「それは、グッドアイディアだ」と答えた。この点について、Yは、Xが退職勧告を承諾する趣旨で発言したものと解したものと主張し、Xは、真意でなくあきれて発言したものと主張した。

　なお、Xは、平成8年11月9日の口頭弁論期日において、「本日現在の時点では、Yに復帰して就労するつもりはない」旨の意思表示を行ったものである。

(判決要旨)

　確かに、Y側ではXとの間で退職の合意がなされたものと認識していたようである。しかし、これは、真実は意思表示の合致がないのにあったものとの誤った理解によるものであり、しかも、平成6年9月6日には、Xと社長との面談の席上で雇用継続の合意がなされたのである以上、YからXに対する合意退職の意思表示は、これに対するXの承諾の意思表示を得ないまま、明瞭に撤回されたものと推認すべきである。<中略>

　一般に、労働者の有する諸権利及び労働者たる地位に基づく諸々の利益等は、労働者としての基本的な給付である労務の提供があることを前提にしている。そして、この提供（使用者の明確な受領拒絶がある場合には提供の準備）があることを要件として、労働者は、労働者としての権利ないしこれに基づく諸々の利益を主張することを得るものと解するべきであって、この労務提供の意思を喪失した場合には、労働者としての権利主張等が許されない以上、その地位の確認を求める法律上の利益をも喪失すると解する。

　してみると、本件においても、Xは、右口頭弁論期日における就労意思の喪失により、本件地位確認請求の確認の利益をも喪失したものであり、したがって、Xの本件地位確認請求は失当である。

> 事故歴を理由に雇用延長を拒否したが労使協定による除外項目は限定列挙であり非該当であると無効とした例

クリスタル観光バス（雇用延長）事件

(平成18年12月28日　大阪高裁判決)（労判936号5頁）
(平成18年2月3日　大阪地裁判決)

(事案の概要)

Xは、昭和60年9月、観光バスの運転手としてYに採用され、私鉄総連N観光バス労働組合に加入した。

Xは、平成16年8月に60歳となるため、平成16年7月、書面で定年延長を願う旨をYに通知したが、Yは、Xが雇用延長に関する協定書に定めがある「過去、服務及び事故（運転、営業、一般関係）関係で指導するも、その実のあがらなかった者」に該当すると認められるとして、Xの定年延長を「非承認」とする旨をXに通知した。

一審判決は、本件協定の成立に際して、雇用延長が認められない場合があることについては、労使間で協議がされ、その旨確認されたことが認められ、本件協定では、希望者全員の定年を62歳まで当然に延長することが前提とされていたのではなく、Yが対象者ごとに雇用延長の当否を判断することが合意されたことが認められるとした。そして、YがXの雇用延長を認めなかったことに不合理な点はないとして、Xの請求を棄却した。控訴審において、Xは、雇用契約上の権利の確認請求を取り下げ、雇用延長期間中の賃金等の支払い請求に訴えを変更した。

(判決要旨)

本件協定のそもそもの趣旨は、厚生年金の満額支給開始までの間雇用及びこれによる収入を相当程度保障するため、60歳の定年制度を実質的に改め、原則として62歳まで雇用延長することとし、ただ、該当従業員らの意志、体力その他の能力により、その職種において62歳まで稼働を継続できないと見られる者等については、例外的に雇用を延長しないこととし、上記例外的措置に該当する場合を限定的に列挙し、これに該当しない限りは、該当従業員らからの希望があれば雇用延長を行うというところにあると認めるのが相当である。

本件協定の上記趣旨及び内容によると、60歳の定年に達する従業員は、例外的事由に該当しない限り、雇用延長契約を締結する雇用契約上の権利を有するものと認められるから、定年までに該当従業員から雇用

YがXの雇用延長を非承認としたことは、本件協定の適用を誤ったものであり、解雇権濫用の法理の類推適用により、上記雇用延長の非承認は無効であると認めるのが相当である。そしてXの雇用延長願いにより、XとYとの間には、Xの定年後62歳まで、従前と同様の内容の雇用契約を延長する契約が成立したものと扱うべきである。

延長願いがYに対してなされ、Yがこれを非承認にした場合については、解雇権濫用の法理が類推適用され、それが、例外的事由該当の判断を誤ってなされた場合には、非承認の意思表示は無効であり、該当従業員とYとの間には、上記該当従業員の雇用延長に係る権利の行使としての新たな雇用契約の申込に基づき、雇用延長に係る雇用契約が成立したものと扱われるべきである。

労働裁判における**解雇事件判例集** 改訂第2版

平成16年3月30日　　　初版
平成28年2月12日　　　改訂第2版第2刷

監　修　　髙井・岡芹法律事務所
編　集　　株式会社労働新聞社
発行所　　株式会社労働新聞社
　　　　　〒173-0022 東京都板橋区仲町29－9
　　　　　TEL：03（3956）3151　FAX：03（3956）1611
　　　　　https://www.rodo.co.jp　　pub@rodo.co.jp
装　丁　　稲木 秀和（株式会社アイディープランニング）
印　刷　　モリモト印刷株式会社

ISBN978-4-89761-540-0

乱丁本・落丁本はお取替えいたします。
本書の一部あるいは全部について著作者から文書による承諾を得ずにいかなる方法においても無断で転載・複写・複製することは固く禁じられています。

私たちは、働くルールに関する情報を発信し、経済社会の発展と豊かな職業生活の実現に貢献します。

労働新聞社の定期刊行物・書籍の御案内

人事・労務・経営、安全衛生の情報発信で時代をリードする

「産業界で何が起こっているか？」労働に関する知識取得にベストの参考資料が収載されています。

週刊 労働新聞

※タブロイド判・16ページ
※月4回発行
※年間購読料 42,000円+税

- 安全衛生関係も含む労働行政・労使の最新の動向を迅速に報道
- 労働諸法規の実務解説を掲載
- 個別企業の労務諸制度や改善事例を紹介
- 職場に役立つ最新労働判例を掲載
- 読者から直接寄せられる法律相談のページを設定

経営側弁護士による

精選労働判例集

※B5判・198ページ
※第1集・第2集・第3集
　　本体価格　1,714円+税
※第4集・第5集
　　本体価格　1,700円+税

本書は「労働新聞」で人気の高い「職場に役立つ最新労働判例」に加筆・修正を加え年度ごとにまとめたものです。執筆者の方に精選していただいた判例について、「事案の概要」「判決のポイント」「応用と見直し」の3点につき、重要な点を簡潔に解説いただいております。特に「応用と見直し」では、判例の内容を踏まえて、会社側が留意すべき事項を指摘しております。手軽に判例の内容を理解でき、労務管理の実務に役立ちます。

労働実務事例研究

※A5判・360ページ
※本体価格　3,000円+税

平成27年版

「労働新聞」「安全スタッフ」（2014年1〜12月掲載分）の実務相談室コーナーに寄せられた相談237問を、労働基準、労災保険、雇用保険、健康保険、厚生年金、安全衛生、派遣、徴収法など内容別に分類し、読みやすくまとめました。人事・労務・総務・社会保険関係など実務に役立つQ&Aが満載です。日常的に起こるトラブルや疑問解決にご活用ください。

上記の定期刊行物のほか、「出版物」も多数
労働新聞社　ホームページ　https://www.rodo.co.jp/

労働新聞社

〒173-0022　東京都板橋区仲町29-9　TEL 03-3956-3151　FAX 03-3956-1611